經書版本與經典校勘

張學謙 著

北京大學中國古文獻研究中心成果

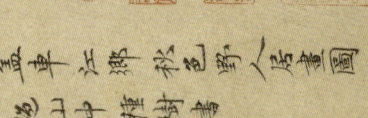

图一 台北故宫博物院藏元李士行《江乡秋晚》图卷拖尾李国等题诗及印记

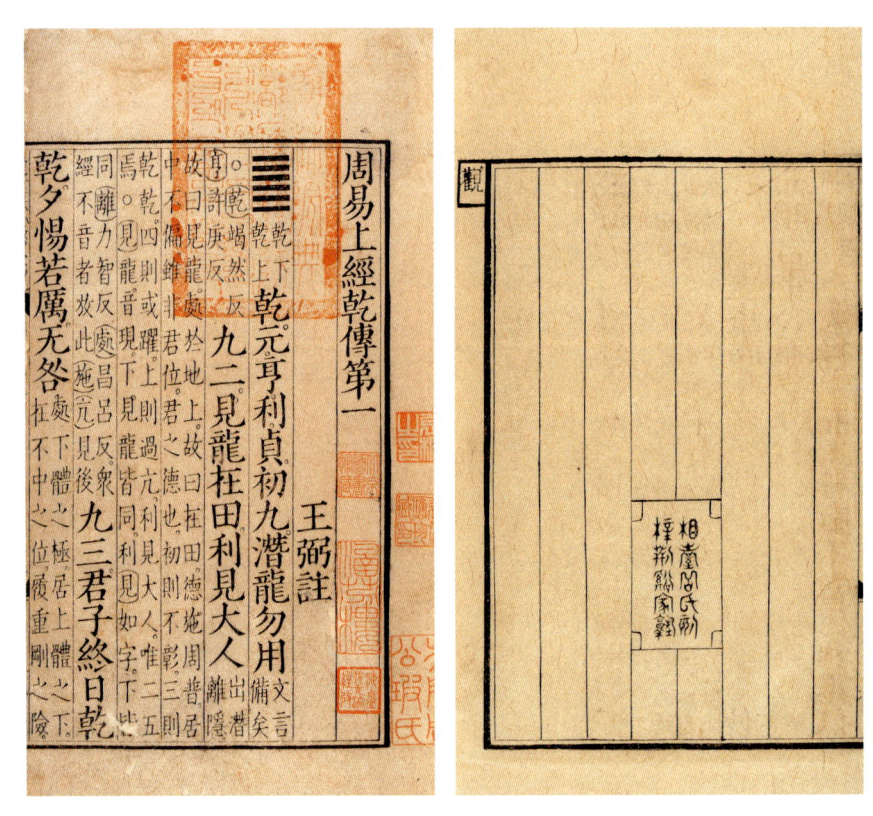

圖二　中國國家圖書館藏岳本《周易》

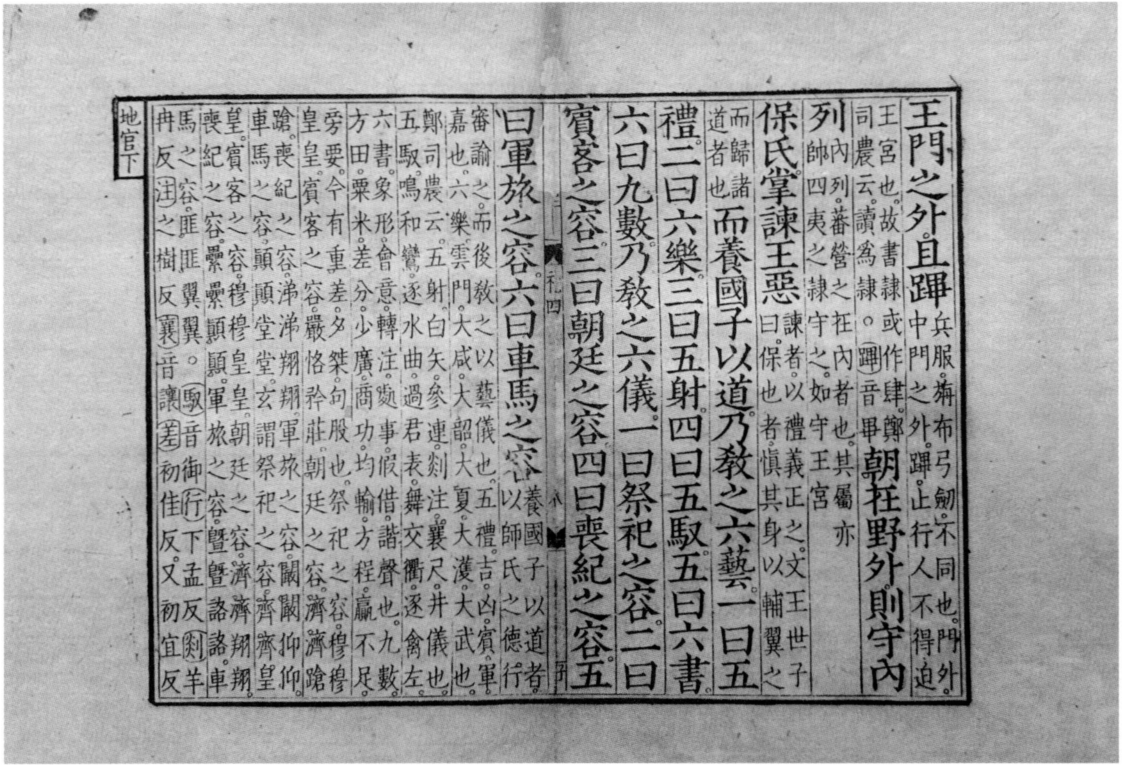

王門之外且蹕。兵服旃布弓劒不同也。門外中門之外。蹕止行人不得迫。王宮也。故書隷或作肆。鄭司農云讀爲隷。○蹕音畢。朝在野外則守內列。內列，蕃營之在內者也。其屬亦師四夷之隷守之，如守王宮。

保氏掌諫王惡。諫者以禮義正之。文王世子曰：保也者，慎其身以輔翼之而歸諸道者也。而養國子以道，乃教之六藝：一曰五禮，二曰六樂，三曰五射，四曰五馭，五曰六書，六曰九數。乃教之六儀：一曰祭祀之容，二曰賓客之容，三曰朝廷之容，四曰喪紀之容，五曰軍旅之容，六曰車馬之容。養國子以道者，以師氏之德行審諭之，而後教之以藝儀也。五禮，吉凶賓軍嘉也。六樂，雲門、大咸、大韶、大夏、大濩、大武也。鄭司農云：五射，白矢、參連、剡注、襄尺、井儀也。五馭，鳴和鸞、逐水曲、過君表、舞交衢、逐禽左。六書，象形、會意、轉注、處事、假借、諧聲也。九數，方田、粟米、差分、少廣、商功、均輸、方程、贏不足、旁要，今有重差、夕桀、句股也。祭祀之容穆穆皇皇，賓客之容嚴恪矜莊，朝廷之容濟濟蹌蹌，喪紀之容涕涕翔翔，軍旅之容闞闞仰仰，車馬之容顛顛堂堂。玄謂祭祀之容齊齊皇皇，賓客之容穆穆皇皇，朝廷之容濟濟翔翔，喪紀之容纍纍顛顛，軍旅之容暨暨詻詻，車馬之容匪匪翼翼。○馭音御。行，下孟反。剡，羊冉反。注，之樹反。襄音讓。差，初佳反，又初宜反。

地官下

圖三 清華大學圖書館藏岳本《周禮》卷四《地官下》殘葉

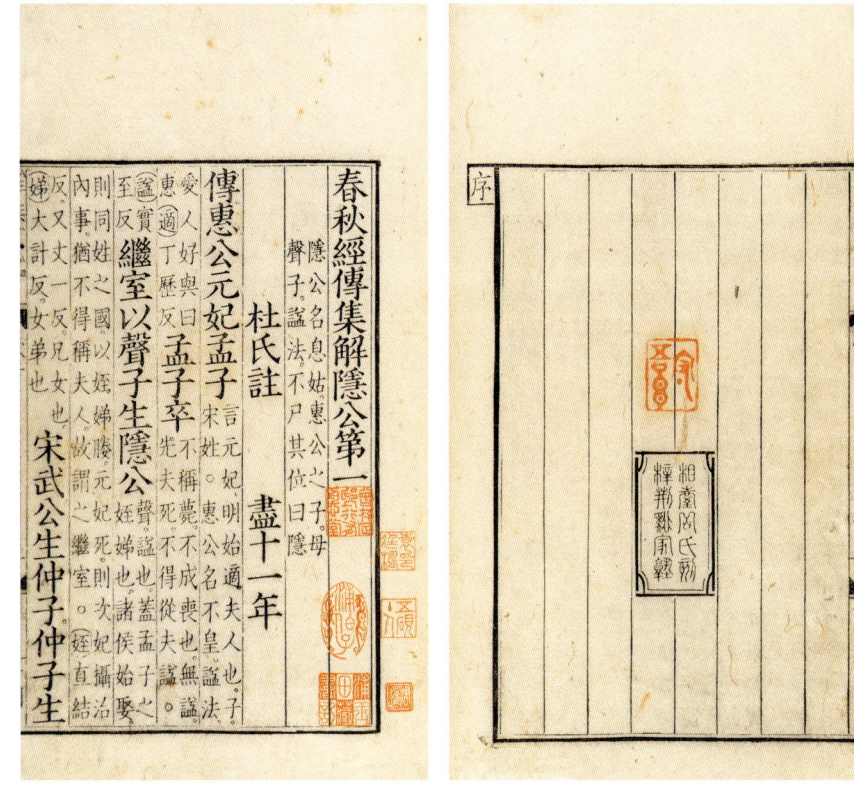

圖四 中國國家圖書館藏岳本《春秋經傳集解》

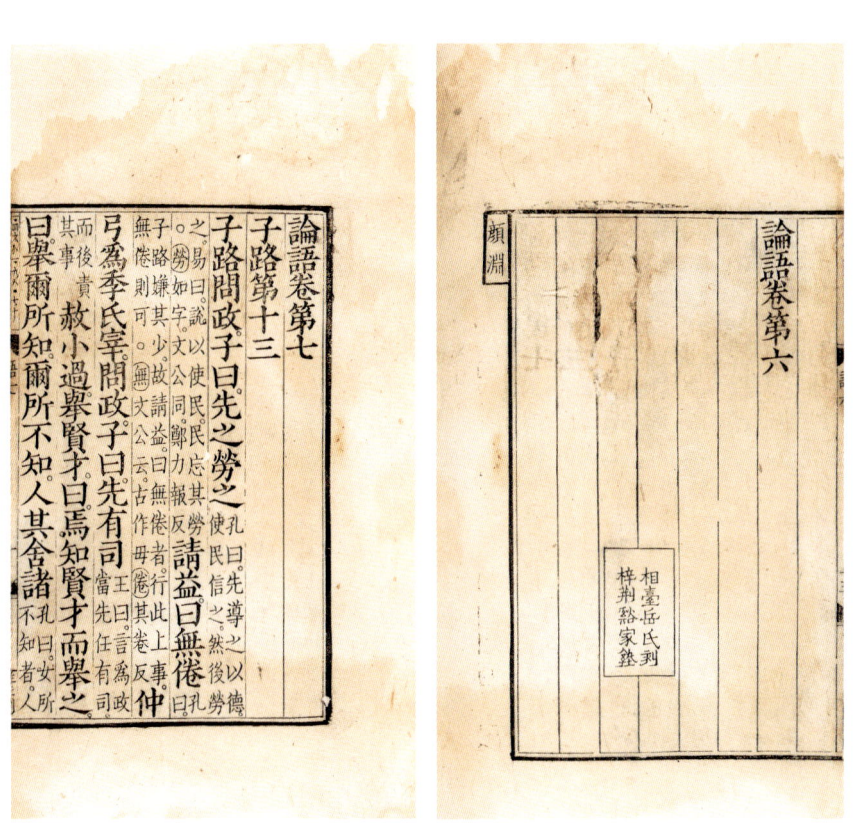

圖五 中國國家圖書館藏岳本《論語》

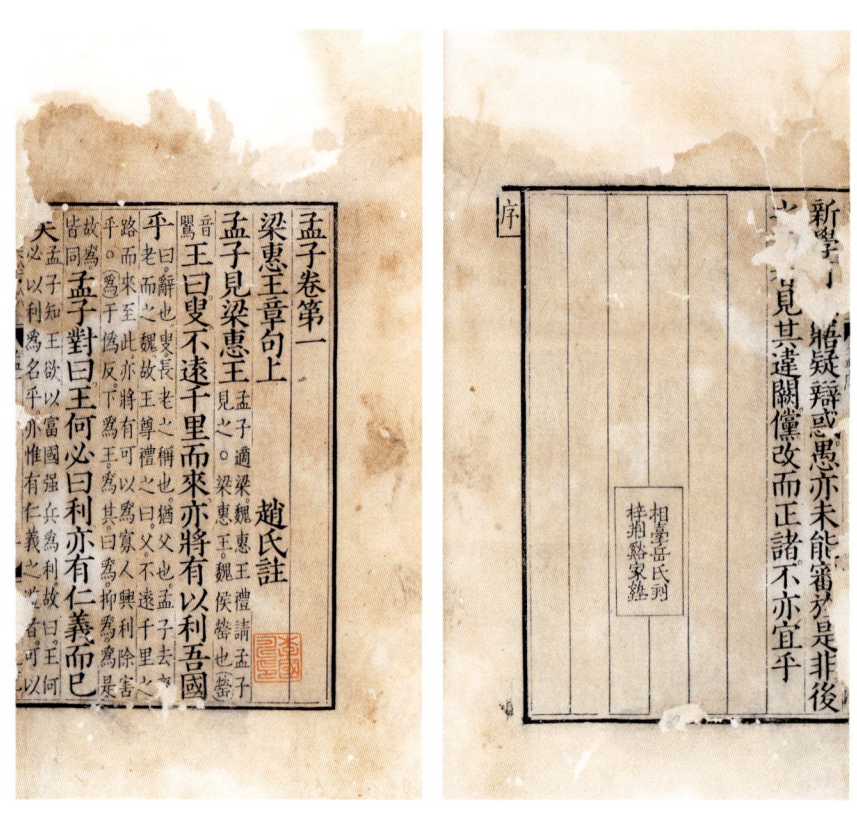

圖六 中國國家圖書館藏岳本《孟子》

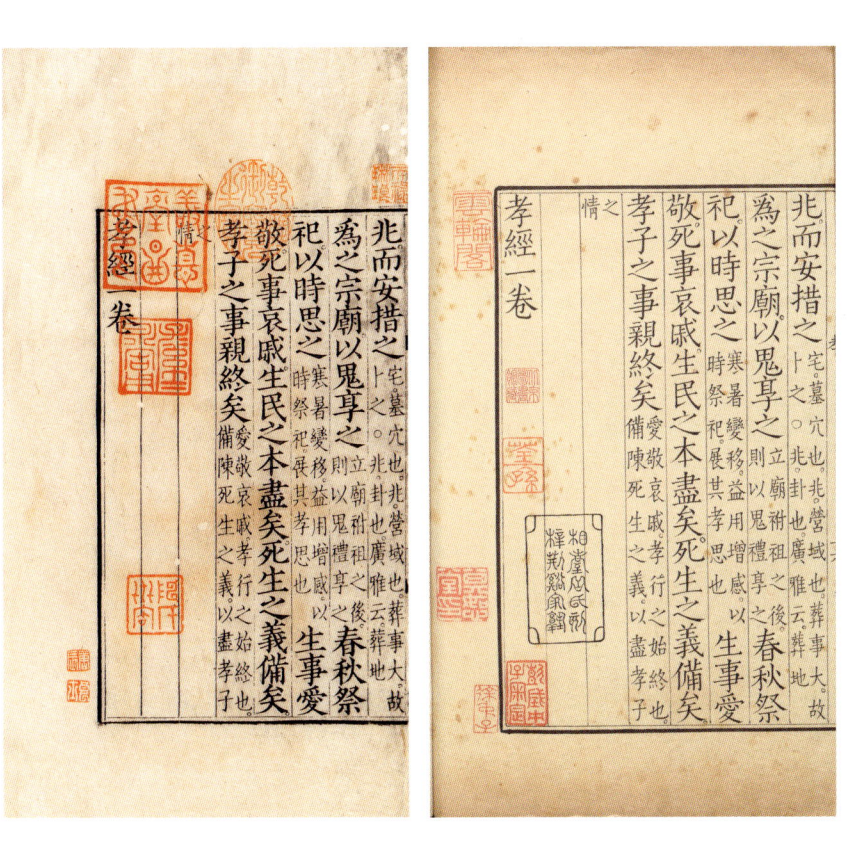

圖七　《孝經》岳刻本（左）與影抄本（右）卷末對比

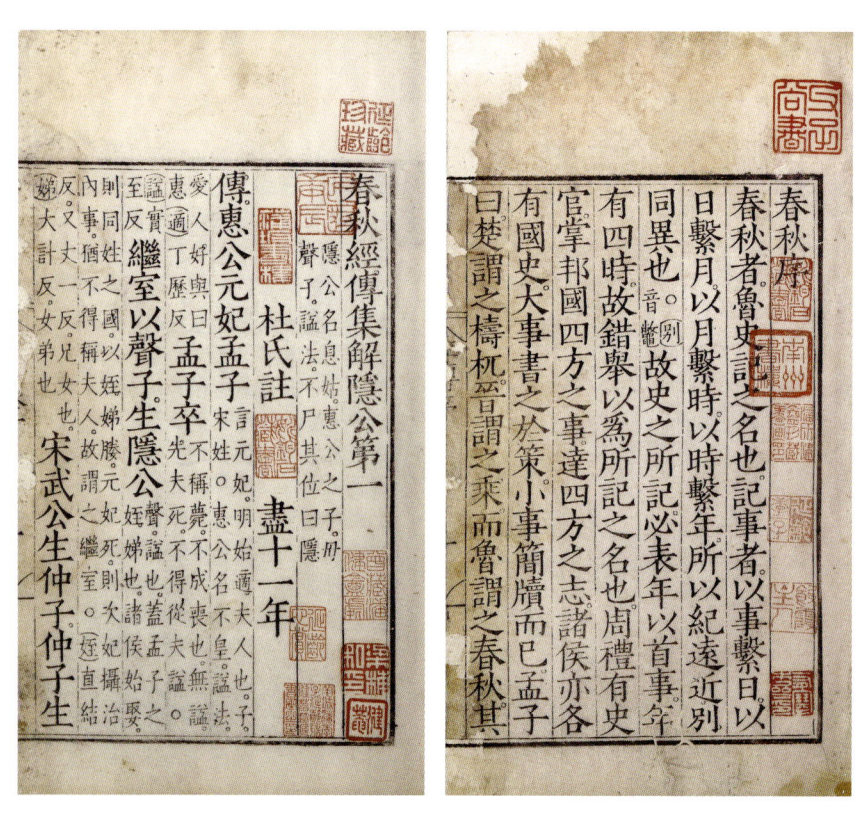

圖八　加拿大不列顛哥倫比亞大學藏明翻岳本《春秋經傳集解》

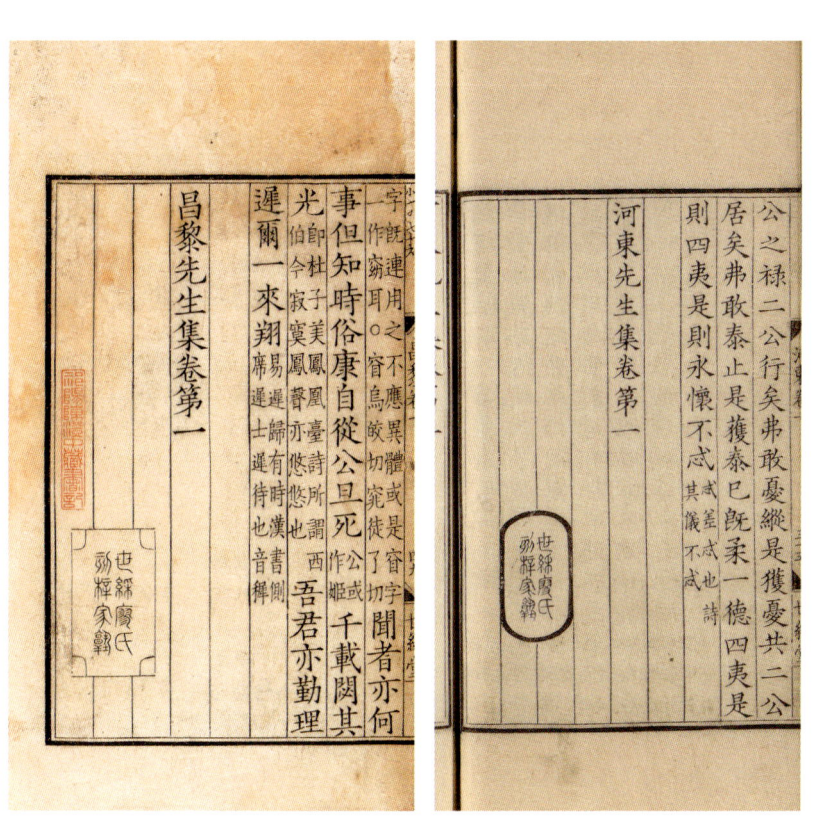

圖九 中國國家圖書館藏南宋咸淳間廖氏世綵堂刻本
《昌黎先生集》（左）、《河東先生集》（右）卷末刊記

圖十　中國國家圖書館藏元刻本《周禮》殘本

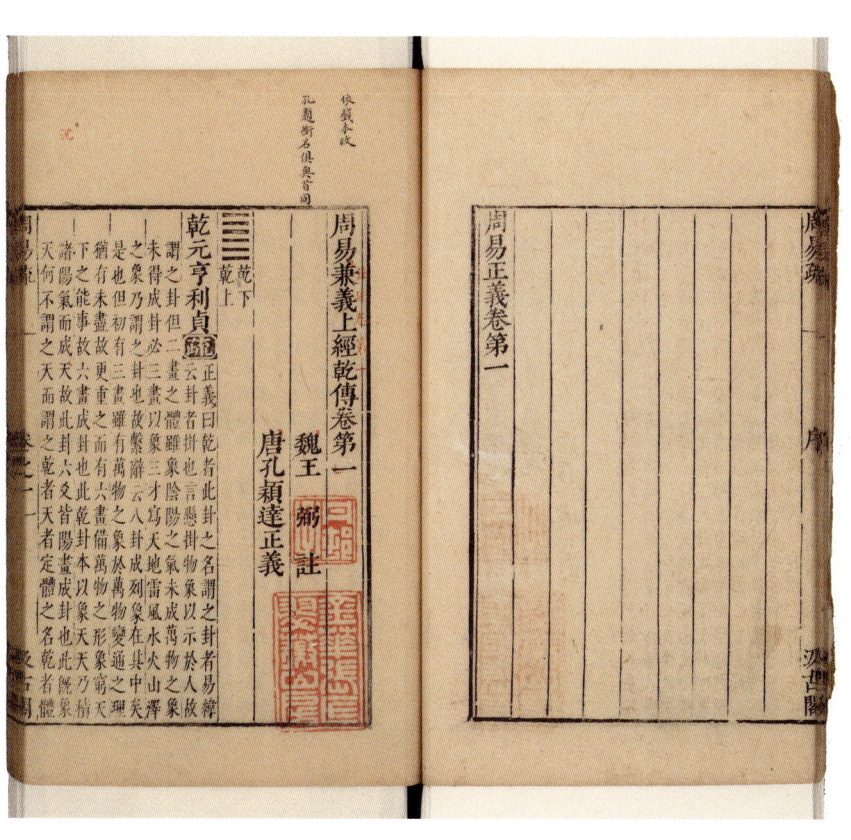

圖十一　中國國家圖書館藏佚名錄盧文弨校跋本《周易兼義》

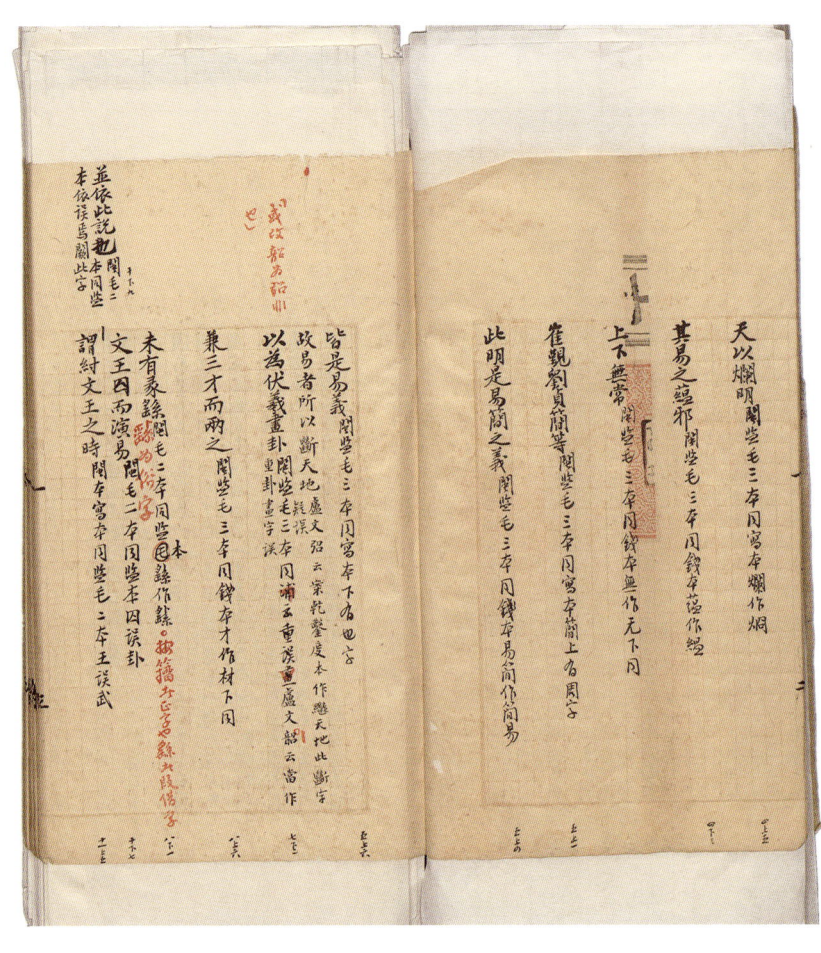

圖十二 中國國家圖書館藏《周易注疏校勘記》稿本（卷一，第 2b-3a 頁）

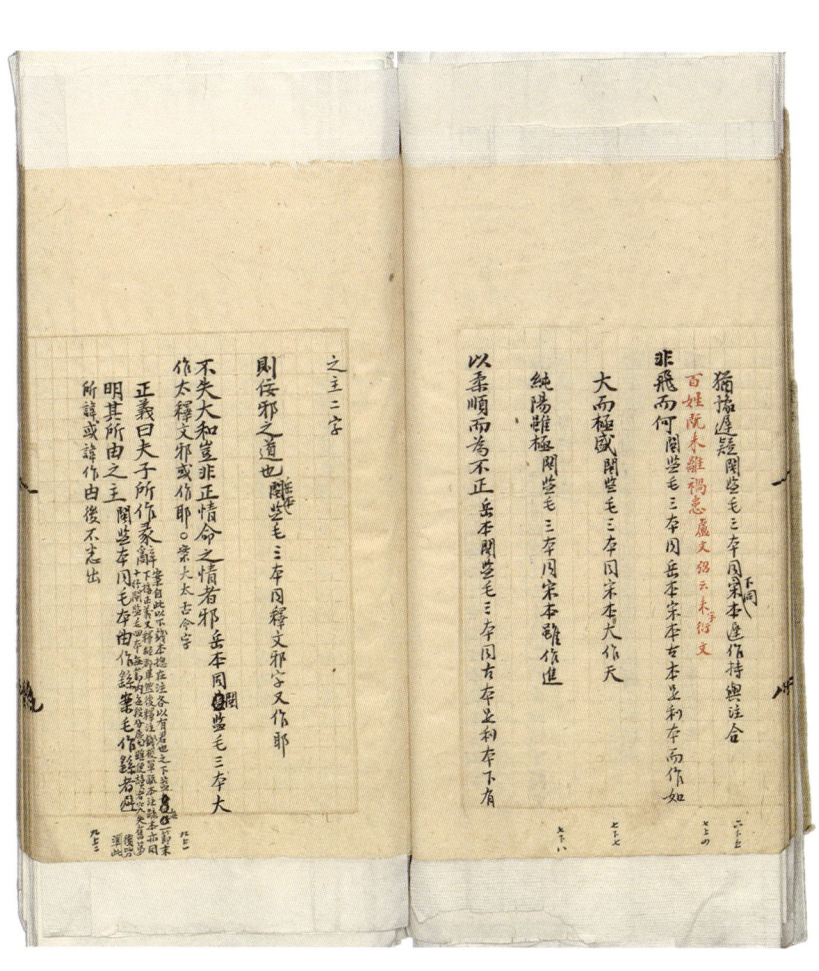

圖十三 中國國家圖書館藏《周易注疏校勘記》稿本(卷一,第 8b-9a 頁)

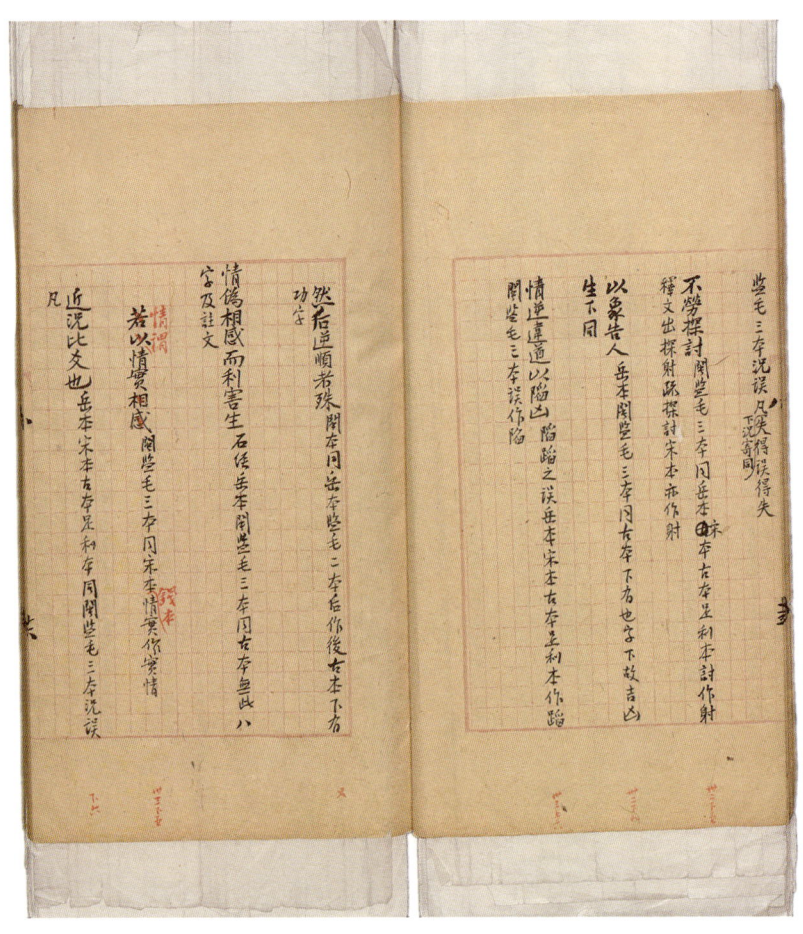

圖十四 中國國家圖書館藏《周易注疏校勘記》稿本（卷八，第 15b-16a 頁）

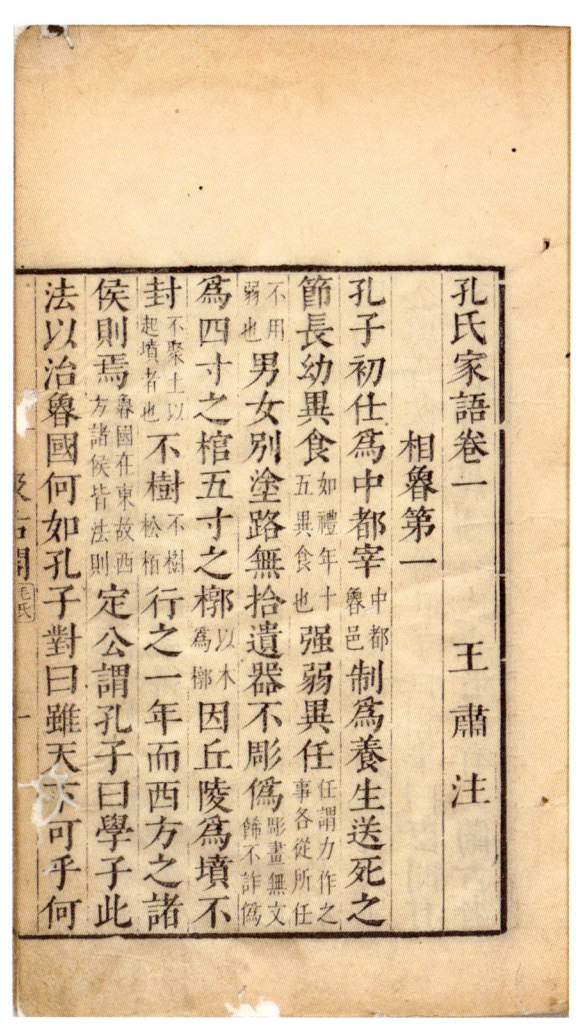

圖十五 日本國立公文書館藏明末毛氏汲古閣刻本《孔氏家語》

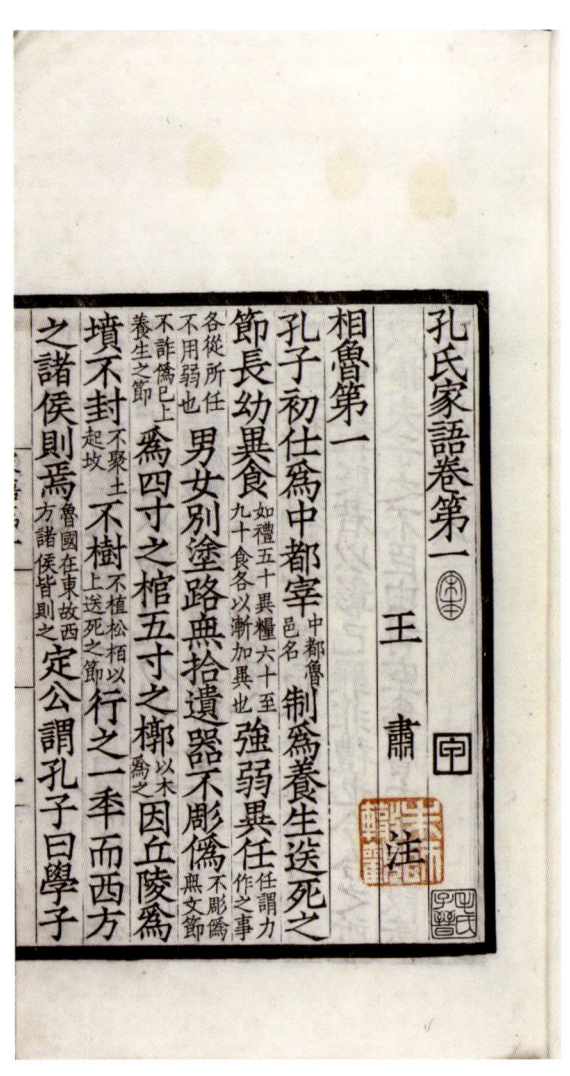

圖十六　清光緒二十四年貴池劉世珩玉海堂刻本《孔氏家語》

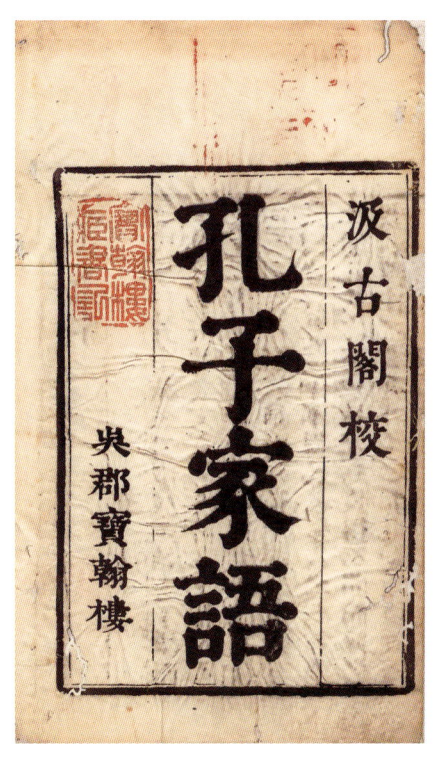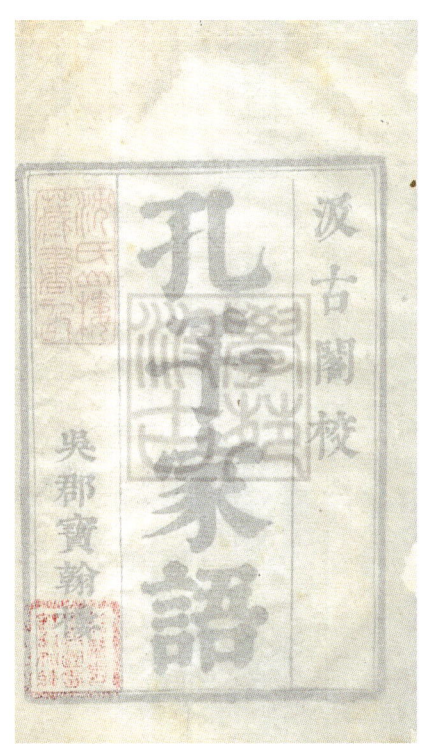

圖十七　日本國立公文書館（左）、遼寧大學圖書館（右）藏清吳郡寶翰樓印本《孔氏家語》內封

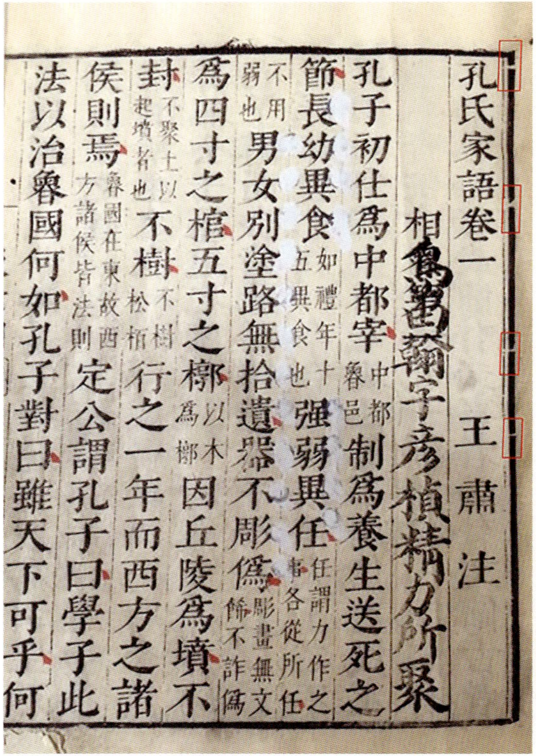
孔氏家語卷一　王肅注
相魯第一
島田翰字彥楨精力所聚
孔子初仕爲中都宰(中都魯邑)制爲養生送死之
節長幼異食(如禮年五十異食也)強弱異任(任謂力作之事各從所任)
(不用弱也)男女別塗路無拾遺器不彫偽(彫畫無文飾不詐偽)
爲四寸之棺五寸之椁(以木爲椁)因丘陵爲墳不
封(不聚土以起墳者也)不樹(不樹松栢)行之一年而西方之諸
侯則焉(魯國在東故西方諸侯皆法則)定公謂孔子曰學子此
法以治魯國何如孔子對曰雖天下可乎何

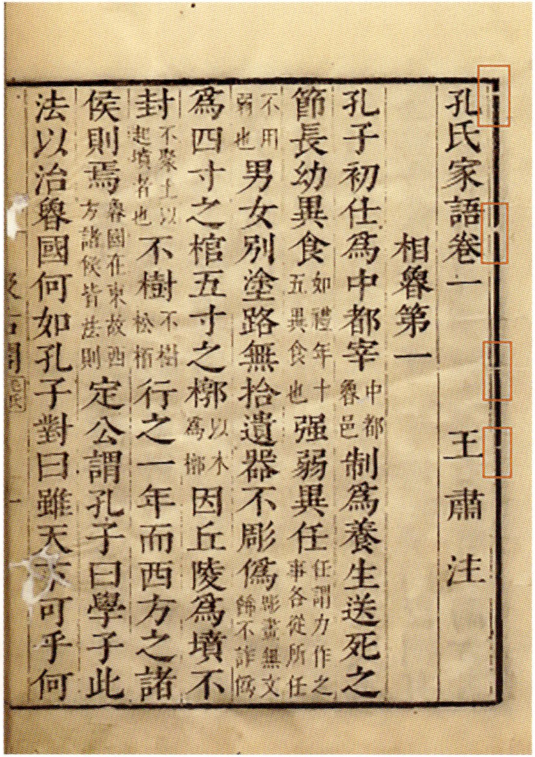
孔氏家語卷一　王肅注
相魯第一
孔子初仕爲中都宰(中都魯邑)制爲養生送死之
節長幼異食(如禮年五十異食也)強弱異任(任謂力作之事各從所任)
(不用弱也)男女別塗路無拾遺器不彫偽(彫畫無文飾不詐偽)
爲四寸之棺五寸之椁(以木爲椁)因丘陵爲墳不
封(不聚土以起墳者也)不樹(不樹松栢)行之一年而西方之諸
侯則焉(魯國在東故西方諸侯皆法則)定公謂孔子曰學子此
法以治魯國何如孔子對曰雖天下可乎何

圖十八　斷版對比：東京大學綜合圖書館藏本（左，島田翰舊藏，無寶翰樓内封）、日本國立公文書館藏本（右，有寶翰樓内封）

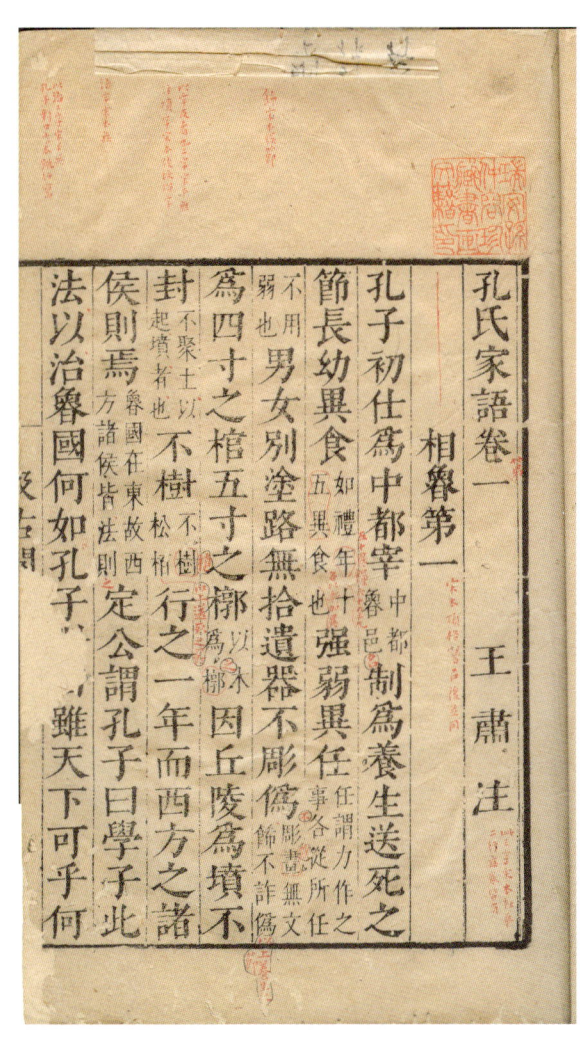

圖十九 浙江大學圖書館藏孫詒讓校本《孔氏家語》

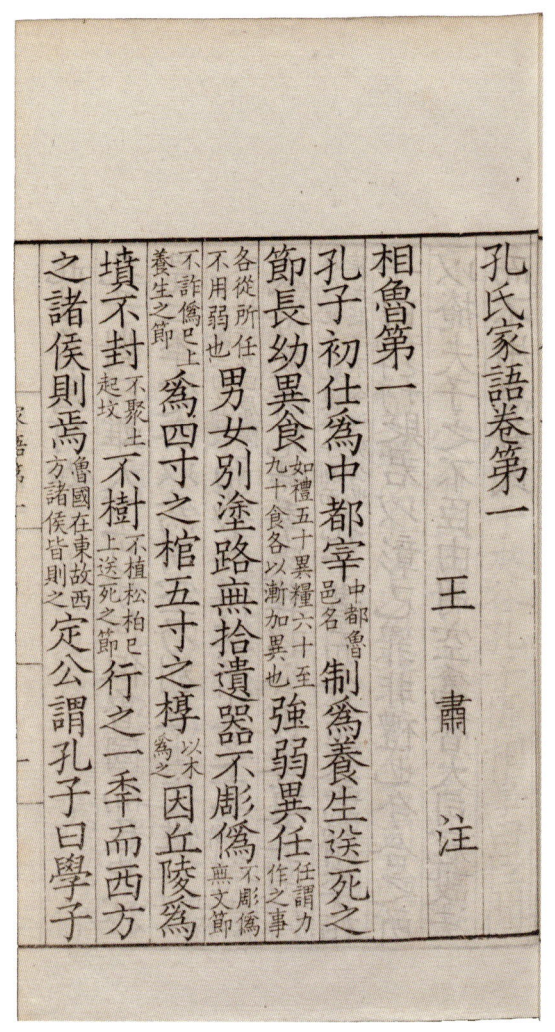

圖二十　清光緒初上海同文書局石印本《孔氏家語》

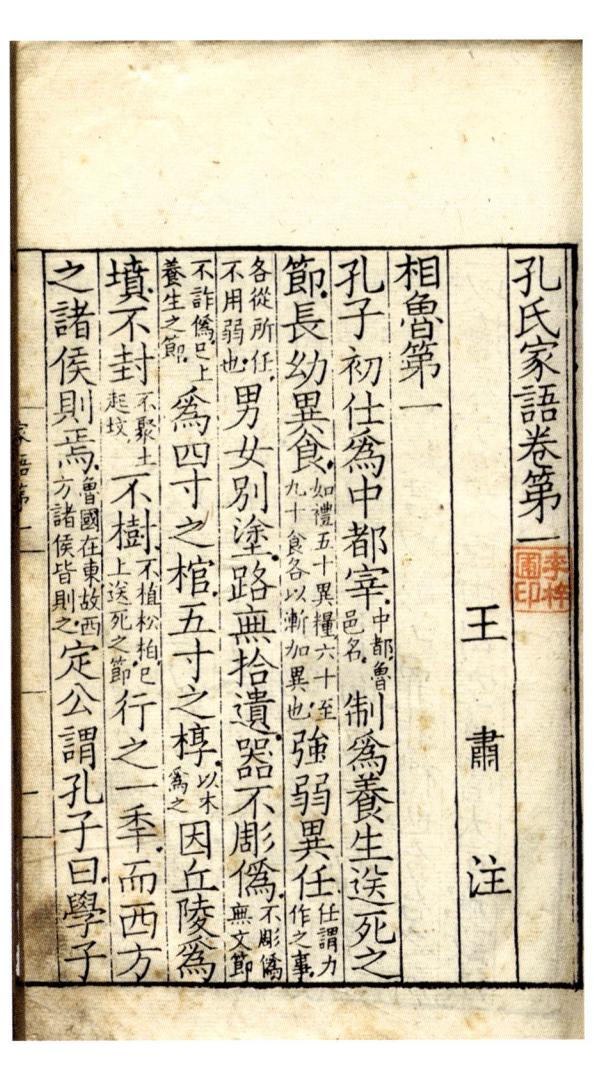

圖二十一 清光緒十八年上海掃葉山房石印本《孔氏家語》

圖二十二　《薛仁貴征遼事略》刊本殘葉，M1·1260［F209: W2］，16cm×11cm

圖二十三　《薛仁貴征遼事略》刊本殘葉，M1·1261［F209: W3］，17cm×12cm

圖二十四 《薛仁貴征遼事略》刊本殘葉，M1•1262［F209: W4］，15.4cm×12.5cm

圖二十五 《薛仁貴征遼事略》刊本殘葉綴合圖，M1·1260 [F209: W2]（左）+M1·1261 [F209: W3]（右）

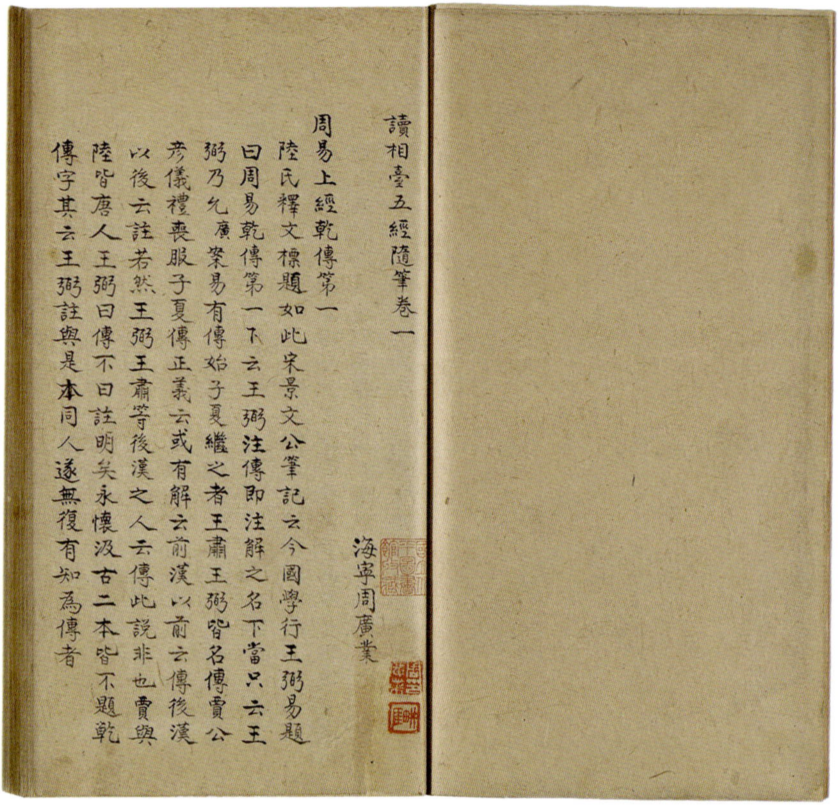

讀相臺五經隨筆卷一

周易上經乾傳第一
陸氏釋文標題如此宋景文公筆記云今國學行王弼易題
曰周易乾傳第一下云王弼注傳即注解之名下當只云王
弼乃凡廣棻易有傳始子夏繼之者王肅王弼皆名傳賈公
彥儀禮喪服子夏傳正義云或有解云前漢以前云傳後漢
以後云註若然王肅王弼等後漢之人云傳此說非也賈與
陸皆唐人王弼曰傳不曰註明矣永懷汲古二本皆不題乾
傳字其云王弼註與是本同人遂無復有知為傳者

海寧周廣業

圖二十六　中國國家圖書館藏《讀相臺五經隨筆》稿本

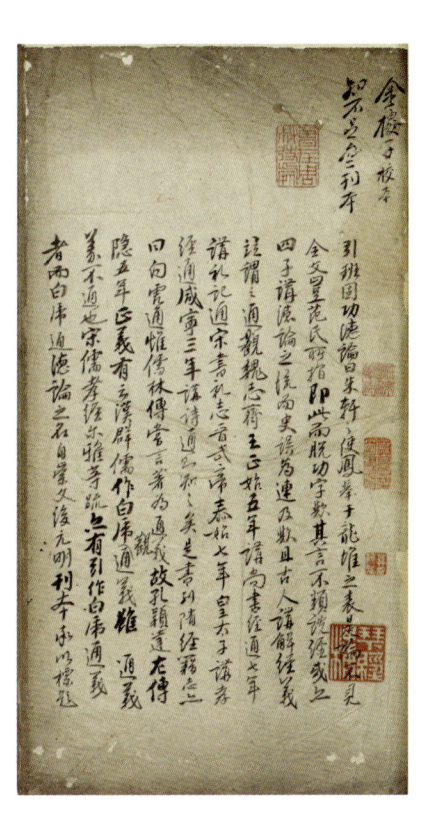

圖二十七　吳騫筆跡與本書筆跡的對比：上海圖書館藏稿本《吳兔牀日譜》（左）、中國國家圖書館藏稿本《白虎通義校稿》（右）

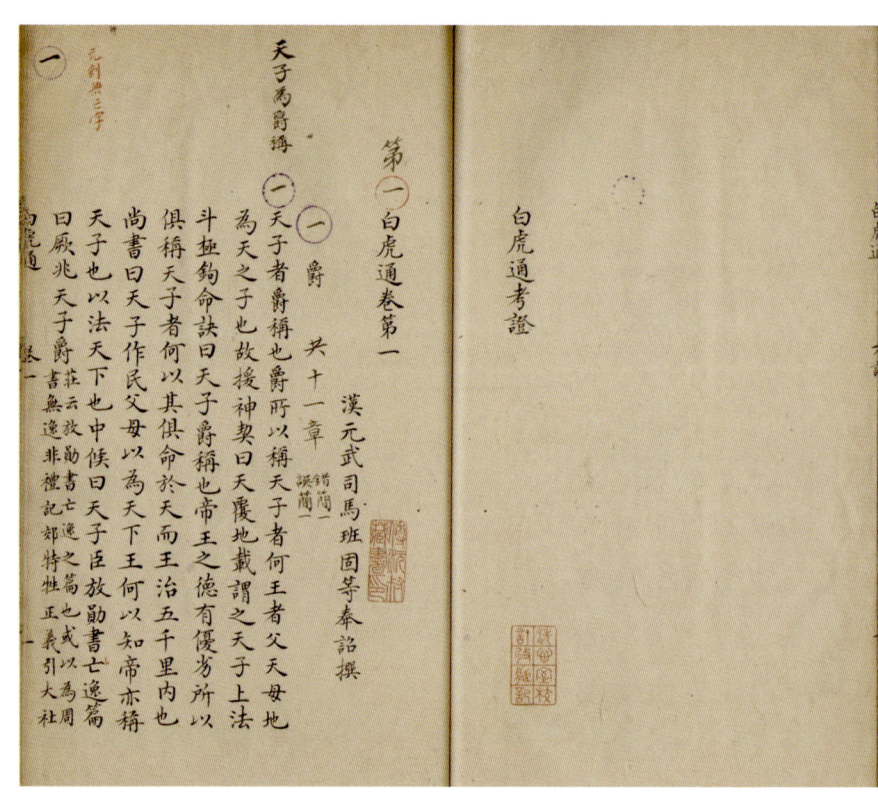

圖二十八 上海圖書館藏莊述祖校本《白虎通》

目錄

序 ··· 杜澤遜　1

"岳本"補考 ··· 1
武英殿仿相臺岳氏本五經出版説明 ············· 37
元明時代的福州與十行本注疏之刊修 ············· 48
《周易注疏校勘記》編纂考述 ····················· 64
《周易注疏校勘記》與盧文弨《周易兼義》校本關係補考 ····· 98
《論語注疏校勘記》編纂考述 ····················· 111
《孝經注疏校勘記》編纂考述 ····················· 139
武英殿本《二十四史》校刊始末考 ················· 163
武英殿本《二十四史》翻刻翻印考述 ············· 217
關於宋蜀大字本《孔氏家語》及其衍生版本的考察 ····· 234
黑水城出土《薛仁貴征遼事略》刊本殘葉綴合與初步研究 ····· 252
跋周廣業未刊稿《讀相臺五經隨筆》 ············· 265
《白虎通義校稿》解題（附録文） ················· 272
王仁俊《籀鄦諼雜著》十種解題 ················· 290

《續修四庫全書總目提要》襲用地方藝文志考 …………… 302

顧實與《漢書藝文志講疏》 ……………………………… 311

從校勘出發的版本研究
　——評王鍔著《〈禮記〉版本研究》 ………………… 320

彙異文於一編,集校勘之大成
　——評王鍔著《禮記鄭注彙校》 …………………… 329

後記 ……………………………………………………… 337

圖版目錄

"岳本"補考

圖1　清嘉慶三年重建昭仁殿之五經萃室　　2

圖2　清高宗御書《五經萃室記》圍屏　　3

圖3　臺北故宮藏岳本《周禮》卷三《地官上》殘葉　　12

圖4　岳本《周禮》卷四《地官下》殘葉　　13

圖5　《中華再造善本》影印中國國家圖書館藏岳本《春秋經傳集解》配補卷十九、二十卷末　　19

圖6　日本静嘉堂文庫藏岳本《春秋經傳集解》　　20

圖7　世綵堂本《昌黎先生集》及岳本《左傳》《孝經》《論語》刻工　　25

圖8　《四部叢刊初編》影印明翻岳本《周禮》　　26

圖9　翁方綱纂岳本《周易注》提要稿　　28

圖10　武英殿翻岳本正文挖改痕迹　　33

圖11　岳本《周易》原本、乾隆翻刻本、光緒翻刻本　　35

武英殿仿相臺岳氏本五經出版說明

圖12　元旰郡重刊宋廖氏世綵堂本《論語》《孟子》　　40

元明時代的福州與十行本注疏之刊修

圖 13　《周易兼義》元刻元印本（左）與明前期修補印本（右）　57

圖 14　明正德間福州府城圖　61

圖 15　明萬曆間福州府城圖　61

武英殿本《二十四史》校刊始末考

圖 16　乾隆武英殿刻本《遼金元三史語解》　192

圖 17　《遼史》乾隆初刊本與挖改本　194

圖 18　《明史》修訂進呈本　207

武英殿本《二十四史》翻刻翻印考述

圖 19　同治八年嶺南菿古堂刻本《二十四史》內封　221

圖 20　同治八年嶺南菿古堂刻本《史記》　222

圖 21　同治八年嶺南菿古堂刻本《武英殿本二十三史考證》　222

圖 22　同治十一年成都書局刻本《史記》　225

圖 23　光緒十二年廣州澹吟館刻本《三國志》　226

圖 24　光緒二十年陝甘味經書院刻本《史記》及《史記校勘札記》　228

圖 25　光緒十年上海同文書局石印本《舊五代史》　230

圖 26　光緒十年上海同文書局石印本《元史》　230

關於宋蜀大字本《孔氏家語》及其衍生版本的考察

圖 27　汲古閣刻本書末毛晉跋　　239

圖 28　玉海堂本與徐祚錫本　　247

黑水城出土《薛仁貴征遼事略》刊本殘葉綴合與初步研究

圖 29　《永樂大典》卷五二四四所收《薛仁貴征遼事略》　　253

圖 30　趙萬里輯校《薛仁貴征遼事略》　　253

跋周廣業未刊稿《讀相臺五經隨筆》

圖 31　《讀相臺五經隨筆》初稿本　　266

《續修四庫全書總目提要》襲用地方藝文志考

圖 32　陳鍫所撰《續提要》稿　　304

插頁所對應正文頁碼

"岳本"補考

插頁圖一　元李士行《江鄉秋晚》圖卷拖尾李國壽等題詩及印記　4

插頁圖二　中國國家圖書館藏岳本《周易》　11

插頁圖三　清華大學圖書館藏岳本《周禮》卷四《地官下》殘葉　12

插頁圖四　中國國家圖書館藏岳本《春秋經傳集解》　17

插頁圖五　中國國家圖書館藏岳本《論語》　22

插頁圖六　中國國家圖書館藏岳本《孟子》　23

插頁圖七　《孝經》岳刻本(左)與影抄本(右)卷末　24

插頁圖八　加拿大不列顛哥倫比亞大學藏明翻岳本《春秋經傳集解》　27

武英殿仿相臺岳氏本五經出版說明

插頁圖九　南宋咸淳間廖氏世綵堂刻本《昌黎先生集》(左)、《河東先生集》(右)卷末刊記　38

插頁圖十　元刻本《周禮》殘本　41

《周易注疏校勘記》與盧文弨《周易兼義》校本關係補考

插頁圖十一　國家圖書館藏佚名錄盧文弨校跋本《周易兼義》　99

插頁圖十二　《周易注疏校勘記》稿本（卷一，第 2b—3a 頁）　　104

插頁圖十三　《周易注疏校勘記》稿本（卷一，頁 8b—9a）　　107

插頁圖十四　《周易注疏校勘記》稿本（卷八，頁 15b—16a）　　107

關於宋蜀大字本《孔氏家語》及其衍生版本的考察

插頁圖十五　日本國立公文書館藏明末毛氏汲古閣刻本《孔氏家語》　　237

插頁圖十六　清光緒二十四年貴池劉世珩玉海堂刻本《孔氏家語》　　237

插頁圖十七　日本國立公文書館（左）、遼寧大學圖書館（右）藏清吳郡寶翰樓印本《孔氏家語》内封　　239

插頁圖十八　東京大學綜合圖書館藏本（左，島田翰舊藏，無寶翰樓内封）、日本國立公文書館藏本（右，有寶翰樓内封）　　240

插頁圖十九　浙江大學圖書館藏孫詒讓校本《孔氏家語》　　242

插頁圖二十　光緒初上海同文書局石印本《孔氏家語》　　243

插頁圖二十一　光緒十八年上海掃葉山房石印本《孔氏家語》　　244

黑水城出土《薛仁貴征遼事略》刊本殘葉綴合與初步研究

插頁圖二十二　《薛仁貴征遼事略》刊本殘葉，M1·1260〔F209：W2〕　　252

插頁圖二十三　《薛仁貴征遼事略》刊本殘葉，M1·1261〔F209：W3〕　　252

插頁圖二十四　《薛仁貴征遼事略》刊本殘葉，M1·1262〔F209：W4〕　　252

插頁圖二十五　《薛仁貴征遼事略》刊本殘葉，M1·1260〔F209：

　　　　　　W2〕(左)＋M1・1261〔F209：W3〕(右)　　254

跋周廣業未刊稿《讀相臺五經隨筆》

插頁圖二十六　中國國家圖書館藏《讀相臺五經隨筆》稿本　266
插頁圖二十七　上海圖書館藏稿本《吳兔牀日譜》(左)、中國國家圖
　　　　　　書館藏稿本《白虎通義校稿》(右)　272
插頁圖二十八　上海圖書館藏莊述祖校本《白虎通》　275

序

　　張學謙《經書版本與經典校勘》一書將問世，來函囑序。學謙與余皆滕人。2009年南京師範大學王鍔教授來信，介紹一位推薦免試研究生，說是近年最好的一位，我的滕州老鄉。這一屆我招收了兩位研究生，張學謙和李寒光。寒光則是河北大學時永樂先生的得意門生，放棄推薦免試機會，考來山東大學。2010年他們研究生入學，馬上參加了國家清史纂修項目《清人著述總目》。這是古典目錄編纂上的大工程，抄寫卡片一百三十萬張，合併重複，取長補短，分類排纂而成。當時工作進入後期，他們分領集部小說類、戲曲類。大體説來，是比較難辦的兩類。他們雖然新上手，但是基礎厚，態度嚴謹不苟，很快成爲骨幹。正是通過這個集衆家書目而成新目的編纂過程，他們的目錄學過關了。那是什麽概論都不能替代的學術實踐。《清人著述總目》著錄清人著作二十二萬餘種，全部錄入電腦表格。我們十選一，得二萬種，構成了國家新修《清史》的《藝文志》（後來清史纂修委員會改名《典籍志》）。《清人著述總目》是人工合併的，各家書目著錄參差，書名容有同異，著者或有詳略，以致同書同版，表述不一，合併工作無法徹底。錄入電腦表格後，杜以恒把文件按著者拼音重排一遍，又按書名拼音重排一遍。其著者同者聚於一處，書名同者聚於一處。項目組同人一條一條考辨究竟是一書還是兩書。倘爲一書，則係同書異名；倘爲一人，則係姓名與字號分歧；倘二者均不是，則不是書名錯誤,就是著者錯誤。這樣的考辨,對發現隱藏的錯誤,認識各家書目的特點和水平高下,都是絕佳的機會。這個考辨的工作,主要是學謙、寒光做的,合併條目二千有餘。

《清人著述總目》《清史·藝文志》編纂過程中,以及初稿完成後,我們應邀做了若干古籍整理工作,這批成果由上海古籍出版社出版,責任編輯是余鳴鴻等同志。這當中有部《靜嘉堂秘籍志》,部頭大,分工點校,互相復核,在暑假完成。最後定稿是我和程遠芬、張學謙、李寒光四人。前言由我和學謙、寒光合作,其實是他們每人起草一段,我來改定的。起草的過程,對他們來說,並不能得心應手。作爲碩士研究生,他們的基本寫作技巧得到了一定的訓練提升。我們共同的追求是措辭嚴格,很注意拿捏分寸。

2012年1月山東大學文史哲研究院、山東大學儒學高等研究院、山東大學儒學研究中心、山東大學《文史哲》編輯部奉命合組爲新的山東大學儒學高等研究院。院長許嘉璐先生,執行副院長王學典教授。學校注入了科研資金。學典院長在山東大學全校發佈公告,徵集儒學項目。最後從一百幾十個項目中,經過學術委員會討論投票,遴選設立了四十九個項目,予以資助。我申報的"十三經注疏彙校"榮登榜首,成爲重大項目。3月學典院長召開啓動大會,邀請知名學者參會,提出了寶貴意見。我們在清史項目的老地方,山東大學中心校區老晶體樓南樓,開始了校經工作。特請劉曉東先生題寫了一塊匾"校經處",請人用一塊松木刻好,掛在牆上。從此這個房間有了正式堂號。這之前沒有堂號,大家叫它"編輯部"。若干年後我建了一個微信群,就叫"編輯部的故事"。參加過我的項目的同學,並不都是我的研究生,例如何朝暉教授的研究生幾乎都參加項目,我們不分彼此,多年來成了最親密的學術團隊,他們都在"編輯部的故事"微信群裏。

校經處工作的開端，是《尚書注疏彙校》。首先是查清楚重要版本，並且把版本源流捋清楚。我首先考慮《中華再造善本》影印的北京市文物局收藏的元刻明正德嘉靖遞修的十行本《十三經注疏》。因爲這是存世的最早的整套的《十三經注疏》。這個版本有正德修版，沒有找到全套。就是有，也很難獲得複製件。我和學謙、寒光三個人興致衝衝到了山東大學圖書館古籍部，古籍部的同志把一大套書用車推出來。我們一種一種翻看，這是平生第一次。以前都是從阮元《十三經注疏校勘記》中看"十行本"。別說是十行本，就是李元陽閩本、萬曆北京國子監本、崇禎毛氏汲古閣本、乾隆武英殿本，也都沒有真心實意仔細看過。可是，我們翻看十行本，越看心越涼。爲什麼？墨丁很多，缺筆少劃比比皆是，尤其是《禮記注疏》，大片墨塊，沒有字。根本不可能作爲底本。不得已，我們選擇了刻印精良的乾隆武英殿本作爲底本。天津圖書館李國慶先生慷慨允許掃描了，而且通過劉元堂介紹，模仿張元濟先生《百衲本二十四史校勘記》稿本，印製了一批紅格宣紙。可是，我們又發現，武英殿本合併了疏文，合併了音義，删去了每段疏文開頭的"起訖語"，作爲底本，是不合格的。於是又選擇了格式沿用十行本、雕版整齊、文字規範的萬曆北京國子監本作爲底本。在這個反復討論的過程中，學謙、寒光是主要的討論者。我是怎樣走上《十三經注疏彙校》道路的，他們是最瞭解情況的共同的開拓者。

2012年3月，學校人事部人才辦余向明同志打電話，建議我申報長江學者，這之前學校下過通知，我自以爲水平成績都不夠，沒有申報。既然領導動員，不能不知恩，所以答應申報。填表就請學謙辦。我説，我的主要工作兩條，一是跟隨王紹曾先生編纂《清史稿藝文志拾遺》，並進而主持國家清史纂修工程項目《清人著述總目》《清史·藝文志》。二是從事《四庫存目標注》，並因而應邀參加季羨林先生、劉俊文先生主持的國務院古籍整理出版規劃項目《四庫全書存目叢書》編纂。就填清代文獻研究、四庫存目研究，兩個領域的貢獻。至於今後的學術規劃，就填"十三經注疏彙校"，其他不要填寫了。學謙領會了我的意圖，把表填好了。根據要求，錄製視頻自我陳述八分鐘，也是學謙在校經處用他的手機錄製的。五月份得知長江學者入圍。接著電話答辯，獲得通過。前後就如做夢。

學謙非常仔細，他的電腦、手機，多少年就像新的一樣，書都是觸手如新。他和寒光座位在我的兩邊，有一次我翻查學謙的《書目答問》，都是小心翼翼的，不敢使勁壓平。

很快到了畢業，他們兩個考博士研究生，學謙考上了劉玉才教授的，寒光考上了漆永祥教授的，都去了學生們夢寐以求的北大。王學典院長開玩笑："你把好學生送走了，誰給你幹項目？"我也是捨不得，可是越是好學生，我們越要托他們一把，讓他們到更好的地方，這樣才能成為更好的人才。他們北上了，我這裏來了新同學，繼續校書，日復一日，年復一年。"鐵打的營盤流水的兵"，劉曉東先生這樣對我說。

弟子不必不如師，師不必賢於弟子。學謙、寒光完成學業，轉眼都成了大學老師，又成了學生的導師。一輩一輩，就是這樣傳承的。

學謙到北大讀博士研究生，恰好導師劉玉才教授主持阮元《十三經注疏校勘記》整理。學術界平時用的是嘉慶年間阮元在南昌刊刻的《十三經注疏》，這個本子用的底本基本上是元刻明正德嘉靖遞修本。每卷後頭附有阮元在浙江主持完成的《校勘記》。俞樾表揚的阮文達刻印的版本，附有校勘記，讀一本如遍讀數本，就是這個版本。可是，南昌本附的《校勘記》不全，刪去了大約五分之二。關於這一點，學者很少留意。劉玉才教授把《十三經注疏校勘記》全本拿來，帶領弟子做了整理，校勘了不同版本，加了新的校勘記。十三經每一種都加了詳細的研究性整理說明。我看了學謙的《周易注疏校勘記》整理說明，非常詳盡，多有創見，注釋一百多條，也可以説發揚了阮元精神，爲讀者提供了廣闊的學術空間。我們做學問，假如對讀者無用，就是孤芳自賞。阮元的學術工作，則是爲讀者服務的。我和劉玉才教授也許不謀而合，都做了這樣的學術公益事業。學謙從山東大學到北京大學，都與校經打交道，真正是無縫銜接，大有如魚得水之概。他的一系列論文，多是參加大型科研課題過程中的學術心得，自然流淌，不吐不快。其中精義，自非苦吟詩人可比。結集出版，有如盧文弨《抱經堂文集》、顧千里《思適齋集》，信可造福學界，傳之久遠。臨文感慨，無復倫次，海内同道，知者諒之。

公元 2025 年 3 月 2 日滕州杜澤遜序於山東大學槐影樓。

"岳本"補考

所謂"相臺岳氏"九經三傳,前人皆以爲南宋岳珂所刻,經張政烺考證,始知此岳氏乃元代宜興岳浚。張氏《讀〈相臺書塾刊正九經三傳沿革例〉》一文於"岳本"之刊刻年代、刊刻者、所刻經數、底本來源等問題考證精詳,可謂定論。①然張文畢竟以《九經三傳沿革例》爲中心進行考察,仍有一些"岳本"的問題需要補充研究。

一、天禄琳琅八經之流傳

乾隆内府舊藏《周易》《尚書》《毛詩》《禮記》《左傳》《論語》《孝經》《孟子》八經,前人均視爲岳本。

《周易》《尚書》《毛詩》《禮記》《左傳》五經即"五經萃室"所藏,乾

---

① 張政烺《讀〈相臺書塾刊正九經三傳沿革例〉》,《張政烺文集·文史叢考》,北京:中華書局,2012年,第334頁。按:該文寫於1943年,但直到1991年才正式發表於中國大百科全書出版社《中國與日本文化研究》第1集。不過,其結論在趙萬里編寫的《中國版刻圖録》(1960年初版本,1961年增訂本)中已被引用,故在一定範圍内爲學界所知。此外,汪紹楹、翁同文、王世偉、崔文印、崔富章、李致忠等學者也曾先後撰文討論這一問題。其中汪、翁二文撰寫較早,且與張氏互不相謀。總體而言,仍以張文爲勝。參見虞萬里《誰率先考證出〈相臺岳氏九經三傳沿革例〉作者?》,《中國典籍與文化》2024年第1期。

隆四十八年(1783)以之覆刻。其中《左傳》見於《天禄琳琅書目》(前編)卷一,入藏較早,原與天禄琳琅各書一併庋藏於乾清宮昭仁殿。其後復得《周易》《尚書》《毛詩》《禮記》四經,乃於乾隆四十八年"撤出昭仁殿之《春秋》,以還岳氏五經之舊,仍即殿之後廡,所謂'慎儉德室'者,分其一楹,名之曰'五經萃室',都置一几。是舊者固不出昭仁殿,而新者亦弗闌入舊書中"(圖1)。①嘉慶二年(1797)十月,乾清宮大火,昭仁殿之"天禄琳琅"藏書及後廡"五經萃室"之岳本五經皆被焚毁。②《論語》《孝經》《孟子》則見於《天禄琳琅書目後編》卷三,乃嘉

圖1　清嘉慶三年重建昭仁殿之五經萃室(民國間所攝照片)

① ［清］高宗《五經萃室記》,《御製文二集》卷一四,《景印文淵閣四庫全書》本,第1301册,臺北:臺灣商務印書館,1986年。
② 劉薔《天禄琳琅研究》第一章《清宮"天禄琳琅"藏書始末》,北京:北京大學出版社,2012年,第28—35頁。

慶三年重建昭仁殿"天禄琳琅"後續入之"天禄繼鑑"書。①此三經現均藏於中國國家圖書館,其中《論語》《孝經》已經《中華再造善本》影印。

圖 2　清高宗御書《五經萃室記》圍屏(北京故宮博物院藏)

高宗《五經萃室記》(圖 2)云:

---

① 實際上,若以鈐印區分,則《春秋》原爲天禄琳琅前編之書,故僅鈐"乾隆御覽之寶"闊邊朱文大方印及"乾隆御覽之寶"朱文小方印;《周易》《尚書》《毛詩》《禮記》《論語》《孝經》《孟子》七經均爲"丙申(乾隆四十一年)以後所獲之書,别弆於御花園之養性齋,以待續入"(《五經萃室記》)者,故鈐印有"乾隆御覽之寶"朱文橢圓印、"天禄繼鑑"白文方印、"古希天子"朱文圓印等。只是後來《周易》《尚書》《毛詩》《禮記》四經於乾隆四十八年移入昭仁殿"五經萃室",並於嘉慶二年被焚毁,故未能與其他三經一併著録於《天禄琳琅書目後編》。在重建"天禄琳琅"時,《論語》《孝經》《孟子》被續入,並於副頁加鈐"五福五代堂古稀天子寶""八徵耄念之寶""太上皇帝之寶"三璽。

至於收藏家,則《易》《書》《詩》蓋同經七八家而略有異,(原注:《易》《書》《詩》三經皆有晉府書畫之印及徐乾學、季振宜、陳定書、李國壽、陳氏世寶、敬德堂諸印,《尚書》又有覃懷李氏印,蓋大同小異云。)藏《禮記》者四家,(原注:晉府書畫印、李國壽印、覃懷李氏印、敬德堂圖書印。)藏《春秋》者三家。(原注:宋本印、項氏萬卷樓圖籍印、季振宜印。)

現據乾隆武英殿翻刻岳本五經所摹藏印及《天禄琳琅書目後編》所載《論語》《孝經》《孟子》三書藏印,略考諸經流傳情況如下:

以印章位置判斷,李國壽藏印"李國壽印"朱方、"覃懷李氏"白方最早鈐蓋。《天禄琳琅書目後編》卷三"論語"條云:"覃懷李氏,宋參政李曾伯之後,見前。"[1]卷一"御題班馬字類"條云:"(李)曾伯字長孺,覃懷人,後居嘉興。"[2]蓋據籍貫推之。

《內務部古物陳列所書畫目録》第五卷著録"元李士行《江鄉秋晚圖卷》",有李國壽行書三行,署"覃懷李國壽",鈐"李國壽印"(朱文)。[3]此圖卷現藏臺北故宮博物院(插頁圖一),據何傳馨文,圖卷拖尾二十七則題詩經考訂,順序依次爲:陳深(1260—1344)、柯九思(1290—1343)、鄭元祐(1292—1363)、王時、李國壽、郭畀(1280—1335)、姚文奐(?—1348以後)、曹鑑(1271—1335)、趙由辰、薩都剌(約1300—約1350)、李淳、劉致(?—1328以後)、龔璛(1266—1331)等。其中龔璛題署元文宗天曆二年(1329),薩都剌

---

[1] [清]彭元瑞等撰,徐德明標點《天禄琳琅書目後編》,上海:上海古籍出版社,2007年,第435頁。
[2] [清]彭元瑞等撰,徐德明標點《天禄琳琅書目後編》,第387頁。
[3] 古物陳列所編《內務部古物陳列所書畫目録》第五卷,《中國歷代書畫藝術論著叢編》影印民國十四年(1925)鉛印本,第28b頁。

題據推知亦在此年,①則此前包括李國壽在内的數人,題詩時間當在同年或略早。

又朱存理《鐵網珊瑚》載《雷雨護嬰圖》諸家題咏,中有署"青畔李國壽"者。②同時見於《雷雨護嬰圖》《江鄉秋晚圖》的題咏者有李國壽、郭畀、曹鑑、龔璛四人。③至正二十六年(1366)二月十六日漢嘉楊基題《雷雨護嬰圖》云:

> 鄉先生題其卷者凡八人,而基之先大父處士府君、外祖中齋龔先生(按:即龔璛)手澤在焉。其六人,則響林陳先生者,先大父之忘年交;克明曹先生(按:即曹鑑)、天錫郭先生(按:即郭畀)、君輔青陽先生、用中俞先生、子泰堯先生,皆大父之友,而堯又先人授業之師也。……欲考題咏歲月,無所引據,撫卷燈下,徘徊久之。忽祖母驚視曰:"此予在京口時,汝祖嘗持以示我,其時汝父猶在襁褓,去今六十年矣。"④

以此推之,龔璛、曹鑑、郭畀的題咏時間大致在成宗大德十年(1306),李國壽同此。據以上所考可知,李國壽生於元初,元代中期主要活動於江浙一帶,應與上舉龔璛、郭畀、曹鑑等人有交游。據張政烺考證,岳浚刊刻九經三傳在大德(1297—1307)末年,⑤正與李國壽活動時代

---

① 何傳馨《元代書畫題咏文化——以李士行〈江鄉秋晚〉卷爲例》,《故宫學術季刊》第 19 卷第 4 期,2002 年,第 20—21 頁。
② [明]朱存理集録,韓進、朱春峰校證《鐵網珊瑚校證》,揚州:廣陵書社,2012 年,第 886 頁。據校勘記,"青畔"别本有作"清畔""清畔"者。按:《式古堂書畫彙考》(文淵閣《四庫全書》本)卷五三《畫二十二》亦集録此圖卷題跋,"青畔"作"清畔"。
③ 龔璛題咏僅據楊基題識,《鐵網珊瑚》及《式古堂書畫彙考》皆無録文,蓋流傳中失之。
④ [明]朱存理集録,韓進、朱春峰校證《鐵網珊瑚校證》,第 887—888 頁。
⑤ 張政烺《讀〈相臺書塾刊正九經三傳沿革例〉》,第 327—334 頁。

相同。又郭畀、鄭元祐等人均與岳浚有交往,①李國壽或亦如是。要之,岳本行世不久即爲國壽所得。《周易》《尚書》《毛詩》《禮記》《論語》《孝經》《孟子》七經皆其所藏。

"晉府書畫之印"朱方、"敬德堂圖書印"朱方、"子子孫孫永寶用"朱方皆明朱鍾鉉(1428—1502)藏印。《天禄琳琅書目後編》卷三引朱謀瑋《藩獻記》:"晉莊王鍾鉉,憲王之子,高皇帝曾孫,好博古,喜法書,刻《寶賢堂集古法帖》,今世所傳書畫多晉府章,即其人也。"②李國壽舊藏《周易》《尚書》《毛詩》《禮記》《論語》《孝經》《孟子》七經皆爲晉府所得。

"陳定書印"朱方、"陳氏世寶"朱方二印鈐蓋時間次之。檢《石渠寶笈》卷十"宋諸名家墨寶一册"有"陳定印""陳以御""陳定書印""陳氏世寶""陳定平生真賞"諸印。此外,卷二十二"歷代名繪一册"有"陳以御鑑定"印,卷四十四"元錢選秋江待渡圖一卷"有"陳定畫印"。《石渠寶笈》所載藏品時有陳氏藏印,乃知陳定字以御,富於書畫之收藏。

又顧復《平生壯觀》卷一"神龍蘭亭"條云:"金陵陳以御從太平曹氏得之。"③卷二"黄庭堅"條云:"《趙景道帖》……此季弟(按:即顧崧,字維岳)物,爲陳以御所豪奪。……壬申春復得一見,頓還舊觀,忽忽若昨日事,屈指不覺二十九年,已四易其主矣。"④徐乾學爲《平生壯

---

① [元]郭畀《郭天錫手書日記》"至大元年九月十三日",北京:古典文學出版社,1958年,第4b頁。[元]鄭元祐《遂昌山人雜録》,清嘉慶間桐川顧氏刻《讀畫齋叢書》本,第10b—11a頁。[元]鄭元祐《僑吴集》卷七《張吴令像贊(有序)》,明弘治九年(1496)刻本,第4b—5a頁。同書卷八《荆南倡和集序》《送岳山長序》,第1b—2a、15a—15b頁。參見張政烺《讀〈相臺書塾刊正九經三傳沿革例〉》,第327—334頁。
② [清]彭元瑞等撰,徐德明標點《天禄琳琅書目後編》,第434—435頁。
③ [清]顧復《平生壯觀》卷一,影印道光間蔣氏宋體精鈔本,上海:上海人民美術出版社,1962年。
④ [清]顧復《平生壯觀》卷二。

觀》所作序、顧復《平生壯觀引》均署康熙三十一年（1692），壬申即當此年，則陳定豪奪事在康熙二年。因知陳定爲明末清初江寧人。所藏有《周易》《尚書》《毛詩》《論語》《孝經》《孟子》六經。

《孝經》曾經武進唐辰（字良士）收藏，①"毘陵唐良士藏書"朱方、"晉昌祕笈記"白方、"唐"朱圓、"于辰"白方、"唐辰"白文、"良士"白文皆其藏印。唐氏與季振宜爲姻親，彭元瑞《知聖道齋讀書跋尾》卷二《盡忠錄跋》云："余獲見季滄葦所藏正德年初印《盡心錄》……有滄葦手跋。其夫人唐氏乃毘陵孝廉孔明父（按：唐宇昭字孔明，良士父）之女，荆川（按：唐順之）四世孫也。以是書見貽，朱墨皆荆川筆云。"②此《孝經》當亦爲唐辰贈予季振宜。

其後陳定舊藏六經均爲季振宜所得（其中《孝經》當得自唐辰）。季振宜《延令宋板書目》有"岳倦翁《周易》（三本）、《詩經》（六本）、《尚書》（三本）、《孝經》（一本）、《論語》（一本）、《孟子》十四卷（三本）"，③以藏印證之亦然。此後季振宜又得項篤壽萬卷堂舊藏《左傳》。

徐乾學所得有《周易》《尚書》《毛詩》《論語》《孝經》《孟子》六經。《傳是樓書目》經部天字上格："《周易注》上下經六卷，晉王弼注，《略例》一卷，唐邢璹注，《繫辭》三卷，韓康伯注。三本。"④當即岳本《周易》。

又傅增湘《藏園群書經眼錄》著録清金鳳翔校明末毛氏汲古閣本《十三經注疏》，其中《周易兼義》《毛詩正義》《論語注疏解經》爲"校岳

---

① ［清］葉昌熾撰，王欣夫補正《藏書紀事詩》（上海：上海古籍出版社，1999年，第182頁）卷二誤作"唐仁"。
② ［清］彭元瑞《知聖道齋讀書跋尾》卷二，《國家圖書館藏古籍題跋叢刊》影印清嘉慶刻本，第18a頁。
③ ［清］季振宜《延令宋板書目》，清嘉慶十年黄氏士禮居刻本，第1a頁。
④ ［清］徐乾學《傳是樓書目》，清吴氏拜經樓抄本。

刻本",皆有識語。①其中《論語》識語云:"康熙丁酉(1717)九月二十二日、二十三日兩日,借相臺岳氏所刻校於樂安志雅堂。"所校他本識語中,有"丙申(1716)冬日貯書樓主人質得東海《纂圖互注禮記》","玉峰徐氏以宋槧《春秋正義》質於樂安貯書樓"云云,所謂東海、玉峰徐氏皆指崑山徐氏。徐乾學已卒於康熙三十三年,質書者當爲徐氏後人。貯書樓主人爲長洲蔣杲,②其子蔣元益(1708—1788)官至兵部侍郎,有《志雅堂詩鈔》。③金氏校書時,元益尚幼,故知樂安貯書樓、樂安志雅堂爲蔣氏父子沿用之齋名。金氏未明言所校岳本是否亦爲徐氏質於蔣氏者,僅將此事拈出備考。

據上考可知,諸經遞藏情況如下:

《周易》《尚書》《毛詩》《論語》《孟子》:李國壽→晉府→陳定→季振宜→徐乾學→内府。

《孝經》:李國壽→晉府→陳定→唐良士→季振宜→徐乾學→内府。

《禮記》:李國壽→晉府→内府。

《左傳》:項篤壽→季振宜→内府。

二、現存岳本諸經

現存有"相臺岳氏刻梓荆谿家塾"木記、確然爲岳本者,僅有《周

---

① 傅增湘《藏園群書經眼録》卷一,北京:中華書局,2009年,第3—5頁。
② 〔清〕葉昌熾撰,王欣夫補正《藏書紀事詩》,第431—432頁。
③ 〔清〕李銘皖、譚鈞培修,馮桂芬纂〔同治〕《蘇州府志》卷一三七《藝文二》,清光緒九年(1883)江蘇書局刻本,第23a頁。

表 1 "天祿琳琅"藏岳本八經諸家藏印表

	李國壽	晉府	項篤壽	陳定	唐良士	季振宜	徐乾學
周易	"李國壽印"朱方	"晉府書畫之印"朱方、"敬德堂圖書印"朱方、"子子孫孫永寶用"朱方		"陳定書印"朱方、"陳氏世寶"朱方		"季印振宜"朱方、"滄葦"白方	"崑山徐氏家藏""朱長方、"乾學之印"白方、"健菴"白方
尚書	"李國壽印"朱方、"覃懷李氏"白方	"晉府書畫之印"朱方、"敬德堂圖書印"朱方、"子子孫孫永寶用"朱方		"陳定書印"朱方、"陳氏世寶"朱方		"季印振宜"朱方、"滄葦"白方	"崑山徐氏家藏""朱長方、"乾學之印"白方、"健菴"白方
毛詩	"李國壽印"朱方	"晉府書畫之印"朱方、"敬德堂圖書印"朱方、"子子孫孫永寶用"朱方		"陳定書印"朱方、"陳氏世寶"朱方		"季印振宜"朱方、"滄葦"白方	"崑山徐氏家藏""朱長方、"乾學之印"白方、"健菴"白方
禮記	"李國壽印"朱方	"晉府書畫之印"朱方、"敬德堂圖書印"朱方、"子子孫孫永寶用"朱方					
左傳			"項氏萬卷堂圖籍印"、"紫玉玄居寶"刻"白方、"美酒飲教微醉後,好華看到半開時"			"季印振宜"朱方、"滄葦"朱方、"季振宜字詵兮號滄葦""朱方、"木本"朱橢圓	

續 表

	李國壽	晉府	項篤壽	陳定	唐良士	季振宜	徐乾學
論語	"李國壽印"朱方、"單懷李氏"白方	"晉府書畫之印"朱方、"敬德堂圖書印"朱方、"子子孫孫永寶用"朱方		"陳定書印"朱方、"陳氏世寶"朱方		"季印振宜"朱方、"滄葦"白方	"昆山徐氏家藏"朱長方、"乾學之印"白方、"健菴"朱方
孝經	"李國壽印"朱方	"晉府書畫之印"朱方、"敬德堂圖書印"朱方、"子子孫孫永寶用"朱方		"陳定書印"朱方、"陳氏世寶"朱方	"毗陵唐良士藏書"朱方、"晉昌"白方、"唐/子辰記"連珠印（上朱圓,下白方）、"唐辰"白文、"良士"白文	"季印振宜"朱方、"滄葦"白方、"子/析"①、"季大斗印"白方	"昆山徐氏家藏"朱長方、"乾學之印"白方、"健菴"朱方
孟子	"李國壽印"朱方	"晉府書畫之印"朱方、"敬德堂圖書印"朱方、"子子孫孫永寶用"朱方		"陳定書印"朱方、"陳氏世寶"朱方		"季印振宜"朱方、"滄葦"白方	"昆山徐氏家藏"朱長方、"乾學"、"御史"朱方、"健菴"朱方

① 《天禄琳琅書目後編》誤作"子析"，今檢《中華再造善本》影印本，實作"子析"。

易》(中國國家圖書館藏)、《周禮》(臺北故宮博物院藏,殘本)、《左傳》(中國國家圖書館藏,卷十九、二十配他本;日本静嘉堂文庫藏,殘本)、《論語》(中國國家圖書館藏)、《孟子》(中國國家圖書館藏)五經。其中,《周易》爲四庫底本,《周禮》僅存殘本,《左傳》有兩部,均不全,《論語》《孟子》即上舉"天禄琳琅"舊藏。此外,《周禮》《禮記》還有少量殘葉存世,雖無木記,也可確認爲岳本。

(一)《周易》九卷《略例》一卷

中國國家圖書館藏(善7256),四册(插頁圖二)。該書民國間爲涵芬樓舊藏,《涵芬樓燼餘書録》著録。①藏印有"吴門周公瑕氏"朱長方、"六止居士"白方、"群玉山樵"朱方、"袁樞之印"白方、"袁伯應珍藏印"朱方、"翰林院典籍廳關防"滿漢文朱長方印、"海鹽張元濟經收"朱方、"涵芬樓"朱長方、"涵芬樓藏"白方。因知此本爲明太倉周天球、睢州袁樞舊藏,乾隆間入四庫館,藏於翰林院,爲各閣《四庫全書》據以抄録之本。②陳紅彦謂此本"卷三、六、十末葉有剜印處"。③有《中華再造善本》影印本。

(二)《周禮》十二卷

1. 臺北故宮博物院藏殘本(平圖009495)

蝴蝶裝,一册,存卷三二十八葉半,卷末有"相臺岳氏刻梓荊谿家塾"篆書十字亞形木記(圖3)。原爲民國國立北平圖書館舊藏(即所謂

---

① 張元濟《涵芬樓燼餘書録》經部,《張元濟全集》第八卷《古籍研究著作》,北京:商務印書館,2009年,第178頁。
② 張政烺已經注意到此點,《讀〈相臺書塾刊正九經三傳沿革例〉》云:"書中有'翰林院典籍廳關防'(按:'籍'當作'簿[籖]'),當是四庫館撥存之書,或即館臣所見之本耶?"
③ 陳紅彦《元本》,南京:江蘇古籍出版社,2002年,第132頁。

"平館書"),《北平圖書館善本書目》《中國善本書提要》等均著録。①此殘本亦見於《文禄堂訪書記》,②知爲民國間王文進售予北平圖書館者。

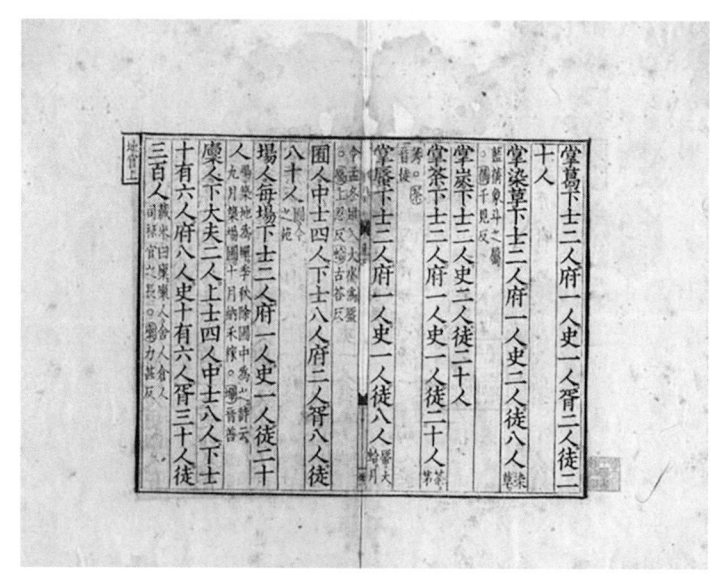

圖3　臺北故宫藏岳本《周禮》卷三《地官上》殘葉

2. 清華大學圖書館藏殘葉

存卷四第八葉(插頁圖三),爲宋元版零葉之一。2023年館員整理未編書時發現,推測是民國時購藏。③刻工"子"亦見於岳本《周易》《左傳》《論語》《孟子》,且與《四部叢刊》影印明翻岳本《周禮》字形微異,當爲元刊岳本。

---

①　趙萬里撰集《國立北平圖書館善本書目》,《舊京書影·北平圖書館善本書目》影印民國二十二年(1933)鉛印本,北京:人民文學出版社,2011年,第786頁。王重民《中國善本書提要》,上海:上海古籍出版社,1983年,第16頁。按:均誤作宋刻本。
②　王文進著,柳向春標點《文禄堂訪書記》,上海:上海古籍出版社,2007年,第15頁。
③　此承清華大學圖書館劉薔老師見告,謹致謝忱。

3. 原"滿鐵"大連圖書館藏殘葉

《舊京書影》收録卷四第二十葉左(圖 4),[1]刻工似爲"方"。《舊京書影提要》云:"宋刻零葉,行款與相臺岳氏刻五經同。舊清内閣書,見藏大連圖書館。"[2]似無卷末葉留存,故不知有無相臺木記。經與《四部叢刊》影印明翻岳本對比,雖無異文,但個别字形略有差異,零葉或亦爲元刊岳本。

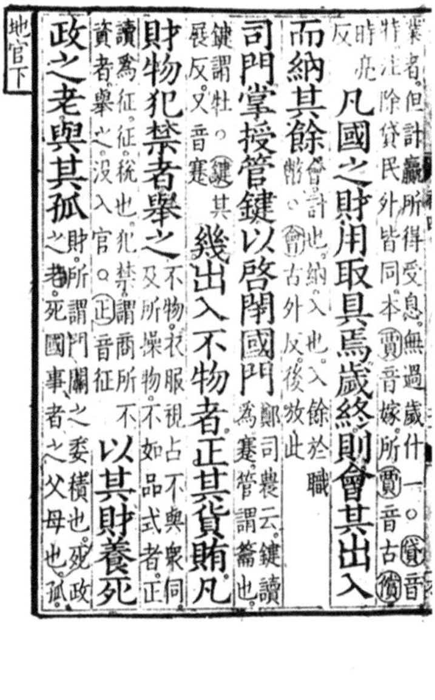
業者。但計贏所得受息。無過歲什一。貸音特。注。除貸民外皆同。本賈音嫁。所賈音古。貸音
時亮反　凡國之財用取具焉歲終則會其出入
而納其餘會計也。納入也。入餘於職幣。會古外反。後放此
司門掌授管鍵以啓閉國門鄭司農云。鍵讀爲蹇。管謂籥也。
鍵謂牡。鍵其展反。又音蹇　幾出入不物者正其貨賄凡
財物犯禁者舉之不物。衣服視占不與衆同及所操物不如品式者。正
讀爲征。征。稅也。犯禁。謂商所不賫者。舉之。沒入官。正音征　以其財養死
政之老與其孤財。所謂門關之委積也。死政之老。死國事者之父母也。孤
地官下

圖 4　岳本《周禮》卷四《地官下》殘葉(採自《舊京書影》)

① [日]倉石武四郎編拍《舊京書影》,《舊京書影·北平圖書館善本書目》影印日本東京大學文學部漢籍室藏品,第 125 頁。據橋本秀美所撰《出版説明》,《書影》的拍攝時間爲 1929 年。

② 《舊京書影提要》,原載《文字同盟》第 24、25 號合刊本,今據《舊京書影·北平圖書館善本書目》重排本,第 20 頁。

"滿鐵"大連圖書館並無專門的漢籍善本書目,僅有 1927—1938 年間陸續出版的《大連圖書館和漢圖書分類目錄》第 1—8 編及其追錄。其中,第 1 編追錄著錄:"《宋元殘編》,(民)楊獻谷編釘,民國 18,和大,74 葉。"①1937 年該館所編《第三十一回全國圖書館大會展覽圖書目錄》中也有:"《宋元殘編》,(民)楊獻谷編釘,民國一八。○宋元刊本ノ零葉ヲ蒐メタルモノ。"②島田好《本館所藏稀覯書解題》(二):"《宋元殘編》,宋元刊本零葉,七四枚。"③《舊京書影》所收岳本《周禮》殘葉大概就在其中。大連圖書館第一次大批收購中國古書是在 1929 年,主要是北京、山東藏書家的貴重書,④其中就包括海源閣舊藏的宋版《淮南子》等。⑤《宋元殘編》的編者楊獻谷當時在北京,與橋川時雄和擔任大連圖書館司書的松崎鶴雄均有交往。⑥1929 年,楊氏將宋元刊本零葉編成《宋元殘編》,當年便售予大連圖書館,《舊京書影》據以收錄。1945 年,日本戰敗投降,大連圖書館由蘇聯紅軍接管,其後部分善本藏書被波波夫調查團運往蘇聯,入藏莫斯科的蘇聯國立列寧圖書館,即現在的俄羅斯國立

---

① 《大連圖書館和漢圖書分類目錄》第 1 編追錄《總記》,大連:大連圖書館,1937 年,第 288 頁。按:該目收錄 1927 年 4 月 1 日至 1936 年 3 月 31 日入藏之書。
② 大連圖書館編《第三十一回全國圖書館大會展覽圖書目錄》,大連:大連圖書館,1937 年,第 2 頁。
③ [日]島田好《本館所藏稀覯書解題》(二),《書香》第 16 卷第 4 號,1944 年,第 23—26 頁。此外,《協和》第 13 卷第 19 號(1939 年 10 月)刊載過一些大連圖書館的照片,其中也有該書,可惜意在展示其豪華裝潢,故僅能辨識函套。
④ [日]大谷武男《大連圖書館沿革略史資料》,未刊稿,1948 年。轉引自王若《羅振玉與"八千麻袋"事件》,《中華讀書報》2011 年 7 月 20 日。
⑤ 冷錦繡《"滿鐵"圖書館研究》,瀋陽:遼寧人民出版社,2011 年,第 110 頁。
⑥ 楊獻谷《東瀛考古記》刊載於橋川氏所編《文字同盟》1928 年第 17 號。松崎柔甫(即松崎鶴雄)《丙寅三月遊燕京,與程白葭、楊獻谷、橋川醉軒諸公飲於大陸春,次白葭先生席上元韻》,《遼東詩壇》1926 年第 11 期,第 16b—17a 頁。

圖書館。①該《宋元殘編》不見於《大連圖書館古籍善本書目》(1986)及《大連圖書館藏古籍書目》(2009),②大概仍藏於俄羅斯國立圖書館。③

4."中研院"歷史語言研究所藏殘葉

民國間,史語所清理內閣大庫殘餘檔案,得《禮記》三葉(卷九《玉藻》第五至七葉)、《周禮》四葉(卷七《夏官上》第八至十一葉,刻工"王""圭")。雖皆殘葉,無木記可證,張政烺以其"楮如玉版,墨如點漆",且刻工"王圭"亦見於岳本《左傳》,故定爲岳本"原刻初印"。④

此外,傅增湘也曾藏有"岳刻《周禮》殘葉,宋白麻紙精印,字體方嚴,鋒稜畢存",⑤但具體卷葉不明。

(三)《禮記》二十卷

"中研院"歷史語言研究所藏,存卷九《玉藻》第五至七葉。

上述《周禮》《禮記》殘本、殘葉當皆出於內閣大庫,四館所藏《周

---

① [日]大谷武男《大連図書館・戰中から戰後まで》,未刊稿,1985年。轉引自富永孝子《大連・空白の六百日》,東京:新評論,1986年,第261—262頁。[日]大谷武男《大連図書館の終焉とその後》,《彷書月刊》第4卷第6號,1988年5月。此據冷錦繡《"滿鐵"圖書館研究》,第149—150頁。王雨《海源閣珍本流束記》,《王子霖古籍版本學文集》第3冊,上海:上海古籍出版社,2006年,第133頁。
② 大連市圖書館編《大連圖書館古籍善本書目》,大連:大連市圖書館,1986年。張本義主編《大連圖書館藏古籍書目》,桂林:廣西師範大學出版社,2009年。
③ 近年已有一些學者前往該館調查"滿鐵"舊藏書,但未提及該書。參見張雲《俄圖東方文獻中心藏原"滿鐵"大連圖書館藏書管窺》,《漢籍與漢學》2017年第1期,第125—134頁。鄭誠、張曉靜《俄羅斯國立圖書館藏海源閣宋元本六種》,《版本目錄學研究》第8輯,北京:北京大學出版社,2018年,第373—389頁。鄭誠《從大連到莫斯科——俄羅斯國立圖書館藏"滿鐵"大連圖書館漢籍的由來與現狀》,楊海崢主編《殊方天祿:海外漢籍收藏史研究論叢》第1輯,天津:天津人民出版社,2020年,第242—269頁。
④ 張政烺《讀〈相臺家塾刊正九經三傳沿革例〉》,第333、335頁。
⑤ [清]莫友芝撰,傅增湘訂補,傅熹年整理《藏園訂補郘亭知見傳本書目》卷二,北京:中華書局,2009年,第72頁。

禮》乃一本而星散者。清代內閣大庫所藏分爲六庫,其中禮、樂、射、御四庫爲檔案,書、數二庫爲書籍。宣統元年(1909)大庫屋壞,移藏於文華殿兩廡,淩亂不堪。張之洞奏請以大庫書籍設學部圖書館,成爲後來的京師圖書館、國立北平圖書館藏書的重要來源之一。當時曾委吴縣曹元忠(君直)、寶應劉啓瑞(翰臣)整理,①編有《内閣庫存書目》《内閣庫存殘本書目》《内閣庫存圖籍》等目録。②今檢此三目及《清學部圖書館善本書目》《京師圖書館善本簡明書目》,③均無岳本《周禮》《禮記》。此二書或是被盜出,或是於大庫檔籍移動散亂之時混於檔案之中,故未能隨大部書籍入藏學部圖書館。④大庫檔案於清亡後幾經轉手流散,現在主要保存在中國第一歷史檔案館、"中研院"史語所和中國國家博物館。⑤《周禮》卷三殘本流出後爲王文進收得,經其手賣與平圖,時間當在 1933 年(《北平圖書館善本書目》出版)之前。清華大學圖書館、原大連圖書館所藏《周禮》殘葉皆經民國時人編入

---

① 羅繼祖《庭聞憶略》,長春:吉林文史出版社,1987 年,第 45 頁。
② [清]劉啓瑞輯,蘇揚劍整理《北京大學藏〈内閣庫存書目〉三種》,《中國典籍與文化論叢》第 15 輯,2013 年。
③ [清]繆荃孫編《清學部圖書館善本書目》,民國元年(1912)上海國粹學報社排印《古學彙刊》(第一編)本。[清]江翰重編,[日]高橋智整理《京師圖書館善本簡明書目》,見《關於〈京師圖書館善本簡明書目〉及其稿本》,《中國典籍與文化論叢》第 15 輯,2013 年。
④ 曹元忠致繆荃孫函云:"内閣大庫見存書籍,内多宋、金、元舊槧舊鈔,太半蝴蝶裝者,沈霾歲久,已爛脱散絶,亟宜收拾。而當事諸公,頗有子夏之憾。刻下由定興(按:鹿傳霖)派受業檢,始議編目,以繼張萱。受事以來,辰入酉出,僅止月餘,得宋、元槧百餘種,未及筆記。尚有數十種,榮相催迫不已,亟於要領,閣中同事於斯道本自茫然,遂爾送去。致宋、金、元舊槧尚未記全,何論舊鈔。"(顧廷龍校閱《藝風堂友朋書札》(下),《中華文史論叢》增刊,上海古籍出版社,1981 年,第 985—986 頁)可見當時所錄内閣庫存三目尚有闕漏。然其後之《清學部圖書館善本書目》《京師圖書館善本簡明書目》亦未著録,故不影響此推論。
⑤ 徐中舒《再述内閣大庫檔案之由來及其整理》,《徐中舒歷史論文選輯》,北京:中華書局,1998 年。李守義《清内閣大庫明清檔案播遷紀略》,《紫禁城》2012 年第 2 期。

宋元零葉集後售出,①其餘《周禮》《禮記》殘葉則隨檔案播遷,藏於"中研院"史語所。

(四)《春秋經傳集解》三十卷《春秋名號歸一圖》二卷《年表》一卷

1. 中國國家圖書館藏本(善7934)

三十二冊。該本清末藏於臨清徐坊處,其後各冊分散,爲周叔弢自庚午(1930)春至丁亥(1947)正月陸續收得,②後捐北京圖書館(今中國國家圖書館),《中國版刻圖錄》收錄,《中華再造善本》影印。各卷末多有相臺木記(插頁圖四)。③檢藏印有"玄同子邵桂子一之父章"、"睦邵桂子"白方、"桂子"白方、"邵伯子"白方、"壽樂老人章"白方、"雲間壽樂行窩"朱方、"壽樂行窩"朱方、"壽樂"、"壽樂堂"亞形印、"玄同/邵子"連珠印、"玄同"橢圓印、"玄同"鼎爐形印、"玄之又玄"朱方、"守吾玄"朱長方、"天光雲影"朱方、"甲戌/辛未己未/甲子"朱文亞形印(以上邵桂子印),"徐健菴"白方、"乾學"朱方(以上徐乾學印),"浦祺之印"白方、"浦氏揚烈"白方、"浦玉田藏書記"朱白文相

---

① 拙文最初發表時曾推測"滿鐵"大連圖書館的岳本《周禮》殘葉來自羅振玉,現在看來是錯誤的。首先,大連圖書館所藏檔案爲清内務府檔案,而非内閣檔案,且入藏時間爲1943年(王若《羅振玉與"八千麻袋"事件》),兩者毫不相關。其次,羅振玉將從同懋增紙店購回的内閣大庫檔案轉賣給李盛鐸後,又於京津陸續收得約萬斤(何福謙《大庫舊檔整理處緣起》)。1928年冬,羅振玉遷居旅順(羅繼祖《庭聞憶略》,第102頁),檔案亦隨之遷移。1934年,成立"大庫舊檔整理處"。1936年整理完成後,檔案運往奉天圖書館存放。1958年,移交第一歷史檔案館。總之,羅振玉所藏内閣大庫檔案未曾進入過大連圖書館,此前的推測應予推翻。2024.5.1補記。
② 詳此本第一册、第二册前周叔弢五跋,跋文亦見李國慶編著、周景良校定《弢翁藏書年譜》,合肥:黄山書社,2000年,第46—47頁。
③ 其中卷三、十、十二、十三、十四、十六、三十末葉刻滿,卷二十三餘一行,卷二十一、二十二餘二行,空間不足,故未刻木記。

間方印、"浦伯子"朱文橢圓印、"留與軒浦氏珍藏"朱方(以上浦祺[1733—1795]印),"袁印廷檮"朱方、"五硯主人"朱方、"五硯樓"朱長方(以上袁廷檮[1764—1810]印),"嚴杰借讀"白方(嚴杰[1764—1843]印),"定府珍藏"朱方、"曾在定邸行有恒堂"朱方(以上載銓[1794—1854]印),"古逸生"白方(印主不明)。

邵桂子,字德芳,號玄同、古香,淳安人。本姓吳,鞠於所養,因從其姓。南宋太學生,咸淳七年(1271)以博學宏詞登進士第,授處州教授。入元不仕,娶華亭曹澤之女,因家小蒸(今上海市青浦區西南部),爲斯文領袖者四十年,八十二卒。①戴表元曾爲"古睦邵德芳"(按:北宋宣和三年改睦州爲嚴州)撰《壽樂行窩記》,②知"壽樂行窩"等印亦邵氏藏印。"甲戌/辛未己未/甲子"之"辛未"乃其登進士第之年。邵氏印記均鈐於各卷末,且多在木記之上,部分藏印形狀爲與相臺木記類似的亞形、橢圓形等,如"壽樂堂""甲戌/辛未己未/甲子"等均爲亞形印記。邵氏入元後所居之華亭與宜興臨近,李致忠認爲"可能正是漢陽君岳浚延致的名德巨儒中的代表人物,參與校刻群經",當爲合理之推斷。③

---

① 周叔弢跋已指出"《天禄琳琅前編》著録元本《東坡集》,即其所藏也"(第二册書前)。邵氏小傳見題[宋]陳思編,[元]陳世隆補《兩宋名賢小集》卷三五四邵氏《慵菴小集》書前,《景印文淵閣四庫全書》本。[明]淩迪知《萬姓統譜》卷一〇三,明萬曆刻本。[明]徐象梅《兩浙名賢録》卷四六《文苑》,明天啓刻本,第28a頁。〔雍正〕《浙江通志》卷一八二,《天禄琳琅書目》卷六引鮑楹《雪舟詩序》。
② [元]戴表元《剡源戴先生文集》卷三,《四部叢刊初編》影印明萬曆刻本,第13b頁。
③ 李致忠《宋版書叙録》,北京:北京圖書館出版社,1994年,第181頁。然李氏以邵氏諸印爲"顯係刻書時鎸印的",且推測邵氏因"參與校刻群經,頗爲漢陽君岳浚所敬重,故總在牌記上方鎸印邵氏各氏墨記",則不免有誤。今檢《中華再造善本》影印本,邵氏印記均爲朱色,且刻本行格貫穿各印,故可排除影印本套色有誤的可能。上舉岳刻經書及下文静嘉堂藏岳刻《春秋》,相臺木記上均别無其他墨記,亦是一證。李氏撰叙録時所據或爲此本膠卷,故有此誤。

圖 5 《中華再造善本》影印中國國家圖書館藏岳本
《春秋經傳集解》配補卷十九、二十卷末

　　該本卷十九、二十末無相臺木記及邵氏等藏印，①僅首葉鈐"古逸生""曾在定邸行有恒堂"二印，大概是清代中期以後才配入。兩卷刻工（卷十九：袁、黃、吳、奎、武、鄭、高，卷二十：曹、吾、左、何、趙、于、劉、孫、吳、孟、文、馬、梁、朱、晏）與其他各卷不同，顯非岳本。經核，此二卷刻工與臺北故宮博物院藏元旴郡重刊廖本《論語》《孟子》、中國國家圖書館藏元刻《周禮》殘本（善 7923，卷三末有鐘形墨記，未經刻字）均無相同者，而字體頗似岳本，惟精整稍遜。②《北京圖書館古籍善本書目》《中國古籍善本書目》及《國家圖書館宋元善本圖錄》均定爲明刻本。③

---

① 卷二十末葉刻滿，岳刻原本當亦無木記。
② 元旴郡重刊廖本《論語》《孟子》已經《天祿琳琅叢書》（北平：故宮博物院，民國二十一年）影印，刻工亦見張麗娟《宋代經書注疏刊刻研究》第二章《經注附釋文本》，第 170 頁。國圖藏元刻《周禮》存卷三至六，行款、版式與岳刻《周禮》同，但"字體粗鬆，印工亦不精"（傅增湘《藏園群書經眼錄》，第 38 頁），與"白麻紙精印，字體方嚴，鋒稜畢存"的岳本"判然兩刻"（［清］莫友芝撰，傅增湘訂補，傅熹年整理《藏園訂補邵亭知見傳本書目》卷二，第 72 頁），參張麗娟書第 172 頁注。
③ 《北京圖書館古籍善本書目（經部）》，北京：書目文獻出版社，1989 年，第 90 頁。《中國古籍善本書目（經部）》，上海：上海古籍出版社，1989 年，第 240 頁。《國家圖書館宋元善本圖錄》第 2 冊，杭州：浙江古籍出版社，2019 年，第 660 頁。

2. 日本静嘉堂文庫藏本

存下半部十五卷，八册。其中卷十六至十八、二十三至二十六、二十九、三十爲元刊岳本，①餘以明翻本配補（與國圖配補卷非同版）。卷十七、二十四至二十六、二十九各卷末有木記。明沈巽、冒鸞，清黄丕烈、汪士鐘、汪憲奎、陸心源及陸樹聲父子等遞藏。鈐印有"三"朱方、"沈士稱"朱方、"沈士稱氏"白方、"滄浪漁隱"白方（以上沈巽印），"東敠子孫"白方、②"名山"白方、"吴氏之章"朱方、"大章"朱方（以上印主不明），③"冒鸞"朱方（冒鸞印），"汪士鐘印"白方、"閬源真賞"朱

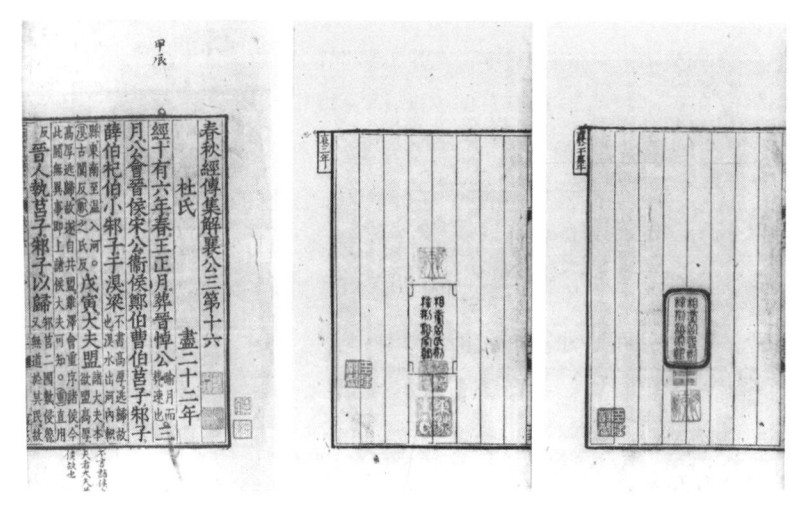

圖 6　日本静嘉堂文庫藏岳本《春秋經傳集解》
（採自《静嘉堂文庫宋元版圖錄・圖版篇》）

---

① 卷十六第二十四葉，卷十七第七葉，卷十八第四十一、四十二葉，卷十九第二十二、二十七、二十八葉，卷二十五第一、二葉，卷二十九第三十九至四十二葉亦以明翻本配補，參見《静嘉堂文庫宋元版圖錄・解題篇》，東京：汲古書院，1992年，第80頁。
② 《續古逸叢書》影印宋本《乖崖先生文集》亦同時鈐有"沈士稱氏""東敠子孫"二印，或"東敠子孫"亦沈氏藏印，存疑待考。
③ "吴氏之章""大章"疑爲宜興吴經印。吴經，字大章，吴克溫（1457—1519）父，王鏊有《送吴大章還宜興》詩。

方(以上汪士鐘印)、"憲奎"白方、"秋浦"朱方、"平陽汪氏藏書印"朱長方(以上汪憲奎印)、"臣陸尌聲"白方、"歸安陸樹聲叔桐父印"(以上陸樹聲印)。①

此書曾經黃丕烈收藏，當時卷一至六及卷十五尚存，卷十六以下與今存岳氏原本卷數同。蓋黃氏藏印僅鈐於卷首，後來隨卷佚失。《百宋一廛書錄》云：

> 其收藏圖書有"☰"一印、"沈士稱"一印、"滄浪漁隱"一印、"東敫父子"一印。卷下有墨書一行，云"吳興沈巽士稱題"，前所載圖書皆其印也。通體塗抹不堪，其於卷端標明云："凡抹朱，文章；青，義理；黃，辭命；墨，大綱。"……又有"大章"一印、"冒鷟"一印，是收藏家非評閱之人矣。②

按"沈士稱"即"沈士偁"。《畫史會要》卷四："沈巽字士偁，號巽翁，吳興人。山水宗吳廷輝，稍變其法，尤工雜畫。"③《吳興備志》卷二五"書畫徵第二十一"引《吳興畫苑》："沈巽字士偁，精於繪事。嘗爲曹孔章作《水晶宮圖》贈貝瓊，瓊作《水晶宮詩》。子孟均亦善畫。"④沈巽編有《皇明詩選》二十卷，洪武三十年(1397)刻本，卷端題"吳興沈巽士偁編集/文林郎前太常典簿吳郡顧禄謹中校選"，有洪武三十年建安曹

---

① [清]陸心源《皕宋樓藏書志》卷八(光緒八年陸氏十萬卷樓刻本，第2a頁)著錄藏印不全，且"沈士稱"誤作"沈士林"，"☰"(巽卦)誤作"坤卦"。《静嘉堂文庫宋元版圖録·解題篇》亦誤。[日]阿部隆一《日本國見在宋元版志經部》(《阿部隆一遺稿集》第一卷《宋元版篇》，東京：汲古書院，1993年，第331—332頁)著錄藏印最詳，但亦沿陸氏"沈士林"之誤。
② [清]黃丕烈《百宋一廛書錄》，民國二年烏程張氏刻《適園叢書》本。
③ [明]朱謀垔《畫史會要》，《景印文淵閣四庫全書》本。
④ [明]董斯張《崇禎〔吳興備志》，《景印文淵閣四庫全書》本。

孔章序、雋李貝季翔（按：即貝翱，瓊子）序及沈氏自跋，沈跋後附刻"水晶宮""沈士儁氏""滄浪漁隱"三印。① 知沈巽爲明初湖州人，"㠯""滄浪漁隱"皆其藏印。又此本書衣有韓應陛手書題記："咸豐八年六月朔日得之蘇州黃氏滂喜園。"知此《皇明詩選》亦曾爲黃丕烈收藏，宜黃氏知其人也。

冒鸞，字廷和，號復齋、東皋，如皋人。弘治六年進士。汪憲奎，字秋浦，長洲人，汪士鐘族人。② 又書眉有手書評注，傅增湘謂"審其筆勢，當是元人"，③ 以黃氏《書錄》觀之，當即沈巽所批。汪士鐘《藝芸書舍宋元本書目》云"岳板，零配覆本，三十卷"。④ 按黃氏收藏時尚未以明翻本配補，而今日所見配補卷均有汪氏藏印，知爲汪氏補齊。至清末，陸心源《皕宋樓藏書志》僅著錄卷十六以下，餘皆佚失。

（五）《論語集解》十卷、《孟子》十四卷

《論語》（善 12350，二冊）、《孟子》（善 12351，六冊）二經皆藏於中國國家圖書館，遞藏情況已見於上文。《論語》多葉殘損，版心題"語幾"。序後、卷一、三、四、五（卷末餘四行）、六、七、八（卷末餘兩行）、九末均有木記（插頁圖五）。有《中華再造善本》影印本。

《天祿琳琅書目後編》卷三著錄二書，其中《論語》明言"每卷末印記'相臺岳氏刻梓荆溪家塾'"，《孟子》則僅云"岳珂荆溪家塾所刻"，未言木記之有無。故張政烺謂"若《孟子》亦無相臺木記，疑與《孝經》

---

① "國家"圖書館特藏組編《國家圖書館善本書志初稿·集部（四）》，臺北："國家"圖書館編印，2000年，第 87—88 頁。
② 參林申清《中國藏書家印鑒》，上海：上海書店出版社，1997年，第 162—163 頁。
③ 傅增湘《藏園群書經眼錄》卷一，第 58 頁。
④ 汪士鐘《藝芸書舍宋元本書目》，《叢書集成初編》排印本，北京：中華書局，1985年，第 3 頁。

爲同類,惜乎若存若亡,不可考驗矣",①誤以《孟子》無木記,非岳本。今檢此本膠卷,凡十四卷,六冊,除卷八(末葉刻滿)外,序及各卷末均有相臺木記(插頁圖六)。版心刻"孟幾"。書前《孟子題辭》頗有殘損,未印入《中華再造善本》。

現存岳本(《周易》《周禮》《左傳》《論語》《孟子》)刻工(表2),如何永言見於元大德間刻《磧砂藏》(刊於平江路磧砂延聖寺),朱子成、趙堅、葉子明、翁天祐、王圭見於元前至元中後期刻《普寧藏》(刊於杭州路餘杭縣普寧寺),②可證張政烺所考確爲不刊之論。

表2 現存岳本刻工表

周易:子、方、毛、范、孫、杞、祀、章、張、王、拱、葉、弓、子明、圭、仲明、趙堅(趙、堅)、翁福(翁)。③
周禮:王圭刊(王、圭)、守中、淩、史、忠、顧、吳、伯恭、金拱(金、拱)、何永言(何、永、言)、永言。④
左傳:葉子明(葉、子明)、王圭(王、圭)、翁、子、方、范、朱、拱、李、翁壽昌、仁、趙堅(趙、堅)、日新、日、忠、盛忠、盛允忠、翁天祐(天祐)、朱子成(子成)、拱昌、馬良、奇、才、陳大有(陳)、淩、李生、毛。⑤
論語:子、范、拱、翁福(翁)、王圭刊(圭)、何、永言(永)、王、方、仁。⑥
孟子:范、翁、天祐、王圭刊(王、圭)、伯恭(伯、恭)、史、張守中(張、守中、中)、淩拱刊(淩、拱)、子、金、從善(從、善)、何、永、永言。⑦

---

① 張政烺《讀〈相臺書塾刊正九經三傳沿革例〉》,第335頁。
② 據李富華、何梅《漢文佛教大藏經研究》(北京:宗教文化出版社,2003年)第七章第三節(第266—267頁)、第八章第一節(第335—337頁)所錄《磧砂藏》《普寧藏》刻工。按:張政烺誤以朱子成爲《磧砂藏》刻工。
③ 據《中華再造善本》影印中國國家圖書館藏元相臺岳氏刻《周易注》,並參考《涵芬樓燼餘書錄》之著錄。
④ 據王文進《文祿堂訪書記》卷一(第15頁)及臺北故宮博物院圖書文獻數位典藏資料庫(https://rbk-doc.npm.edu.tw/npmtpc/npmtpall?ID=76&SECU=2116413052&PAGE=rbmap/2ND_rbmap&VIEWREC=rbmap;96@@1660227053♯JUMPOINT)之著錄。
⑤ 據《中華再造善本》影印中國國家圖書館藏元相臺岳氏刻《春秋經傳集解》。
⑥ 據《中華再造善本》影印中國國家圖書館藏元相臺岳氏刻《論語集解》。
⑦ 據中國國家圖書館藏元相臺岳氏刻《孟子注》膠卷。

三、天禄琳琅舊藏《孝經》的刊刻年代

《天禄琳琅書目後編》著録《孝經》,謂"亦岳珂荆谿家塾刻"。張政烺《讀〈相臺書塾刊正九經三傳沿革例〉》則云:"《孝經》今歸建德周氏……雖非岳刻,確出廖本。"①

《孝經》民國間爲周叔弢所得,民國十七年影刻,其後又用珂羅版影印,卷末確無木記。《四部叢刊初編》初版影印繆荃孫藏傳是樓影抄本,二次印本則改用周叔弢藏元刻本。二本皆傳是樓故物,現均藏於中國國家圖書館(善 7942、善 7943),影抄本即從刻本出,但於卷末臆添相臺木記(插頁圖七)。張政烺考證云:

> 天禄舊藏《孝經》今歸建德周氏者,行款字體雖似岳本,而卷尾無牌記,每葉欄外無耳題爲異。《天禄琳琅書目續編》按藏書印記《論》《孝》《孟》三書多相同,知流傳出一家,因定爲岳版,實則未碻。今考其版心所記刻工爲"翁"與"壽昌"二種。按世綵堂《韓文》刻工有"翁壽昌",屢見不鮮,亦或分離姓名爲"翁"與"壽昌",其簽字體式與《孝經》完全相同,因知此《孝經》出於廖刻,其原本必翁壽昌一手雕成也。相臺、旴郡重刻廖氏各經,版框外皆有耳題,必廖本本來如此。又廖刻《左傳》每卷後有牌記,此皆無之。廖刻韓柳文版心下方分二層,下記刻工,上刻"世綵堂"三字,所開《九經》當亦如此。此《孝經》刊工上層界格雖存,而無

---

① 張政烺《讀〈相臺書塾刊正九經三傳沿革例〉》,第 335 頁。

"世綵堂"三字，且宋諱全不避，故不敢定爲廖刻原本。①

今按廖氏世綵堂刻《昌黎先生集》刻工確有"翁壽昌"，或作"壽""翁"等（圖 7：1A—1D）。②然岳本《春秋》卷二、卷五、卷六首葉刻工均爲"翁壽昌"（圖 7：2A—2B），亦有單作"翁"者，簽字體式有二，一與《孝經》同（圖 7：2C 與 3A），一與《論語》同（圖 7：2D 與 4）。與《孝經》同者爲翁壽昌，與《論語》同者爲翁天祐（圖 7：2E）。《春秋》既爲岳本無疑，則不得以翁壽昌與刻《孝經》而否認其爲岳本。廖刻《九經》當在宋咸淳間，去大德末不過四十年上下，翁壽昌或併與廖本、岳本之刻。

又上文所列岳本各經，並非每卷末均有木記。如《春秋》卷二十三末餘一行，卷二十一、二十二末餘二行，均無木記。《孝經》全書十六葉，卷末正文與尾題"孝經一卷"間僅餘一行，或因空間逼仄而未刻。且《孝經》亦有李國壽藏印，李氏所藏他經均爲岳本，《孝經》當亦如是。

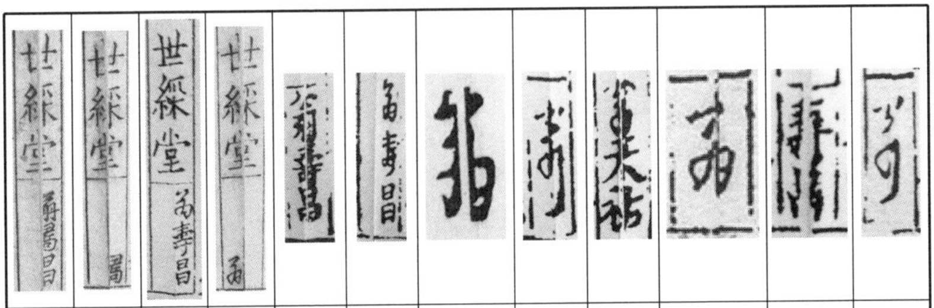

1A 昌黎先生集卷一葉二	1B 昌黎先生集卷一葉四	1C 昌黎先生集卷五首葉	1D 昌黎先生集卷三	2A 左傳卷二首葉	2B 左傳卷六首葉	2C 左傳卷九葉二十七	2D 左傳卷一葉十三	2E 左傳卷十二葉三	3A 孝經	3B 孝經	4 論語卷五葉四

圖 7 世綵堂本《昌黎先生集》及岳本《左傳》《孝經》《論語》刻工對比

---

① 張政烺《讀〈相臺書塾刊正九經三傳沿革例〉》，第 336 頁。
② 據《中華再造善本》影印中國國家圖書館藏宋咸淳廖氏世綵堂刻《昌黎先生集》。

覆刻本將原本刻工照刻,僅見於明正德、嘉靖以降復古風潮興起之後。《四部叢刊初編》影印明翻岳本《周禮》,"影覆工細,逼真原本,雖每卷末岳氏牌記不存,其版心所記刊工與靜嘉堂文庫所藏相臺《左傳》殘本同(如盛允忠、王圭、拱昌等,皆兩書互見),知確出於岳氏本也"。①臺北故宮藏岳本《周禮》(圖3),卷末有相臺木記,行款、版式、刻工確與明翻本(圖8)相同。王重民以原本校翻本,知翻本小注、音義多形似之誤。②除《周禮》外,未見有現存翻岳本將原本刻工照刻者。

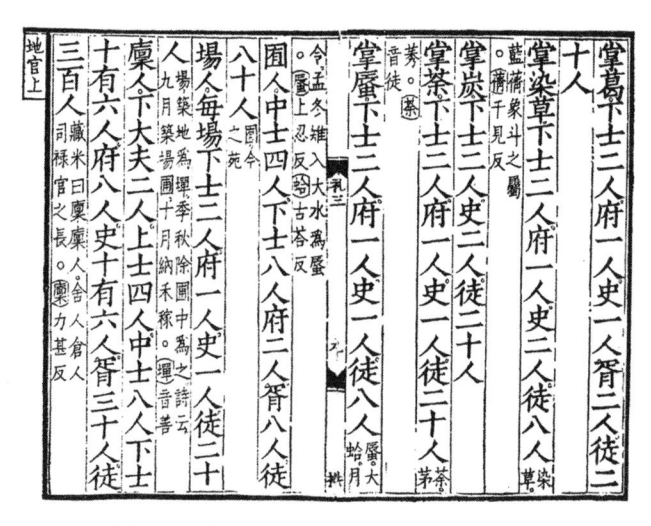

圖8 《四部叢刊初編》影印明翻岳本《周禮》

明翻岳本《春秋經傳集解》至少有五種:一爲黑魚尾,版心上方刻字數,中刻"秋×"及頁碼,下爲刻工名,版式與岳本原本近似,惟刻工有別,上舉國圖藏岳本配補之卷十九、二十兩卷即屬此本。餘皆爲白魚尾,版心刻"左傳卷×"及葉碼,無字數及刻工名,與原本不同,較易

---

① 張政烺《讀〈相臺書塾刊正九經三傳沿革例〉》,第335頁。
② 王重民《中國善本書提要》,上海:上海古籍出版社,1983年,第16頁。

識別。静嘉堂藏岳本配補卷及臺北故宫、加拿大不列顛哥倫比亞大學等藏本皆是如此(插頁圖八)。①郭立暄將白魚尾翻刻本劃分爲甲、乙、丙及天放菴刻本四種,甲本流傳較多,②加拿大不列顛哥倫比亞大學藏本即屬甲本。

《孝經》亦有明代翻刻本,白口,四周雙邊,卷末有"湯仁甫刻字"一行。③

四、《四庫全書》本《周易注》

《四庫全書總目》經部易類著録"《周易注》十卷,浙江巡撫採進本"。④《四庫總目》於其餘各經僅著録注疏本,惟易類著録此經注本,比較特殊。翁方綱曾爲此書撰寫分纂稿(圖9):

《周易注》并《略例》十卷

眉注:每節下圈外小注之音是岳氏所增,非王弼所爲也。注中間有音者,則在圈内。

謹按:《周易注》并《略例》,凡十卷,宋相臺岳珂刊本。每卷後

---

① 《護帙有道:古籍裝潢特展》,臺北:故宫博物院,2014年,第105頁。按:爲"天禄繼鑑"書。
② 郭立暄《中國古籍原刻翻刻與初印後印研究》,上海:中西書局,2015年,《實例編》第223頁,《圖版編》第78—80頁。按:郭氏將國圖藏岳本所配的明翻本視爲甲本,然配補的卷十九、二十均爲黑魚尾,版心上方有大小字數,更近於岳刻原本,屬於四種類型之外的别本。
③ 傅增湘《藏園群書經眼録》卷一,第76頁。瞿冕良以湯仁甫爲"清道光間刻字工人,刻過《黄仲則先生年譜》《孝經注》(翻刻荆溪家塾本)"(《中國古籍版刻辭典》[增訂本],蘇州:蘇州大學出版社,2009年,第265頁)。按:當爲同名之人,瞿説非是。
④ 《四庫全書總目》卷一《經部・易類一》,北京:中華書局,1965年,第2頁。

有"相臺岳氏刻梓荆谿家塾"十字亞形方印。每頁末皆有"某卦""某篇"字,是倒折舊式也。每半頁八行,行十七字。珂之自述謂,證以許慎《說文》、毛晃《韵略》,視廖氏世綵堂本加詳。今世綵堂本罕見,而岳氏此本之精善,應存以爲校核之資。其中縫書"易一""易二"之卷數,則通《九經》爲一書之式也。應先存此一部之目,以俟岳氏《九經》刻本彙於一處,而或刊、或抄之。纂修官翁方綱恭校。①

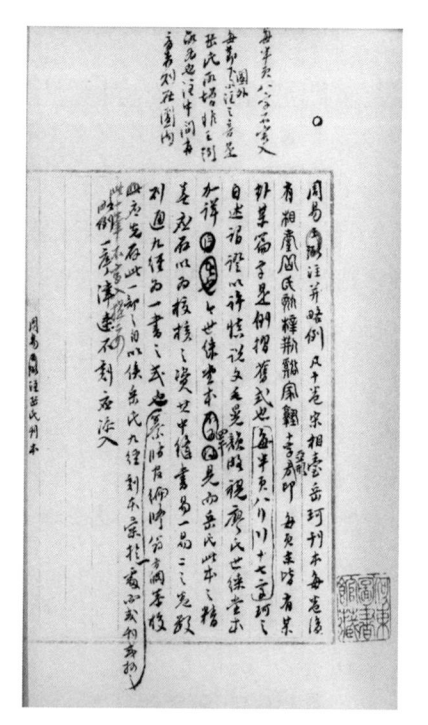

圖 9　翁方綱纂岳本《周易注》提要稿,澳門中央圖書館藏
(採自《翁方綱纂四庫提要稿》影印本[上海:上海科學技術文獻出版社,2000 年])

---

① [清]翁方綱撰,吴格整理《翁方綱纂四庫提要稿》,上海:上海科學技術文獻出版社,2005 年,第 1 頁。

翁氏所撰提要其後雖未被採用，而底本當即此岳本。文溯閣本書前提要（署"乾隆四十七年十一月恭校上"）與文津閣本書前提要（署"乾隆四十九年八月恭校上"）相同，較爲簡略。文淵閣本書前提要（署"乾隆四十六年三月恭校上"）頗詳，與《總目》提要亦有較大差異，後者蓋在前者基礎上復加删改而成。惟文淵閣本書前提要有涉及底本之處：

> 吴仁傑《古周易》稱弼以《繫辭》上下"傳"字，施之《說卦》前後二篇（原注：案仁傑主《隋志》《說卦》三篇之說，然今本從宋岳珂荆谿家塾本翻雕，《繫辭》以下實無"傳"字。）……弼及康伯注皆無音，此本之音全同《經典釋文》，疑岳珂采摭《釋文》散諸句下。今取便省覽，亦兼存之。

所謂"今本"非"此本"之意，此篇提要"今本"另凡四見，皆泛指當時通行之本，此處亦當如此。取文淵閣《四庫全書》本《周易注》與乾隆武英殿覆岳本略加比對，可知庫本確是據岳本抄錄，且未經校改，殿本改字之處在庫本中一仍岳本之舊。此岳本並非天禄琳琅所藏，而是經浙江巡撫採進，入四庫館之本。

孟森曾以涵芬樓藏岳本與鐵琴銅劍樓藏宋經注釋文本對校，撰《相臺本周易校記》。① 此《校記》有幾處失誤，今拈出如下。《校記》云：

> 歸妹卦首注"少陰而**承**長陽"，"承"十行本訛"乘"，阮校，宋本、古本、足利本作"承"，岳作"永"，亦"承"之誤。今檢岳亦作"承"，"承"字字體微與上下文不類，可知爲翻刻時就原板所修改，與原板相臺本不同。而武英殿翻岳本亦作"承"，後又無校語

---

① 孟森《相臺本周易校記》，《國立北平圖書館館刊》第10卷第3號，第119—124頁。

及之,又知武英殿刻相臺本,亦未必相臺原刻,恐與此修改之相臺同一本也……但小過九三注"小過之**世**",據阮校,十行作"世",岳作"時"。今此相臺本亦作"世",殿翻相臺作"時"而無校改之語,可知殿翻之祖本,正同阮氏所云,而此相臺本已屬翻刻校改矣。又既濟彖注"以既濟爲**象**者","象"十行誤作"安",阮校,岳亦作"安",而錢本、古本、足利本作"象",宋注疏本作"家","家"即"象"之誤云云。殿翻相臺則校此文云,"象",武英殿注疏本作"安"。是祖本又實作"象",而非阮氏所見之岳本。又歸妹彖注"嫁而系**姊**","姊"字原誤,殿翻校改作"娣",而十行阮校則云,岳同十行作"娣",宋注疏本及古本作"姊"。此亦同殿翻祖本,而異於阮據之岳本。又繫辭下"陰卦多陽"注"陰卦一陽",殿翻校改"一"作"二",十行作"二",阮無校語。此則今相臺本同殿翻祖本,阮或漏校,未能定其必與今本異也。總之,此相臺本與武英殿所祖之相臺本、阮文達所校之岳本,皆非一本。又宋諱全不避,可斷定爲宋以後一種翻刻。

今按:孟氏偶失檢殿本,如"承"殿翻岳本實作"永",此其誤一。阮元《周易注疏校勘記》所用"岳本"爲殿翻本,①偶有不合,乃因阮校失檢殿本考證(如"象"字、"姊"字),誤以改字爲原文,孟氏以爲阮校另據一岳本,並以此爲據進行推論,此其誤二。②孟氏所舉涵芬樓藏本與殿翻祖本不同之處,經核對,實際僅有兩處,即"少陰而承長陽"之"承"、"小

---

① [清]阮元《周易注疏校勘記》"引據各本目錄",清嘉慶阮氏文選樓刻本。
② 1928年東京文求堂影刊鐵琴銅劍樓舊藏宋刊經注附釋文本《周易注》十卷,後附孟森《宋本〈周易注〉附〈釋文〉校記》,其"逐句校勘"之卷五"必見侵食"條云:"阮所據之岳本乃用翻刻本,而又不觀其校記,殊誤。"孟氏1929年所撰之《相臺本周易校記》即與前説齟齬不合。

過之世"之"世"。①"世",武英殿注疏本作"時",翻岳本或據改而未出考證。②孟氏云"'承'字字體微與上下文不類",今以影印本觀之,未能分辨。"永"爲明顯誤字,或岳本後有挖改,或殿翻岳本誤刻,難以論定。

五、武英殿翻岳本及其再翻本

乾隆四十八年正月,高宗於昭仁殿后廡建"五經萃室"以貯岳本五經,並作《五經萃室記》以紀其事。③高宗隨即於正月内下旨,令永璇等"選員仿寫刊刻,並令校訂群經,别爲考證,附刊各卷之末"。至本年十一月,武英殿翻刻五經完竣,裝潢呈覽。④

其刊刻步驟是:先選派四庫館繕簽處的費振勳、羅錦森、王錫奎、王鵬、金應璥、胡鈺、吴鼎颺、孫衡、虞衡寶九人據岳本原本摹寫,⑤再交武英殿上版刊刻。武英殿翻岳本各卷末均於版匡外下方刻一長條狀書耳,内刻"内閣中書臣費振勳敬書""進士臣王鵬敬書""舉人臣金應璥敬書"等字樣。《周易》書前刻《五經萃室記》,各經前刻高宗爲各經所題詩。⑥翻刻本將原本所鈐包括天禄琳琅諸印在内的歷代藏印一

---

① 文淵閣《四庫全書》本《周易注》亦作"承""世",與此涵芬樓藏本同,可見確據此本抄録。
② 孟森《宋本〈周易注〉附〈釋文〉校記》"逐句校勘"之卷六"九三注小過之世"條云:"按,岳原作'世',殿翻岳本作'時'而無校語,則阮固未見岳原本,殿翻祖本亦非原本也。"此説誤同《相臺本周易校記》。
③ 《五經萃室記》見《御製文二集》(文淵閣《四庫全書》本)卷十四及武英殿翻岳本《周易》書前。《御製文二集》有注,未署時間。《周易》書前無注,末署"癸卯新正月上澣御筆"。
④ 《多羅儀郡王永璇等奏繕簽處費振勳等請旨分别議敘摺》,中國第一歷史檔案館編《纂修四庫全書檔案》,上海:上海古籍出版社,1997年,第1867頁。
⑤ 除了檔案開列的九人外,《春秋經傳集解》卷三末尚有舉人陳昶之名。
⑥ 五詩末均署"癸卯新正月御筆"。題詩亦見《御製詩四集》(文淵閣《四庫全書》本)卷九十四《題五經萃室岳珂宋版五經(有序)》,諸詩並有小注。

併摹刻,行款、版式、點畫一仍原本之舊(刻工未保留)。惟原本版心所標書名、卷數極爲簡略,如《周易》作"易幾",《春秋》作"秋幾"(亦有作"某[公]第幾"者),殿本改作"周易幾""春秋幾",並於版心上方加刻"乾隆四十八年武英殿仿宋本"十二字。①

　　高宗下旨時即令"校訂群經,別爲考證",但岳本考證似成於翻刻完成之後。以《春秋經傳集解》爲例,卷一考證:"十年,翬帥師會齊人、鄭人伐宋。注:明翬專行,非鄭之謀也。○'鄭之謀'當作'鄧之謀'……原本'鄭'字乃'鄧'字之訛,依殿本改正。"卷五考證:"十四年,沙鹿崩。注:平陽元城縣東有沙鹿土山。○案《晉書・地理志》元城屬陽平郡……原本及諸本訛作'平陽',今依殿本改正。"卷五考證:"獲晉侯以厚歸也。注:君將晉侯入。○案此乃秦伯自言,不當用'君'字,蓋係'若'字之訛,據殿本改。"卷七考證:"晉侯在外十九年矣。注:晉侯生十七年而亡,亡十九年而反,凡二十六年。○案,十七年、十九年合之得三十六,'二'字乃'三'字之訛,依殿本改。"正文均有明顯的挖改痕跡(圖10)。今檢《中華再造善本》影印岳本《春秋》,此四處均與未挖改前文字相同。

　　岳本考證參校之本有唐石經、北監本、汲古閣本(考證或稱"閣本")、武英殿本、永懷堂本等,且多參用毛居正《六經正誤》之說。岳本書前所附《春秋年表》《春秋名號歸一圖》則校以通志堂本,②並參考《欽定春秋傳說彙纂》。各條考證出文均爲岳本原文,凡經考證岳本有誤者,翻刻本均改字(即《五經萃室聯句序》所謂"較岳刻而掃葉無

---

① 葉數用字也有更動,如岳本《周易》卷一"廿二"至"廿五"葉,殿本改爲"二十二"至"二十五"。
② 《春秋年表》不著撰人名氏,《通志堂經解》誤附於《春秋名號歸一圖》後,"連爲一書,亦以爲馮繼先所撰"。參見《四庫全書總目》卷二六《經部・春秋類一》"春秋年表"提要,第214頁。

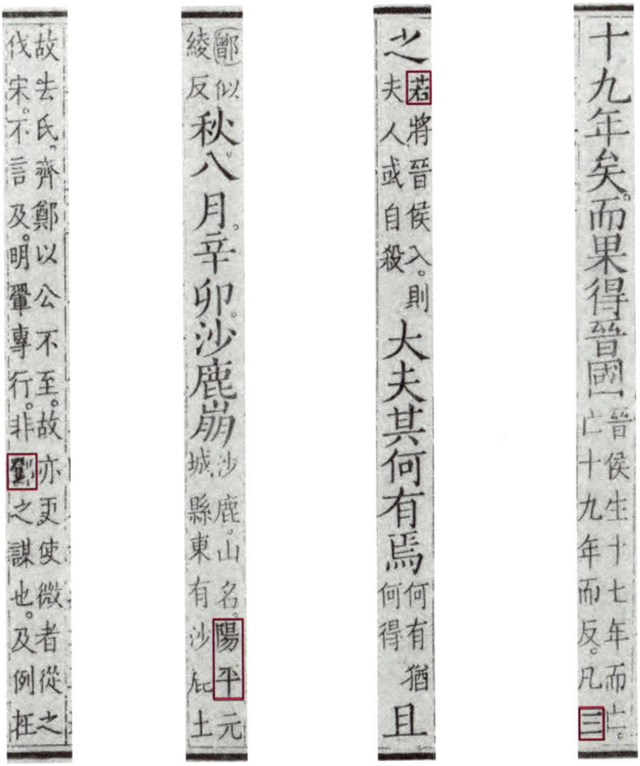

| 卷一隱公十年 | 卷五僖公十四年 | 卷五僖公十五年 | 卷六僖公二十八年 |

圖 10　武英殿翻岳本正文挖改痕迹

譌"①),且多有考證未明言改字而正文已改者。阮元校《十三經注疏》,岳本五經用武英殿翻刻本,即有因此而誤以翻刻改字爲岳本原文者。如岳本《周易·歸妹》象注"嫁而係姊",考證"諸本作係娣"云云,未明言改字,而武英殿翻岳本實作"係娣"。阮校云:"嫁而係娣,岳本、閩、監、毛本同。"誤信翻岳本,未核考證出文。

---

① [清]高宗《五經萃室聯句》(有序),《御製詩五集》卷一。

據《書目答問》，殿本有江南、貴陽、廣州、成都四種翻本，《補正》又有南昌熊氏影印本。《邵亭知見傳本書目》云："道光中，貴州、廣東皆有翻本。"《藏園訂補邵亭知見傳本書目》整理本錄佚名眉批三條："福建翻本有璽印而不精，近日印本尤漫漶。""江寧書局翻本無璽印，頗佳。""戊戌歲在京，見廠市各書肆俱有廠刊本五經，價十金一部，而印本漫漶，據説爲道光年間所印。"①

據此則翻殿本凡六：道光貴陽書局、道光廣州書局、成都書局、福建書局、琉璃廠、江南書局（即佚名眉批之江寧局）。光緒二年江南書局翻本與原殿本的差別主要是：一、版心無"乾隆四十八年武英殿仿宋本"字樣；二、卷端無李國壽、晉府、季振宜、徐乾學、天祿琳琅諸印；三、字體較殿本秀麗；四、卷末無書人姓名（如"進士臣王鵬敬書"等）（圖11）。中華書局影印《四部要籍注疏叢刊·尚書》，②其中岳本斷版與江南局本相同，則底本可知矣。更有甚者，此本竟將匡外書耳修掉。

六、結　　論

張政烺之後，學界對"岳本"一直缺乏深入細緻的版本研究。以往對"岳本"的認定，多着眼於相臺木記的有無，並無對刻工的全面梳理考察，藏印的著錄更是闕漏極多。而刻工、藏印恰恰是考察岳本刊刻時間、判斷是否岳本的重要因素。岳本刻工見於元大德間刻《磧砂藏》及前至元中後期刻《普寧藏》。收藏者李國壽、邵桂子均與岳浚同

---

① ［清］莫友芝撰，傅增湘訂補，傅熹年整理《藏園訂補邵亭知見傳本書目》，第3頁。
② 《四部要籍注疏叢刊·尚書》，北京：中華書局，1998年。

元相臺岳氏荊溪家塾刻本《周易》　　乾隆四十八年武英殿翻岳本《周易》
　　（中國國家圖書館藏）　　　　　　　　（臺北故宮博物院藏）

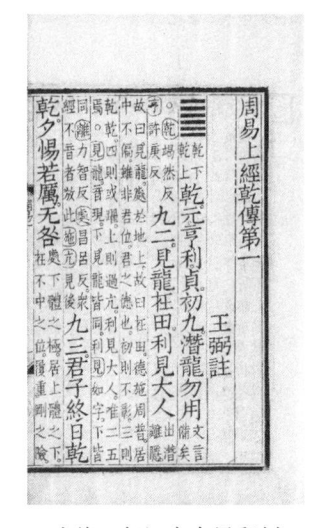

光緒二年江南書局翻刻
乾隆武英殿本《周易》

圖 11　岳本《周易》原本、乾隆翻刻本、光緒翻刻本對比

時,且所居臨近,很可能與岳浚有交往,皆足爲張政烺結論的重要佐證。天禄琳琅《周易》《尚書》《毛詩》《禮記》《論語》《孝經》《孟子》七經皆李國壽所藏,六經皆有木記,《孝經》雖無,仍可定爲岳本。如此則岳本原本現存《周易》《周禮》《春秋》《論語》《孝經》《孟子》六經。其中《周易》爲四庫底本,《春秋》爲邵桂子舊藏。《論語》《孝經》《孟子》爲李國壽舊藏,後入"天禄琳琅"者。《周禮》殘本、殘葉及《禮記》殘葉均爲内閣大庫舊藏。《尚書》《毛詩》《禮記》三經雖無原本存世,尚有乾隆武英殿翻刻本可供利用。殿翻本雖極力描摹原本,但有改字處,必須檢核卷末考證出文,以免誤以殿本改字爲岳本原文。今日研治版本之學,條件極爲便利,前人無法寓目的版本多經影印,衆多數據庫可供檢索,故而應該綜合利用文獻記載、藏印、刻工、文本校勘等手段,從細節考證入手,復原版本的真實情況。

(原載《中國典籍與文化》2015年第3期,收入《〈十三經注疏校勘記〉研究》[北京:北京大學出版社,2023年]時略有修訂,收入本書時又有增補,其中第二部分更動較多。)

武英殿仿相臺岳氏本五經出版説明

一、宋廖氏世綵堂九經

廖瑩中(?—1275)世綵堂九經刻於南宋理宗景定至度宗咸淳年間，①凡《周易》《尚書》《毛詩》《周禮》《禮記》《左傳》《論語》《孝經》《孟子》九種，②均爲經注附釋文本。周密《志雅堂雜鈔·書史》記其事云：

廖群玉諸書，則始於《開景福華編》……其後開九經，凡用十

---

① 張麗娟《宋代經書注疏刊刻研究》，北京：北京大學出版社，2013 年，第 161 頁。按：崔文印《相臺岳氏〈刊正九經三傳沿革例〉及其在校勘學上的價值》(《史學史研究》1986 年第 3 期)一文引周密《志雅堂雜鈔》二則，其一言廖氏"於咸淳間嘗命善工翻刻《淳化閣帖》……仍用北紙佳墨摹揭"，其二言廖刻九經"皆以撫州革鈔清江紙、選油煙墨印造"(按：引文有誤字)。崔氏根據"仍用"一詞，推測翻刻《淳化閣帖》時，九經已經刊刻完畢，從而將廖刻九經的完成下限定在咸淳初年。這一推論得到了一些學者的認可，如虞萬里《誰率先考證出〈相臺岳氏九經三傳沿革例〉作者？》(《中國典籍與文化》2024 年第 1 期)。不過，崔氏的推論實際上並不成立。周密《癸辛雜識·後集》"賈廖碑帖"條記載賈似道命婺州王用和翻開定武《蘭亭》，"以北紙古墨摹揭"。其後廖瑩中翻刻《淳化閣帖》《絳帖》等，摹榻所用亦據"北紙佳墨"，與定武《蘭亭》同，故《志雅堂雜鈔》有"仍用"云云，與廖刻九經無涉。且九經所用清江紙産於撫州，不可稱爲"北紙"。僅據現有材料，無法再將廖刻九經的時間段縮小。

② 張政烺《讀〈相臺書塾刊正九經三傳沿革例〉》，《張政烺文集·文史叢考》，北京：中華書局，2012 年，第 334 頁。

> 餘本對定,各委本經人點對,又圈句讀,極其精妙,皆以撫州單抄清江昂造,油烟墨印造,其裝飾至以泥金爲籤,然或者惜其删略經註爲可惜耳。①

廖氏九經乃據多種版本,經專家校勘、句讀而成,刻印精美、裝飾豪華。每卷末以篆文或八分字體刻"世綵廖氏刻梓家塾"刊記,作長方、橢圓、亞字等形,②與今存世綵堂刻本《昌黎先生集》《河東先生集》相同(插頁圖九),蓋爲廖氏刻書定式。至於"删略經註"的説法則不準確,廖氏有意删略者並非經注文字,而是陸德明《經典釋文》。③

廖刻《昌黎先生集》《河東先生集》書前均有《凡例》,述編校體例。九經亦附《九經總例》,詳辨諸本互異之處,分爲《書本》《字畫》《注文》《音釋》《句讀》《脱簡》《考異》,凡七則。④《九經總例》原書雖亦不存,但其内容保存在元人岳浚《相臺書塾刊正九經三傳沿革例》中,屬於鄭

---

① [宋]周密《志雅堂雜鈔》卷一,清道光間六安晁氏木活字印《學海類編》本,第 6a 頁。按:"開景"原誤"景開",據《癸辛雜識》改正。中華書局點校本《志雅堂雜鈔》據明抄本改爲"景定開《福華編》",亦通。然該書書名含開慶、景定年號,故仍以乙正爲佳。《文淵閣書目》著録"《聞景福華編》一部一册",即此書,惟"開"誤作"聞"。周密《癸辛雜識·後集》"買廖刊書"條亦記其事而文字略遜:"廖羣玉諸氏,則始《開景福華編》……九經本最佳,凡以數十種比校,百餘人校正而後成,以撫州草抄紙、油烟墨印造,其裝襯至以泥金爲籤,然或者惜其删落諸經注爲可惜耳。"闕"又圈句讀"一句。又"草抄"乃"單抄"形近之誤,元孔齊《静齋至正直記》卷二"白鹿紙"條云:"臨江亦造紙,似舊宋之單抄清江紙。"所謂"單抄"指抄紙時僅抄一次,幾種《癸辛雜識》點校本均未校正,故附識於此。
② [清]于敏中等著,徐德明標點《天禄琳琅書目》卷一《宋版經部·春秋經傳集解》,上海:上海古籍出版社,2007 年,第 7—8 頁。按:該書毀於清嘉慶二年乾清宫大火。
③ 張政烺《讀〈相臺書塾刊正九經三傳沿革例〉》云:"世人通常以書中之雙行夾注者爲注,音義綴於注文之末,周密遂混稱不別。"(第 321 頁)
④ [明]張萱等《内閣藏書目録》卷二《經部·九經總例》,民國《適園叢書》本,第 1b 頁。按:此目著録者應爲元旴郡翻刻本,然可反映廖本面貌。

樵所説的"書有名亡實不亡"者。廖刻原無《公羊傳》《穀梁傳》及《春秋年表》《春秋名號歸一圖》,故《總例》未及。岳氏既增刻四書,又於《沿革例》卷末著明補刻原委,不與《總例》原文相亂。①

據《九經總例》所述,可概括出廖本九經的幾個特點:

(一)廣羅衆本,精於校勘。《九經總例·書本》列所用版本二十三種,"專屬本經名士,反覆參訂,始命良工入梓"。《注文》《脱簡》《考異》三則中列有例證。

(二)經注均加句讀。自五代監本以來,官刻經書均無句讀。建本始仿館閣校書之式,添加圈點,但也僅及經文。廖本以前,僅有蜀中字本及興國于氏本經文、注文皆加句讀。廖本又在二本基礎上加以修正,足資參考。

(三)節錄音釋,隨音圈發。經注本書中無音釋,《釋文》或附於書後,讀者難於檢尋。建本、蜀中本將《釋文》散附注文之下,甚便翻閱,但又失於龐雜繁瑣。故廖本僅節錄《釋文》難字音切(部分改爲直音),釋義、異文等多不取,極爲簡明。《大學》《中庸》《論語》《孟子》並附朱熹"文公音"(據《四書章句集注》)。多音字有圈發,即在此字四角相應處加圈,以示平、上、去、入之别。

二、元盱郡重刊廖氏九經及相臺岳氏九經三傳

廖瑩中依附宋末權相賈似道。德祐元年(1275),賈氏事敗,廖瑩中仰藥死,書板很快散落不存,元初已成罕見之本,今日則無一存者。幸而元代出現三種翻刻本,尚可藉以窺見廖本面貌。

---

① 張政烺《讀〈相臺書塾刊正九經三傳沿革例〉》,第318頁。

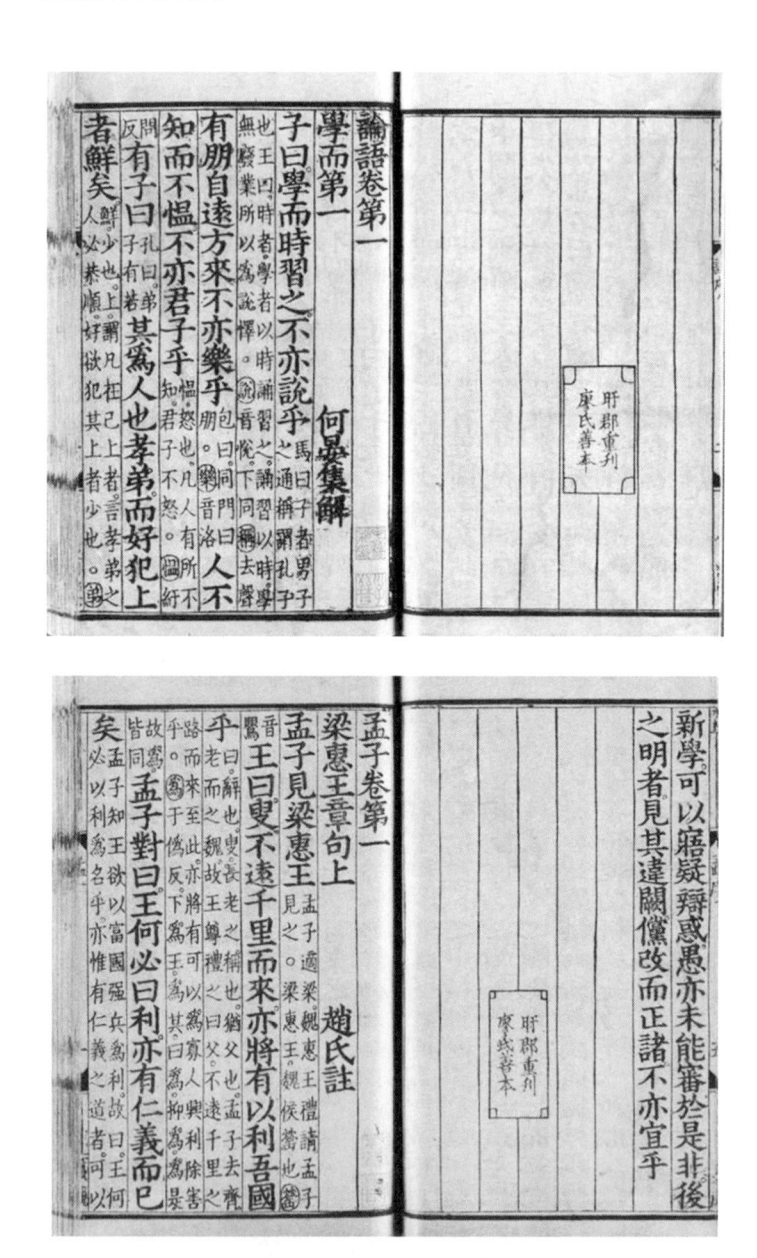

圖 12　元旴郡重刊宋廖氏世綵堂本《論語》《孟子》，臺北故宮博物院藏

一是旴郡刻本。旴郡以旴江(撫河)得名,江出江西南城縣,元爲建昌路治。現存《論語》《孟子》二種,毛氏汲古閣舊藏,後入内府,今藏臺北故宫博物院(故善 006898—006900,圖 12)。①有民國二十一年(1932)《天禄琳琅叢書》第一輯影印本及 1970 年臺北故宫博物院影印本。八行十八字,注文雙行小字同,細黑口,四周雙邊,有書耳。版心上有寫工名,下有刻工名。卷末木記刻"旴郡重刊廖氏善本"或"旴江重刊廖氏善本",形狀亦仿廖本作長方、橢圓、亞字、鐘形等式。當時應是重刊廖氏九經及《總例》,時間在元英宗至治二年(1322)之前②。

二是中國國家圖書館藏元刻本,刊刻時地不明,僅存《周禮》卷三至六(善 7923,插頁圖十),四册。行款、版式、字體等與旴郡本近似,惟間有左右雙邊及四周單邊者,並不統一。版心上方記字數,下方記刻工名,與旴郡本及岳本無重合者,故可斷爲另一種元代翻刻廖氏本。③卷三末有鐘形木記,但未刻字,書耳在左欄内。卷五末無木記,書耳在左欄外,亦不統一。④從藏印看,遞經王寧("清真軒")、華夏、黄丕烈、汪士鐘、傅增湘、周叔弢等收藏,有傅增湘跋。⑤

---

① 毛氏汲古閣據以製作了影抄本,《天禄琳琅書目後編》卷八著録,現藏上海圖書館(善828257-66)。參見劉薔《天禄琳琅知見書録》,北京:北京大學出版社,2017 年,第272—274 頁。
② 張政烺《讀〈相臺書塾刊正九經三傳沿革例〉》,第 316—317 頁。
③ 傅增湘《藏園群書經眼録》卷一,北京:中華書局,2009 年,第 37—38 頁。[清]莫友芝撰,傅增湘訂補,傅嘉年整理《藏園訂補郘亭知見傳本書目》卷二,北京:中華書局,2009 年,第 72 頁。張麗娟《宋代經書注疏刊刻研究》,第 172 頁注。
④ 卷五末圖版見周一良主編《自莊嚴堪善本書影·經部》,北京:國家圖書館出版社,2010 年,第 41 頁。
⑤ 傅增湘《藏園群書經眼録》卷一,第 37—38 頁。傅增湘撰,王菡整理《藏園群書校勘跋識録》,北京:中華書局,2012 年,第 10—11 頁。按:黄丕烈跋蜀大字本《周禮鄭氏注》殘本云:"今秋(1815)新收殘岳本《地》《春》二官,手校於嘉靖本上。"黄氏所言應即此本,而誤認爲岳本。

三是更爲著名的相臺岳氏刻本。此"相臺岳氏"，前人皆以爲南宋岳珂，經張政烺考證，始知乃元代宜興岳浚。刊刻時間在大德（1297—1307）末年，卷末木記刻"相臺岳氏刻梓荆谿家塾"。岳氏除翻刻廖本九經外，又增刻《公羊傳》《穀梁傳》，凡十一經，稱爲"九經三傳"，另附《春秋年表》《春秋名號歸一圖》。改《九經總例》之名爲《相臺書塾刊正九經三傳沿革例》，內容仍存其舊，僅於卷前增改小引，卷末增《公羊穀梁傳》《春秋年表》《春秋名號歸一圖》三則。岳本與旴郡本的行款、版式完全一致，字體風格、木記樣式近似，文字、句讀及圈發幾乎全同，可見兩者均能忠實反映廖本原貌。①

岳本九經三傳，現存者僅有《周易》（中國國家圖書館藏，四庫底本）、《周禮》（臺北故宮博物院藏，殘本）、《左傳》（國圖藏，卷十九、二十配他本；日本静嘉堂文庫藏，殘本）、《論語》（國圖藏）、《孝經》（國圖藏）、《孟子》（國圖藏）六經。②

明代有翻刻岳本者，所刻經數不明，僅見《周禮》《左傳》《孝經》三種，且非一家所刻。《四部叢刊初編》影印明翻岳本《周禮》，行款、版式、字體均極似原本，版心刻工亦照刻，惟無木記爲異。但校勘欠精，注文、音釋多形似之誤。③明翻岳本《左傳》至少有五種：一爲黑魚尾，版心上方刻字數，中刻"秋×"及頁碼，下爲刻工名，版式與岳本原本近似，惟刻工有別，國圖藏岳本配補之卷十九、二十兩卷即屬此本。餘四種皆爲白魚尾，版心刻"左傳卷×"及葉碼，無字數及刻工名，與

---

① 張麗娟《宋代經書注疏刊刻研究》，第173—174頁。
② 《孝經》無木記，故張政烺懷疑並非岳本。然從刻工及諸經藏印的一致性看，《孝經》確是岳本。之所以無木記，或與卷末空間不足有關。此外，《周禮》《禮記》還有殘本存世，雖無木記可證，是元刻岳本可能性也較大。詳參本書"岳本"補考一文。又，黃丕烈《重雕嘉靖本挍宋周禮札記》中，《地官》《春官》《夏官》校本皆有"岳本"，《地官》《春官》如上文所述，乃別種元刻本之誤認。《夏官》蓋後得，是否確爲岳本不明。
③ 王重民《中國善本書提要》，上海：上海古籍出版社，1983年，第16頁。

原本不同，較易識別。①明翻本《孝經》爲白口，四周雙邊，卷末有"湯仁甫刻字"一行。②

三、清乾隆武英殿仿刻相臺岳氏五經

相臺岳氏九經三傳中，乾隆内府舊藏有《周易》《尚書》《毛詩》《禮記》《左傳》《論語》《孝經》《孟子》八種。

其中《左傳》見於《天禄琳琅書目》（前編）卷一，入藏較早，原與"天禄琳琅"各書一併庋藏於乾清宫昭仁殿。其後復得《周易》《尚書》《毛詩》《禮記》四經，乃於乾隆四十八年（1783）"撤出昭仁殿之《春秋》，以還岳氏五經之舊，仍即殿之後廡，所謂'慎儉德室'者，分其一楹，名之曰'五經萃室'，都置一几。是舊者固不出昭仁殿，而新者亦弗闌入舊書中"。③嘉慶二年（1797）十月，乾清宫大火，昭仁殿之"天禄琳琅"藏書及後廡"五經萃室"之岳本五經皆被焚毁。④幸而乾隆四十八年高宗曾下旨仿刻五經，今日尚得窺其面貌。

《論語》《孝經》《孟子》則見於《天禄琳琅書目後編》卷三，乃嘉慶三年（1798）重建昭仁殿"天禄琳琅"後續入之"天禄繼鑑"書。此三經

---

① 郭立暄《中國古籍原刻翻刻與初印後印研究》，上海：中西書局，2015 年，《實例編》第 223 頁，《圖版編》第 78—80 頁。按：郭氏將國圖藏本所配的明翻本視爲甲本，然配補的卷十九、二十均爲黑魚尾，版心上方有大小字數，更近於岳刻原本，屬於四種類型之外的别本。
② 傅增湘《藏園群書經眼録》卷一，第 76 頁。
③ ［清］高宗《五經萃室記》，《御製文二集》卷一四，《景印文淵閣四庫全書》本，第 1301 册，臺北：商務印書館，1986 年。按：文集有注，但未署時間。武英殿翻岳本書前亦附此記，無注，末署"癸卯新正月上澣御筆"。
④ 劉薔《天禄琳琅研究》第一章"清宫'天禄琳琅'藏書始末"，北京：北京大學出版社，2012 年，第 28—35 頁。

現均藏於中國國家圖書館,其中《論語》《孝經》已經《中華再造善本》影印。

據乾隆武英殿仿岳本五經所摹藏印及《天禄琳琅書目後編》所載《論語》《孝經》《孟子》三書藏印,可考得内府八經的遞藏情況如下:

《周易》《尚書》《毛詩》《論語》《孟子》:李國壽→晉府→陳定→季振宜→徐乾學→内府。

《孝經》:李國壽→晉府→陳定→唐良士→季振宜→徐乾學→内府。

《禮記》:李國壽→晉府→内府。

《左傳》:項篤壽→季振宜→内府。

除《左傳》外,内府七經最初均爲李國壽所藏。李國壽生於元初,元代中期主要活動於江浙一帶,很可能與岳浚有交往,故岳本行世不久即爲其所得。①

乾隆四十八年正月,高宗於昭仁殿後廡建"五經萃室"以貯岳本五經,並作《五經萃室記》以紀其事。又於正月内下旨,令永瑢等"選員仿寫刊刻,並令校訂群經,别爲考證,附刊各卷之末"。至本年十一月,武英殿仿刻五經完竣,裝潢呈覽。②

其刊刻步驟是:先選派四庫館繕簽處的費振勳、羅錦森、王錫奎、王鵬、金應璸、胡鈺、吴鼎颺、孫衡、虞衡寶九人據岳本原本摹寫,再交武英殿上版刊刻。武英殿翻岳本各卷末均於版匡外下方刻一長條狀

---

① 詳參本書《"岳本"補考》一文。
② 《多羅儀郡王永瑢等奏繕簽處費振勳等請旨分别議敘折》,中國第一歷史檔案館編《纂修四庫全書檔案》,上海:上海古籍出版社,1997年,第1867頁。

書耳,内刻"内閣中書臣費振勳敬書""進士臣王鵬敬書""舉人臣金應瓛敬書"等字樣。《周易》書前刻《五經萃室記》,各經前刻高宗爲各經所題詩。①翻刻本將原本所鈐包括天禄琳琅諸印在内的歷代藏印一併摹刻,行款、版式、點畫一仍原本之舊。惟原本版心所標書名、卷數極爲簡略,如《周易》作"易×",《左傳》作"秋×"(亦有作"某[公]第×"者),殿本統改作"周易×"、"春秋×",並於版心上方刻"乾隆四十八年武英殿仿宋本"。

高宗下旨時即令"校訂羣經,别爲考證",但岳本考證實際成於翻刻完成之後。以《左傳》爲例,卷一考證:"十年,翬帥師會齊人、鄭人伐宋。注:明翬專行,非鄭之謀也。○'鄭之謀'當作'鄧之謀'……原本'鄭'字乃'鄧'字之訛,依殿本改正。"卷五考證:"十四年,沙鹿崩。註:平陽元城縣東有沙鹿土山。○案《晉書·地理志》元城屬陽平郡……原本及諸本訛作'平陽',今依殿本改正。"卷五考證:"獲晉侯以厚歸也。註:君將晉侯入。○案此乃秦伯自言,不當用'君'字,蓋係'若'字之訛,據殿本改。"卷七考證:"晉侯在外十九年矣。註:晉侯生十七年而亡,亡十九年而反,凡二十六年。○案,十七年、十九年合之得三十六,'二'字乃'三'字之訛,依殿本改。"②相應正文均有明顯的挖改痕跡。檢《中華再造善本》影印岳本《左傳》,此四處均與未挖改前文字相同。

岳本考證參校之本有北監本、汲古閣本(考證或稱"閣本")、武英殿本、永懷堂本等,且多參用毛居正《六經正誤》之説。岳本《左傳》書前所附《春秋年表》《春秋名號歸一圖》則校以通志堂本,並參考《欽定春秋傳説彙纂》。各條考證出文均爲岳本原文,凡經考證岳本有誤

---

① 五詩末均署"癸卯新正月御筆"。題詩亦見《御製詩四集》(《景印文淵閣四庫全書》本)卷九四《題五經萃室岳珂本版五經(有序)》,諸詩並有小注。
② 岳本考證所據"殿本"指乾隆四年至十二年武英殿刻《十三經注疏》。

者，翻刻本均改字（即《五經萃室聯句序》所謂"較岳刻而掃葉無譌"①），且多有考證未明言改字而正文已改者。阮元校《十三經注疏》，岳本五經用武英殿翻刻本，即有因此而誤以翻刻改字爲岳本原文者。如岳本《周易·歸妹》彖注"嫁而係姊"，考證"諸本作係娣"云云，未明言改字，而武英殿翻岳本實作"係娣"。阮校云："嫁而係娣，岳本、閩、監、毛本同。"誤信翻岳本。因此，使用武英殿翻岳本，需注意核查考證出文。

道光以降，又出現多種殿本的翻刻本，如貴陽書局、廣州書局、成都書局、福建書局、琉璃廠、江南書局等，然或未刻璽印，或刊印不精，不及乾隆殿本遠甚。

總之，宋廖瑩中世綵堂刻本九經校勘細緻、刻印精美，經注均加句讀，又附圈發及簡明音釋，是一套上佳的經書讀本，可惜未有傳本存世。元代有兩種翻刻本：盱郡刻本僅存《論語》《孟子》二經。相臺岳氏增刻爲九經三傳，今存《周易》、《周禮》（殘本）、《左傳》、《論語》、《孝經》、《孟子》六經，《尚書》《毛詩》《禮記》三經僅賴乾隆翻刻本以存概貌。因此，上海古籍出版社將上海圖書館藏清乾隆武英殿仿元相臺岳氏五經影印出版，以供研究者參考。

此本書衣右下方有紅色戳記"丙辰年查過"，書中夾有愚齋圖書館藏書卡片（《四家詞鈔》），首頁鈐有"子文藏書"朱印。因知此書原爲盛宣懷愚齋圖書館舊藏，後歸宋子文，再歸上圖。1916年愚齋圖書館爲籌備開館而清點全部藏書，"丙辰年查過"戳記即此時加蓋。1933年以後，愚齋圖書館藏書分別捐贈聖約翰大學（後歸華東師範大學）、交通大學（後歸合肥師範學院、安徽師範大學）和山西銘賢學

---

① ［清］高宗《五經萃室聯句》（有序），《御製詩五集》卷一。

校（後歸山西農學院、山西農業大學）①。其中，聖約翰大學獲贈盛氏藏書乃經宋子文中介②，故宋氏亦有所得。

（原載《武英殿仿相臺岳氏本五經》［上海：上海古籍出版社，2022年］書前，收入本書時略有訂補。）

---

① 周子美《愚齋藏書簡介》，《圖書館雜志》1983年第3期。吴平《盛宣懷與愚齋圖書館》，黄秀文主編《傳承・服務・創新——華東師範大學圖書館學術文存》，北京：北京圖書館出版社，2007年，第301—303頁。
② 鄭麥《盛宣懷與愚齋圖書館》，《華東師範大學學報》（哲學社會科學版）第34卷第4期（2002年7月）。

元明時代的福州與十行本注疏之刊修

一、元代福州路與十行本注疏的刊刻

十行本注疏因半葉十行而得名,①有宋刻、元刻之別。②南宋建陽坊刻十行本,今僅存四種:《附釋音毛詩註疏》(日本足利學校遺跡圖書館藏)、《附釋音春秋左傳註疏》(一部藏日本足利學校遺跡圖書館,

---

① "十行本"之得名較晚,據張麗娟考查,"'十行本'稱呼的廣爲流行,蓋自嘉慶間阮元《十三經注疏校勘記》以十行本爲底本校各經,又以十行本爲底本重刊《十三經注疏》",見氏著《宋代經書注疏刊刻研究》第六章《建陽坊刻十行注疏本及其他宋刻注疏本》,北京:北京大學出版社,2013年,第362頁。
② 元刻十行本長期被誤爲宋刻,清人中僅顧廣圻等個別學者知爲元刻,阮元以此爲底本刊刻《十三經注疏》,仍稱"重刻宋本"。直至近代,經過傅增湘、長澤規矩也、汪紹楹、阿部隆一等中日學者的揭示,學界方才逐漸認識到十行本有宋刻、元刻之別,今存十行本絶大多數爲元刻。關於前人對十行本認識的變遷,詳參張麗娟《宋代經書注疏刊刻研究》,第361—372頁。可以補充的兩條史料是:孔繼涵《雜體文稿》卷二《重槧趙注孟子跋》(按:此跋作於乾隆三十八年)舉宋本趙注《孟子》與"元刻《十三經注疏》同者",是亦知有元刻十行本。孔氏並未詳述,但正確認識早於顧廣圻。孔氏藏有元十行本《孝經註疏》(今藏江西省樂平市圖書館),雖多數版片已爲明前期補版,但僅存的元版版心刻有"泰定三年"字樣。(郭立暄《中國古籍原刻翻刻與初印後印研究·實例編》,上海:中西書局,2015年,第229頁)孔氏蓋據此書知有元刻十行本注疏。又蕭穆《敬孚類稿》卷八《記附釋音周禮注疏》云:"驗其字畫規格及紙色,確爲元代坊間仿宋刻麻沙本。然各卷中又時有補刊多葉,字畫稍細,紙色稍白,又確爲明代正嘉以前補刊之版。"雖已時值晚清,但蕭氏之認識仍超越同時代的藏書家。

另一部分藏中國國家圖書館和臺北故宮博物院)、《監本附音春秋穀梁註疏》(一全一殘,中國國家圖書館藏)、《監本附音春秋公羊註疏》(殘葉,重慶圖書館藏),前兩種皆劉叔剛刻本。①元十行本是以宋十行本爲底本翻刻的,其版片在明代屢經修補刷印,流傳較廣,未經明代修補的元刊早印本則甚爲稀見,目前所知有七種:《周易兼義》(美國伯克萊加州大學東亞圖書館藏)、《附釋音尚書註疏》(北京大學圖書館藏)、《儀禮圖》(臺北故宮博物院藏)、《附釋音禮記註疏》(卷二十五殘葉,上海圖書館藏)、《附釋音春秋左傳註疏》(中國國家圖書館藏)、《監本附音春秋公羊註疏》(一部重慶圖書館藏,一部臺北"國家圖書館"藏)、《孝經註疏》(中國國家圖書館藏)。②實際上,元刻注疏並非一套完整的《十三經注疏》叢刊,其中《儀禮》無注疏合刻本,以楊復《儀禮圖》充之。《爾雅注疏》爲九行本,與其餘各經有異。從行款、版式、刻工的一致性上看,除《爾雅注疏》外的十二種十行本當是同一時段、同一地域所刊。③十二種注疏版片體量巨大,當時的書坊絶無能力獨立承擔,這種統一的刊刻活動只能是官方主導。至於刊刻時間,現在一般認爲在泰定、致和(1324—

---

① 此外,劉叔剛刻本《附釋音禮記註疏》有清乾隆六十年(1795)和珅翻刻本,參見張麗娟《宋代經書注疏刊刻研究》,第355—359頁。張麗娟《記新發現的宋十行本〈監本附音春秋公羊註疏〉零葉——兼記重慶圖書館藏元刻元印十行本〈公羊〉》,《中國典籍與文化》2020年第4期。

② 張麗娟《國圖藏元刻十行本〈附釋音春秋左傳注疏〉》,《國學季刊》第11期,濟南:山東人民出版社,2018年。張麗娟《記新發現的宋十行本〈監本附音春秋公羊註疏〉零葉——兼記重慶圖書館藏元刻元印十行本〈公羊〉》。杜以恒《楊復〈儀禮圖〉元刊本考》,《中國典籍與文化》2022年第1期。井超《上圖藏〈附釋音禮記註疏〉卷二十五殘葉跋》,"學禮堂"微信公衆號,2021年12月25日。張麗娟《談談元十行本注疏的相關問題》,《古文獻研究》第10輯,南京:鳳凰出版社,2023年。

③ 李霖《宋本群經義疏的編校與刊印》,北京:中華書局,2019年,第325頁。按:李霖所説的十二種有《爾雅注疏》而無《儀禮圖》,但《爾雅注疏》爲細黑口,無刻工,與元十行本注疏版式不合,反而與宋建刻十行本近似,故應分開討論。

1328)前後。① 刊刻地域雖然一般認爲在福建,但具體地點尚不明確。② 元版左右雙邊,版心白口,雙黑魚尾,上方刻大小字數,中刻"易幾""書充幾""秋充幾""經充幾"等簡略書名及卷次,下刻葉數及刻工名,左欄外有耳題記篇名。現將各經元版刻工開列如下(交叉刻工以下劃線標誌):

1.《周易兼義》九卷《釋文》一卷《略例》一卷③

安卿、伯壽、德成、德甫、德山、德遠、高、古月、國祐、敬中、君善、君錫、賴、茂、仁甫、善慶、壽甫、提甫、天易、王榮、王英玉、文仲、以清、應祥、余中、智夫、住

2.《附釋音尚書註疏》二十卷④

蔡壽甫、陳伯壽、德山、德元、德甫、德成、葛二、二甫、古月、

---

① 推定爲泰定前後的主要依據是元十行本《孝經註疏》版心刻有"泰定三年""泰定丙寅",《論語註疏解經》版心有"泰定四年程瑞卿""泰定丁卯王英玉",《附釋音周禮註疏》有"泰定四年王英玉",《監本附音春秋公羊註疏》有"致和元年英玉"(據森立之《經籍訪古志》,亦有"泰定四年"年號)。參見[日]長澤規矩也《正德十行本注疏非宋本考》,《長澤規矩也著作集》第一卷,東京:汲古書院,1982年,第32—39頁。此據蕭志强譯文,載《中國文哲研究通訊》第十卷第四期《日本學者論群經注疏專輯》,第41—47頁。[日]阿部隆一《阿部隆一遺稿集》第一卷《日本國見在宋元版本志經部·孟子註疏解經》,東京:汲古書院,1993年,第348—350頁。張麗娟《記新發現的宋十行本〈監本附音春秋公羊註疏〉零葉——兼記重慶圖書館藏元刻元印十行本〈公羊〉》。
② 楊成凱以爲元代建陽書坊覆宋本,見氏著《古籍版本十講》,北京:中華書局,2023年,第143、155頁。
③ 據《柏克萊加州大學東亞圖書館藏宋元珍本叢刊》(北京:中華書局,2014年)影印元刻元印本,亦見《伯克萊加州大學東亞圖書館中文古籍善本書志》,上海:上海古籍出版社,2005年,第3頁。
④ 據北京大學圖書館藏元刻元印本(LSB/2659)。郭立暄據上海圖書館藏元刻明修本記錄元版刻工,亦基本一致,見氏著《中國古籍原刻翻刻與初印後印研究·實例編》,第259頁。

國祐、和甫、君錫、君善、茂卿、瑞卿、天錫、天易、王榮、文仲、葉德遠、以清、英玉、應祥、余安卿、仲高、住郎、子明。

3.《附釋音毛詩註疏》二十卷①

伯、宸(辰)、德、甫、國祐、進、君、孟、七才、謙、榮、山、時中、叔、天、王君粹、文仲、希、興宗、秀、埜、昌善、應、玉、元、枝、子明、子興。

4.《附釋音周禮註疏》四十二卷②

安卿、伯壽、伯秀、德甫、德山、德元、德遠、古月、國祐、和甫、君善、君錫、壽甫、彌高、茂、天易、王榮、王英玉、文仲、以清、應成、應祥、智夫、仲高、住郎、子明。

5.《儀禮》十七卷《儀禮圖》十七卷《儀禮旁通圖》一卷③

伯玉、德謙、范興、貢、漢臣、季和、進秀、時中、叔、王君粹、希、

---

① 據臺灣"國家圖書館"藏元刻明修本(00235),參見長澤規矩也《靜盦漢籍解題長編》(上海:上海遠東出版社,2015年,第15—16頁)及《"國家圖書館"善本書志初稿‧經部》(臺北:"國家圖書館",1996年,第70頁)。《舊京書影》(北京:人民文學出版社,2011年)載北平圖書館藏舊內閣大庫殘本,從圖像看,版面十分清晰,似未經明修(第3、37頁)。

② 據臺灣"國家圖書館"藏元刻明修本(00346),參見《"國家圖書館"善本書志初稿‧經部》(第96頁)。此本爲明初修印本,卷三三末葉版心刻"泰定四年王英玉"。《阿部隆一遺稿集》第一卷《日本國見在宋元版本志經部》亦著錄刻工(第297頁)。

③ 據臺灣"國家圖書館"藏元刻明修本(00393),參見長澤規矩也《靜盦漢籍解題長編》(第25—26頁)及《"國家圖書館"善本書志初稿‧經部》(第107頁)。《阿部隆一遺稿集》第一卷《日本國見在宋元版本志經部》亦著錄刻工(第299頁)。

孟、興宗、昭、昭甫、鄭七才、智文、子、子仁、子興、子應、應、宗文、文甫

6.《附釋音禮記註疏》六十三卷①

伯、辰、崇、國祐、明、埜、子

7.《附釋音春秋左傳註疏》六十卷②

安卿、粹、德成、德甫、德遠、古月、國祐、君善、君美、茂、孟、謙、善卿、善慶、壽甫、天、鐵筆、王仁甫、王榮、王英玉、文粲、希、以清、應祥、余中、正、仲高、朱亨、朱文、子

8.《監本附音春秋公羊註疏》二十八卷③

安卿、伯壽、德甫、德遠、高、古月、敬中、君美、君錫、李、茂、丘文、仁甫、山、善卿、善慶、提甫、壽甫、天易、王榮、王英玉、文、文粲、以德、以清、應祥、余中、仲、住

---

① 據臺灣"國家圖書館"藏元刻明修本（00413），參見《"國家圖書館"善本書志初稿·經部》（第113—114頁）。所見各本均修版至明嘉靖初，元版所剩無幾，刻工模糊難辨。

② 據中國國家圖書館藏元刻元印本（善03288），亦見張麗娟《國圖藏元刻十行本〈附釋音春秋左傳注疏〉》，略有出入。

③ 據臺灣"國家圖書館"藏元刻明修本（00650），參見《"國家圖書館"善本書志初稿·經部》（第174頁）。《阿部隆一遺稿集》第一卷《日本國見在宋元版本志經部》亦著錄刻工（第337頁）。

9.《監本附音春秋穀梁註疏》二十卷①

　　安卿、伯壽、德遠、敬中、君美、君善、茂卿、丘文、仁甫、善卿、善慶、禔甫、壽甫、天易、以德、以清、英玉、應祥、余中、住郎、正卿、仲高

10.《孝經註疏》九卷②

　　蔡壽甫、程瑞卿（泰定二年程瑞卿）、崔德甫、劉德元、劉和甫、王榮、王英玉（泰定丙寅英玉、泰定三年英玉）、葉德遠

11.《論語註疏解經》二十卷③

　　蔡壽甫、程瑞卿（泰定四年程瑞卿）、崔德甫、德成、德山、胡古月、江住郎、江子明、劉德元、劉和甫、茂卿、天易、天錫、王國祐、王君錫、王榮、王英玉（泰定丁卯王英玉）、葉德遠、以德、以清、詹應祥

---

① 據中國國家圖書館藏元刻明修本（善03290）。此本僅有四葉明補版（卷五葉九、十，卷十五葉十三、十四）和兩葉鈔配（序葉三、四，據元版鈔配），餘皆元版。從補版葉版式和刻工（仲刊、豪）看，應是正德十二年補刊，但版心年號經書買割補，今已不存（參見善00851同葉）。同館善07285補版、鈔配及割補情況與此本相同，張元濟《涵芬樓燼餘書錄》(《張元濟全集》第八卷，北京：商務印書館，第202—203頁）著錄，並錄刻工，可參看。北京大學圖書館藏李盛鐸舊藏本亦僅四葉補版，見張麗娟《宋代經書注疏刊刻研究》（第378頁），錄有部分刻工。
② 據中國國家圖書館藏元泰定三年刻本（善05499），亦見郭立暄《中國古籍原刻翻刻與初印後印研究·實例編》，第229頁。
③ 據臺灣"國家圖書館"藏元刻明修本（00744），參見長澤規矩也《靜盦漢籍解題長編》（第52—53頁）及"國家圖書館"善本書志初稿·經部》（第198—199頁）。

12.《孟子註疏解經》十四卷①

伯、宸、君祐、山、㠖善、枝、中、仲明

可見十二種十行本注疏確實是同一批刻工所刻。當時不僅覆刻十行本注疏,還覆刻了南宋建陽刻十行本正史。現存的有《晉書》《唐書》《五代史記》三種,亦半葉十行,白口,雙魚尾,版心上記大小字數,下記刻工名,左欄外有耳題,版式與元十行本注疏相同。《晉書》刻工仲明,《唐書》刻工德謙、子明、王君粹、王榮、君美、茂卿、范興、德成,《五代史記》刻工仲明等,均與十行本注疏重疊。②《唐書》卷一首葉版心更有"己巳冬德謙刊"六字,己巳當天曆二年(1329),僅後於十行本注疏中的"泰定四年"兩年。諸經注疏和正史大概是在相近時段的同一地域刊刻,版片明代存貯福州府學,屢經修版。洪武二十一年(1388),福建布政使司曾進呈《禮記註疏》三十一部。③又楊士奇(1365—1444)曾得《春秋左傳註疏》《南史》《北史》《新唐書》諸書,均謂"刻板在福州府學"。④既然十行本經史版片明初即在福州府學,從情理推斷,其元代刊刻者應該就是福州路。另一個證據是,十行本經史的刻工也參與了不少元代中期福州路的刻書活動,如仁甫、文仲、

---

① 據臺灣"國家圖書館"藏元刻明修本(00761),參見《"國家圖書館"善本書志初稿·經部》(第205—206頁)。《阿部隆一遺稿集》第一卷《日本國見在宋元版本志經部》亦著錄刻工(第347頁)。
② [日]尾崎康著,喬秀岩、王鏗編譯《正史宋元版之研究》,北京:中華書局,2018年,第463、640、668頁。單名刻工重疊者更多,不俱列。
③ 《明實錄·明太祖實錄》卷一八八,臺北:"中研院"歷史語言研究所,1962年,第5a頁。
④ [明]楊士奇《東里文集》卷一〇《新唐書》,影印明萬曆刻遞修本,沈乃文主編:《明別集叢刊》第1輯第25冊,合肥:黃山書社,2013年,第598頁下欄。[明]楊士奇《東里文集續編》卷一六《春秋左傳二集》,中國國家圖書館藏明嘉靖二十九年(1550)黃如桂刻本(善13383),第15a頁。同書卷一八《南北史》,第22b頁。

伯玉、和甫、余安卿、壽甫等見於南宋福唐郡庠刊《漢書》《後漢書》的元大德至元統間補版①，王英玉、王仁甫、王君粹、〔王〕智夫、伯玉、〔丁〕君美、〔虞〕君祐等見於元至大二年三山郡庠刊《通志》，②子明、目善、應祥、仲明、君善、君祐、英玉、德祐、德成、德甫、德遠、茂卿等見於元福州刊《晦庵先生朱文公文集》。③實際上，阿部隆一已經注意到了這一現象，但由於對部分版本和刻工的認定存在問題，以及受限於版片明代轉移到南京國子監的錯誤認識，僅存疑待考，未能得出準確結論。④

十行本經史刻成後，版片當存貯於福州路學經史庫中。弘治《八閩通志》卷七三《宮室・福州府・閩縣》云：

> 經史閣，在御書閣後，即舊九經閣也。宋大觀二年詔曰："比聞諸州學有閣藏書，皆以經史名，方今崇八行以迪多士，尊六經以黜百家，史何足云，可賜名曰'稽古'。"紹熙四年帥守辛棄疾重修，仍扁曰"經史"。朱文公爲記，景定四年燬。咸淳二年帥守吴革重建，閣之下扁曰"止善堂"。元至大二年以止善堂爲經史庫，

---

① ［日］尾崎康著，喬秀岩、王鏗編譯《正史宋元版之研究》，第306—309、362—363頁。按：馬清源認爲所謂"景祐本"、福唐郡庠本、明正統八年翻刻本一脈相承，是一種版本遞經修補演化而成。因此，福唐郡庠本並非一種單獨的版本，而是一個中間過渡的印本狀態。但馬氏也認爲"景祐本"《漢書》刊刻之後版片一直存於福州學，於州學內不斷修補刷印，故不影響本文之推論。參氏著《〈漢書〉版本之再認識》，《版本目錄學研究》第五輯，北京：北京大學出版社，2014年。
② ［日］尾崎康《日本現在宋元版解題・史部》（上），《斯道文庫論集》第二十七輯，1992年，第270—271頁。《"國家圖書館"善本書志初稿・史部》，臺北："國家圖書館"，1997年，第18—20頁。
③ 郭立暄《中國古籍原刻翻刻與初印後印研究・實例編》，第233頁。按：郭氏定爲元代建刻。今據明蘇信《重刊晦庵先生文集序》（見明嘉靖十一年福建按察司刻本書首）"是集舊刻閩臬"，知此本刻於福州。
④ ［日］阿部隆一《阿部隆一遺稿集》第一卷《日本國見在宋元版本志經部》，第348—350頁。

凡書板皆貯於此。……閣在府學内。①

可見此閣原爲藏書之所，元至大二年（1309）改爲經史庫，用於存貯書版。劉壎《隱居通議》云："近大德歲間，東宫有令下福州刊《通志》……凡萬幾千板，裝背成凡百十册。"②福州路學刊刻《通志》出於上命，版心刻工所鎸時間恰是至大二年，萬餘版所需存儲空間較大，以止善堂爲經史庫或許與此有關。此後福州路刻書版片自然都會存貯於經史庫。

二、明代福州府與十行本注疏的版片修補

前人長期以爲元十行本注疏的版片入明後轉歸南京國子監，屢經修補刷印，故稱"南監本"或"南雍本"，此誤説已經郭立暄、程蘇東等學者廓清。③十行本注疏版片明代應仍存貯於福州府學經史庫内，遞經修補。府學在府城南興賢坊内。④十行本《周易兼義》現存元刻元印本及明前期、正德間、嘉靖間四個不同時期的印本，⑤故可以此書爲

---

① ［明］黄仲昭修纂《八閩通志》卷七三《宫室》，日本國立公文書館藏明弘治四年（1491）刻本，第1b頁。
② ［元］劉壎《隱居通議》卷三一《雜録·夾漈通志》，［清］潘仕成輯《海山仙館叢書》，清道光咸豐間番禺潘氏鎸光緒中補刻本，第7—8頁。按：據《元史·成宗紀》，大德九年六月立德壽爲皇太子，十二月皇太子德壽薨，大德間東宫存在的時間僅有半年。疑劉氏所記時間稍有不確，或是大德九年令下，而遷延至武宗至大二年方開版。
③ 郭立暄《元刻〈孝經註疏〉及其翻刻本》，《版本目録學研究》第二輯，北京：國家圖書館出版社，2010年，第309—310頁。程蘇東《"元刊明修本"〈十三經注疏〉修補彙印地點考辨》，《文獻》2013年第2期。
④ ［明］黄仲昭修纂《八閩通志》卷四四《學校》，第2a頁。
⑤ 《周易兼義》的明前期修補印本僅日本静嘉堂文庫有藏，參見［日］阿部隆一《阿部隆一遺稿集》第一卷《日本國見在宋元版本志經部》，第248—249頁。

例,並參考其他各經,通過比對前後印本的版面情況,確認十行本注疏各期修補的時間和特徵。

（一）明前期。補版版式與元版相近,但版心變爲黑口、三魚尾,無大小字數、補版時間及刻工名,字體鬆垮,與元版較易區別（圖13）。①嘉靖修補印本中,此類版片漫漶程度僅次於元版,故修補時間當在明代前期。此次修補,《周易兼義》補版約二十葉。②《孝經註疏》則替換了大多數版片。③

美國伯克萊加州大學藏本　　日本静嘉堂文庫藏本

圖 13　《周易兼義》元刻元印本（左）與明前期修補印本（右）對比

---

① 《孝經註疏》對比圖參見郭立暄《中國古籍原刻翻刻與初印後印研究·圖版編（實例）》,第 87 頁。
② 杜以恒《元刊明修十行本〈周易兼義〉墨丁考——兼論十行本明代修版得失及其影響》,《經學文獻研究集刊》第 24 輯,上海:上海書店出版社,2020 年。
③ 郭立暄《中國古籍原刻翻刻與初印後印研究·實例編》,第 229 頁。按:郭氏定爲明前期翻刻本,謂《中國古籍善本書目》作"元泰定三年刻明修本"未確。然又言"序文末葉、卷一末葉版心鐫有'泰定三年'字樣",似仍存有兩葉元版,令人疑惑。後經郭老師告知,此二葉從字體看確是明前期所刻,只是將元代年號一併翻刻了。

（二）正德六年。補版版式爲四周雙邊，雙黑魚尾，多白口，版心上方有"正德六年刊"字樣，中刻謄録工名（如"王世珍謄"），下方爲刻工名。偶有版心下方大黑口者，鐫陰文刻工名（如"徐伯文刊"）。此次修補，《周易兼義》補版僅二葉，①而《孝經註疏》的全部版片均經替换，重刻全書。②元覆宋建陽刻十行本《晉書》《唐書》《五代史記》亦有同期補版。③

（三）正德十二年。補版版式爲四周單邊，單黑魚尾（偶有四周雙邊，雙魚尾相對，上花魚尾，下黑魚尾在葉數下，刻工：興）。部分版心上方刻"正德十二年"字樣，上魚尾與書名間有"○"，版心中偶有校勘者刊記（如"張重校""張校正""張通校"等），下方有刻工名（如"清""廷""冒""江三""豪""佛貟""刘立"等）。此次補版數量較大，《周易兼義》有二十九葉，佔全書之比逾百分之八。④

（四）正德十六年。補版版式爲四周單邊（偶有四周雙邊），雙黑魚尾，大黑口，版心上方刻"正德十六年"，下無刻工。此次補版僅見於《儀禮圖》《附釋音春秋左傳註疏》《論語註疏解經》三種。⑤

（五）嘉靖三年。補版版式爲四周單邊或左右雙邊，白口，雙黑魚尾，版心上方刻"嘉靖三年刊"或"嘉靖三年新刊"字樣。此次並非大規模修補，補版僅見於《附釋音禮記註疏》的個別版片。⑥汪文盛於

---

① 杜以恒《元刊明修十行本〈周易兼義〉墨丁考——兼論十行本明代修版得失及其影響》。
② 郭立暄《中國古籍原刻翻刻與初印後印研究·實例編》，第229頁。
③ ［日］尾崎康著，喬秀岩、王鏗編譯《正史宋元版之研究》，第462、642、668頁。
④ 杜以恒《元刊明修十行本〈周易兼義〉墨丁考——兼論十行本明代修版得失及其影響》。
⑤ 楊新勛《元十行本〈十三經註疏〉明修叢考——以〈論語註疏解經〉爲中心》，《南京師範大學文學院學報》2019年第1期。
⑥ 《"國家圖書館"善本書志初稿·經部》，第114頁。楊新勛《元十行本〈十三經註疏〉明修叢考——以〈論語註疏解經〉爲中心》。

嘉靖二年任福州知府，①任内據陳鳳梧本翻刻《儀禮注疏》，②亦半葉十行，應是爲補足一套《十三經註疏》。嘉靖三年的個別補版，或即此次刻書時補刊。

（六）嘉靖前期。補版版式爲四周單邊，白口，雙魚尾相對，字體趨於方正。版心刻"懷浙胡校""林重校""林重校訖""蔡重校""運司蔡重校"等字樣，版心下方爲刻工名，無年號標識。檢元十行本他經注疏之嘉靖補板，版心尚有"閩何校""侯番劉""侯吉劉""懷陳校""府舒校"等字樣。元十行本《晉書》《唐書》亦有同期補版，版心刻"府劉校"。③據《明史·地理志》，福州府領縣中有閩縣、侯官、懷安，④"閩何校"等乃以任職縣名或機構名加姓氏標識校勘者，爲區別同官同姓，又加本人籍貫。"懷浙胡"當爲胡道芳，浙江歙縣人。嘉靖二年進士，嘉靖初任懷安縣知縣，⑤嘉靖九年任監收船料南京户部分司主事。⑥"運司蔡"當爲蔡芳，浙江平陽人。嘉靖九年前後任福建都轉運鹽使司副使。⑦"閩何"當

---

① ［明］葉溥修、張孟敬等纂〔正德〕《福州府志》卷一七《官政志·名宦》，明正德十五年（1520）刻嘉靖間增刻本，中國國家圖書館藏，第25a頁。按：嘉靖增補正德志原文作"嘉靖癸未知福州府"，而萬曆志、乾隆志均作嘉靖三年，未知孰是。
② 廖明飛《〈儀禮〉注疏合刻考》，《文史》2014年第1期。李開升《〈儀禮注疏〉陳鳳梧本、汪文盛本補考》，《文史》2015年第2期。按：李文推測汪文盛離任時間爲嘉靖五年五月至十二月間，然〔嘉靖〕《羅川志》卷三《觀寺志第十五·佑聖宫》（明嘉靖二十四年刻本，第7a頁）云"至嘉靖丁亥年，郡公汪文盛毁前宇以築城址"，則汪氏嘉靖六年時仍在任。
③ ［日］尾崎康著，喬秀岩、王鏗編譯《正史宋元版之研究》，第462、642頁。
④ 《明史·地理志》福州府領九縣，其中侯官縣下注云："侯官……西北有懷安縣，洪武十二年移入郭内，與閩、侯官同治，萬曆八年九月省。"懷安萬曆八年（1580）方省入侯官，嘉靖時尚爲福州府屬縣之一。
⑤ ［明］葉溥修、張孟敬等纂〔正德〕《福州府志》卷一四《官政志·職官》，第45b頁。
⑥ ［明］楊洵修等纂〔萬曆〕《揚州府志》卷八《秩官志上》，明萬曆刻本，第9b頁。
⑦ ［明］葉溥修、張孟敬等纂〔正德〕《福州府志》卷一三《官政志·職官》，第51a頁。［民國］王理孚修，符璋、劉紹寬纂《平陽縣志》卷三七《人物志六》，民國十五年刻本，第20a頁。以上二人已經李振聚考得，見氏著《〈毛詩注疏〉版本研究》，山東大學博士學位論文，2018年，第138—139頁。

爲何器,廣東南海人。嘉靖七年前後任閩縣儒學訓導。①"侯番劉"當爲劉文翼,廣東番禺人。②"侯吉劉"當爲劉簪,江西吉安人。③以上二人嘉靖間均任侯官縣儒學訓導。④"府劉"或爲劉金,湖廣漢陽人,嘉靖間任福州府學教授。⑤"府舒"當爲舒鏊,福州府儒學訓導。嘉靖十一年福建按察司刻《晦庵先生朱文公文集》《續集》《別集》,各卷末署名有"福州府儒學訓導舒鏊校""閩縣學訓導何器校""侯官縣儒學訓導劉簪校",其校勘者與十行本嘉靖補版有重疊。⑥由此可見,此次補版的校勘者,除了一位知縣、一位轉運司副使外,多是府學、縣學的訓導。雖然涉及一府、一司、三縣,但實際上閩、侯官、懷安三縣同治於府城,府學、縣學、運司亦在其中(圖14、圖15),再次印證了元刊明修十行本《十三經注疏》在福州府修補、彙印一事。此次修補,抽換元版數量巨大,《周易兼義》本期補版佔全書百分之六十以上,《論語註疏解經》佔比亦達百分之四十。⑦此次修補,版心未刻具體年份,考慮到以上校勘者的任職時間,修補活動在嘉靖七年至九年間的可能性較大。

---

① [明]《嘉靖七年順天府鄉試錄》,明嘉靖七年(1528)刻本,第1b頁。
② [清]任果等纂〔乾隆〕《番禺縣志》卷一三《選舉下·貢生》,清乾隆三十九年(1774)刻本,第4a頁。
③ [明]余之禎修,王時槐纂〔萬曆〕《吉安府志》卷九《選舉表六·貢士》,明萬曆十三年(1585)刻本,第13a頁。
④ [明]葉溥修,張孟敬等纂〔正德〕《福州府志》卷一四《官政志·職官》,第44b頁。
⑤ [明]葉溥修,張孟敬等纂〔正德〕《福州府志》卷一四《官政志·職官》,第30a頁。
⑥ [宋]朱熹:《晦庵先生朱文公文集》一百卷《續集》十一卷《別集》十卷,《四部叢刊初編》影印明嘉靖刻本。
⑦ 杜以恒《元刊明修十行本〈周易兼義〉墨丁考——兼論十行本明代修版得失及其影響》。楊新勛《元十行本〈十三經註疏〉明修叢考——以〈論語註疏解經〉爲中心》。

圖 14　明正德間福州府城圖（採自〔正德〕《福州府志》）

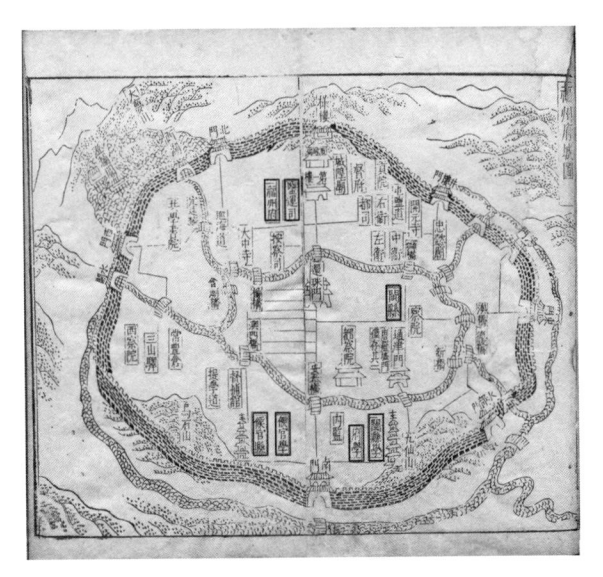

圖 15　明萬曆間福州府城圖（採自〔萬曆〕《福州府志》）

三、關於福州官方刻書的延伸思考

經過上文分析,除《爾雅註疏》外的十二種十行本注疏,皆是元泰定間福州路所刻,版片存貯路學經史庫中。入明以後,版片仍存原處,至少歷經明前期、正德六年、正德十二年、正德十六年、嘉靖三年、嘉靖前期六次修版,並屢經刷印。通過對十行本注疏這一案例的分析,可以引發我們對福州出版史的一些思考。

提及元代福建刻書,人們想到的往往是建陽書坊,而對當時的官方刻書則關注不多。張秀民在《中國印刷史》中說元代福州刻書無可稱述,[①]這種認識顯然有失偏頗。從宋代到明代晚期,福州路(府)均注意保存、修補書版,持續時段之長僅次於南宋國子監—元西湖書院—明南京國子監的書版變遷。在前後三朝的時段裏,福州路(府)不僅修補前代舊版,同時也刊刻新書。作爲官方,福州路(府)的刻書主要集中在重要的經史典籍,且往往部帙較大。元代刻書,除了上文提及的十行本注疏、十行本正史、《通志》、《晦庵先生朱文公文集》,還有至正七年刻《樂書》二百卷、《禮書》一百五十卷等,以上各書在明代多經修補重印,影響深遠。總之,宋元明三朝,與其他區域相較,福州官方刻書具有系統性、持續性的特點,其在出版史、書籍史上的地位值得重新評估。

附記:喬秀岩、葉純芳在《學〈中國版刻圖錄〉記》(《版本目錄學研究》第 7 輯,北京:北京大學出版社,2016 年)一文中已推測:"南宋中

---

① 張秀民著,韓琦增訂《中國印刷史》(上),杭州:浙江古籍出版社,2006 年,第 198 頁。

期建刊十行本諸經注疏及十行本十史（黃善夫、劉元起《漢書》等）均屬坊刻，皆無刻工，而這些版本的元代覆刻本有刻工，疑爲福州州學之類官府所刻。"2021.11.1 補記。

（原載《歷史文獻研究》第 45 輯［揚州：廣陵書社，2020 年］，收入王亮選編《閩本考：福建傳統印刷文化論叢》［福州：福建人民出版社，2022 年］，收入本書時有修訂。）

《周易注疏校勘記》編纂考述

一、《周易注疏校勘記》之分任者

關於《周易注疏校勘記》的分任者，阮元《周易注疏校勘記序》云："臣元於《周易注疏》舊有校正各本，今更取唐宋元明經本、經注本、單疏本、經注疏合本，讎校各刻同異，屬元和生員李銳筆之。"《校勘記》各卷末亦署"臣李銳校字"。據此則《周易注疏校勘記》出於李銳之手。李銳(1769—1817)，字尚之，號四香，江蘇元和人，諸生。肄業蘇州紫陽書院，從學錢大昕，精曆算之學。嘉慶初應阮元聘，參與編纂《經籍籑詁》《疇人傳》。所著有《周易虞氏略例》《召誥日名攷》《方程新術草》《句股算術細草》《弧矢算術細草》《開方説》等。①殁後阮元爲刻《李氏遺書》十一種十八卷。除《周易》外，李氏所任尚有《春秋穀梁傳注疏》及《孟子注疏》二經。

中國國家圖書館近年入藏《周易注疏校勘記》稿本和謄清本，劉玉才有專文介紹，並據此推測《周易注疏校勘記》的編纂流程：(一)分任者李銳完成初稿並作自我修訂。(二)嚴杰校補調整。一是通過新

---

① [清]阮元撰，鄧經元點校《揅經室集·二集》卷四《李尚之傳》，北京：中華書局，1993年，第483頁。[清]佚名撰，王鍾翰點校《清史列傳》卷六十九《儒林傳下二》，北京：中華書局，1987年，第5589—5590頁。

增條目和訂補校記文字,補入李鼎祚《周易集解》異文以及盧文弨、浦鏜等人的校勘成果。二是李鋭原稿只校文字異同,甚少論斷,嚴杰校補則對諸本異文間下按語、斷語。(三)段玉裁批校。(四)謄清成稿。(五)孫同元覆核,並有少量增補(孫志祖校語均爲孫同元增入)。(六)嚴杰校定。(七)刊刻成書(刊本校樣仍有少量增補)。①

稿本第二冊卷末有朱筆題署"甲子仲春三日嚴杰校補",謄清本各冊封底有甲子(嘉慶九年,1804)十二月十七日至十九日孫同元題記,《周易注疏校勘記》定稿當在此後不久。

二、《周易注疏校勘記》引據之版本

《宋本十三經注疏并經典釋文校勘記》二百四十五卷於嘉慶十一年(1806)十月由儀徵阮氏文選樓刊行。②其中《周易注疏校勘記》九卷,《略例校勘記》一卷,另附《釋文校勘記》一卷。校記凡2333條,包括《周易注疏》正文校記1939條(卷一277條,卷二261條,卷三328條,卷四218條,卷五228條,卷六171條,卷七181條,卷八157條,卷九118條),《略例》校記152條及《釋文》校記242條。

(一) 底本

正如《宋本十三經注疏并經典釋文校勘記凡例》所云("《周

---

① 劉玉才《阮元〈十三經注疏校勘記〉成書蠡測》,《國學研究》第35卷,北京:北京大學出版社,2015年。按:原文推測稿本朱筆批校之一爲阮元所作,後在《〈周易注疏校勘記〉解題》(《國家圖書館藏未刊稿叢書·著作編·周易注疏校勘記》,南京:鳳凰出版社,2021年,第17頁)一文中修訂爲段玉裁批校。

② [清]張鑑等撰,黃愛平點校《阮元年譜》(即《雷塘庵主弟子記》)卷二,北京:中華書局,1995年,第65頁。

易》……以宋版十行本爲據"),《周易注疏校勘記》以十行本爲底本,即各條校記之出文爲十行本文字。但亦有少量條目因十行本有闕文或文字筆畫舛訛,出文改從其他版本者,如:

夫兩雄必爭　十行本"夫兩雄"三字,"夫"字、"雄"字筆畫舛誤,"兩"誤"用"。閩本亦作"用",缺"夫"字。岳本、監、毛本如此。(卷一)

此象既釋卦名　十行本"此象既釋卦"五字闕,閩、監、毛本如此。(卷三)

又十行本有宋刻、元刻之別,凡例雖云此本爲"宋版",實際乃元刊明修十行本。①《周易兼義》宋刊十行本今已不存,未經明代修補的元刊元印本亦甚爲稀見,現僅美國伯克萊加州大學東亞圖書館有藏。②《周易兼義》九卷《略例》一卷《釋文》一卷,對於"兼義"之義,盧文弨云:"蓋《正義》本自爲一書,後人始附於經注之下……明乎向者之未嘗兼也。"③《周易注疏校勘記》亦云:"'兼義'字乃合刻注疏者所加,取'兼并《正義》'之意也。"④元刊《周易兼義》版片在明代至少經過明初、正德六年、正德十二年、嘉靖初四次較大規模的修補。《校勘記凡例》云:

---

① 〔日〕長澤規矩也《正德十行本注疏非宋本考》,《長澤規矩也著作集》第一卷《書誌學論考》,東京:汲古書院,1982年,第32—39頁。有蕭志強中譯,載《中國文哲研究通訊》第10卷第4期,"中研院"文哲研究所,2000年。
② 《伯克萊加州大學東亞圖書館中文古籍善本書志》,上海:上海古籍出版社,2005年,第3頁。
③ 〔清〕盧文弨著,王文錦點校《抱經堂文集》卷七《周易注疏輯正題辭》,北京:中華書局,1990年,第85頁。
④ 《周易注疏校勘記》卷一"周易兼義上經乾傳第一"條。

《周易》《尚書》《毛詩》《周禮》《禮記》《春秋左氏傳》《公羊傳》《穀梁傳》《論語》《孟子》凡十經,以宋版十行本爲據。《孝經》以翻宋本爲據。他本注疏每半葉九行,此獨十行,雕版南宋,遞有修補,下至明正德間,其版猶存,爲注疏中之善本。

似乎《周易注疏校勘記》所據爲正德修補印本。然洪頤煊《讀書叢錄》卷二四云:

(《周易註疏》《毛詩註疏》《周禮註疏》《禮記註疏》《左傳註疏》《公羊註疏》《穀梁註疏》《孝經註疏》)以上八種皆南宋閩中所刊,即世所稱十行本也,間有明正德、嘉靖補刻葉。唯《孝經》殘缺最多,原葉幾無一二存矣。阮尚書南昌學宮刊本即從此本翻雕。①

所謂"阮尚書南昌學宮刊本"即嘉慶二十年至二十一年南昌府學《重刊宋本十三經注疏》,重刊所據與文選樓《校勘記》所據皆爲阮元藏本,②故知《周易注疏校勘記》底本實爲嘉靖印本。瞿氏鐵琴銅劍樓藏有正德修版本(正德十二年印本),《鐵琴銅劍樓藏書目錄》云:

阮氏《挍勘記》、南昌府學重刊宋本皆據是書……顧以是本核之,頗多不同。其不同者,是本往往與家藏宋單注本、宋八行注疏本,及《挍勘記》所引岳本、錢本、宋本合,阮本多誤同閩、監、

---

① [清]洪頤煊《讀書叢錄》卷二十四,道光二年富文齋刻本。
② 《重刊宋本十三經注疏附校勘記》內封題"用文選樓藏本挍定",又《重刻宋板注疏總目錄》後阮元跋云:"因以元所藏十一經至南昌學堂重刻之。"見《十三經注疏》(清嘉慶刻本)書前,北京:中華書局,2009年。

毛本。均是十行本,何以違異若此?蓋阮本多修版,其誤皆由明人臆改,是本修版較少,多可藉以是正。①

阮氏《周易注疏校勘記》以嘉靖印本爲底本,故較正德印本訛誤增多。瞿《目》此條後附校記,以家藏十行本校阮氏《校勘記》及重刊本,可參看。

以上所論僅爲經、注、疏部分,即《周易注疏校勘》記卷一至九所據之底本。至於《略例》,《引據各本目錄》"十行本"下云:"凡九卷,附《音義》一卷,無《略例》。"《校勘記》以岳本爲底本。②今檢伯克萊加州大學藏元刊元印本、瞿《目》著録正德印本及北京市文物局藏嘉靖印本《周易兼義》③,皆有《略例》,故知阮元藏本有闕,而《校勘記》誤以十行本本無《略例》。

雖然阮藏十行本《周易兼義》附有《音義》一卷,而文選樓本《釋文校勘記》仍以通志堂本爲底本,校以宋本、十行本、閩本、監本、盧本(參下文)。

(二)校本

《引據各本目錄》有如下校本:

1. 唐石經

唐石經始刻於唐文宗大和七年,刻成於開成二年,故又稱"開成石經"。包括《易》《書》《詩》《三禮》《三傳》及《孝經》《論語》《爾雅》,共

---

① [清]瞿鏞《鐵琴銅劍樓藏書目錄》卷一"《周易兼義》九卷《略例》一卷《音義》一卷,宋刊本",光緒常熟瞿氏家塾刻本,第6b頁。
② 《周易略例校勘記》卷端注云:"此校以岳本爲主。"
③ 《中華再造善本》影印北京市文物局藏元刊明修本《十三經注疏》之一,其中卷四至六配嘉靖李元陽刻本。

十二種，並附《五經文字》《九經字樣》二種。立石長安國子監太學，清代在陝西西安府府學，今存西安碑林。其中《周易》九卷、《略例》一卷，僅刻經文，然"周易上經乾傳第一"至"周易下經豐傳第六"及《周易略例》卷端題"王弼注"，"周易繫辭上第七"至"周易説卦第九"題"韓康伯注"，知其亦來自經注本。唐石經改刻情况極爲複雜，關於唐代的修改，嚴可均《唐石經校文》云：

> 有未刻之前曠格、擠格以改者，蓋鄭覃校定。有隨刻隨改及磨改字迹，文誼竝佳者，蓋唐玄度覆定。有文誼兩通而字迹稍拙者，蓋韓泉詳定。……若初刻誼長，而磨改繆戾，字迹又下下者，及未磨而遽改者……蓋乾符中張自牧勘定。……《易》《書》《詩》《左氏傳》《論語》多旁增字，當出張自牧手。①

此外，後梁時又有補刻，北宋時有據監本旁改添注處。明嘉靖三十四年地震，石經倒損。萬曆十六年，陝西左布政使姚繼可主持修補工程，②由西安府縣學官、生員訂補殘缺，③按舊文集其闕字，别刻小石立於碑旁，雖紕繆甚多，而尚不與原碑相亂。④嘉靖地震前之拓本流傳

---

① [清]嚴可均《唐石經校文》卷一《敘例》，民國十五年張宗昌皕忍堂《景刊唐開成石經》附，北京：中華書局，1997年，第2995頁。
② 萬曆十七年《重修孔廟石經記》。按：姚繼可，《明史》無傳，見[明]過庭訓《本朝分省人物考》卷八七，明天啓刻本，第17b—19b頁。萬曆十六年十月乙巳，姚繼可改任右副都御史，巡撫寧夏，參見吳廷燮撰，魏連科點校《明督撫年表》，北京：中華書局，1982年，第290頁。故萬曆十七年所立之《重修孔廟石經記》稱"左布政使今寧夏巡撫姚公"。
③ 盧桂蘭《唐開成石經補字概述》，《碑林集刊》第3輯，西安：三秦出版社，1995年，第90—97頁。
④ [清]王昶《金石萃編》卷一〇九"石刻《十二經》并《五經文字》《九經字樣》"條引《蛾術編》，嘉慶十年刻同治錢寶傳等修補本。按：王鳴盛《蛾術編》原稿分十門（姚承緒跋），其中《説刻》一門十卷多已採入《金石萃編》，沈鶴壽以爲"無庸贅述"（沈楙惪識語、沈鶴壽凡例），故不見於今傳道光沈氏世楷堂刻本。

極少,僅《石墨鐫華》謂"華下東生文爹家有乙卯(嘉靖三十四年)以前搨本",①嚴可均亦云:"唐石經以嘉靖乙卯前摹本爲勝,今絕不可得,而士大夫家所藏舊摹本都補綴可疑。"②流傳拓本多經裱匠裝册,爲求經文完具,乃取小石之字剪配嵌入原碑闕文中,"裝合輻湊,竟如一手搨出者"。③清初顧炎武作《金石文字記》即據此類裱册拓本,誤以補字爲正本,極詆石經之非,實失於查核。

拓本之外,日本天保十五年(1844)松崎慊堂(明復)刊行《縮刻唐石經》。④民國十五年,張宗昌醼忍堂刊行《景刊唐開成石經》,取新拓依樣鉤摹,"字有殘缺,按儀徵阮元覆刻宋槧十行本注疏之經文雙鉤補入,以示區別"。⑤

唐石經爲五代國子監本所據,乃後世經書版本之祖,故爲《校勘記》取校。阮元乾隆末充石經校勘官,分校《儀禮》,於唐石經多所利用,故對其磨改、添字、補刻的情況有一定的認識。《儀禮石經校勘記》區別乾符磨改、朱梁重刻、明人補字,其序云:"唐開成石經所校,未盡精審,且多朱梁補刻及明人補字之訛。"⑥《周易注疏校勘記》區分初刻、改刻、後增、後删等,如:

> 君子以自強不息　岳本同。石經初刻"彊",後改"強"。(卷一)
> 履霜堅冰陰始凝也　岳本、閩、監、毛本同。石經初刻無

---

① [明]趙崡《石墨鐫華》卷二《唐刻石經考》,《知不足齋叢書》本。
② [清]嚴可均《唐石經校文》卷一《敘例》,第2995頁。
③ [清]王昶《金石萃編》卷一〇九"石刻《十二經》并《五經文字》《九經字樣》"條引《蛾術編》。
④ 劉玉才《松崎慊堂與縮刻唐石經芻議》,《嶺南學報》復刊號(第一、二輯合刊),上海:上海古籍出版社,2015年,第247—257頁。
⑤ 《景刊唐開成石經》卷首《例言》。
⑥ [清]阮元《儀禮石經校勘記》,《叢書集成初編》排印本,北京:中華書局,1991年,第1頁。

"也"字,後增。(卷一)

  不耕穫未富也 岳本、閩、監、毛本同。古本"穫"上有"而"字。石經初刻亦有"而"字,後改删去,故此行止九字。(卷三)

以上《引據各本目録》爲"單經本"。

2. 岳本

《校勘記》以爲宋岳珂所刻,實則元代荆谿(宜興)岳浚刊行。①《引據各本目録》云:"今據武英殿重刊五經本。"乾隆四十八年,高宗命以五經萃室所藏岳本五經交武英殿仿寫刊刻,行款、版式、點畫及歷代藏印一仍原本之舊。各卷末附考證,並據考證改動部分正文文字。校勘記偶有以殿本改字爲岳本原文者,乃失檢考證之誤,如:

  以既济为安者 岳本、閩、監、毛本同。錢本、古本、足利本"安"作"象",宋本作"家"。案,"家"即"象"之誤。(卷六)

今按,殿翻岳本確作"安",然卷末考證云:"既濟彖注:以既济为象者,道極无進○案,'象'字武英殿注疏本作'安'。"據考證出文,知岳本原本實作"象",殿翻本改"安",考證未明言改字,《校勘記》失於查核。

  岳本《周易》現存一部,明太倉周天球、睢州袁樞舊藏,清乾隆間入四庫館,爲各閣《四庫全書》據以抄録之底本。自翰林院流出後,經張元濟收歸涵芬樓,現藏中國國家圖書館。②

3. 古本、足利本

  此二本皆據《七經孟子考文補遺》。《七經孟子考文補遺》是日本

---

① 張政烺《讀相臺書塾刊正九經三傳沿革例》,《張政烺文集·文史叢考》,北京:中華書局,2012年。
② 岳本相關情況請參拙文《"岳本"補考》,《中國典籍與文化》2015年第3期,亦收入本書。

江户時代學者山井鼎考文、物觀補遺而成的經書校勘著作。主要利用足利學校所藏諸經版本，以《周易》爲例，摘句據崇禎本（毛本），經、注校古本、足利本（參宋板），疏校宋板，正德本（元刊明修十行本）、嘉靖本（閩本）、萬曆本（北監本）亦在參校之列，少量條目有案語。崇禎本無《略例》《釋文》，故《略例》以嘉靖本校以諸本，《釋文》以萬曆本爲主，校以《經典釋文》單行本及正德本、嘉靖本等。

所謂"古本"即"足利學所藏書寫本"，其中《周易》三通，各三本。《畧例》一通"，《考文補遺凡例》云："皆此方古博士家所傳也……其經文、註文皆與宋板、明板頗有異同，助字甚夥……《周易》王弼註與《略例》別行，凡如此之類，皆唐以前所傳者。"一部寫本闕《夬》至《未濟》。對於這三部寫本，《考文補遺》的處理是："寫本三通各有出入，故三通同者作'三本同'，二通同者作'二本同'，共稱曰古本。"故《校勘記》轉引時有"古本（古一本、古二本）作某，一本作某"之表述。

需要注意的是，《校勘記》卷一有七條校記引及"寫本"，而"寫本"並不見於《引據各本目錄》。清人徐時棟對此即頗爲疑惑：

> 此所開並無"寫本"之目，而其第一卷前數葉所謂"寫本"，此是何本耶？或即是影宋鈔本，然此明云稱"鈔本"，何改稱"寫本"耶？且第一葉"考察其事"條下阮稱"鈔本"，又稱"寫本"，似"寫本"非影宋鈔本矣。然則究是何本耶？[①]

今檢《七經孟子考文補遺》，此七處確稱"寫本"，《校勘記》轉引無誤。而七條校記均不出孔穎達《周易正義序》及《八論》部分，《考文補遺》

---

① 《十三經注疏校勘記・周易注疏校勘記》（清嘉慶刻本，中國國家圖書館藏）《引據各本目錄》末徐時棟跋。

稱足利學所藏寫本中有"孔穎達《正義序》及《八論》共一本",所謂"寫本"即指此本。

所謂"足利本",《考文補遺凡例》謂"亦本學所印行活字板也",實即"伏見版",爲日本慶長四年(1599)至十一年德川家康命足利學校第九世庠主元佶(三要)於京都伏見圓光寺印行之木活字本,其中《周易》印行於慶長十年。①楊守敬《日本訪書志》云:"其原係據其國古鈔本,或去其注末虛字,又參校宋本,故其不與宋本合者皆古鈔本也。"②足利本《略例》有邢璹序并注。

對於《考文補遺》所載古本,阮元雖信其"竟爲唐以前别行之本",③但對於其中大量虛字,《校勘記凡例》頗有批評:"其所謂古本,又多攈撫於《釋文》《正義》中,亦不免錯誤。其餘則私爲改易,更喜句中增加虛字,尤失古義。"故"多慎取之,間亦辨其似是而非之處"。經注多虛字乃沿隋唐鈔本之遺,阮氏等人所見皆南宋以來刻本,故有此疑。

《七經孟子考文補遺》享保十六年(1731)初刻於日本,十七年即由長崎傳入中國。④乾隆二十六年(1761),翟灝即借校汪啟淑藏本,撰寫《四書考異》。⑤乾隆三十七年,高宗諭旨徵訪遺書,汪氏以所藏日本

---

① [日]川瀨一馬《增補古活字版之研究》上卷第二編第四章第三節《德川家康の開版事業》,東京:日本古書籍商協会,1967年,第210頁。東京大學史料編纂所編纂《大日本史料》第十二編之三,東京:東京大學出版會,1969年,第69、542頁。又第十二編之二十三補遺,東京:東京大學出版會,1997年,第23頁。
② [清]楊守敬撰,張雷校點《日本訪書志》卷一,瀋陽:遼寧教育出版社,2003年,第1頁。
③ [清]阮元撰,鄧經元點校《揅經室集·一集》卷二《刻七經孟子考文並補遺序》,第43頁。
④ [日]狩野直喜《山井鼎と七經孟子考文補遺》,《支那學文藪》,京都:弘文堂書房,1927年。中譯改名《七經孟子考文補遺考》,見江俠庵編譯《先秦經籍考》,上海:上海文藝出版社,1990年。
⑤ 顧永新《七經孟子考文補遺考述》,《北京大學學報》(哲學社會科學版)2002年第1期。

原刻本進呈，《考文補遺》收入《四庫全書》，影響大增。此後盧文弨撰《群書拾補》《經典釋文考證》，王鳴盛撰《尚書後案》等，皆以之參校。嘉慶二年，阮元以揚州江春隨月讀書樓所藏"日本元板落紙印本"翻刻於杭州，即小琅嬛僊館刻本（後收入《文選樓叢書》）。底本似闕序文及凡例，故阮氏刻本别依文瀾閣寫本刊列卷首。原板誤字仍之，别爲訂譌於卷末。①《校勘記》所據當即此本。

以上《引據各本目録》爲"單注本"。

4. 宋本

《引據各本目録》云："據錢遵王校本。案，錢跋有單疏本一、單注本二、注疏本一，今不復能識别，但稱'錢校本'。"錢遵王即錢曾。然中國國家圖書館藏八行本《周易注疏》書前陳鱣迻録錢孫保跋語云："予所獲單疏本一、注疏合刻一，又單注本二，皆宋刻最精好完善者。"則此錢氏似當爲錢孫保，故汪紹楹謂"錢遵王本、錢求赤本，實爲一本"。②孫保字求赤，號非庵，謙貞子。錢孫保曾藏一鈔本，後歸周錫瓚，陳鱣借鈔《五經正義表》《周易正義序》及卷一，以補己藏八行本之闕。陳氏並録錢孫保題識數則，又於錢跋後加以己注。據陳氏注記，錢氏鈔本"全書俱用朱筆句讀點勘"，"此所以重錢，是本作'重體'。故交其錢，是本作'其體'。下方朱筆校云：'二體字，宋作錢。'……既係影宋鈔本，而求赤校語又何以云宋作某，皆屬可疑"。是鈔本有錢孫保校語，《校勘記》所謂"錢遵王校本"當爲"錢孫保校本"之誤，汪氏之説是。

惟《校勘記》卷二"師"卦下云："按，錢校本起此，已前缺。"則其所據當爲他人過録的錢孫保校跋之本，且闕《師》卦之前，其來源並

---

① ［清］阮元撰，鄧經元點校《揅經室集·一集》卷二《刻七經孟子考文並補遺序》，第45頁。《文淵閣四庫全書》本無《七經孟子攷文補遺叙》。

② 汪紹楹《阮氏重刻宋本十三經注疏考》，《文史》第3輯，第31頁。

非下文所説的盧文弨傳校本。也就是説，錢校本與錢本雖實爲同本，但《校勘記》引據來源有二，其中錢校本的來源有殘缺，故致此誤。引及錢校本之校記凡十六條，其中十三條錢校本與錢本均同，惟卷二"進則无應"條有錢校本而無錢本，餘二條均爲錢校本體例。

又《校勘記》既不能區分錢校異文來源，却仍以此本置於"單疏本"標目下，不當。日本江户後期儒者海保漁村以己藏舊抄單疏本《周易正義》校《周易注疏校勘記》，乃知《校勘記》所謂"單疏本"爲虚標其目，其《周易校勘記舉正序》云：

> 始讀至此，以爲所謂錢校本者，必其以單疏相比校者矣。及徧檢通篇，其專指引單疏者，僅一見《乾·象》内，餘皆不復能識别，則又以爲所謂單疏者，與宋注疏本亦不甚相徑庭矣。迨獲舊抄單疏校之，則疑其異同紛然出於錢校本之外者，何其夥也。意者所謂宋單疏本者，錢氏蓋偶一寓目，而未經點校。當阮氏校書時，則此種已屬絶響，於是僅存其目於卷首，猶據《七經考文》所引，直標宋本，實未始目擊而檢尋之也。①

錢校所引宋本，版本情況不明。單疏本《周易正義》十四卷，現存宋刻遞修本一部，藏於中國國家圖書館。此本清末藏於徐坊處，秘不示人。民國間爲傅增湘所得，乃於民國二十四年由北平人文科學研究所影印。今有《古逸叢書三編》《續修四庫全書》《中華再造善本》等影印本。

---

① ［日］海保漁村撰，張學謙整理《周易校勘記舉正》，《經典與校勘論叢》，北京：北京大學出版社，2015年，第465—466頁。

《周易正義》單疏尚存日本舊鈔本二十餘種,①經過日本學者對其中部分鈔本的研究,這些鈔本很可能出自唐鈔本系統。②楊守敬於日本獲狩谷望之舊藏單疏鈔本,③後爲劉承幹輾轉購入,民國三年刻入《嘉業堂叢書》,並附《周易單疏校勘記》(校阮本)。這是中國學界第一次得見《周易》單疏。

以上《引據各本目録》爲"單疏本"。

5. 影宋鈔本

《引據各本目録》云:"據餘姚盧文弨傳校明錢孫保求赤校本,今稱'錢本'。"所據即盧氏手校本《周易兼義》轉録之錢本異文,部分內容已收入盧氏《羣書拾補初編》。盧氏補《五經正義表》,校《周易注疏》《周易略例》皆引錢孫保影宋鈔本(亦稱"錢本"),其跋云:"此元本半葉九行,每行十七字,其'勑'字唐人皆作'勅',今并提行皆仍之,以不失其舊。"陳鱣於此本有更爲詳細的記述:

> 常熟錢求赤所藏鈔本《周易注疏》十三卷,後附《略例》一卷、《音義》一卷,前有《五經正義表》四葉。每葉十八行,行十七字。表後半葉有朱筆題識,凡三條,其弟二條書于上方。全書俱用朱筆句讀點勘,每卷首有"彭城""天啓甲子""匪庵""求赤氏""錢孫

---

① 分藏於日本各地及臺北故宮博物院。日藏見阿部隆一《本邦現存漢籍古寫本類所在略目録》(《阿部隆一遺稿集》第一卷《宋元版篇》,東京:汲古書院,1993年,第212—213頁),臺北故宮所藏爲楊守敬觀海堂故物,見阿部隆一"中華民國國立故宫博物院"藏楊氏觀海堂善本解題》(《中國訪書志》,東京:汲古書院,1983年)。

② 研究論文目録及簡介詳參[日]野間文史撰,童嶺譯《近代以來日本的十三經注疏校勘記研究》,《中國經學》第11輯,桂林:廣西師範大學出版社,2013年,第31—37頁。

③ [清]楊守敬撰,張雷校點《日本訪書志》卷一:"《周易正義》十四卷,舊鈔本。單疏古鈔本,無年月,狩谷望之求古樓舊藏,相傳爲弘治、永禄間鈔本。"[日]澀江全善、森立之編《經籍訪古志》卷一:"序及第一卷以他本補。"(《日藏漢籍善本書志書目集成》第1册影印清光緒十一年徐承祖聚珍排印本,第32—33頁)

保印",凡五印,卷尾有"錢孫保一名容保"一印。

　　錢求赤此記亦用朱筆,在弟十三卷後。庚戌爲康熙九年,求赤生于明天啟四年甲子,則其時年四十七矣。是書記但稱爲鈔本,而後有亭林跋,則稱爲影宋鈔。今以鱣所得宋刻本較之,凡宋本避諱字,是本惟避玄、鏡字,而不避敬、弘、恒、貞等字。宋本注小字雙行,是本注作中等字單行。宋本經文大字與注疏小字俱頂格相連,每節不提行。是本每節次行俱低一格,次節提行。又以山井鼎《七經孟子考》所引宋本較之,如《乾》卦初九疏"他皆放此",是本作"倣"。此"所以重錢",是本作"重體"。"故交其錢",是本作"其體"。下方朱筆校云:"二'體'字,宋作'錢'。"……斯類甚多。且既係影宋鈔本,而求赤較語又何以云宋作某,皆屬可疑。然注疏次序與宋本悉合,其書法工整,非影宋鈔者不能。且《五經正義表》巋然冠首,正賴此以存,誠所謂天下至寶也。今藏吳中周氏香嚴堂,餘姚盧弓父學士《羣書拾補》曾據以是正。鱣所得宋刻本亦最爲精美,惜缺首卷,更無它本可補,借此繕録,得成完書,幸莫甚焉。①

　　對於錢氏影宋鈔本的底本,《鐵琴銅劍樓藏書目録》認爲是八行本:"考十三卷本此外惟錢求赤鈔宋本、山井鼎《考文》所引宋本而已,錢本悉與此同,蓋即此所自出,但轉寫不無譌脱。(案錢校蓋據明監本,故失校處每同監本)。"②但據陳鱣跋語,此本行款格式與八行本頗有不同,異文亦有出入,錢校又有"宋作某"之處,不可逕以"錢校蓋據

---

① 《古逸叢書三編》影印中國國家圖書館藏南宋兩浙東路茶鹽司刻宋元遞修本《周易注疏》(序、表、卷一配清陳氏士鄉堂鈔本)書前陳鱣跋語。
② [清]瞿鏞《鐵琴銅劍樓藏書目録》卷一"《周易注疏》十三卷,宋刊本",光緒常熟瞿氏家塾刻本,第4a頁。

明監本"釋之。至於底本爲何，尚待研究。①值得注意的是，除卷數外，錢本的注疏綴合方式亦與八行本相同，錢孫保跋已言之："此古注疏原本也，蒙古刊本割截可恨，明興，諸監本皆因之，而始失其舊。""此古注疏本也。經下列注，注後疏自釋經，疏釋經後，疏復釋注……不知何年腐儒割裂疏文，逐句逐行列於經注之下。"②所謂"蒙古刊本"蓋元刊十行本，皆割裂疏文附於各注之下，故錢本絶非十行本系統可知矣。

6. 宋本

亦據《七經孟子考文補遺》。此宋本即足利學校所藏八行本《周易注疏》十三卷，現存日本足利學校遺跡圖書館，南宋兩浙東路茶鹽司刻本，未經修補，有南宋陸子遹識語。1973 年日本汲古書院影印。另存一八行本即上舉陳鱣藏本，爲宋元遞修本，序、表、卷一配清陳氏士鄉堂鈔本，《校勘記》未見。已經《古逸叢書三編》《續修四庫全書》《中華再造善本》影印。

7. 閩本

《引據各本目錄》云："凡九卷，附《略例》一卷、《音義》一卷。"閩本爲明嘉靖中福建巡按御史李元陽、提學僉事江以達刊於福州，③乃《十

---

① 顧永新指出，此本實際是以宋刻宋元遞修八行本和明萬曆北監本爲主體，兼及單疏本和經注本，彙校各本異文重構而成的、新的校定本。見氏著《錢求赤鈔本〈周易注疏〉考實》，《文獻》2018 年第 1 期。馮先思推測，錢求赤將幾種宋本異文錄在北監本上，再據以抄録，後又據諸宋本覆勘一遍，添加了一些校語，但校而未盡，因而呈現出北監本與宋八行本文本混雜之面目。見氏著《盧文弨與錢求赤鈔本〈周易注疏〉》，《中國典籍與文化》2021 年第 3 期。
② 《古逸叢書三編》影印中國國家圖書館藏南宋兩浙東路茶鹽司刻宋元遞修本《周易注疏》（序、表、卷一配清陳氏士鄉堂鈔本）書前陳鱣迻録錢孫保跋語。
③ 前人以閩本爲李元陽主持刊刻，故又稱"李元陽本"。然據近來學者研究，江以達才是閩本校刊工作的發起者和實際主持者。李元陽到任後，以巡按御史的身份參與其事，故得留名。江以達任福建督學校僉事在嘉靖十四年二月（本年冬到任）至十七年十月間，李元陽任福建巡按御史在嘉靖十五年至十七年五月間。參見李振聚《明嘉靖閩刻〈十三經注疏〉非成於李元陽考——以〈毛詩注疏〉爲例》，《閩學研究》2020 年第 3 期。沈暢《江以達發起主持校刊閩本〈十三經註疏〉史事考論》，《中國經學》第 27 輯，桂林：廣西師範大學出版社，2020 年。

三經注疏》的第一次彙刻。此本出於元刊明修十行本,但改易版式爲半葉九行,經大字單行,注中字單行,釋文、疏小字雙行。十行本版片明代存於福州府學,①嘉靖修補刻工與閩本刻工多同。閩本《周易兼義》對所據底本(底本爲正德印本抑或嘉靖印本尚不十分明確)頗有訂正補闕處,如卷三《離》卦,正德補板有數十字均爲墨釘,閩本補足(見《校勘記》卷三"此象既釋卦名"至"今有上下二體故云明兩作離也"條)。然亦有不能填補處,如《周易略例·明象》"夫象者,出意者也。言者,明象者也"注"若乾能變化,龍是變物,欲明乾象,假龍以明乾。欲明龍者,假言以象龍。龍則象意者也",明初補刊葉闕"乾""假""龍""則"四字,閩本補"乾""假"二字,仍闕"龍""則"二字爲墨釘。

8. 監本

監本《十三經注疏》爲萬曆十四年至二十一年北京國子監刊行,故稱"北監本"。監本據閩本重雕,故行款、分卷皆與閩本同,惟注文改閩本中字單行爲小字單行,空左偏右。各經版心上方刻刊版年份,卷端次行起刻校刊者祭酒、司業銜名。其中《周易兼義》版心刻"萬曆十四年刊",卷端次行、三行刻"皇明朝列大夫國子監祭酒臣李長春等奉/勅重校刊"。監本《周易兼義》經過校勘,有優於閩本處,如《坤》卦象注"夫兩雄必爭",閩本"夫"字爲墨釘,"兩"訛"用",監本補正(見《校勘記》卷一"夫兩雄必爭"條)。又《坤》卦象疏"不敢干亂先聖正經之辭",閩本"干"訛"于",監本改正。臧庸家藏初印監本《周易兼義》,亦謂"譌字較毛爲少,往往與兩宋本相合"。②然亦有沿閩本訛闕而未能補正者,如上舉《略例·明象》注,"龍""則"二字監本仍爲空闕。

---

① 程蘇東《"元刻明修本"十三經注疏修補彙印地點考辨》,《文獻》2013年第2期。
② [清]臧庸《拜經堂文集》卷二《周易注疏校纂序》,《續修四庫全書》第1491冊影印民國十九年上元宗氏石印本,第528頁。

監本於崇禎間有修版，重修本將萬曆校刊者銜名由大字單行改爲小字雙行，"校"諱改"較"，並於其後增刻"皇明朝列大夫國子監祭酒臣吳士元、承德郎司業仍加俸一級臣黃錦等奉/旨重修"，版心刊版年份未改。吳士元，字長吉，進賢人。崇禎四年"管北司業事"，五年陞北京國子監祭酒。①重修本"有崇禎六年祭酒吳士元題疏，稱板一萬二千有奇，始刻於萬曆十四年，成於二十一年，至崇禎五年冬，奉旨重修"。②至清康熙二十五年，北京國子監又對版片進行了修補。每卷首葉版心改鐫"康熙二十五年重修"，餘葉將萬曆刊記删去。卷端舊銜名亦改刻"康熙二十五年國子監祭酒臣常錫布、祭酒加一級臣翁叔元、司業臣宋古渾、司業加一級臣達鼐、司業臣彭定求、學正臣王默、典籍臣程大畢奉旨重校脩"。舊刊記、銜名亦有未删，或删而未刻者。

萬曆監本經過崇禎、康熙間兩次修補，質量每況愈下，浦鏜《十三經注疏正字例言》云："修板視原本誤多十之三。"《校勘記凡例》對監本評價頗低，所據實爲重修之本，不符萬曆監本之實。通觀各經校勘記，亦有明晰監本初印與重修之別者。如嚴杰分任之《左傳注疏校勘記》即區分"監本"與"重修監本"，且一云"錯字較少，非毛本可及"，一云"譌字較原本爲多"。徐養原分任之《儀禮注疏校勘記》，所據亦有監本、國朝重修監本之別。至於《周易注疏校勘記》，其《引據各本目錄》未明言所據，今檢《校勘記》所謂監本誤字、脫文，如：

　　文王囚而演易　　閩、毛本同。監本"囚"誤"卦"。（卷一）

---

① ［明］盧上銘、馮士驊《辟雍紀事》，《四庫全書存目叢書》史部第271册影印明崇禎刻本，第304—305頁。
② ［清］錢大昕撰，竇水勇校點《竹汀先生日記鈔》卷一《所見古書》，瀋陽：遼寧教育出版社，1998年，第9頁。

並依此説也　閩、毛本同。監本"依"誤"焉"，闕"此"字。（卷一）

周易雜卦第十一　○按，監本此節注文全脱，當依此補。（卷九）

萬曆初印監本多不誤、不脱，知李鋭所用實爲崇禎或康熙重修之本。

9. 毛本

《引據各本目録》云："凡九卷，無《略例》《音義》。"毛本《周易兼義》爲崇禎四年常熟毛晉汲古閣刻本，故又稱"汲古閣本"。別將《略例》刻入《津逮秘書》。①毛氏刻《十三經注疏》，始崇禎元年，終十二年，各經末均鐫刊版年份，其中《周易兼義》爲"皇明崇禎四年歲在重光協洽古虞毛氏繡鐫"。毛本據監本重刻，而校正粗疏，誤字甚多，故《校勘記凡例》譏之爲"魯魚亥豕之訛，觸處皆是，棼不可理"。然其初印本亦多有佳處，蓋嘗對校宋元善本。②

毛本版片後於乾隆四十年由常熟席世宣修補印行，嘉慶間書坊並有翻刻本，③"譌字又倍"。④毛本於清代極爲流行，盧文弨云："唯是外間所通行，唯毛本獨多，故仁和沈萩園廷芳、嘉善浦聲之鏜作《十三經註疏正字》，日本國足利學山井鼎等作《七經孟子考文》，皆據毛本爲説。"⑤阮元登第前校《十三經注疏》，亦以毛本

---

① [清]王鳴盛著，顧美華標校《蛾術編》卷二"北國子監板"："汲古閣毛刻……別將《略例》刻入其所謂《津逮秘書》，最爲可笑。"(上海：上海書店出版社，2012年，第33頁)
② [日]原三七《汲古閣刻板考稿》，《東方學報》(東京)第六册，東京：東方文化學院東京研究所，1936年。[日]加藤虎之亮《周禮經注疏音義校勘記・引據各本書目解説》，東京：無窮會，1957年，第12頁。
③ [日]長澤規矩也《汲古閣本注疏の序跋封面に就いて》，《長澤規矩也著作集》第一卷《書誌學論考》，東京：汲古書院，1982年，第40—41頁。
④ 《宋本十三經注疏併經典釋文校勘記凡例》。
⑤ [清]盧文弨《羣書拾補・周易注疏》，清乾隆刻《抱經堂叢書》本。

爲底本。①對於毛本的流行，葉德輝的解釋是："由于南北兩監刻本版片日就散佚，乾隆武英殿刻版尚未告成，士人舍此無他本可求，故遂爲天下重也。"②但即使在殿本刊行之後，毛本仍以其易得而盛行不衰。

以上引據各本目錄爲"注疏本"。

除以上諸本外，唐李鼎祚《周易集解》亦是《周易注疏校勘記》的重要參校本，李鋭原稿僅寥寥數條，多數爲嚴杰補入，故《引據各本目錄》未載。

《周易釋文校勘記》以通志堂本爲底本，所校除上舉注疏本所附者，尚有明崇禎間震澤葉林宗仿明閣本影寫本、盧文弨校定《抱經堂叢書》本《經典釋文》，並參據盧氏《經典釋文考證》。所謂"明閣本"即明文淵閣舊藏宋刻本，流出後爲錢謙益所得，崇禎十年"葉林宗購書工影寫一部"。③通志堂、抱經堂二本皆以葉鈔爲底本，而多有改動。明文淵閣藏宋刻《經典釋文》數部，錢氏所得本燬於絳雲樓之火，然清宮"天禄琳瑯"尚有一部宋刻宋元遞修本，今藏中國國家圖書館。《釋文校勘記》中有所謂"宋本"，如：

宴　徐烏殄反安也下同鄭云享宴也李軌烏衍反○宋本"下"作"干"，"宴"作"宜"，並誤。

今檢宋本"下"確誤"干"，然"宴"不誤，惟葉鈔本誤"宜"，④乃知《校勘

---

① ［清］張鑑等撰，黃愛平點校《阮元年譜》（即《雷塘庵主弟子記》）卷二："先生弱冠時，以汲古閣本《十三經注疏》多譌謬，曾以《釋文》、唐石經等書手自校改。"（第65頁）
② ［清］葉德輝撰，楊洪升點校《郋園讀書志》卷一，上海：上海古籍出版社，2010年，第13頁。
③ 通志堂本《經典釋文》書末馮斑跋，北京：中華書局，1983年，第439頁。
④ 宋本據上海古籍出版社影印中國國家圖書館藏宋刻宋元遞修本《經典釋文》，2013年，第79頁。葉鈔本異文據黃焯《經典釋文彙校》，北京：中華書局，1980年，第11頁。

記》所謂"宋本"實即葉本。《釋文校勘記》所附《注解傳述人》部分均作"葉本"。稿本及謄清本《校勘記》皆無《注解傳述人》,知此部分爲後增,故與前文稱引體例不一。葉鈔原本舊藏吳縣朱文游處,盧文弨校刻《抱經堂叢書》本《釋文》時曾借校,乾隆末歸同邑周錫瓚。乾隆五十八年,段玉裁借此本屬臧庸細校,臧氏因復自臨一部,①顧廣圻又臨臧校。②諸君與纂《校勘記》時,葉鈔原本仍在周錫瓚處,③《校勘記》所謂葉本乃其傳校之本(以葉本臨於通志堂本之上)。顧氏謂校《毛詩》"用何夢華臨段本",又云"段茂堂據葉鈔更校,屬其役於庸妄人"(按:指臧庸)及"阮雲臺辦一書曰《考證》,以不識一字之某人臨段本爲據"(按:指何元錫),爲《釋文》之厄。④據此則《校勘記》所用葉本蓋即何元錫(夢華)臨段玉裁校葉本。

(三) 關於"盧文弨校本"

上文已經指出,《周易注疏校勘記》所用"錢本"乃據盧文弨校本轉引。盧校《十三經注疏》原本今已不存,道光四年,方東樹曾借錄盧校於阮刻《十三經注疏校勘記》之上,其跋云:"抱經先生手校《十三經注疏》本,後入衍聖公府,又轉入揚州阮氏文選樓,阮作《校勘記》,以此爲本。道光四年樹館廣東督署,傳校一過,惜無疏本傳

---

① 乾隆五十八年十月初九日臧庸跋,見蕭山朱氏藏王筠轉錄陳奂所鈔段校本(陳奂鈔本當出自臧庸自臨之一部)。此據羅常培(手民誤植爲"羅四培")《段玉裁校本經典釋文跋》,《圖書季刊》1939 年第 2 期,第 145 頁。此文收入《羅常培文集》第八卷《恬庵語文論著甲集》,濟南:山東教育出版社,2008 年。
② [清]顧廣圻著,王欣夫輯《顧千里集》"《經典釋文》三十卷(校本)":"武進臧庸堂在東氏用葉林宗影景宋本校,元和顧廣圻臨。近知此人好變亂黑白,當不足憑據,擬借元本一覆之。壬戌正月記。"(北京:中華書局,2007 年,第 266 頁)
③ [清]顧廣圻著,王欣夫輯《顧千里集》"《經典釋文》三十卷(校本)"載顧氏嘉慶九年跋:"元本今藏香嚴氏。"(第 268 頁)
④ [清]顧廣圻著,王欣夫輯《顧千里集》"《經典釋文》三十卷(校本)",第 266—268 頁。

其句讀也。東樹。"①對於盧校本的面貌,方氏記其中的《毛詩注疏》"於傳注、《釋文》、《正義》三者所校更爲繁細,助語多寡,偏旁增減,或不足爲重,然精核可采者,亦復不少"。盧校諸經部分内容已采入《羣書拾補》,②各經《校勘記》引用盧校時又有甄選,故方東樹謂"此記所載及惠氏、盧氏所刻《古義》、《拾補》,於此原校本詳略異同甚多,所遺亦甚多"。

《周易注疏校勘記》稿本中有一些稱引"盧校本"的條目被墨筆勾刪,如卷三:

> 震剛而兑至大矣哉　閩、監、毛三本同。盧校本無"而兑""大"三字。
>
> 居隨之始至何所失哉　閩、監、毛三本同。盧校本作"居隨至失哉"。
>
> 四俱无應至小子也　閩、監、毛三本同。盧校本作"陰之至小子也"。
>
> 王道之可觀至有孚　閩、監、毛三本同。盧校本無"之可觀"、"有孚"五字。

亦有一些引用"錢校本"的條目同樣被墨筆勾刪,如同卷:

> 處得尊位至乃得終吉也　閩、監、毛三本同。錢校本作"處

---

① [清]蕭穆撰,項純文點校,吳孟復審訂《敬孚類稿》卷八《記方植之先生臨盧抱經手校十三經注疏》,合肥:黄山書社,1992年,第213頁。
② 盧文弨《羣書拾補》收有《易經注疏》《尚書注疏》《春秋左傳注疏》《禮記注疏》《儀禮注疏》五經之校正,其中《春秋》僅序,《禮記》僅《曾子問》等八篇,《儀禮》僅《士冠禮》《士昏禮》二篇。

得至終吉也"。

坤順而艮止也至君子之所尚也　閩本同，監、毛二本作"坤順至尚也"，錢校本作"坤順至所尚也"。

按此類校記所涉皆疏文提示語（標明所疏經文、注文起訖的文字），經檢，這幾處盧校本、錢校本異文皆與單疏本、八行本相同，當是源自曾校以"單疏本一、注疏合刻一"的錢孫保影宋鈔本，此數處所謂"盧校本"僅是記錄錢本異文。①按《周易注疏校勘記》體例，應稱作"錢本"或"錢校本"。由於錢本和十行本的疏文綴合方式有異，故疏文提示語的不同之處甚夥，若一一出校，則失於繁冗。實際上，李鋭原稿於此類差異僅偶一出之。《校勘記》於卷二"師貞丈人吉无咎〇正義曰條"即已指出："按，錢挍《正義》每卦分數段，繇辭下一段，彖曰下一段，象曰下一段，六爻下六段，或彖、象下共一段，並在經注之末。釋經在前，釋注在後。其釋經者，皆引經文，不標起止。釋注者標起止，所標起止較今本爲省文。後皆放此。"或即鑒於此條校記已將此類情況説明，故上舉此類異文皆被整條刪去。今《周易注疏校勘記》刻本稱"盧文弨挍本"者僅卷七"而載易之爻辭也"一條："盧文弨挍本'而'作'兩'。"盧校蓋據武英殿本。②

三、《周易注疏校勘記》徵引之清人成果

《周易注疏校勘記》引及前代經書校勘成果者僅寥寥數條，且多

---
① 檢中國國家圖書館藏清佚名過録盧文弨校本《周易兼義》（校於毛本，索書號：善09905），凡錢本與毛本疏文提示語差異，盧校皆以刪除符號"｜"標識於相應文字之上。
② 檢國圖盧校本云："新，兩。""新"即殿本。

據清人著述轉引。如卷二"未有居衆人之所惡而爲動者所害"條引唐郭京説(《周易舉正》)見盧文弨《羣書拾補》,引宋毛居正《六經正誤》僅二處(卷二"而志存于五"條、"盡夫陰陽交配之宜"條),前者見於武英殿岳本考證及《羣書拾補》。引據清人成果以浦鏜《周易注疏正字》、盧文弨《羣書拾補》爲主,餘如惠棟(見《周易古義》)、張惠言(見《周易虞氏義》)、錢大昕(見《十駕齋養新録》)、王念孫、王引之(皆見《經義述聞》)等説,僅偶一及之。盧、浦二氏校語皆嚴杰補入。引孫志祖説凡十條,亦李鋭原稿所無,乃孫同元(志祖子)覆核時添入。①

對於浦鏜《十三經注疏正字》,《校勘記凡例》評價不高:"雖研覈孜孜,惜未見古來善本。又以近時文體讀唐代義疏,往往疑所不當疑。又援俗刻他書肆意竄改,不知他書不必盡同義疏所引,而他書之俗刻尤非唐代所傳之本也。"據浦氏《十三經注疏正字例言》,所見惟監本、監本修板、閩本、毛本四種,《釋文》僅見通志堂本,故浦氏並校以注疏所引之書,多以己意按斷之。《十三經注疏正字》未經刊行,僅以鈔本流傳,《校勘記》所用當即傳鈔本。此書乾隆間進呈四庫館,收入《四庫全書》。②

---

① 劉玉才《阮元〈十三經注疏校勘記〉成書蠡測》。引嚴杰説僅一處,亦嚴杰校補時自行增入。
② 見《浙江採集遺書總録》丙集,《四庫全書提要稿輯存》第一册影印乾隆四十年刻本,北京:北京圖書館出版社,2006年,第318頁。《欽定四庫全書總目》卷三三《經部·五經總義類》,北京:中華書局,1965年,第278頁。二目誤以《十三經注疏正字》歸於沈廷芳名下,當時學者如盧文弨、阮元等皆知之,故盧氏於《浙録》書眉批"嘉善浦鏜纂輯",《校勘記》所署亦不誤。惟《四庫》官書,不便指摘其誤,故盧文弨亦偶有稱二人同撰(《羣書拾補·周易注疏》),或稱"嘉善浦君鏜所訂,仁和沈萩園先生廷芳覆加審定"(《抱經堂文集》卷八《十三經注疏正字跋》)處。民國初有印行《四庫全書》之議,最早指出此誤者爲浦氏鄉人蔡文鏞,見1925年10月10日蔡氏致章士釗函,載《甲寅周刊》第1卷第29期(1926年1月30日出版)《通訊》,今附入《章士釗全集》第六卷,上海:文匯出版社,2000年,第117頁。

四、《周易注疏校勘記》之評價

《十三經注疏校勘記》薈萃諸本異文，是清代經書校勘的標誌性成果，阮元自矜爲"我大清朝之《經典釋文》"，①段玉裁亦謂"其在我朝，挍唐之陸德明《釋文》爲無讓矣"。②《校勘記》甫一刊行，即爲學界所重，至今仍是經學研究者的必備之書。加藤虎之亮云："清儒校勘之書頗多，然其惠後學，無若阮元《十三經注疏校勘記》。凡志儒學者，無不藏《十三經》，讀注疏者，必并看《校勘記》，是學者不可一日無之書也。"③

然《校勘記》成於衆手，各經水平不一，李鋭分任之《周易注疏校勘記》即頗爲後人詬病。

一、搜羅版本不全。上文已經指出，《周易注疏校勘記》底本所用之十行本爲嘉靖修補印本，乃十行本印本中刷印最晚、訛誤最多者。李鋭實際寓目的校本，惟唐石經拓本、乾隆武英殿翻岳本、閩本、監本、毛本，加上《周易集解》，亦僅六種，且所用監本尚爲重修劣本，餘皆據《七經孟子考文》《羣書拾補》轉引，殊不符段玉裁序"廣搜江東故家所儲各善本"之語。《引據各本目録》又誤以錢校本、錢本爲二，虚標單疏本之目。《校勘記凡例》謂浦鏜"未見古來善本"，此語反之於《周易注疏校勘記》，亦差可比之。

二、引據清人校勘成果不足。徵引所及以浦鏜《周易注疏正字》、盧文弨《羣書拾補》爲主，餘皆偶一及之，殊不能反映乾嘉考據學

---

① ［清］張鑑等撰，黄愛平點校《阮元年譜》（即《雷塘庵主弟子記》）卷二，第65頁。
② ［清］段玉裁《十三經注疏並釋文校勘記序》。
③ ［日］加藤虎之亮《周禮經注疏音義校勘記·序説》，第1頁。

成果。

三、僅校異同，甚少按斷。與其他各經《校勘記》相較，《周易注疏校勘記》按語甚少，且多爲嚴杰、段玉裁補入，李鋭原稿幾乎全爲文字異同。

四、直引、轉引不事區分。此爲阮氏《十三經注疏校勘記》之通病，清人徐時棟即批評《校勘記》體例不佳：

> 所校者或有殘缺，宜于首行下注云：此卷以某本爲主，用某本、某本校，用某者、某者參校。每卷如此，閲者自可瞭然。所云用某本某本校者，是眼前所據之者，如石經、岳本、閩、監、毛本是也。所云用某者某者參校者，是轉引他人校勘之者，如《考文》及錢、盧校本是也。凡引他人校勘之者，宜云某者云某本作某。如《考文》云足利本"凡"作"九"，不得徑稱足利本。何則？我固未嘗見足利本也。此亦慎重之義有應爾者。又凡所見者與吾所主本同者，俱不必注，但注其異者足矣。文達著此頗費心力，而體例則不甚佳。①

現存《周易》宋元刻本中，經注本以南宋淳熙撫州公使庫刻遞修本（卷七至十配清影宋鈔本）爲佳，今藏中國國家圖書館，有《四部叢刊》影印本。又天禄琳琅舊藏一宋刻本，避諱至孝宗"慎"字，今藏中國國家圖書館，本人曾粗略校之，質量不及撫州本。經注附釋文本有鐵琴銅劍樓舊藏南宋建陽坊刻本，今亦藏中國國家圖書館，《中國版刻圖錄》推爲撫州本外最善之本。1928 年日本東京文求堂影刊此

---

① 《十三經注疏校勘記》（清嘉慶刻本，中國國家圖書館藏）中《周易注疏校勘記》首葉書眉徐時棟跋。

本，後附孟森所撰《校記》。今有《中華再造善本》影印本。又有臺北"國家圖書館"藏宋刊纂圖互注本。餘如岳本、單疏本、宋刊八行本、元刊十行本等，上文皆已言之。

以上所舉諸本，《校勘記》多難獲見，故未嘗利用。然有可怪者，乾隆四年至十二年武英殿校刊之《十三經注疏》亦未被《校勘記》採用。殿本以北監本爲底本，經過校勘，卷末附考證，且經、注、疏文字均有句讀，頗便閱讀。盧文弨《羣書拾補》即利用了殿本，書中稱"官本"。然而，殿本在校勘時往往對底本體例進行了較大規模的改動。殿本《周易注疏》十三卷附《略例》一卷，據書末朱良裘跋，校勘時曾"得文淵閣所藏不全《易疏》四册，則上經三十卦釐爲五卷"，即八行本。殿本據此不全八行本，改易北監本九卷爲十三卷，前五卷依八行本，六卷以下則自行分卷，徒增混亂。①疏文綴合體例亦改從八行本。②又將所附《周易釋文》散入各卷中，於書前增加《釋文》之《注解傳述人》。故殿本雖以北監本爲底本，但却改易了十行本系統的體例，更接近於八行本，而又不盡然。殿本經過編輯，實際上已經形成了一個新的版本系統。《校勘記》未用殿本，或礙於其官本身份，不便指摘其誤。

以現存善本衡量《周易注疏校勘記》，則其僅據《七經孟子考文補遺》間接利用了八行本，據武英殿翻刻本利用了岳本，餘如撫州本、建

---

① 張麗娟《宋代經書注疏刊刻研究》第四章《單疏本》，北京：北京大學出版社，2013年，第272—273頁。
② 關於八行本、十行本系統疏文綴合體例的差異，上文所舉錢孫保跋中已言之，盧文弨亦據錢氏影宋鈔本云："如正義，此經之例，每節有數段者，其經文與注皆相連，先整釋經文都畢，然後釋注。毛本則遇凡有注者，輒割裂疏語附其下，致有語氣尚未了者，亦不復顧。今官本則從善本中出，已改其失矣。"山井鼎於此亦瞭然。《周易注疏校勘記》據盧文弨、山井鼎所言，於此問題亦有説明，見卷一"正義曰夫子所作彖辭"條、"正義曰文言云"條。

刊附釋文本、纂圖互注本、單疏本等異文皆未能採入,這是今日使用《周易注疏校勘記》需要特別注意的地方。

五、《周易注疏校勘記》之版本

(一)嘉慶十一年儀徵阮氏文選樓刻本

即《宋本十三經注疏併經典釋文校勘記》之一。上文已指出,此本於嘉慶十一年(1806)十月由儀徵阮氏文選樓刊行。京都大學人文科學研究所藏本爲最初印本,無嘉慶戊辰酉月段玉裁序,《總目》末葉刻"臣嚴杰挍字",①刷印時間在嘉慶十三年八月前。此本爲王念孫舊藏,當爲刊成即刷印就正者。《續修四庫全書》影印南京圖書館藏本則已有段序,"嚴杰"之名亦改爲"阮亨",刷印時間當在嘉慶十三年之後。②此後又有附載嘉慶二十一年十二月《進表》的印本,刷印時間則更晚。而《進表》謂"連年校改方畢,敬裝十部,進呈御覽",③則刻成後又續有修改,故初印、後印文字偶有不同。④

---

① [日]關口順原著,水上雅晴譯注《十三經注疏校勘記略説》,《經典與校勘論叢》,北京:北京大學出版社,2015年,第231、233頁。
② 《續修四庫全書》影印本《周易注疏校勘記》,《釋文校勘記》在前,《略例校勘記》在後。然《校勘記總目》作"《周易校勘記》九卷、《略例校勘記》一卷,附《釋文校勘記》一卷",與影印本次序不符。今檢中國國家圖書館藏《周易注疏校勘記》稿本、文選樓本(索書號:14872)及學海堂本,皆《略例》在前,《釋文》在後,與《總目》同。《略例》《釋文校勘記》葉數皆各自起訖,《續修四庫》所據底本當爲裝訂時誤倒。然伯克萊藏元刊本及北京市文物局、北京大學藏元刊明修本《周易兼義》確是《周易音義》在前,《周易略例》在後。
③ [清]阮元撰,鄧經元點校《揅經室集‧三集》卷二《江西校刻宋本十三經注疏書後》阮福案語,第621頁。
④ [日]關口順原著,水上雅晴譯注《十三經注疏校勘記略説》原注49,《經典與校勘論叢》,第234頁。

(二) 嘉慶二十年江西南昌府學刻《周易兼義》附本

嘉慶二十年至二十一年,阮元在江西南昌府學開雕《重刊宋本十三經注疏》,即後世所稱"阮本"。①無《十三經注疏併釋文校勘記序》《宋本十三經注疏併經典釋文校勘記凡例》《宋本十三經注疏併經典釋文校勘記總目》,各經卷末附《校勘記》,皆武寧縣貢生盧宣旬據文選樓本摘録。大致說來,引古本、足利本、錢本、宋本"也""之""其"等虚字的校記,以及引《釋文》所載異文的校記,皆被删去(經文校記保留)。此外各類校記,或删或留,並無特别明確的標準。故阮福謂此本"《校勘記》去取,亦不盡善"。②阮本《周易兼義》無《略例》(阮藏十行本原闕),故亦未附《略例校勘記》。

南昌本摘録文選樓本《校勘記》,亦有修改及補充之處,均標"補"字。

1. 回改出文

因南昌本《校勘記》附於重刊十行本後,校記出文需與經注疏正文保持一致,故將文選樓本中少量改正的出文改回十行本,校文因之作相應改動,前標"補"字,但實際異文與文選樓本同。如上舉卷一"夫兩雄必爭"條,南昌本改作:

> 夫用雄必爭　補:岳本、監、毛本"用"作"兩",是也。閩本作"用",缺"夫"字。十行本"夫"、"雄"字筆畫舛誤,今正。

---

① 對於阮本的刊行時間,嘉慶本阮元記、胡稷後記與道光重校本朱華臨跋所言不同,汪紹楹認爲是朱跋所云嘉慶二十一年仲春至二十二年仲秋,見氏著《阮氏重刻宋本十三經注疏考》,《文史》第 3 輯,第 27—28 頁。

② [清]阮元撰,鄧經元點校《揅經室集・二集》卷八《恭進十三經注疏校勘記摺子》,第 590 頁。

又文選樓本《釋文校勘記》以通志堂本爲底本,南昌本改回十行本,故凡十行本與通志堂本不同處,校記均有改動,標"補"字。改造後的校記多漏載通志堂本,如:

文選樓本:不累　劣僞反○監本、盧本同。宋本、十行本、閩本"劣"作"力"。

南昌本:不累　力僞反○補:宋本、閩本同。監本、盧本"力"作"劣"。

原底本通志堂本亦作"劣",校記改造後當與監本、盧本同列,南昌本遺漏。

2. 修改錯誤

如卷四:

文選樓本:巧所避也　閩、監本同。古本、足利本"巧"作"乃"。岳本、毛本"避"作"辟"。

南昌本:巧所辟也　補:岳本、毛本同。古本、足利本"巧"作"乃"。閩本、明監本"辟"作"避"。

今檢岳本、伯克利藏元刊十行本、北京大學藏元刊明修十行本(此葉爲正德十二年補刊)、閩本、初印監本、毛本均作"辟",南昌本雖有所改正,然所錄閩、監本異文仍誤。

又如《釋文》,文選樓本作:

噬　市制反○宋本同,是也。十行本、閩、監本、盧本"制"作"利"。

南昌本則謂"盧本'利'作'制'"，與此異。今檢盧本《釋文》作"制"，南昌本是。

按《校勘記》體例，經文頂格，注文低一格，疏文低二格，文選樓本個別條目有誤，如卷九"則得出入也"條爲注文，文選樓本低二格，誤作疏文，南昌本改正。亦有南昌本改正各條校記次序之誤者，如卷五"正義曰驗注以訓震爲懼"條與"象曰震蘇蘇"條、卷七"故法其陰陽變化"條與"其受命也如響"條、卷八"待隼可射之動而射之"條與"小懲而大誡"條，文選樓本原皆誤倒。

然南昌本亦偶有誤改之處，如文選樓本卷六"故不出門庭則凶也"條原在"不出門庭凶"條前，南昌本乙之。今按，經文"不出門庭凶"，見於兩處，一爲"九二不出門庭凶"，一爲"象曰不出門庭凶"。檢《七經孟子考文補遺》："古本經'象曰不出門庭凶'，二本'凶'上有'之'字。"知此經文在注"故不出門庭則凶也"後，南昌本誤改。

3. 增補條目

南昌本所補多爲毛本異文，亦有徑下斷語者，如卷一所補計六條：

存物之終若　　補：案，"若"當作"者"。
正義取夫乾者　　補：毛本"取"作"曰"。案，所改是也。
牝對牝爲柔　　補：毛本下"牝"作"牡"。案，所改是也。
象曰至行合无疆　　補：案，"合"當作"地"。
改云敬以直正者　　補：案，"正"當作"内"。
何長也　　補：各本作"何可長也"，此十行本原脫"可"字。案，正義曰"何可長者"，又曰"何可久長也"，是"何"下當有"可"字，今補。

然南昌本所補條目標注文、疏文偶有誤，如卷四"隼於人家高高墉"條爲疏文,南昌本僅低一格,誤爲注文。

南昌本《釋文校勘記》增補條目均爲盧本異文,部分條目增補盧文弨《經典釋文考證》案語。

重刊十行本《周易兼義》多據盧宣旬所補毛本異文改易底本文字,如卷四《晉》卦注"能不用柔",南昌本《校勘記》增"補:毛本'柔'作'察'",重刊十行本即改爲"察"。亦有不改者,如卷四《解》卦疏"非理之當也",南昌本《校勘記》增"補:毛本'當'作'常'",重刊十行本仍作"當"。有所補《校勘記》以毛本爲誤,而重刊十行本仍據毛本者,如卷四《遯》卦注"危至而後未行",南昌本《校勘記》增"補:毛本'未'作'求'。案,'未'字宜衍,《正義》'是遯之爲後也'可證",重刊十行本仍改從毛本作"求"。

對於《重刊宋本十三經注疏》的底本,阮元《重刻宋板注疏總目錄》云:"以元所藏十一經至南昌學堂重刻之,且借校蘇州黃氏丕烈所藏單疏二經重刻之。近鹽巡道胡氏稷亦從吳中購得十一經,其中有可補元藏本中所殘者。"可見除了文選樓《校勘記》所依據的阮元自藏十行本,尚以胡稷所得十行本補阮藏本殘闕。南昌本《周易注疏校勘記》即偶有據胡稷藏本增補條目,訂正阮藏本之誤者,如卷六《中孚》經"九二鳴鶴在陰",南昌本增:

> 補:案,十行本初刻與諸本同,正德補板"鳴鶴"誤作"鶴鳴",今訂正。

胡藏本此葉是否確爲元刊尚不能確定,然至少爲明初補板。

南昌本《校勘記》散附阮刻《十三經注疏》各卷後,易於參看,讀者稱便,加之阮本的流行,大部分學者所用《校勘記》皆爲南昌本,文選樓單行之本反而不顯。

(三) 道光學海堂刻《皇清經解》本

阮元調任兩廣總督後，於廣東學海堂編刊《皇清經解》，又名《學海堂經解》，命嚴杰主其事，始道光五年（1825）八月，終道光九年九月，收書凡一百八十三種，版存學海堂側之文瀾閣。①咸豐七年（1857），英軍進攻廣州，版片殘佚過半。咸豐十年，兩廣總督勞崇光募資補刊，並增刻馮登府著作七種，即所謂"庚申補刊本"。

《皇清經解》收入《十三經注疏校勘記》，其中卷八〇七至卷八一七爲《周易校勘記》：首《周易注疏校勘記序》，次《宋本十三經注疏併經典釋文校勘記總目》，次《宋本十三經注疏併經典釋文校勘記凡例》，次《周易校勘記》，次《周易略例校勘記》，末《周易釋文校勘記》。卷八〇七末有嚴杰跋，於重刻《校勘記》之因交待甚明：

> 注疏之善冊，未有過於十行本者，若毛氏汲古閣本，缺佚錯訛，棼不可理。十行本初次修板在明正德時，即日本山井鼎《七經孟子考文》所載正德本，非別有正德注疏本也。正德後遞有修改，誤書棘目，不若毛本多矣。近年南昌重刻十行本，每卷後附以《校勘記》，董其事者不能辨別古書之真贗，時引毛本以訂十行本之訛字，不知所據者乃續修之冊。更可詫異，將宮保師《校勘記》原文顛倒其是非，加補校等字。因編《經解》，附正於此，俾後之讀是記者知南昌本之悠繆有如是夫。錢塘弟子嚴杰謹識于廣州督糧道署，時道光六年八月朔日。

嚴杰謂"十行本初次修板在明正德時"，不確，謂"正德後遞有修改，誤

---

① ［清］夏修恕《皇清經解序》，道光九年廣東學海堂刻《皇清經解》書前。

書棘目,不若毛本多矣"則爲的論。上文已經指出,文選樓本《周易注疏校勘記》與重刊十行本《周易兼義》,所據皆爲嘉靖印本,即嚴杰所謂"續修之册",十行初印本與正德印本雖佳,但當時未能羅致。底本有誤,南昌本《校勘記》以毛本訂之,並無不可。嚴杰深所不滿的,實際是南昌本《校勘記》對文選樓本的變亂,即"將宮保師《校勘記》原文顛倒其是非,加補校等字"。

故學海堂本《周易校勘記》完全據文選樓本翻刻,惟於校記前後次序之誤偶有改正,如卷八一一(《校勘記》卷五)《震》卦疏"正義曰驗注以訓震爲懼"條與經"象曰震蘇蘇"條,文選樓本原誤倒。亦偶有改正文選樓本訛誤處,如卷八〇七(《校勘記》卷一)"故易者所以斷天地"條,文選樓本原誤"盧文弨"爲"盧文韶",學海堂本改正。又學海堂本在翻刻時對字形作了統一,偶有致誤處,如卷八一〇(《校勘記》卷四)《解》卦:

　　自我致戎　石經、岳本、閩、監、毛本同。《釋文》:"本又作'致寇'。"

　　言此寇雖由己之招　閩、監、毛本同。錢本、宋本"雖"作"難"。

文選樓本上"寇"字原作"宼",下"寇"字原作"宼"。今檢《釋文》及十行本,文選樓本是,學海堂本統一字形爲"寇",不符《釋文》及十行本原貌。

咸豐補刊本《周易校勘記》雖據道光本翻刻,但亦偶有訛誤。如卷八〇七(《校勘記》卷一)"以爲伏羲畫卦"條,文選樓本、道光學海堂本皆作"盧文韶",不誤,咸豐本誤改"盧文弨",蓋涉上條而誤。又如卷八一五(《校勘記》卷九)"其於木也爲科上槁"條,文選樓本云"閩本'槁'作'稿'",稿,道光學海堂本同,咸豐本誤"搞"。

(四) 其他版本

除了上舉三種主要版本,《十三經注疏校勘記》尚有光緒二十四年至二十五年蘇州江蘇書局重刊本。原爲重刊阮本《十三經注疏》,附"阮氏足本《校勘記》"(即文選樓本《校勘記》),後未畢而停工,僅刊成《十三經注疏校勘記》,以單行本行世。①

《周易注疏校勘記》尚有日本刻本,據文選樓本翻刻,增刻句讀,阮元《進表》、段《序》、《凡例》、《總目》等一仍原本,長澤規矩也考定爲天保十年(1839)至弘化二年(1845)間福井藩刊行。②

(原載《版本目錄學研究》第七輯[北京:北京大學出版社,2016年],收入劉玉才等《〈十三經注疏校勘記〉研究》[北京:北京大學出版社,2023年],收入本書時略有修訂。)

---

① [日]關口順原著,水上雅晴譯注《十三經注疏校勘記略說》原注 50,《經典與校勘論叢》,第 234 頁。
② [日]長澤規矩也《和刻本十三經注疏に就いて》,《長澤規矩也著作集》第一卷《書誌學論考》,東京:汲古書院,1982 年,第 49—50 頁。中譯有蕭志强譯《關於和刻本十三經注疏》,《中國文哲研究通訊》第十卷第四期,"中研院"文哲研究所,2000 年。

《周易注疏校勘記》與盧文弨《周易兼義》校本關係補考

道光四年(1824),方東樹館阮元兩廣總督府,將阮氏所藏盧文弨手校本《十三經注疏》過錄於《校勘記》之上,並在題記中提出"阮作《校勘記》,以此爲本"。之後,蕭穆亦據以發揚此説。①由此,阮元校經緣起及《十三經注疏校勘記》與盧文弨校本的關係成爲清代學術史上的一段公案。不過,方、蕭二氏之説僅是泛言,蕭穆追錄的方東樹批記僅爲《毛詩注疏校勘記》和《周禮注疏校勘記》兩種,②其印象不一定合於每種《校勘記》的實際情況。若要明確《周易注疏校勘記》與盧文弨校本的關係,仍需將兩者的文本進行直接比對。由於資料所限,前人僅能轉述方、蕭之説,或是依靠間接材料進行推測,理據不足。近來有學者依據清人過錄的盧文弨校本,對兩者關係進行了重新梳理,③但所

---

① [清]蕭穆撰,項純文點校,吳孟復審訂《敬孚類稿》卷八《記方植之先生臨盧抱經手校十三經注疏》,合肥:黃山書社,1992年,第209—213頁。
② 蕭穆於咸豐九年(1859)在方濤(字山如,方東樹孫)處得見方東樹批校本《校勘記》,此書後毁於寇亂,僅存《周禮注疏校勘記》一册(卷十一、十二及《釋文校勘記》二卷)、《儀禮注疏校勘記》兩册(卷一至七),方濤得以過錄的僅有《周易注疏校勘記》《毛詩注疏校勘記》兩種。僅存的三册原本及兩種過錄本皆歸蕭穆收藏,又毁於光緒六年(1880)的鄰人之火。故蕭穆在《記方植之先生臨盧抱經手校十三經注疏》中云:"今偶記《詩經校勘記》及《周禮校勘記》植翁批記,追錄數則於後。"(《敬孚類稿》卷八,第210頁)
③ 樊寧《稀見清儒稿校題跋本五種探微》,《古籍整理研究學刊》2019年第3期。樊寧《阮元〈周易注疏校勘記〉引據盧文弨校勘成果來源考述》,《周易研究》2019年第3期。

據材料不夠原始，推論過程亦有不合理處，導致結論有所偏頗。因此，這一問題仍有重新考察之必要。

一、盧文弨《周易兼義》校本的基本情況

盧文弨《周易兼義》校本原本雖佚，但有兩部過錄本存世。中國國家圖書館藏一部明崇禎四年（1631）毛氏汲古閣刻本《周易兼義》（索書號：善09905。插頁圖十一），著錄爲佚名錄清盧文弨校跋，清張爾耆、韓應陛（1813—1860）跋。①此書鈐"丹邨子"朱方、"丹邨子"白方、"金華張氏翠薇山房"白長方等印，知爲清人張作楠（1772—1850）舊藏，過錄者或即此人。先將張爾耆、韓應陛二家跋語迻錄如下：

> 抱經盧氏所校《周易注疏》依錢求赤影宋本，阮芸臺相國重刊十行宋本注疏亦取資焉，謂在十行本之上。書中徵引各種以考異同，如陸德明《釋文》、李鼎祚《集解》及他刻本曰宋、曰古、曰足利者，證諸《校勘記》中，尚有遺漏。又有曰沈者，案即浦鏜《十三經注疏正字》。朱墨間出，校閱非止一二過，洵稱完善。惟中有曰盧本者，未知所指，疑此本已非抱經原書，或後人所增也。戊午夏日從淥卿舍人借校畢，書此以志歲月。夬齋學人張爾耆識。（書末。鈐印："爾耆"白方、"伊卿"朱方）②

---

① 《北京圖書館古籍善本書目・經部》，北京：書目文獻出版社，1989年，第13頁。《中國古籍善本書目・經部》，上海：上海古籍出版社，1989年，第42頁。此本的存在乃北京大學中文系高樹偉兄提示，謹致謝忱。
② 張氏懷疑書中校語有後人所增，甚是（說詳下文），然所舉"盧本"確是盧校原有，乃盧氏轉引自浦鏜《正字》。此"盧本"指明盧復《三經晉注》本，參見王曉靜《清代浦鏜〈周易注疏正字〉"盧本"發覆》，《天一閣文叢》2019年第16輯。

盧氏校本得之蘇州書友蔣恕齋,時在戊午三月中。夬齋主人借校錄一過,并多是正處,偏爲貼籤,而後此書方成善校本。蓋此本原非盧氏手校,係他人度本,致多錯誤耳。咸豐八年六月十六日記,應陛。(首册書衣。鈐印:"价藩宝此過于明珠駿馬"白長方)①

由張、韓二氏跋語可知,咸豐八年韓應陛經蘇州書商蔣恕齋之手收得此書,張爾耆借錄校語於自藏本,並留識語於原本之上。張氏轉錄之本今藏湖北省圖書館,亦是批於汲古閣本。②卷首張氏跋文與上引略異,後收入《夬齋雜著》中,③可參看。

此書卷端及書末過錄有盧文弨跋語:

明天啓時有錢孫保求赤號匪菴影宋鈔本,與毛氏科段大不相同。今武英殿本略近之,而亦未全是也。今取以校正,稱"錢本",其殿本稱"新本"。盧文弨識。

大清乾隆四十四年歲在屠維大淵獻四月十有八日文弨校。辛丑又五月十一日復細校。

盧氏先後於乾隆四十四年(1779)、四十六年兩次校勘此書,正與其《周易注疏輯正題辭》(乾隆四十六年作)所言相合:

---

① 此爲韓繩夫(1916—?)藏印。繩夫,一名熙,字价藩,亦作介藩,號致軒。松江韓氏世系:韓應陛—韓載陽—韓德均—韓繩夫,參見李軍《松江讀有用書齋韓氏家世考》,《中國典籍與文化》2012年第4期。
② 樊寧《稀見清儒稿校題跋本五種探微》。
③ [清]張爾耆《夬齋雜著》卷上,影印民國七年刻本,《北京師範大學圖書館藏稀見清人別集叢刊》第23册,桂林:廣西師範大學出版社,2007年,第284—285頁。

余有志欲校經書之誤，蓋三十年於茲矣。乾隆己亥，友人示余日本國人山井鼎所爲《七經孟子考文》一書。歎彼海外小邦，猶有能讀書者，頗得吾中國舊本及宋代梓本，前明公私所梓復三四本，合以參校，其議論亦有可採。然猶憾其於古本、宋本之譌誤者，不能盡加別擇，因始發憤爲之刪訂，先自《周易》始，亦既有成編矣。庚子之秋，在京師又見嘉善浦氏鏜所纂《十三經注疏正字》八十一卷，於同年大興翁秘校覃溪所假歸讀之，喜不自禁。誠不意垂老之年，忽得見此大觀，更喜吾中國之有人，其見聞更廣，其智慮更周，自不患不遠出乎其上。雖然，彼亦何可廢也。余欲兼取所長，略其所短，乃復取吾所校《周易》，重爲整頓，以成此書，名之曰《周易注疏輯正》。《正字》於郭京、范諤昌之説，亦有取焉。余謂其皆出於私智穿鑿而無所用，故一切刊去。若漢以來諸儒傳授之本字句各異已見於《釋文》者，今亦不錄。惟《釋文》本有與此書異者著焉。唐宋人語之近理者，雖於注疏未盡合，亦閒見一二焉。如欲考經文之異同，則自有前明何氏楷所著《古周易訂詁》在，學者自求之可耳。毛氏汲古閣所梓，大抵多善本，而《周易》一書，獨於正義破碎割裂，條繫於有注之下，致有大謬戾者。蓋正義本自爲一書，後人始附於經注之下，故毛氏標書名曰"周易兼義"，明乎向者之未嘗兼也。此亦當出自宋人，而未免失之鹵莽。《正字》亦未見宋時佳本，故語亦不能全是，此則今之官本爲近古也。《周易》舊本獨不載《釋文》於經注閒，可無竄易遷就之弊。今就通志堂梓本併爲校之。輔嗣《略例》，余案頭祇有官本，亦就校之。噫！余非敢自詡所見出《正字》《考文》上也。既覩兩家之美，合之而美始完，其有未及，更以愚管參之。夫校書以正誤也，而粗略者或反以不誤爲誤。《考文》於古本、宋本之異同，不擇是非而盡載之。此在少知文義者，或不肯如此。然今讀之,往往有義似難通,而前後參證,不覺渙然者。則正以其不持擇之故,乃得留其本真於後世也。既再脫稿,遂書其端云。①

由此可知,盧氏先於乾隆四十四年據山井鼎、物觀《七經孟子考文補遺》校《周易》,又於次年據浦鏜《十三經注疏正字》復校,至乾隆四十六年校畢,所謂《周易注疏輯正》即其手校之本。臧庸《周易注疏挍纂序》云:"余師盧紹弓學士撰《周易注疏輯正》九卷、《略例》一卷,以校正《易疏》之譌。……今所纂從錢孫保影鈔本爲多,有真載其異同而不書所據者,皆錢本也。"②九卷即《周易兼義》之卷數,③亦證明《輯正》即手校本。毛本《周易兼義》無《略例》及《釋文》,故盧氏校《釋文》於通志堂本,校《略例》於武英殿本,今皆不存,亦未見有迻錄本傳世。

此本迻錄盧氏校語有朱、墨二色:字旁、行間以朱筆標記"「""」"等符號(表示删除)及異文。頁眉、頁脚以墨筆記錄版本及相應異文,亦有部分用朱筆。過錄者之所以用朱、墨二色,應是盧文弨原本即有區分。盧校所涉主要版本有錢本、新本、宋本、古本、足利本、沈本等。錢本即所謂錢孫保影宋鈔本,新本即乾隆武英殿刻注疏本,宋本、古本、足利本錄自《七經孟子考文補遺》,沈本即《十三經注疏正字》。乾隆間,沈世煒以《正字》進呈四庫館,而撰者已改題其父沈廷

---

① [清]盧文弨著,王文錦點校《抱經堂文集》卷七《周易注疏輯正題辭》,北京:中華書局,1990年,第85—86頁。據同卷《七經孟子考文補遺題辭》(第87頁),"友人"爲鮑廷博。
② [清]臧庸《拜經堂文集》卷二《周易注疏挍纂序》,影印民國十九年上元宗氏石印本,《續修四庫全書》第1491冊,上海:上海古籍出版社,2002年,第528頁。
③ 臧庸《皇清故日講官起居注前翰林院侍讀學士盧先生行狀》(《拜經堂文集》卷一,第602頁)謂盧氏自著書"有《周易注疏輯正》十卷",乃是合計《周易兼義》及《略例》卷數。

芳之名,故盧文弨初見此書時稱爲沈本。①

需要注意的是,此本除盧校外,尚有一些後人校語,用綠筆。如《周易正義序》第1b頁:"阮芸臺相國重刊十行宋本,'九'作'凡',以下有似此者,稱阮本。"第5a頁:"阮元《校勘記》云:寫本'簡'上有'周'字。"卷二第4b頁:"阮本'待',云宋同,毛誤'于'。"綠筆校語與過錄的盧校字體相同,或是過錄時已有,亦可能爲過錄時增補。《校勘記》及阮本刊行時,盧氏已卒,自不得見,討論盧校時應注意排除此類校語。

此外,書中尚有一些浮簽,除極個別爲盧校外,皆張爾耆過錄時所校,韓應陛跋文已言之。張爾耆跋文未提及綠筆校語,過錄時又因盧校"朱墨間出,莫辨先後",所有校語皆用朱筆錄之,泯滅了盧校與後人補校的標識,故湖北省圖藏本不及國圖藏本豐富、原始。

二、《周易注疏校勘記》稿本的基本情況

再來看《周易注疏校勘記》的情況。2010年中國國家圖書館入藏的《周易注疏校勘記》稿本(索書號:善19958)各條校記下多注明頁碼,應是嚴杰覆核時所記。經檢核,這些頁碼均與毛氏汲古閣本相應,而非十行本。也就是説,《周易注疏校勘記》雖以阮元所藏十行本《周易兼義》爲底本,但李鋭的工作本却可能是毛本。揆之情理,時人視十行本爲宋本,阮元亦必寶惜之,不便將衆多校語寫錄其上,以通行易得的毛本爲工作本更爲妥當。②這也可以解釋爲何阮藏十行本

---

① 關於《十三經注疏正字》作者題署的情況,詳參拙文《〈孝經注疏校勘記〉編纂考述》,《經學文獻研究集刊》第15輯,亦收入本書。
② 《尚書注疏校勘記》出文即以毛本爲底本,未經轉換。

《周易兼義》附有《音義》，而《釋文校勘記》却以通志堂本爲底本（因爲作爲工作本的毛本無《音義》）。由此推測，李鋭的工作流程大致爲：（一）以毛本爲底本，通校唐石經、武英殿重刊岳本、十行本、閩本、監本，將異文記於毛本之上。（二）據《七經孟子考文補遺》迻録古本、足利本、宋本異文，據所謂錢校本迻録宋本異文，據盧文弨校本迻録錢本異文，亦記於毛本之上。（三）將底本由毛本轉換爲十行本，以十行本文字爲出文，於校語中記録諸本異文。至此，僅記異文而無按斷的李鋭初稿便形成了。此後，初稿又經嚴杰增補（墨筆、朱筆）及段玉裁按斷（朱筆）。

三、《周易注疏校勘記》對盧校本的利用及其所引盧氏按語的來源

《周易注疏校勘記・引據各本目録》中明確説："影宋鈔本，據餘姚盧文弨傳校明錢保孫（當作"錢孫保"）求赤校本，今稱錢本。"李鋭初稿從盧校本中轉録錢本異文，絶無掩飾來源之舉。

至於明確引及盧文弨校勘意見的條目，皆嚴杰於李鋭初稿中補入。李鋭初稿於各條間多留空行，嚴杰於行間增補内容，字體與初稿有別，較易區分。如"故易者所以斷天地"整條爲嚴杰補入，而"以爲伏羲畫卦"條中，"盧文韶云"以下爲嚴杰補入（插頁圖十二）。這些盧氏按語皆採自《羣書拾補》，而非盧校本。最近，樊寧根據湖北省圖書館所藏張爾耆過録的盧文弨《周易兼義》校本，比勘《周易注疏校勘記》，認爲《校勘記》所引盧氏按語皆來自盧校本，[①]這是一種誤判。

---

① 樊寧《阮元〈周易注疏校勘記〉引據盧文弨校勘成果來源考述》。

樊文統計《校勘記》卷一、八、九三卷引用盧氏按語 12 條,謂皆見於盧校本。然經檢核,其中卷一序"故易者所以斷天地"條,所謂盧校本按語乃後人以綠筆補錄《校勘記》文字,而非盧氏原校。

　　盧校本:盧文韶(示)〔云〕:案《乾鑿度》本作"繼天地",此"斷"字疑誤。(序,第 6b 頁)

　　《群書拾補》:案《乾鑿度》本作"繼天地",此"斷"字疑誤。

　　《校勘記》稿本、謄清本:盧文弨云:案《乾鑿度》本作"繼天地",此"斷"字疑誤。

　　《校勘記》刻本:盧文韶云:案《乾鑿度》本作"繼天地",此"斷"字疑誤。

　　盧校本中的盧氏校語皆直言各本異文及按斷意見,引其弟盧文韶之說稱"召音弟云",不會直呼其全名。上文在介紹國圖藏佚名過錄盧校本《周易兼義》時已經指出,此本中引及《校勘記》和阮本的綠筆校語乃後人所增,而非盧文弨原批。此條校語在《群書拾補》中未標人名,說明是盧文弨己說,《校勘記》稿本及謄清本自然引作"盧文弨",而刻本却涉下條而誤作"盧文韶"。這也證明盧校本中的此條校語乃是後人從《校勘記》刻本轉錄,該文倒轉兩者關係。總之,此例恰好說明《校勘記》此條乃嚴杰據《群書拾補》增補,而非採自盧校本。

　　其餘 11 條盧氏按語中,有 10 條盧校本與《群書拾補》基本一致,①皆嚴杰補入。僅卷一疏文"心處僻陋"1 條為《群書拾補》所無:

　　盧校本:"心"當作"身"。(卷一,第 17a 頁)

---

① 若仔細比對,《校勘記》所引實際與《群書拾補》更為接近。

> 浦鏜《十三經注疏正字》:"心"疑"身"字誤。(卷一)
> 《校勘記》謄清本、刻本:盧文弨云:"心"疑"身"之誤。

《校勘記》稿本中並無此條,乃謄清本所補。從文字的一致性上看,顯然是源自浦鏜《正字》,只是誤冠盧文弨之名,不能作為《校勘記》襲用盧校本而致誤的例子。

該文還舉了盧校本、《羣書拾補》及《校勘記》均有,《校勘記》內容與前者同而與後者異的兩個例子,以證明《校勘記》所據為盧校本。不過,兩例("決必有所遇""昔者聖人")皆屬《校勘記》自行校勘所得並據《七經孟子考文》轉引,與盧校本及《羣書拾補》皆無關涉。該文在"《校勘記》大量襲用盧氏校勘成果"的先行觀念下加以推衍,與事實不符,此處不再贅述。

四、《周易注疏校勘記》引《七經孟子考文補遺》是據原書還是轉引自盧校本

李銳在《引據各本目錄》中言明所引古本、足利本、宋本皆據《七經孟子考文補遺》,本無疑義。但樊寧在考察盧校本之後認為,《周易注疏校勘記》並未翻檢《考文補遺》原書,而是承襲盧校本。[1]該文舉出兩個《校勘記》引古本、足利本、宋本有誤,而與盧校本相同的例子,來說明兩者的承襲關係。

例一為卷一疏文"猶豫遲疑"條,《校勘記》云:"閩、監、毛本同,下同。宋本'遲'作'持',與注合。"毛本此段疏文中共出現四處"遲疑"

---

① 樊寧《稀見清儒稿校題跋本五種探微》。

(第6b—7a頁),《考文補遺》所校僅爲"居非所安,遲疑猶豫"一條,而盧校本則將四處"遲"皆改作"持",[①]並云:"宋,持。"因此,該文認爲《校勘記》承襲盧校本之誤,而未核對原書。實際情況可能較爲複雜,《校勘記》稿本中"下同"二字乃後來補入,且與原條目筆跡不同,很可能是嚴杰覆核時添入(插頁圖十三)。若不考慮此二字,則李銳初稿僅是出文之誤,即"猶豫遲疑"當作"遲疑猶豫",尚難坐實爲沿襲盧校本之誤。

例二爲毛本卷八疏文:"情謂實情,僞謂虛僞,虛實相感。若以情實相感,則利生。"(頁33b)盧校本勾畫"實情"二字,云:"錢乙,宋乙。"即謂錢本、宋本作"情謂情實"。《校勘記》刻本出"情謂情實"云:"閩、監、毛本同。錢本、宋本'情實'作'實情'。"檢核《考文補遺》卷八云:"若以情實相感 '情實'作'實情'。"盧校本、《校勘記》刻本所校疏文對應均誤,而所記異文又相反,令人費解。實際上,《校勘記》原稿作:

若以情實相感 閩、監、毛三本同。宋本"情實"作"實情"。

與《考文補遺》完全一致,並無錯誤,說明李銳依據的是原書。只是後來嚴杰覆核時,爲了增補錢本,據盧校本將出文改爲"情謂情實",又於"宋本"下添補"錢本"二字,製造了錯誤(插頁圖十四)。

經過分析,以上二例都難以確認爲《校勘記》轉引盧校本。我們在考慮《校勘記》據原書還是轉引時,除了比對《校勘記》和盧校本的重合條目,更應注意到《校勘記》中一些徵引"寫本"異文的內容不見於盧校本,只能是李銳據《考文補遺》原書所錄。如《校勘記》稿本卷

---

① 國圖藏盧校本僅於"欲進於王位,猶豫遲疑""居非所安,遲疑猶豫"兩條之"遲"字旁注"持"。

一"欲取改新之義"條云："閩、監、毛三本同，寫本'新'作'辛'。"同卷"考察其事"條云："閩、監、毛三本同，錢本、寫本'察'作'案'。"同卷"崔覲劉貞簡等"條云："閩、監、毛三本同，寫本'簡'上有'周'字。"同卷"皆是易義"條云："閩、監、毛三本同，寫本下有'也'字。"以上諸條，盧校本皆無。又卷一"天以爛明"條云："閩、監、毛三本同，寫本'爛'作'烱'。"盧校本云："足利本，烱。"經檢《考文補遺》，知是寫本異文，盧氏誤記，亦可證明李鋭所據爲《考文補遺》原書，而非襲用盧校。嘉慶二年，阮元於杭州翻刻《七經孟子考文補遺》，四年後開局編纂《十三經注疏校勘記》，李鋭利用此本亦在情理之中。

至於李鼎祚《周易集解》，李鋭、嚴杰所用似爲《集解》原書，故有超出浦鏜《周易注疏正字》、盧文弨《周易兼義》校本及《羣書拾補》所引之外者。然嚴杰所補亦偶有誤從《羣書拾補》轉引者，如《校勘記》卷九注文"謙者不自重大"條云："《集解》作'不自任也'。"然《周易集解》並無此句。經檢核，異文源頭爲浦鏜《正字》："重大，盧本作'任也'。"所謂"盧本"指明盧復《三經晉注》。盧文弨校本《周易兼義》於"重大"旁批"任也"二字，並轉録《正字》此條作："盧，任也。"此後寫入《羣書拾補》時亦作："盧本作'不自任也'。"嚴杰轉引《拾補》時，誤以"盧本"即盧見曾刻本《周易集解》，故有此誤。

浦鏜《周易注疏正字》，李鋭初稿僅卷一引及數條，稱"浦云"，其中頗有不見於盧校本者，應是引自原書。李鋭校畢《周易》諸書後，在致何元錫札中提及"其經局書存弟處者"，其中就有"浦校一本"。① 此後的浦鏜之説則均爲嚴杰覆校時據《羣書拾補》補録，稱"浦鏜云"。以上二書與《考文補遺》情況有異，此不具論。

---

① 嘉定博物館編《一代儒宗——錢大昕》，上海：上海書畫出版社，2021年，第136、168頁。

結　　語

《周易注疏校勘記》的編纂是一個漸進的過程,從初稿、謄清本到刊刻成書,經過李鋭、嚴杰、段玉裁、孫同元等多人之手,[①]各人既有分工,所用材料亦不盡相同。我們應當充分認識到集體項目的複雜性,以及《校勘記》文本的不同層次。《周易注疏校勘記》和盧文弨《周易兼義》校本均以異文校爲主,兩者存在大量重合是自然之事。《周易注疏校勘記》對盧文弨《周易兼義》校本的利用僅限於轉引錢本異文,李鋭在《引據各本目録》中言之甚明。此後嚴杰覆校,又據《羣書拾補》補入盧氏校勘意見,《周易集解》異文、浦鏜《正字》亦有從此書轉引者。至於《七經孟子考文補遺》,李鋭所據乃是阮元新刻之原書,而非據盧校本轉引,故内容多有溢出盧校本之外者。因此,盧校本《周易兼義》只是引據資料的一種,其對編纂《周易注疏校勘記》的重要性不應過度誇大,《校勘記》的纂修仍應視爲當時整體學術氛圍的影響。

2020 年 12 月補記於北京

附記:此後樊寧又發表《阮元〈周易注疏校勘記〉修纂考述——以與盧文弨〈周易注疏〉校本對勘爲中心》(《文獻》2021 年第 3 期),其基本結論與上引二文相同,故本文不再增補,謹附此説明。又,國圖藏佚名過録盧文弨校本《周易兼義》有陳東輝主編《盧校叢編》影印本(杭州:浙江大學出版社,2023 年),劉玉才、陳紅彦主編《國家圖書館

[①] 劉玉才《〈周易注疏校勘記〉解題》,《國家圖書館藏未刊稿叢書·著作編·周易注疏校勘記》,南京:鳳凰出版社,2021 年,第 17 頁。

藏未刊稿叢書·著作編》（南京：鳳凰出版社，2021年）也將《周易注疏校勘記》稿本、謄清本影印出版，讀者自可參看。

（原載《版本目録學研究——日記與尺牘》[上海：復旦大學出版社，2023年]，收入劉玉才等《〈十三經注疏校勘記〉研究》[北京：北京大學出版社，2023年]。）

《論語注疏校勘記》編纂考述

一、《論語注疏校勘記》之成書

《論語注疏校勘記》十卷、《釋文校勘記》一卷，題"臣阮元恭撰"，實際分任校勘者爲仁和孫同元。阮元《論語注疏校勘記序》云："臣元於《論語注疏》舊有校本，且有箋識。又屬仁和生員孫同元推而廣之，於經、注、疏、釋文皆據善本讎其同異，暇輒親訂成書，以詒學者云爾。"各卷末亦署"臣孫同元校字"。孫同元（1771—?），字雨人，浙江仁和人。孫志祖嗣子（其兄景曾子）。嘉慶十三年舉人，道光中官永嘉教諭。著有《今韻三辨》三種六卷、《弟子職注》一卷、《六韜逸文》一卷、《永嘉聞見錄》二卷、《學福軒筆記》等。①

中國國家圖書館藏《周易注疏校勘記》稿本，原稿爲李鋭纂成，後經嚴杰校補、段玉裁批校，嚴、阮二氏按語在刻本中均以"○"或空格的方式與原稿校記區别。謄清本則又經孫同元覆核、嚴杰校定。②同

---

① ［清］潘衍桐《兩浙輶軒續録》卷二五，《續修四庫全書》第1685册影印光緒十七年浙江書局刻本，第41a頁。孫詒讓《温州經籍志》外編卷下，《續修四庫全書》第918册影印民國十年浙江公立圖書館刻本，第27a頁。

② 劉玉才《阮元十三經注疏校勘記成書蠡測》，《國學研究》第35卷，北京：北京大學出版社，2015年。按：原文推測稿本朱筆批校之一爲阮元所作，後在《〈周易注疏校（轉下頁）

樣的,《論語注疏校勘記》也經過了初校與覆校的過程,最明顯的證據就是部分〇前校語與〇後按語截然相反,顯然非出一人之手。如:

> 欲不爲論念張文　《漢書·張禹傳》無"不"字。〇按,宋板《漢書》有"不"字。(卷一)
>
> 是人之所欲也　此句"也"字及下"是人之所惡也",兩"也"字疑俱後人所加……《四書攷異》云:"案此'也'字,唐以前人引述悉略去,未必不謀盡同也,恐是當時傳本如此。"〇按,《考異》非也。古人引書每多節省,況有皇侃《義疏》可證也。(卷二)
>
> 古者言之不出　皇本作"古之者言之不妄出也"。高麗本"出"下有"也"字。《四書攷異》云:"包氏註云:'古人之言不妄出口。'據其文,或舊本經原有'妄'字未可知。若上一'之'字,則斷知其流傳訛衍。"〇按,皇本"妄"字必因注文而誤衍也。(卷二)

考慮到《周易注疏校勘記》的情況,再結合《論語注疏校勘記》自身的信息,這些〇後按語可能多出自嚴杰或段玉裁之手。①雖然《論語注疏校勘記》中只有卷十"炙炮夥清酤多"條〇後按語留下了"嚴杰案"的字樣,但仍有一些信息反映了這些按語與嚴杰的關係。部分〇後按語提示讀者參考其他《校勘記》,如卷一"滎陽開封人也"條、卷七"裨諶草創之"條云"說詳《左傳校勘記》",卷三"姓闕名縠字於菟"條云"詳《左傳釋文校勘記》",而嚴杰正是《左傳注疏校勘記》的分校者。

(接上頁)勘記)解題》《《國家圖書館藏未刊稿叢書·著作編·周易注疏校勘記》,南京:鳳凰出版社,2021年,第17頁)一文中修訂爲段玉裁批校。

① 部分按語前雖無"〇"區隔,仍可看出非孫同元初稿,乃覆校者增入,實與〇後按語性質一致。參考《周易注疏校勘記》稿本、謄清本的情況,可能是部分後增按語當時在稿本上僅以空格區分,謄清時則未保留空格,故刊本與前句連排。

當然,段玉裁亦曾經手《左傳注疏校勘記》,①卷四"勅知切"條又云"詳《詩經校勘記》",故此類按語出自段氏之手的可能性也很大。一些按語與段氏之學相合,如卷一"轅端上曲鉤衡"條:

> 案,鉤、拘古音同第四部,故多通用。《周禮·巾車》"金路鉤"註:"故書鉤爲拘,杜子春讀爲鉤。"

鉤、拘均侯部見母,段氏《六書音均表》古音十七部,第四部正爲侯。又檢段氏《周禮漢讀考》卷三即有此條內容:

> "金路鉤"注:故書鉤爲拘,杜子春讀爲鉤。 拘、鉤古音同在弟四侯部。②

又如卷五"素衣麑裘"條引《説文》等討論"麑""麛"二字,〇後按語云:"按,兒聲、弭聲古音同部。"段氏《説文解字注》"麛……從鹿弭聲"下云:"十六部,兒聲同部也。"可見補入按語者對段氏古音學非常熟悉,很可能就是段玉裁本人。但也有一些按語明顯非段氏口吻,如卷五"加朝服拖紳"條〇後按語謂"聞諸段玉裁云",卷七"襁負其子而至矣"條〇後按語末綴"段玉裁説"四字,卷九"古者烏曹作簙"條末謂"段玉裁《説文注》已正其誤",可見按語並非出自段氏一人。方東樹曾記錄段玉裁覆校《詩經》時,因與顧廣圻意氣之爭而肆行駁斥顧説,不告阮、顧二人而徑行寄粵付刊。方氏謂此語乃"乙酉八月,嚴厚民

---

① 〔清〕段玉裁撰,鍾敬華校點《經韻樓集》卷四《春秋左傳校勘記目錄序》,上海:上海古籍出版社,2008年,第64頁。
② 〔清〕段玉裁《周禮漢讀考》卷三,《續修四庫全書》第80册影印嘉慶刻本(乾隆五十八年段氏自序、嘉慶元年阮元序),第52b頁。

杰見告,蓋以後諸經乃嚴親齋至蘇共段同校者也"。①據此則《論語注疏校勘記》蓋由段玉裁、嚴杰二人共同覆核,編定時間在《毛詩注疏校勘記》及《左傳注疏校勘記》之後。又阮元《論語注疏校勘記序》謂"元於《論語注疏》舊有校本,且有箋識",則《校勘記》中或亦迻録阮氏按語。

《論語注疏校勘記》於嘉慶十一年十月由儀徵阮氏文選樓刊行,爲《宋本十三經注疏併經典釋文校勘記》之一。②分卷從唐石經作十卷。③校記凡2750條,其中卷一333條,卷二224條,卷三279條,卷四261條,卷五298條,卷六261條,卷七331條,卷八243條,卷九253條,卷十173條,《釋文》94條。

二、《論語注疏校勘記》引據版本考實

(一) 底本

對於《論語注疏校勘記》的底本,阮元《論語注疏校勘記序》及書前《引據各本目録》並無明確交待。《宋本十三經注疏併經典釋文校勘記凡例》謂《論語》"以宋版十行本爲據",然《論語注疏校勘記》校語中屢屢出現"十行本"字樣,則其出文所據顯非十行本,與《凡例》之説齟齬不合。從《校勘記》本身看,校語中十行本、閩本、北監本、毛本均

---

① [清]蕭穆撰,項純文點校,吳孟復審訂《敬孚類稿》卷八《記方植之先生臨盧抱經手校十三經注疏》,合肥:黃山書社,1992年,第211—212頁。
② [清]張鑑等撰,黃愛平點校《阮元年譜》(即《雷塘庵主弟子記》)卷二,北京:中華書局,1995年,第65頁。
③ 《校勘記》卷一"論語註解經卷第一"條云:"十行本、閩本、北監本、毛本並分爲二十卷。按,唐石經分十卷,皇本同。攷之《宋史・藝文志》,卷數正合。今《校勘記》分卷從之。"

有出現，可見底本並非此四本。①實際上，《論語注疏校勘記》是不主一本的，出文爲孫同元初校時認爲正確的文字，故校語多作"某本某誤某"，亦有"各本某誤某"。但對於不涉及正誤問題的銜名、標題、體式等，出文仍據十行本，如卷一邢昺銜名、經注疏格式、卷端標題格式等。又無法判斷異文正誤時，出文亦爲十行本文字，下列各本異文，如卷二"主將有祭祀之射"條、卷三"成就万物"條等。當然也偶有校語以出文爲誤者，如：

  此章論君子當賑窮周急　閩本、北監本"賑"作"振"。案，作"振"是也。（卷三）
  又晉趙孟孝伯疾將死　十行本"疾"作"並"，是也。（卷四）
  皋陶字廷堅　北監本、毛本"廷"作"庭"，是也。（卷四）
  以魚釣奸周西伯　十行本"奸"誤"好"。毛本"魚"作"漁"，是也。（卷四）

此類斷語（加着重號之字）孫同元初稿當無，乃其後增入。《周易注疏校勘記》稿本中有一些簡單的是非判斷，如"作某爲是""是也""不可從"等用語，乃阮元所批，②《論語注疏校勘記》或亦如是。
  有個別校記僅出毛本異文，校語形式也比較特殊，如：

  一爲方千里者百　毛本作"千"，乃"十"字之誤。（卷一）
  不以此方百里者一　毛本作"不"，乃"又"字之誤。（卷一）

---

① 故［日］關口順撰，水上雅晴譯注《十三經注疏校勘記略説》云："《論語》是以十行本爲校勘材料，但是不能説是以十行本'爲據'的（底本不明）。"（劉玉才、水上雅晴主編《經典與校勘論叢》，北京：北京大學出版社，2015 年，第 233 頁）
② 劉玉才《阮元十三經注疏校勘記成書蠡測》，第 9 頁。

  右加弛弓　毛本作弛。〇按，《禮注·射儀》注作"弛"，是正字。（卷二）
  鄉射禮　毛本作禮。《周禮注》作"記"，不誤。（卷二）

實際上，前三條校記十行本、閩本、監本皆同毛本作"千"、作"不"、作"弛"，而校語却僅出毛本。四本皆同，則不可能通過對校校出異文，且此校語"毛本作某，乃某字之誤"的形式也與其他大多數校記"某本某誤某"不同。考慮到阮序謂其"舊有校本，且有籤識"，而阮元舊日校本即爲毛本，①此類校記或即録自阮校本之籤識。

（二）校本

《引據各本目録》所列版本凡九種：

1. 漢石經十卷

即東漢熹平石經《論語》，《校勘記》"據洪适《隸釋》所載石刻殘字"轉引。漢石經始刻於東漢熹平四年（175），刻成於光和六年（183），立石洛陽太學。刻《周易》《尚書》《魯詩》《儀禮》《春秋》五經及《公羊》《論語》二傳，凡四十六石。②其後歷經變亂，崩毀殆盡。唐宋時偶有殘石出土，洪适即録其文字於《隸釋》《隸續》中，其中《論語》九百七十一字，爲前四篇、后四篇之文。1923 年洛陽有《論語·堯曰篇》殘石出土，馬衡推測爲《張侯論》（《魯論》）。③

---

① ［清］張鑑等撰，黄愛平點校《阮元年譜》（即《雷塘庵主弟子記》）卷二："先生弱冠時，以汲古閣本《十三經注疏》多譌謬，曾以《釋文》、唐石經等書手自校改。"（第 65 頁）
② 王國維《魏石經考》，《觀堂集林·史林》，北京：中華書局，1959 年，第 955—956 頁。
③ 馬衡《從實驗上窺見漢石經之一斑》《漢熹平石經〈論語·堯曰〉篇殘字跋》，《凡將齋金石叢稿》，北京：中華書局，1977 年，第 199 至 210 頁、第 247 至 249 頁。馬衡收集到的《論語》殘石見《漢石經集存》，上海：上海書店出版社，2014 年。又 1980 年洛陽漢魏太學遺址出土《漢石經》殘石中亦有《論語》，可辨者十三字，見段鵬琦執筆《漢魏洛陽故城太學遺址新出土的漢石經殘石》，《考古》1982 年第 4 期，第 381—389 頁。

2. 唐石經十卷

唐石經始刻於唐文宗大和七年(833),刻成於開成二年(837),故又稱"開成石經"。包括《易》《書》《詩》《三禮》《三傳》及《孝經》《論語》《爾雅》,共十二種,並附《五經文字》《九經字樣》二種。立石長安國子監太學,清代在陝西西安府府學,今存西安碑林。其中《論語》十卷,僅刻經文,然前有何晏序,各篇標題下署"何晏集解",可見亦源自經注本。

唐石經磨改、補刻的情況十分複雜,部分《校勘記》如《周易注疏校勘記》指出了初刻、改刻、後增、後删的不同,而《論語注疏校勘記》雖然指出了明顯的旁添字,如:

> 未若貧而樂　皇本、高麗本"樂"下有"道"字。唐石經"道"字旁添。案,唐石經旁添字多不足據,此"道"字獨與古合。(卷一)

却未對磨改情況加以説明。與嚴可均《唐石經校文》對比,即可看出《校勘記》在此問題上的不足之處。如卷二"爾愛其羊"條:

> 《校勘記》:唐石經"爾"作"女",皇本、高麗本作"汝"。
> 《唐石經校文》:"爾磨改作"女",皇疏本作"女"。《釋文》不發音,則陸所見本不作"女"。《金石文字記》云"爾"誤作"女"。按,初刻是"爾"字,不誤。

3. 宋石經

《引據各本目録》云:"宋紹興時石刻本。"即宋高宗御書石經,紹興十三年(1143)秦檜"請刊石于國子監,頒其本徧賜泮宫",至十六年漸次刻成《周易》《尚書》《毛詩》《左傳》《論語》《孟子》六經,立石臨安太學。字體爲小楷,惟《論語》《孟子》作行楷,結體較大。淳熙四年(1177)孝宗詔建"光堯石經之閣"奉安石經,並從知臨安府趙磻老之請,搜訪舊本御書《禮記·中庸》《大學》《學記》《儒行》《經解》五篇,重行摹勒,以補禮經之闕。①至清代存杭州府學,乾隆四十七年冬王昶訪碑時尚存八十七石,嘉慶十年成書之《兩浙金石志》記爲八十六石(《左傳》少一石),②現存八十五石。其中《論語》七石,每石四列,列二十七行,行十六字或十五字,後有紹興癸亥秦檜記。凡十卷,首題"論語卷第一"五字,次"學而第一"四字,次即"子曰學而時習之"云云,每章皆連接。諸經避諱字皆本字缺筆,惟《論》《孟》則多改字。③《兩浙金石志》並"以毛氏汲古閣本詳校其文",與《論語注疏校勘記》所引略有出入。校經諸君與此石刻近在咫尺,故亦取以入校。

4. 皇侃《義疏》十卷

《校勘記》所據爲"日本寬延庚午根伯修遜志校正付刻"之本,"前有彼國人平安服元喬敘"。梁代皇侃所撰《論語義疏》爲南朝義疏之學的代表性著作,北宋初邢昺撰《論語正義》,即以此書爲重要依據。然自邢疏行世,皇氏《義疏》逐漸晦而不顯,最終亡佚於南宋中期以後。《論語義疏》傳入日本的時間不詳,④藤原佐世於寬平(889—898)

---

① [清]王昶《金石萃編》卷一四八"高宗御書石經"條,《續修四庫全書》第890冊影印嘉慶十年刻同治錢寶傳等修補本,第5a—19a頁。馬衡《中國金石學概要》第四章《歷代石刻》,《凡將齋金石叢稿》,第82頁。

② [清]阮元《兩浙金石志》卷八"宋太學石經"條,影印道光四年李溎刻本,杭州:浙江古籍出版社,2012年,第5b—34a頁。

③ [清]阮元《兩浙金石志》卷八"宋太學石經"條,第23a—25a頁。《論語·子路篇》以上以改字爲主,以下又改爲闕避,見《兩浙金石志》《論語》各石校記,《論語注疏校勘記》卷一"敬事而信"條亦言之。

④ [日]高田宗平根據天平十年(738)左右成書的"古記"(《令集解》所引)對《論語義疏》的引用,推測《論語義疏》在天平十年左右就已經傳入日本。見氏著《日本古代論語義疏受容史初探》(簡亦精譯,陳捷校訂),劉玉才主編《從鈔本到刻本:中日論語文獻研究》,北京:北京大學出版社,2013年,第198—202頁。

間所撰《日本國見在書目錄》已著於錄，一直以鈔本形式流傳。至根本遜志以足利學校所藏室町鈔本爲底本，①又據邢疏體例更改鈔本面貌，於寬延三年（乾隆十五年）校正付刊，首有服部元喬（號南郭）序。根本遜志（1699—1764），字伯修，號武夷，通稱"八右衛門"。

　　乾隆二十九年，錢塘汪鵬（字翼滄）自長崎攜歸此本，傳之士林。②乾隆三十七年，高宗諭旨徵訪遺書，浙江乃設遺書局。乾隆四十年初，汪鵬以此日本刻本上之，③由浙江巡撫進呈四庫館，並採入《四庫全書》。乾隆五十二年，武英殿又刻板印行，卷末附陸費墀、彭紹觀等考證。汪書在局中時，鮑廷博曾鈔錄副本，由布政使王亶望出資，刻入鮑氏《知不足齋叢書》第七集中，行款全同原刻，惟省去句讀、訓點，卷端"日本根遜志校正"改爲"臨汾王亶望重刊"。④《四庫》本及武英殿本因違礙字句，對原書有改竄之處。⑤《知不足齋叢書》初印本無改易，後印本則削去"臨汾王亶望重刊"，並據《四庫》本改竄原本文字。

　　《論語義疏》回傳中國後，受到當時學者的極大重視，翟灝撰《四

---

① ［日］影山輝國認爲根本在足利本外還參照了別的鈔本，見氏撰《論語義疏鈔本與根本刻本的底本》，劉玉才主編《從鈔本到刻本：中日論語文獻研究》，第164—174頁。
② ［日］藤塚鄰著，童嶺譯《皇侃論語義疏及其日本刻本對清朝經學的影響》，劉玉才主編《從鈔本到刻本：中日論語文獻研究》，第433—434頁。
③ 據《纂修四庫全書檔案》，自乾隆三十七年十一月至乾隆四十年五月，浙江共進呈遺書十四次。《浙江採集遺書總錄》記錄了前十二次所進之書，《各省進呈書目》收錄了前十三次呈清單（其中"續購書"爲第十三次書目，乾隆三十九年十二月進呈，參江慶柏《乾隆朝浙江省向四庫館呈送圖書的數目》，《歷史檔案》2009年第3期）。《論語義疏》不見於《浙江採集遺書總錄》和《各省進呈書目》，則汪鵬獻書遺書局的時間當在乾隆四十年初，屬於浙江第十四次進呈之書（進呈時間爲乾隆四十年五月）。
④ 翟灝《四書考異·上編·總考三十二》"前人考異本"："武林汪君鵬航海至日本國，竟購得以歸，上遺書局，長塘鮑君廷博亟其副刻《知不足齋叢書》中。"（《續修四庫全書》第167册影印乾隆刻本，第6a—6b頁）盧文弨《皇侃論語義疏序》："新安鮑以文氏……剞劂之費有不逮，浙之大府聞有斯舉也，慨然任之，且屬鮑君以校訂之事。"（《知不足齋叢書》本《論語集解義疏》書前，第1b頁）
⑤ 如《八佾篇》"夷狄之有君，不如諸夏之亡也"義疏。

書考異》、陳鱣撰《論語古訓》，皆以《義疏》爲重要依據，吳騫更撰《皇氏論語義疏參訂》，直接以《義疏》爲研究對象。《校勘記凡例》亦云"《論語》則考之皇侃《義疏》"，《校勘記》中頻頻引用。然清儒所據之根本遞志刊本變亂鈔本體式，已非《論語義疏》原貌。至1923年，武内義雄以文明鈔本爲底本，參考其他鈔本校勘，一仍舊鈔本原貌，由大阪懷德堂記念會刊行，並附校勘記。

5. 高麗本

《引據各本目録》云："據海寧陳鱣《論語古訓》本所引。"陳氏書"于《集解》所載之外搜而輯之，且據石經、皇侃《義疏》、山井鼎、物觀諸本訂其譌缺而附注于下"。① 阮元曾於京師獲見稿本，乾隆六十年冬，阮元調任浙江學政，正值《論語古訓》付刻初成，乃於嘉慶元年正月爲之敘，故對此書頗爲熟悉。而所謂高麗本實爲日本正平本《論語集解》之誤認。

正平本十卷，有所謂"雙跋本"（卷末有"堺浦道祐居士重新命工鏤梓，正平甲辰（1364）五月吉日謹志"、"學古神德揩法，日下逸人貫書"二跋）與"單跋本"（僅有"堺浦道祐居士"云云一跋），雙跋本爲正平初刻本。另有一種經過校改的覆刻雙跋本，時間應比單跋本更晚。②

錢曾《讀書敏求記》記一高麗鈔本《論語集解》，乃遼海道蕭應宫監軍朝鮮時所得，③末有"道祐居士"及"學古神德"云云二跋，④因知

---

① ［清］阮元《論語古訓敘》，《論語古訓》書前，乾隆六十年刻本，第1a頁。
② ［日］川瀨一馬《正平版論語攷》，《斯文會》第13編第1號，1931年。此據［日］橋本秀美《日本古代論學書資料及其研究》，劉玉才主編《從鈔本到刻本：中日論語文獻研究》，第311—312頁。
③ ［清］錢曾著，管庭芬、章鈺校證，余彦焱標點《讀書敏求記校證》卷一上，上海：上海古籍出版社，2007年，第32頁。
④ 《讀書敏求記》僅録"道祐居士"跋，據《愛日精廬藏書志》知有二跋（［清］張金吾撰，柳向春整理《愛日精廬藏書志》卷六，上海：上海古籍出版社，2014年，第93—94頁）。

源自雙跋本。此本後歸長洲顧安道,即陳鱣借校之本,又歸元和顧之逵,嘉慶二十四年爲黄丕烈購得,①後再歸張金吾。嘉慶六年二月,陳鱣在京師詢朝鮮使臣,方知正平非朝鮮年號,因疑"殆是日本國,當呼爲倭本耳",②而《校勘記》仍沿原誤。至嘉慶二十四年,翁廣平於黄丕烈處觀此本,後又見《日本年號箋》,方知正平乃日本南朝後村上天皇年號,當中國元順帝至正二十四年。③

6. 十行本二十卷

《校勘記》以爲"宋刻,元明遞有修補",實誤。此本乃元刊明修本,版心有"泰定四年"年號者並非補刊,而是元版。北京市文物局藏元刊明修本《論語注疏解經》,修版至嘉靖初年,故一部之中有元版、明初補版、正德六年補版、正德十二年補版、嘉靖初補版五種版片。以此本與《校勘記》所載十行本異文對勘,多有不合之處,如:

朝廟朝享朝正　十行本"享"上脱"朝"字。閩本、北監本、毛本作"朝廟享廟正",大誤。(卷二)

不復夢見周公　十行本"公"字闕。(卷四)

以上二條所涉版面,文物局本皆嘉靖初補版(府舒校),與閩、監、毛本同作"朝廟享廟正","公"字不闕。尚有更大差異者,如:

言先覺人者是　十行本"是"下九字模糊,下接"所以非賢

---

① [清]黄丕烈撰,余鳴鴻、占旭東點校《黄丕烈藏書題跋集・蕘圃藏書題識》卷一"論語集解十卷",上海:上海古籍出版社,2013年,第43頁。
② [清]錢曾著,管庭芬、章鈺校證,佘彦焱標點《讀書敏求記校證》卷一上,第32頁。
③ [清]張金吾撰,柳向春整理《愛日精廬藏書志》卷六,第94—95頁。

不信之人爲之億度　十行本"度"下五字模糊,下接"人故先覺者"。(卷七)

　　文物局本此葉亦嘉靖初補版(候番刘校),"言先覺人者具"下十字實闕,下接"以非賢者"。"不信之人"下十字實闕,下接"故先覺者"。可見《校勘記》所據十行本並無嘉靖初補版。

　　門人相與輯而論篹　十行本"與"字、"論"字實闕,"篹"作"纂"。(卷一)

　　文物局本此葉爲正德六年補版(許成寫),"與"字不闕。

　　未聞更有好學者也　十行本"聞"字與下"顏回任道""顏"字互易,大誤。(卷三)
　　彼云　十行本"彼"誤"皮"。(卷三)

　　文物局本此葉爲正德十二年補版(刻工:文昭),二條皆不誤。可見《校勘記》所據十行本亦並無正德補版。
　　又《校勘記》卷三"今乃晝寢"至"雖聽其言更觀其行""朽鏝也""釋宮云鏝謂之朽郭璞云泥塗也李巡曰塗一名朽""因謂泥塗爲朽""申棖魯人"八條記錄十行本實闕之字,文物局本(此葉爲明初補版)皆不闕,則《校勘記》所據十行本甚至並無明初補版。以文物局本元刊葉與《校勘記》所錄十行本異文對勘,則一一符合,可見《校勘記》所據之本確爲元刊,未經明代遞修。《引據各本目錄》記"上邊書字數,下邊書刻工姓名",亦元版版式,明代補版無記字數者。當時學者多以"南監本""南雍本"之名稱十行本,①以爲明代在南京國子監曾修補彙印,②故所謂"元明遞有修補"云云乃受此觀念影響,並非有明確證據(如版心年號)證明書中有明代補版。考慮到此本已多有模糊闕字處,故其刷印時間當亦較晚(仍早於明初補版)。

7. 閩本二十卷

此本爲明嘉靖間福建巡按御史李元陽、提學僉事江以達刊於福州,③乃《十三經注疏》的第一次彙刻。閩本《論語註疏解經》出於正德本,但改易版式爲半葉九行,經大字單行,注中字單行,疏小字雙行。今所見閩本《論語註疏解經》多屬後印,卷端李元陽、江以達銜名皆被削去。

8. 北監本

監本《十三經注疏》爲萬曆十四年至二十一年北京國子監刊行,故稱"北監本"。監本據閩本重雕,故行款、分卷皆與閩本同,惟注文改閩本中字單行爲小字單行,空左偏右。各經版心上方刻刊版年份,卷端次行起刻校刊者祭酒、司業銜名。其中《論語註疏解經》版心刻"萬曆十四年刊",卷端次行、三行刻"皇明朝列大夫國子監祭酒臣李長春等奉/勑重校刊"。北監本經過校勘,補足了閩本的部分闕字。

---

① [清]顧廣圻著,王欣夫輯《顧千里集·撫本禮記鄭注考異序》:"南雍本,世稱十行本。"(北京:中華書局,2007年,第132頁)
② 元刊明修本《十三經注疏》的修補、彙印地點實際在福州,詳參程蘇東《"元刊明修本"十三經注疏修補彙印地點考辨》,《文獻》2013年第2期。
③ 前人以閩本爲李元陽主持刊刻,故又稱"李元陽本"。然據近來學者研究,江以達才是閩本校刊工作的發起者和實際主持者。李元陽到任後,以巡按御史的身份參與其事,故得留名。江以達任福建提督學校僉事在嘉靖十四年二月(本年冬到任)至十七年十月間,李元陽任福建巡按御史在嘉靖十五年至十七年五月間。參見李振聚《明嘉靖閩刻〈十三經注疏〉非成於李元陽考——以〈毛詩注疏〉爲例》,《閩學研究》2020年第3期。沈暢《江以達發起主持校刊閩本〈十三經註疏〉史事考論》,《中國經學》第27輯,桂林:廣西師範大學出版社,2020年。

如卷十九《子張篇》"叔孫武叔毀仲尼"章，疏文引張衡《西京賦》："炙炮夥，清酤多，皇恩溥，洪德施。""夥清酤"、"皇恩溥"六字，閩本皆爲墨釘，監本補足。

監本於崇禎間有修版，重修本將萬曆校刊者銜名由大字單行改爲小字雙行，"校"譌改"較"，並於其後增刻"皇明朝列大夫國子監祭酒臣吳士元、承德郎司業仍加俸一級臣黃錦等奉/旨重修"，版心刊版年份未改。吳士元，字長吉，進賢人。崇禎四年"管北司業事"，五年陞北京國子監祭酒。①重修本"有崇禎六年祭酒吳士元題疏，稱板一萬二千有奇，始刻於萬曆十四年，成於二十一年，至崇禎五年冬，奉旨重修"。②至清康熙二十五年，北京國子監又對版片進行了修補。每卷首葉版心改鐫"康熙二十五年重修"，餘葉將萬曆刊記刪去。卷端舊銜名亦改刻"康熙二十五年國子監祭酒臣常錫布、祭酒加一級臣翁叔元、司業臣宋古渾、司業加一級臣達鼐、司業臣彭定求、學正臣王默、典籍臣程大畢奉旨重校脩"。舊刊記、銜名亦有未刪，或刪而未刻者。

萬曆監本經過崇禎、康熙間兩次修補，質量每況愈下，浦鏜《十三經注疏正字例言》云："修板視原本誤多十之三。"《校勘記凡例》對監本評價頗低，所據實爲重修之本，不符萬曆監本之實。通觀各經《校勘記》，亦有明晰監本初印與重修之別者。如嚴杰分任之《左傳注疏校勘記》即區分"監本"與"重修監本"，且一云"錯字較少，非毛本可及"，一云"譌字較原本爲多"。徐養原分任之《儀禮注疏校勘記》，所據亦有監本、國朝重修監本之別。至於《論語注疏校勘記》，其《引據各本目錄》未明言所據，惟云"字體惡劣，誤字亦多"，《校勘記》中謂

---

① ［明］盧上銘、馮士驊《辟雍紀事》卷十五，《四庫全書存目叢書》史部第271冊影印明崇禎刻本，第1b—2a頁。
② ［清］錢大昕撰，竇水勇校點《竹汀先生日記鈔》卷一《所見古書》，瀋陽：遼寧教育出版社，1998年，第9頁。

"第二、三行書明校刊重修等姓名",既有重修姓名,則所據蓋崇禎修補本。今檢《校勘記》所謂監本誤字,萬曆監本多不誤,如:

此章明弟子公冶長之賢也　北監本"此"誤"地"。(卷三)
故問之曰　北監本"問"誤"間"。(卷三)
子貢雖得夫子　北監本"雖"誤"繼"。(卷三)

亦證孫同元所用爲重修監本。後印萬曆監本"問""雖"二字有磨損,故重修時誤補。

9. 毛本

毛本《論語注疏解經》爲崇禎十年常熟毛晉汲古閣刻本,故又稱"汲古閣本"。毛氏刻《十三經注疏》,始崇禎元年,終十二年,各經末均鑴刊版年份,其中《論語》爲"皇明崇禎十年歲在彊圉赤奮若古虞毛氏鑴"。毛本據監本重刻,而校正粗疏,誤字甚多,故《校勘記凡例》譏之爲"魯魚豕亥之訛,觸處皆是,棼不可理"。然其初印本亦多有佳處,蓋嘗對校宋元善本。① 以《論語注疏解經》而言,毛本於疏文闕字多有補足,如卷十七《陽貨篇》"古者民有三疾"章,十行本疏文"今之狂也蕩者"下徑接"謂忿怒而多怫戾",必有脱文,閩本、監本雖知之,然無法補足,僅留二十九字空闕,毛本則補足全部闕文(見《校勘記》卷九)。② 又如《校勘記》卷十"其何傷於日月乎者言"至"仲尼亦不"四條,

---

① [日]原三七《汲古閣刻板考稿》,《東方學報》(東京)第六册,東方文化學院東京研究所,1936年。[日]加藤虎之亮《周禮經注疏音義校勘記・引據各本書目解説》,無窮會,1957年,第12a—12b頁。
② 檢宋蜀刻本《論語注疏》(十卷,民國十八年中華學藝社珂羅版影印本)及景元元貞本《論語注疏解經》(十卷,光緒甲辰貴池劉氏玉海堂景刻本)皆作"謂曠蕩無所依據古之矜也廉者謂有廉隅今之矜也忿戾者",與毛本所補有異文。因未見八行本,暫不知毛本補闕所據。

十行本、閩本、監本皆有闕文，賴毛本補足。①

毛本版片後於乾隆四十年由常熟席世宣修補印行，嘉慶間書坊並有翻刻本，②"譌字又倍之"③。毛本於清代極爲流行，盧文弨云："唯是外間所通行，唯毛本獨多，故仁和沈萩園廷芳、嘉善浦聲之鏗作《十三經註疏正字》，日本國足利學山井鼎等作《七經孟子考文》，皆據毛本爲説。"④阮元登第前校《十三經注疏》，亦以毛本爲底本。⑤對於毛本的流行，葉德輝的解釋是："由于南北兩監刻本版片日就散佚，乾隆武英殿刻版尚未告成，士人舍此無他本可求，故遂爲天下重也。"⑥但即使在殿本刊行之後，毛本仍以其易得而盛行不衰。

除《引據各本目録》所載，《校勘記》中尚有一處引及"盧文弨校本"（卷二"武樂爲一代大事"條），當即盧文弨手校本《十三經注疏》。此本今不存，道光四年，方東樹曾借録盧校於阮刻《十三經注疏校勘記》之上，其跋云："抱經先生手校《十三經注疏》本，後入衍聖公府，又轉入揚州阮氏文選樓。"⑦

又有"孫志祖校本"（卷三"同其飢渴"條），《論語注疏校勘記》所引孫志祖校勘意見，除指明爲《讀書脞録》外，當皆出此校本。孫志祖已卒於嘉慶六年。

---

① 南昌本《論語注疏校勘記》此四條末謂"今依毛本補正"，阮本《論語注疏解經》已補足闕文。上條則因十行本未留墨釘或空闕，故阮本翻刻時未據毛本補脱。
② ［日］長澤規矩也《汲古閣本注疏の序跋封面に就いて》，《長澤規矩也著作集》第一卷《書誌學論考》，東京：汲古書院，1982年，第40—41頁。
③ 《宋本十三經注疏併經典釋文校勘記凡例》。
④ ［清］盧文弨《羣書拾補·周易注疏》，乾隆刻《抱經堂叢書》本，第1a頁。
⑤ ［清］張鑑等撰，黃愛平點校《阮元年譜》（即《雷塘庵主弟子記》）卷二："先生弱冠時，以汲古閣本《十三經注疏》多譌謬，曾以《釋文》、唐石經等書手自校改。"（第65頁）
⑥ ［清］葉德輝撰，楊洪升點校《郋園讀書志》卷一，上海：上海古籍出版社，2010年，第13頁。
⑦ ［清］蕭穆撰，項純文點校，吳孟復審訂《敬孚類稿》卷八《記方植之先生臨盧抱經手校十三經注疏》，合肥：黃山書社，1992年，第213頁。

(三)《釋文》

與《論語注疏校勘記》相同,《論語釋文校勘記》之出文也是不主一本的。採用的版本有:

1. 葉林宗影鈔本

即《凡例》所謂"崇禎間震澤葉林宗仿明閣本"。所謂"明閣本"即明文淵閣舊藏宋刻本,流出後爲錢謙益所得,崇禎十年"葉林宗購書工影寫一部"。① 通志堂、抱經堂二本皆以葉鈔爲底本,而多有改動。明文淵閣藏宋刻《經典釋文》數部,錢氏所得本燬於絳雲樓之火,然清宫"天禄琳瑯"尚有一部宋刻宋元遞修本,今藏中國國家圖書館。

葉鈔原本舊藏吴縣朱文游處,盧文弨校刻《抱經堂叢書》本《釋文》時曾借校,乾隆末歸同邑周錫瓚。乾隆五十八年,段玉裁借此本屬臧庸細校,臧氏因復自臨一部,② 顧廣圻又臨臧校。③ 諸君與纂《校勘記》時,葉鈔原本仍在周錫瓚處,④《校勘記》所謂葉本乃其傳校之本(以葉本臨於通志堂本之上)。顧氏謂校《毛詩》"用何夢華臨段本",又云"段茂堂據葉鈔更校,屬其役於庸安人"(按:指臧庸)及"阮雲臺辦一書曰《考證》,以不識一字之某人臨段本爲據"(按:指何元錫)爲

---

① 通志堂本《經典釋文》書末馮班跋,北京:中華書局,1983年,第439頁。
② 乾隆五十八年十月初九日臧庸跋,見蕭山朱氏藏王筠轉録陳奂所鈔段校本(陳奂鈔本當出自臧庸自臨之一部)。此據羅常培(原刊誤排爲"羅四培")《段玉裁校本經典釋文跋》,《圖書季刊》,1939年第2期,第145頁。此文收入《羅常培文集》第八卷《恬庵語文論著甲集》,濟南:山東教育出版社,2008年。
③ [清]顧廣圻著,王欣夫輯《顧千里集·經典釋文三十卷(校本)》:"武進臧庸堂在東氏用葉林宗景宋本校,元和顧廣圻臨。近知此人好變亂黑白,當不足據,擬借元本一覆之。壬戌正月記。"(第266頁)
④ [清]顧廣圻著,王欣夫輯《顧千里集·經典釋文三十卷(校本)》顧氏嘉慶九年跋:"元本今藏香嚴氏。"(第268頁)

《釋文》之厄。① 據此則《校勘記》所用葉本蓋即何元錫（夢華）臨段玉裁校葉本，故《論語釋文校勘記》屢屢引用段玉裁校語。卷四"子溫而厲"條引《釋文》"一本作'子曰厲作列'"，今檢宋本、通志堂本、盧本"列"皆作"例"，惟段玉裁云"例"當作"列"（見《經典釋文彙校》）。此亦《釋文》用段玉裁校葉本之一證。

2. 通志堂本

即康熙徐乾學校刊《通志堂經解》本《經典釋文》，據葉鈔本，而有校改。

3. 盧文弨刻本

即乾隆五十六年盧文弨校刻《抱經堂叢書》本，亦據葉鈔本，有校改。其《重雕經典釋文緣起》雖云"書中是非及今所因革，以嘗所聞於師友者別爲攷證，附於當卷之後"，而《經典釋文考證》最終單行（乾隆常州龍城書院刻本），並未附於抱經堂本《釋文》。

4. 宋蜀本

僅《釋文校勘記》"賦魯論作傅"條一見。即所謂影寫北宋蜀大字本《論語音義》一卷，毛氏汲古閣舊物，當時藏於吳縣周錫瓚香嚴書屋。② 不知撰寫《校勘記》時是否曾借校原本。至嘉慶十八年，黃丕烈精摹重刊，爲《三經音義》之一種。

三、《論語注疏校勘記》徵引之文獻

《論語注疏校勘記》徵引的前代文獻主要有韓愈、李翱《論語筆

---

① ［清］顧廣圻著，王欣夫輯《顧千里集·經典釋文三十卷（校本）》，第266—267頁。
② ［清］陳鱣《經籍跋文》"宋本論語音義跋"條，光緒四年葉氏龍眠山房刻本，第27b頁。

解》，①朱熹《論語集注》等《論語》注本，王應麟《困學紀聞》等考證筆記，以及《初學記》《藝文類聚》《太平御覽》等類書。此外，仍以徵引清人考證成果爲多，如毛奇齡《論語稽求篇》、臧琳《經義雜記》、惠士奇《禮説》、惠棟《九經古義》、盧文弨《鍾山札記》、翟灝《四書考異》、②程瑤田《通藝録》、錢大昕《十駕齋養新録》（實《養新餘録》）、《潛研堂答問》、《潛研堂文集》、孫志祖《讀書脞録》等。引及次數最多者乃嘉善浦鏜之説。於浦氏之書，各經《校勘記》所稱不一，《論語注疏校勘記》作"十三經注疏正誤"（卷一"齊論者"條）。對於浦書，《校勘記凡例》評價不高："雖研覈孜孜，惜未見古來善本。又以近時文體讀唐代義疏，往往疑所不當疑。又援俗刻他書肆意竄改，不知他書不必盡同義疏所引，而他書之俗刻尤非唐代所傳之本也。"《論語注疏校勘記》雖頗多徵引，然於浦氏引他書改字，亦有批評，如：

> 仁者不忍好生愛人 今《白虎通》作"仁者，不忍也，施生愛人也"。案，《白虎通》本有作"好"字者，古人所據之本不必盡同今本，且引書亦不盡用元文者，不得援彼改此。浦鏜遽以"好"爲誤字，非也。（卷一）

《校勘記》徵引前代文獻，多是據清人著作轉引，而非自行翻檢所得。如卷二"郁郁乎文哉"條云："《汗簡》云：《古論語》郁作𩛩。"今檢《汗簡》云："𩛩，郁。見《古論語》。"而惠棟《九經古義》卷十六云："《汗簡》云：《古論語》郁作𩛩。"《校勘記》蓋從惠氏書轉引，而非自《汗簡》

---

① 《論語注疏校勘記》作"僞昌黎《論語筆解》"，見卷一"故曰近禮也"條〇後按語。
② 其中兩處孫同元初校時用翟灝《四書考異》之説而未標明，〇後按語指出"翟灝之説云爾"（卷五"夫子循循然"條）、"此亦翟灝之説"（卷五"可與立未可與權"條）。

檢得,故文字全同惠書。偶有因轉引而沿誤者,如卷一"政所施行也"條云:"《文選·閒居賦》引此注,'施,行也'下有此五字。"今檢《文選》通行各本,惟汲古閣本有此五字,蓋涉上下文而誤衍,不足爲據。《校勘記》或從《論語古訓》轉引。①

四、《論語注疏校勘記》之版本

(一) 嘉慶十一年儀徵阮氏文選樓刻本

即《宋本十三經注疏併經典釋文校勘記》之一。上文已指出,此本於嘉慶十一年(1806)十月由儀徵阮氏文選樓刊行。京都大學人文科學研究所藏本爲最初印本,無嘉慶戊辰酉月段玉裁序,《揔目》末葉刻"臣嚴杰挍字",②刷印時間在嘉慶十三年八月前。此本爲王念孫舊藏,當爲刊成即刷印就正者。《續修四庫全書》影印南京圖書館藏本則已有段序,"嚴杰"之名亦改爲"阮亨",刷印時間當在嘉慶十三年之後。此後又有附載嘉慶二十一年十二月《進表》的印本,刷印時間則更晚。而《進表》謂"連年校改方畢,敬裝十部,進呈御覽",③則刻成後又續有修改,故初印、後印文字偶有不同。④

---

① 嘉慶十四年胡克家覆宋本《文選》李善注行世後,劉寶楠《論語正義》、潘維城《論語古訓集箋》仍謂《文選注》有此五字,可見層層相因之弊。
② [日]關口順原著,水上雅晴譯注《十三經注疏校勘記略説》,《經典與校勘論叢》,北京:北京大學出版社,2015年,第231、233頁。
③ [清]阮元撰,鄧經元點校《揅經室集·三集》卷二《江西校刻宋本十三經注疏書後》阮福案語,北京:中華書局,1993年,第621頁。
④ [日]關口順原著,水上雅晴譯注《十三經注疏校勘記略説》原註49,《經典與校勘論叢》,第234頁。按:部分校勘記的文選樓本前後印本間存在較多差異,參見張文《〈儀禮注疏校勘記〉編纂考述》,《〈十三經注疏校勘記〉研究》,北京:北京大學出版社,2023年。

（二）嘉慶二十年江西南昌府學刻《論語注疏解經》附本

嘉慶二十年至二十一年，阮元在江西南昌府學開雕《重刊宋本十三經注疏》，即後世所稱"阮本"。①無《十三經注疏併釋文校勘記序》、《宋本十三經注疏併經典釋文校勘記凡例》、《宋本十三經注疏併經典釋文校勘記總目》，各經卷末附《校勘記》，皆武寧縣貢生盧宣旬據文選樓本摘錄。《論語注疏校勘記》原分十卷，南昌本摘附《論語注疏解經》各卷末，故爲二十卷。②盧氏摘錄時，並無十分明確的標準，故阮福謂南昌本"校勘記去取，亦不盡善"。③

以《論語注疏校勘記》而言，盧氏僅於卷一"所以爲説懌"條末增一按語："案，皇本注文有'也'字者甚多，此本十去八九，今不悉出。"大致説來，除經文校記外，指出皇本"也"等虛字異文的校記多被刪去。亦有一條校記中保留"也"字異文，僅刪去"下某某下同"字樣者，如：

> 美大孝之辭　皇本無"大"字，"辭"下有"也"字，下"兄弟"下同。（卷一）
> 使民戰栗　皇本、高麗本"栗"下有"也"字，下注"戰栗"下、"諫止"下、"其後"下竝有"也"字。（卷二）

標着重號者，南昌本皆刪去。但不盡然，如卷一"政謂法教"條即整條

---

① 對於阮本的刊行時間，嘉慶本阮元記、胡稷後記與道光重校本朱華臨跋所言不同，汪紹楹認爲是朱跋所云嘉慶二十一年仲春至二十二年仲秋，見氏著《阮氏重刻宋本十三經注疏考》，《文史》第三輯，第27—28頁。
② 以下舉例時所標《校勘記》卷數，仍以文選樓本爲準。
③ ［清］阮元撰，鄧經元點校《揅經室集·三集》卷二《江西校刻宋本十三經注疏書後》阮福案語，第621頁。

保留。又,指出閩、監、毛本明顯誤字的校記及僅錄《釋文》所載異文的校記亦多被刪削。十行本《論語注疏解經》無《釋文》,南昌本以之翻刻,亦無《釋文》,故未附《論語釋文校勘記》。

南昌本校勘記附於重刊十行本後,出文必然以十行本爲據,而文選樓本《論語注疏校勘記》出文不主一本,故盧氏又對摘錄的校記進行了改造,將出文改爲十行本文字,如卷一:

  文選樓本:由禮貴於用和　十行本、閩本"由"誤"曰"。
  南昌本:曰禮貴於用和　閩本同。北監本、毛本"曰"作"由",是也。○今訂正。

又如卷三:

  文選樓本:數爲人所憎惡者　十行本、閩本、北監本"爲"誤"謂"。
  南昌本:數謂人所憎惡者　閩本、北監本同,毛本"謂"作"爲"。案,所改是也。

亦有出文未改從十行本者,如卷八:

  文選樓本:此章記孔子阨於陳也　十行本"阨"誤"路"。
  南昌本:此章記孔子阨於陳也　本"阨"誤"路",今正。

又如:

  文選樓本:但不如小人窮則濫溢爲非　十行本"如"誤"好"。

南昌本：但不如小人窮則濫溢爲非　本"如"誤"好"，今正。

由於文選樓本出文爲正確文字，故校語中可以"某誤某"的形式做是非判斷。南昌本改造校記後，則只能通過在正確異文後綴以"是也"二字的方式來做判斷。亦偶有指出致誤之由的文字，如"形近之訛"、"此寫者誤脱人旁也"（卷七"故優"條）、"上畫板損"（卷八"孔曰至乏食"條）等，實際皆一望可知，且文選樓本已有校勘意見，本不煩新增。至於"今訂正""今正""今補正"等文字則説明南昌府學刻本《論語注疏解經》已經據改訛字，據補闕文。

由於需要改造的條目很多，南昌本在轉換過程中出現了不少問題：

1. 校語已改而出文未改。如卷一：

文選樓本：成帝綏和元年　十行本"綏"誤"緩"。
南昌本：成帝綏和元年　北監本、毛本"緩"作"綏"，是也，今依訂正。

2. 失去十行本異文。如卷八：

文選樓本：子昭公禂立　十行本"禂"誤"禍"，閩本、北監本、毛本作"稠"。
南昌本：子昭公禂立　閩本、北監本、毛本作"稠"。

3. 失去閩、監、毛本異文。如上舉卷一"成帝綏和元年"條，文選樓本《校勘記》雖僅言十行本之誤，而閩、監、毛三本實皆在通校之列，按照《校勘記》體例，未舉三本異文，説明三本文字與出文"成帝綏和元年"相同,皆作"綏"(不誤)。而經過盧氏改造後,讀者僅知北監本、毛本作"綏",似乎閩本同十行本作"緩"。今檢閩本亦作"綏",南昌本誤。又如卷一:

> 文選樓本:荀彧之子　十行本"彧"誤"或"。
> 南昌本:荀彧之子　案,"或"當作"彧",今正。

文選樓本僅言十行本誤,則閩、監、毛三本皆不誤。經過南昌本的改造,讀者僅知十行本文字,而閩、監、毛三本異文全部失去。更明顯的例子如卷一"又木之始"條,文選樓本云"十行本、閩本'木'誤'未'",而南昌本作"本'木'誤'未',今正",直接遺漏了閩本。南昌本中此類問題甚多。再如卷四:

> 文選樓本:勑知切　十行本、閩本"影"下有此三字。○案,此邢昺自爲音釋,或以爲誤衍,非也。說詳《詩經校勘記》。
> 南昌本:影勑知切　案,此邢昺自爲音釋,或以爲誤衍,非也。說詳《詩經校勘記》。

雖然南昌本通過改造出文,說明了"勑知切"三字的位置,但因此直接刪去"十行本、閩本'影'下有此三字"則使讀者以爲各本均有此三字,十分不妥。實際上,監本、毛本皆無此三字,即案語所謂"或以爲誤衍"而刪去者。

4. 校語前後矛盾。如卷二:

> 文選樓本:朝廟朝享朝正　十行本"享"上脫"朝"字。閩本、北監本、毛本作"朝廟享廟正",大誤。

南昌本：朝廟亨朝正　毛本"亨"上有"朝"字，此誤脱也。閩本、北監本、毛本作"朝廟亨廟正"，尤誤。

南昌本校語，前謂毛本"亨"上有"朝"字，後謂毛本作"朝廟亨廟正"，並無"朝"字，一條校語之中，前後齟齬不合。文選樓本謂十行本脱"朝"字，乃理校，所據顯非毛本。今檢毛本確無"朝"字，南昌本大誤。

5. 校語中"各本"云云指向不一。文選樓本中所謂"各本"指向比較一致，即《校勘記》引據的所有版本（由於大部分爲疏文校記，所以"各本"多數情況下即十行本、閩本、監本、毛本四本）。而南昌本有時指除十行本外的閩、監、毛本，如卷七：

文選樓本：此章楚葉縣尹問爲政之法於孔子也　十行本"尹"作"公"。
南昌本：此章楚葉縣公問爲政之法於孔子也　各本"公"作"尹"。"公"字誤也，今正。

有時又包括十行本在內，如卷七"天王狩于河陽"條，"各本'狩'下衍'獵'字"，南昌本出文、校語與文選樓本完全一致。今檢十行本（此葉爲元刊）確衍"獵"字，知此處十行本亦在"各本"之列。南昌本又有所謂"諸本"，倒是比較明確的指閩、監、毛三本，如卷九：

文選樓本：言此所以賊德也　十行本無"也"字。
南昌本：言此所以賊德　諸本有"也"字。

既有"各本"，又有"諸本"，"各本"所指又不明確，使讀者無所適從。

6. 漏標章題。南昌本漏標"道不行章""顔淵季路侍章""子游爲武城宰章""達巷黨人章""顏淵問爲邦章""羣居終日章"六章標題。

7. 刻版誤字。於南昌府學重刊《十三經注疏》,阮福云:"此書尚未刻校完竣,家大人即奉命移撫河南,校書之人不能如家大人在江西時細心,其中錯字甚多。"①所指雖爲經注疏正文,所附《校勘記》亦可見草率處,如《論語注疏校勘記序》"門弟子所以記載聖言之文也"之"聖言",南昌本誤"聖人","臣元於《論語》舊有校本"之"臣元",南昌本誤"元元"。又如卷六"將移風易俗"條,"皇本此段注作'苞氏曰'"之"苞",南昌本作"包"。今檢《知不足齋叢書》本《論語義疏》作"苞",南昌本誤。又卷九:

　　文選樓本:湼而不緇　　十行本、閩本"湼"作"涅"。
　　南昌本:湼而不緇　　閩本同。毛本"湼"作"涅"。

"毛本'湼'作'涅'"無異文,上"湼"字當作"涅",南昌本誤刻。

南昌本除摘錄、改寫文選樓本《校勘記》外,還做了一些增補工作,皆標"補"字,以示區分。②有整條補入者,亦有補於文選樓本原校語之後者。所補內容,或爲文選樓本遺漏之異文(北監本、毛本),或爲盧宣旬案語。如卷二所補凡四條:

　　討迷惑者　　十行本、閩本"迷"下誤衍"士"字。○補:案,此"士"字因下"士不大射"誤衍。
　　不大射　　十行本大誤犬。○補:毛本"不"上有"士"字。案,此誤脫。

---

① ［清］阮元撰,鄧經元點校《揅經室集・三集》卷二《江西校刻宋本十三經注疏書後》阮福案語,第 621 頁。
② 偶有漏標"補"字者,如卷七(南昌本卷十四)所增"予告季孫"條。

落繹然相續不絶也　補：北監本、毛本"落"作"絡"。

且志不從　補："且"當作"見"，北監本、毛本並是"見"字。

除據以重刊之底本十行本外，盧宣旬手中似乎只有北監本和毛本，故所補異文不出此二本。改造文選樓本《校勘記》時常常遺漏閩本，可能也與無法檢核此本有關。

（三）道光學海堂刻《皇清經解》本

阮元調任兩廣總督後，於廣東學海堂編刊《皇清經解》，又名《學海堂經解》，命嚴杰主其事，始道光五年八月，終道光九年九月，收書凡一百八十三種，版存學海堂側之文瀾閣。① 咸豐七年，英軍進攻廣州，版片殘佚過半。咸豐十年，兩廣總督勞崇光募資補刊，並增刻馮登府著作七種，即所謂"庚申補刊本"。

《皇清經解》收入《十三經注疏校勘記》，其中卷一千一十六至一千二十六爲《論語校勘記》，各卷末刻"嘉應生員李恒春校"。咸豐補刊本卷末刻"嘉應李恒春舊校，南海潘繼李新校"。道光本據文選樓本翻刻，因而沿襲了文選樓本的一些錯誤，如卷一"別有問王知道二篇"條校語"因譌玉爲王"，文選樓本"譌"誤"僞"，道光本同。又如卷二"右加弛弓"條，文選樓本出文"弛"誤"弛"，與校語矛盾，道光本仍其誤。再如卷三"君子博學於文"條校語引《經義雜記》，文選樓本作"後《顏淵篇》此見再見"，文意不通，道光本仍之。當然，道光本亦偶有改正文選樓本訛誤處，如卷三"子使漆雕開仕"條，文選樓本出文"彫"誤"雕"，同樣是與校語矛盾，道光本改正。又如卷六（學海堂本卷一千二十一）《顏淵篇》"子張問崇德辨惑章"章題，文選樓本"子張"誤

---

① ［清］夏修恕《皇清經解序》，道光九年廣東學海堂刻《皇清經解》書前。

"子章",道光本改正。此外,道光本在翻刻時又産生了一些誤字,如卷十"炙炮夥清酤多"條校語"西京賦夥作姟"之"姟",道光本誤作"孩"。

咸豐補刊本雖爲道光本之翻刻,亦有改正原本錯誤之處,如卷三"欲極觀仁者憂樂之所至"條,文選樓本、南昌本、道光學海堂本校語皆作"皇本者作仁",惟咸豐補刊本"仁"作"人"。今檢《知不足齋叢書》本《論語義疏》,咸豐補刊本所改是。又如卷四"五十以學易"條校語"外黄令高彪碑",文選樓本"令"誤"今",此明顯誤字,南昌本、道光學海堂本皆沿之,惟咸豐補刊本改正。亦有知道光本有誤而所改仍欠妥者,如上舉卷三"君子博學於文"條"此見再見",咸豐補刊本"此見"改"此句",而《經義雜記》實作"此章"。

除了上舉三種主要版本,《十三經注疏校勘記》尚有光緒二十四年至二十五年蘇州江蘇書局重刊本。原爲重刊阮本《十三經注疏》,附"阮氏足本《校勘記》"(即文選樓本《校勘記》),後未畢而停工,僅刊成《十三經注疏校勘記》,以單行本行世。① 《論語注疏校勘記》尚有日本刻本,據文選樓本翻刻,增刻句讀,長澤規矩也考定爲天保十年(1839)至弘化二年(1845)間福井藩刊行。②

(原載《中國經學》第 20 輯[桂林:廣西師範大學出版社,2017年],收入劉玉才等《〈十三經注疏校勘記〉研究》[北京:北京大學出版社,2023 年],收入本書時略有修訂。)

---

① [日]關口順原著,水上雅晴譯注《十三經注疏校勘記略説》原註 50,《經典與校勘論叢》,北京:北京大學出版社,2015 年,第 234 頁。
② [日]長澤規矩也《和刻本十三經注疏に就いて》,《長澤規矩也著作集》第一卷《書誌學論考》,東京:汲古書院,1982 年,第 49—50 頁。中譯有蕭志強譯《關於和刻本十三經注疏》,《中國文哲研究通訊》第 10 卷第 4 期,"中研院"文哲研究所,2000 年。

《孝經注疏校勘記》編纂考述

　　《孝經注疏校勘記》三卷、《釋文校勘記》一卷，題"臣阮元恭撰"，實際分任校勘者爲錢塘嚴杰。阮元《孝經注疏校勘記序》云："臣元舊有校本，因更屬錢塘監生嚴杰旁披各本，並《文苑英華》《唐會要》諸書，或讎或校，務求其是，臣復親酌定之。"各卷末亦署"臣嚴杰校字"。嚴杰（1764—1843①），字厚民，號鷗盟，浙江錢塘人。國子生。助阮元編《經籍籑詁》及《皇清經解》。著有《經義叢鈔》《小爾雅疏證》《蜀石經殘本毛詩考證》等。②除《孝經》外，尚分任《左傳注疏校勘記》的編纂。

　　中國國家圖書館藏《周易注疏校勘記》稿本，原稿爲李鋭纂成，後經嚴杰校補、段玉裁批校，嚴、段二氏案語在刻本中均以"○"或空格的方式與原稿校記區别。③《周易注疏校勘記》謄清本亦經嚴杰校定。由此推斷，嚴杰在《十三經注疏校勘記》的編纂中，很可能承擔了各經

---

① 嚴杰生於乾隆二十八年十二月二十七日，公曆已爲1764年。參見江慶柏編著《清代人物生卒年表》，北京：人民文學出版社，2005年，第231頁。
② ［清］佚名撰，王鍾翰點校《清史列傳》卷六九《儒林傳下二》，北京：中華書局，1987年，第5616頁。按：標點本書名破句，今改正。
③ 劉玉才《阮元十三經注疏校勘記成書蠡測》，載《國學研究》第35卷，北京：北京大學出版社，2015年。按：原文推測稿本朱筆批校之一爲阮元所作，後在《〈周易注疏校勘記〉解題》（《國家圖書館藏未刊稿叢書·著作編·周易注疏校勘記》，南京：鳳凰出版社，2021年，第17頁）一文中修訂爲段玉裁批校。

的定稿工作。①與《周易注疏校勘記》不同,《孝經注疏校勘記》並無"〇"後案語,説明作爲定稿者嚴杰纂成的《校勘記》,此稿很可能未經段玉裁批校。

《孝經注疏校勘記》於嘉慶十一年十月由儀徵阮氏文選樓刊行,爲《宋本十三經注疏併經典釋文校勘記》之一。②校記凡915條,其中卷一329條,卷二292條,卷三230條,《釋文》64條。

一、《孝經》孔傳與鄭注

《孝經》有今文、古文之别,今文十八章,古文二十二章。然從内容看,除《閨門章》之有無外,二者無大差别。唐以前的注本,有今文系統的鄭氏注(相傳爲東漢鄭玄所注)和古文系統的孔氏傳(相傳爲西漢孔安國所作)。唐玄宗開元七年詔"令儒官詳定所長",司馬貞主今文,劉知幾主古文,爭論不休,仍以二注並行。至開元十年,玄宗以今文爲主,參據鄭注、孔傳,撰《御注孝經》一卷,並命元行沖作疏三卷,頒行天下,即所謂"開元始注"本。後又於天寶二年重注(元疏亦隨之重訂③),並於天寶四年以御書上石刊刻,立之太學,世稱"石臺《孝經》",即所謂"天寶重注"本。自"御注"行而鄭注、孔傳俱衰,亡佚於五代。北宋咸平三年,邢昺以元行沖疏爲藍本,約而修之,纂成《孝

---

① 李慧玲已推測嚴杰爲《毛詩注疏校勘記》的定稿(三校)者,見氏著《阮刻〈毛詩注疏(附校勘記)〉研究》第三章第四節《首創初校、覆校、三校制度》,華東師範大學博士學位論文,2008年。
② [清]張鑑等撰,黄愛平點校《阮元年譜》(即《雷塘庵主弟子記》)卷二,北京:中華書局,1995年,第65頁。
③ 元疏重訂在天寶五年,見[宋]王溥《唐會要》卷七七《論經義》,北京:中華書局,1955年,第1411頁。時元行沖已卒。

經正義》。今傳注疏本系統即爲玄宗御注，邢昺疏。

對於孔傳，《孝經注疏校勘記序》云："孔注今不傳，近出於日本國者，誕妄不可據。要之，孔注即存，不過如《尚書》之僞傳，絕非真也。"孔傳亡於梁亂，至隋經劉炫校定復出。五代時雖復亡於中土，日本仍多有鈔本流傳。所謂"近出於日本國者"即日本太宰純校刻之《古文孝經孔傳》。太宰純本刻於享保十七年（1732），不久即傳入中國。乾隆四十一年，鮑廷博以汪鵬自長崎帶回之本付梓，即《知不足齋叢書》本，《四庫全書》又據鮑本收入。盧文弨、吳騫、鄭辰序及鮑廷博跋皆信其出自隋唐之本，《四庫全書總目》則謂"撼諸書所引孔傳，影附爲之……出自宋元以後"。其後清人多以日傳孔傳非劉炫本，乃僞中之僞。①經現代學者研究，劉炫並非《古文孝經孔傳》的僞造者，而是整理校定者。②流傳至日本的《古文孝經孔傳》淵源於隋唐舊本，亦非日人僞造。太宰純校定音注本雖有種種缺陷，但於當時仍屬佚籍復出，自有其重要價值。《校勘記》雖譏其"誕妄不可據"，仍有數條據以校邢疏所引司馬貞《孝經議》中之孔傳，稱"僞《孝經孔傳》"。

對於鄭氏注，《孝經注疏校勘記序》云："鄭注之僞，唐劉知幾辨之甚詳，而其書久不存。近日本國又撰一本，流入中國，此僞中之僞，尤不可據者。"此本僅題鄭氏注，而無玄名，南北朝時多有異議，至唐劉知幾更立"十二驗"以辨其非鄭玄所著。鄭注亡於五代，至北宋太平興國九年，日僧奝然入宋，進獻《孝經鄭注》，藏於秘閣。南宋乾道中熊克刻之京口學宮，然不久即再次亡佚。《校勘記》所謂日本國所撰之本即岡田宜生校定之《孝經鄭注》一卷，寬政六年（乾隆五十九年，

---

① 參顧永新《經學文獻的衍生和通俗化》第四章第一節《日本傳本古文孝經孔傳回傳中國考》，北京：北京大學出版社，2014年，第703—730頁。
② ［日］林秀一撰，陸明波、刁小龍譯《關於孝經孔傳之成立》，《中國典籍與文化論叢》第14輯。

1794)尾張書肆永樂屋片野東四郎刊行,乃據尾張藩刊行之天明本《群書治要》輯出。其識語云:"右《今文孝經鄭注》一卷,《群書治要》所載也。其經文不全者,據注疏本補之。"①岡田本傳入中國後,鮑廷博於嘉慶六年刻之,收入《知不足齋叢書》第二十一集。《十三經注疏校勘記》之纂修亦始於嘉慶六年,②從事諸君如阮元、臧庸皆以岡田本爲僞。臧庸撰《孝經鄭氏解輯》,亦收入《知不足齋叢書》第二十一集,③不用岡田本,而主要從《釋文》、邢疏採輯,兼及他經疏文、史注、《文選》李善注、唐宋類書等。阮元《孝經鄭氏解輯本題辭》云:

> 往者鮑君以文持日本《孝經鄭注》請序,余按其文辭,不類漢魏人語,且與羣籍所引有異,未有以應。近見臧子東序輯録本,喜其精核,欲與新出本合刊,仍屬余序。……然則《孝經》舊引之注、新出之書,二本並行,亦奚不可?嘉慶辛酉季冬儀徵阮元題。

當時學者於《群書治要》爲何書尚多茫然不知,故對出於《治要》之岡田本頗有疑慮。④但阮元於嘉慶初年即得到日本天明本《群書治要》,

---

① 參顧永新《經學文獻的衍生和通俗化》第四章第二節《日本傳本孝經鄭注回傳中國考》,第730—746頁。
② [清]嚴元照《悔菴學文》卷六《書手校汲古閣刻本儀禮注疏後》:"辛(辛酉,嘉慶六年)、壬(壬戌,嘉慶七年)之間,儀徵阮公元巡撫浙江,延客校《十三經注疏》。"(光緒刻《湖州叢書》本,第10頁)[清]楊文蓀《思適齋集序》:"嘉慶辛酉,儀徵相國撫浙,延元和顧君澗薲及武進臧君拜經、錢唐何君夢華,同輯《十三經校勘記》,寓武林之紫陽別墅。"([清]顧廣圻《思適齋集》卷首,道光二十九年徐渭仁刻本)
③ 書末刻"嘉慶壬戌孟冬,錢塘嚴杰讀,時寓西湖詁經精舍之第一樓",知底本曾爲嚴杰讀本。
④ 《知不足齋叢書》本《孝經鄭註》末嘉慶六年鮑廷博跋:"不知所謂《群書治要》輯自何人,刊於何代,何以歷久不傳,至近時始行於世? 其所收是否奝然獻宋原本,或由後人摭拾他書以成者?"[清]焦循《雕菰集》卷十二《勘倭本鄭注孝經議》:"《羣書治要》未識彼地何書(相傳魏徵所纂)。"(《叢書集成初編》,北京:中華書局,1985年,第188頁)

進呈內府,《四庫未收書提要》謂"洵初唐古籍也"。①其嘉慶三年所作之《曾子注釋》,已多據《群書治要》進行校勘,有"日本國唐魏徵《群書治要》……此唐初古本"云云。②可見阮元雖對《群書治要》之價值早已了然,但對岡田本《孝經鄭注》仍持否定態度,此後亦未見改變。

然當時亦有肯定岡田本之價值者。如洪頤煊撰《孝經鄭註補證》,以岡田本為底本,"補者,採群書所引補《治要》之缺;證者,群書所引有與《治要》同者,則注其下以相印證",③亦收入《知不足齋叢書》第二十一集,附於岡田本後。又如嘉定錢侗《重刊鄭注孝經序》(嘉慶七年)云:

> 此本與《經典釋文》《孝經正義》所述鄭注,大半皆合。初疑彼國稍知經學者抄撮而成,繼細讀之,如……俱《釋文》《正義》之所未引,而此本秩然具載,不謀而合,恐非作偽者所能出也。惟挺之序謂與《釋文》吻合,則不盡然。即以首章而言……此類甚多,率今本所無,其與陸氏所見本不同明矣。……此本挺之後跋稱,《鄭注孝經》一卷,《羣書治要》所載。攷《羣書治要》凡五十卷,唐魏鄭公撰,其書久佚,僅見日本天明七年刻本。前列表文,亦有岡田挺之題銜,則此書即其校勘《治要》時所錄而單行者。

---

① [清]阮元撰,鄧經元點校《揅經室集·揅經室外集》卷二《四庫未收書提要》,北京:中華書局,1993年,第1217頁。按:獻書及各篇提要之撰寫皆阮元在浙時,前後歷時十數年(《四庫未收書提要》道光二年阮福序),仁宗命將所進之書仿《四庫全書》之式編排庋置,賜名《宛委別藏》。
② [清]阮元《曾子注釋》卷一,嘉慶三年揚州阮氏揅經室刻本,北京大學圖書館藏。有嘉慶三年阮元序。此本版片後燬於火,道光二十五年重刊,重刊本卷首有劉文淇、王翼鳳識語,云:"嘉慶戊午儀徵相國注釋是書,梓於浙江使院,板藏揚州福壽庭,燬於火。乙巳冬,以初印本重梓。"
③ 孫啟治、陳建華編撰《中國古佚書輯本目錄解題》,上海:上海古籍出版社,2009年,第76頁。

《治要》采集經子各注，不著撰人名氏，而今本竟稱鄭注，或亦彼國相承云爾，而挺之始據釋文定之，故太宰純、山井鼎諸人舉未言及耳。鄭注各經自漢至唐多立學官，惟《孝經》顯晦不一，故唐初傳寫率多踳錯。《釋文》摘注爲音，每注云"自某至某，本今無"，以明所見之異，則其時已無足本，可知《治要》所載恐亦有所刪削。而陸云本無者，今半無之，亦有陸以爲無而今仍存者，知别一古本流傳外國者如此。其經文與注疏本異者數處……並同石臺《孝經》、開成石經，益足定爲宋以前古本也。①

錢氏曾見天明本《羣書治要》，知岡田挺之亦校勘者之一，故信此本之淵源有自。經過考證，並定爲宋以前古本，可謂卓識。

隨着二十世紀初敦煌寫本《孝經鄭注》的發現，岡田本業已被證明並非僞作。《校勘記》斥爲"僞中之僞"，摒棄不取，頗爲遺憾。

二、《孝經注疏校勘記》引據版本考實

（一）底本

據《引據各本目錄》，《孝經注疏校勘記》以"正德本《孝經注疏》九

---

① 《知不足齋叢書》第二十一集《孝經鄭註》卷首。按：民國十年上海古書流通處影印《知不足齋叢書》初印本並無錢序，此據北京大學圖書館藏補刻後印本（書號：X/081.17/2714.3;21）。又據錢序，其所見之本乃平湖賈舶自日本國購歸，"時余寓杭州萬松山館，客有攜以相示者"，"余曾印鈔一册……友人見之，傳録者頗衆，因授剞氏，用公同好。……至原刻經注字句之下多有點乙，譯其意義，殆爲便於蒙誦而設，無裨經學。今亦仿而摹之，使存其舊焉"。然今未見有錢氏刻本流傳，蓋其後不久即得見鮑氏刻本，刊刻之事遂寢，而鮑氏則增刻錢序於卷首，亦可謂兩全。

卷"爲底本，"是本刊于明正德六年"，《目録》並詳述其行款、版式，謂"皆元泰定間刊本舊式"。阮元以己藏十行本諸經注疏爲宋本，"雕版南宋，遞有修補，下至明正德間"，①故《宋本十三經注疏併經典釋文校勘記凡例》謂"《孝經》以翻宋本爲據"。嚴杰指出正德本《孝經注疏》實以元泰定本爲據，極是，蓋嘗寓目泰定本。

今中國國家圖書館藏元泰定刻本《孝經注疏》九卷（十行本），刻工中有"泰定二年程瑞卿""泰定丙寅英玉"，丙寅即泰定三年。明代十行本版片存於福州府學，②遞有修補。以《孝經注疏》而言，至明正德間，元泰定版片皆朽壞漫漶，故補版遍及全書，與重刻無異，故嚴杰稱爲"正德本"。今檢《中華再造善本》影印北京市文物局藏十行本《孝經注疏》（元刊明修《十三經注疏》之一），版式多爲四周雙邊，雙黑魚尾相順，版心上刻"正德六年刊"，中刻膳録工名（如"書手陳景淵膳"），下或刻刻工名（如"刊字江操"），故嚴杰定爲正德六年所刊。亦有數葉爲單黑魚尾，版心無年號、膳録工及刻工，實際爲正德十二年補版。③然當時有誤以正德十二年補版爲原版者，如洪頤煊《讀書叢録》卷二十四云：

> 《周易註疏》《毛詩註疏》《周禮註疏》《禮記註疏》《左傳註疏》《公羊註疏》《穀梁註疏》《孝經註疏》）以上八種皆南宋閩中所刊，即世所稱十行本也，間有明正德、嘉靖補刻葉。唯《孝經》殘缺最多，原葉幾無一二存矣。阮尚書南昌學宫刊本即從此

---

① 《宋本十三經注疏併經典釋文校勘記凡例》。按：十行本有宋刻、元刻之别，阮元所據實爲元刊明修十行本。參［日］長澤規矩也《正德十行本注疏非宋本考》，《長澤規矩也著作集》第一卷《書誌學論考》，東京：汲古書院，1982年，第32—39頁。有蕭志強中譯，載《中國文哲研究通訊》第10卷第4期，"中研院"文哲研究所，2000年。
② 程蘇東《"元刻明修本"十三經注疏修補彙印地點考辨》，《文獻》2013年第2期。
③ 元刊明修十行本《周易兼義》明補版有相同版式者，部分版心刻"正德十二年"，故知。

本翻雕。①

所謂"幾無一二存矣"之"原葉"即正德十二年補版之誤認。又孫星衍《平津館鑒藏記書籍》卷一"宋版"著録《孝經注疏》九卷》，云："此本亦南宋刊本，正德六年補刻，而殘缺過多，板心上不標年代者僅數葉存矣。"②度其文意，即以不標年代之葉爲宋版。此本今藏北京大學圖書館（書號LSB/8275），③以元泰定刻本原葉與正德十二年補版對照，字體差異明顯，孫氏、洪氏等人之誤，皆未見原版之故。嚴杰所據即洪頤煊所見阮元藏本，主體爲正德六年所刊，間有正德十二年補版數葉。

如上所述，文選樓本《孝經注疏校勘記》確以正德本爲底本（《校勘記》中稱"此本"），但出文據他本及文意改正了正德本明顯的誤字，如卷一：

故須更借曾子言　此本"更"誤"史"，據閩本、監本、毛本改正。

謚曰明孝皇帝　"明"字據毛本補。

我先師北海鄭司農　此本"北"誤"比"，今改正。

十行本《孝經注疏》（泰定本、正德本）均無《釋文》，《孝經釋文校

---

① ［清］洪頤煊《讀書叢録》卷二十四，道光二年富文齋刻本。
② ［清］孫星衍《平津館鑒藏記書籍》卷一，《海王邨古籍書目題跋叢刊》第3冊影印道光二十年金陵陳宗彝刻《獨抱廬叢刻》本，北京：中國書店，2008年，第3a頁。孫星衍序云："《平津館鑒藏書記》三卷，洪明經頤煊助予録成帙。"知此題記蓋亦出洪頤煊之手。
③ 李盛鐸著，張玉範整理《木犀軒藏書題記及書録》，北京：北京大學出版社，1985年，第77頁。

勘記》未明言底本，今檢《校勘記》"賴之引辟"條："上鹿艾反。辟止或作辠，同，匹辟反。○葉本作'止本'。"核之宋本、盧本皆有"本"字，惟通志堂本闕，則《孝經釋文校勘記》底本爲通志堂本可知矣。又"卜其宅兆"條："字書皆作垗。《廣雅》云：垗，葬地。○按，一本'雅'誤作'韻'。"今檢康熙通志堂刻初印本《釋文》確作"雅"，此"一本"乃乾隆五十年修補通志堂本。當時内府有"蘇州織造解到《通志堂經解》版片，内有殘缺模糊，應行補刊、全刊者，共計三千五百餘頁"，高宗令仿寫刊補，至乾隆五十年二月完成，並將乾隆五十年二月二十九日諭旨刊載《經解》書首。①其中之《經典釋文》經過修補，故文字與康熙印本偶有差異。

（二）校本

除底本正德本外，《引據各本目録》所列校本凡七種：

1. 唐石臺《孝經》四軸

即上文所云天寶二年頒行之"天寶重注"本。此碑清代存於西安府學（現存西安碑林），四面環刻，此云"四軸"，知爲整拓。《引據各本目録》引顧炎武《金石文字記》，於此碑介紹頗詳。

2. 唐石經《孝經》一卷

唐石經始刻於唐文宗大和七年，刻成於開成二年，故又稱"開成石經"。包括《易》《書》《詩》《三禮》《三傳》及《孝經》《論語》《爾雅》，共十二種，並附《五經文字》《九經字樣》二種。立石長安國子監太學，清代在陝西西安府府學，今存西安碑林。《孝經》一卷，僅刻經文，用玄宗御注本。首行題"孝經序"，次行題"御製序并注"，卷尾題"御注孝

---

① 中國第一歷史檔案館編《纂修四庫全書檔案》，上海：上海古籍出版社，1997年，第1868、1871—1872頁。

經一卷"。

3. 宋熙寧石刻《孝經》一卷

《引據各本目録》云:"是本張南軒所書,不分章,每行十一字,末題:'熙寧壬子八月壬寅書付姪愔收。時寓阝(鄧)之廢寺,居東齋。南軒題。'"①此碑在浙江紹興,阮元《兩浙金石志》收録,作"宋張南軒手書《孝經》碑",云:"右碑分六列,每列三十三行,正書。在紹興府學《十哲贊碑》之陰。橫列刻,中闕十三行。後有小字跋,剥蝕幾盡,南軒書傳刻甚少,亟爲録出。文中敬字皆闕筆。"②張南軒即張栻,字敬夫,號南軒,張浚長子。南宋理學家。然張栻生於紹興三年(1133),顯非熙寧壬子(五年,1072)書經之南軒。杜春生《越中金石記》於此碑有考證:

> 按此刻不載書人姓名,亦不詳刻時歲月。阮元《孝經校勘記》《兩浙金石志》及乾隆《府志》據"南軒"二字,遂以爲張敬夫書,而竟忘時代之不相值。余嘗攷得之,蓋謝景初所書,熙寧六年所刻也。景初字師厚,慶曆六年進士,官至屯田郎致仕。太子賓客濤之孫,兵部員外郎絳之子。本富春人,絳知鄧州,卒於官,貧不能歸,因葬其地而寓居焉。具詳歐陽永叔撰絳墓銘中。陳後山《詩話》亦有師厚廢居於鄧之語。絳子四人,景初最長,次曰景溫、景平、景回。景初爲黄魯直婦翁,二子,公敬名愭,公定名悰,見《山谷集》任淵注。愔爲景初之姪,故命名皆從心旁。程公

---

① 《校勘記》"齋"原誤"齊",今據北京大學圖書館藏此碑清拓本改正。又此拓本"阝"字上部筆畫稍有殘損,但仍可辨。《兩浙金石志》雖云此題記"剥蝕幾盡",但其録文"齋"字不誤,"阝"字不損。

② [清]阮元《兩浙金石志》卷六,影印道光四年李瀷刻本,杭州:浙江古籍出版社,2012年,第6a頁。

闕《續會稽掇英集》詩有表姪太廟齋郎謝愃，當即其人。又景平、景回墓誌並王介甫作，俱云無子，則愃乃景溫之子。景溫於熙寧六年正月以工部郎中直史館，知越州，愃必隨父在越。景初又嘗知餘姚縣事，築海堤，清湖界，遺愛在民，越其宦游之地。景溫以兄書勒石郡庠，非無意也。經文敬、匡二字避翼祖、太祖諱，並缺筆。①

杜氏所考頗精，知書者乃北宋人謝景初（1020—1084），《校勘記》誤。《越中金石記》並録此碑經文全文。

4. 南宋相臺本《孝經》一卷

《校勘記》以爲宋岳珂刊，實則元代荆谿（宜興）岳浚刊行。②岳刻《孝經》清代僅存一部，清初經季振宜、徐乾學遞藏，後入内府，爲"天禄琳瑯"藏書，《天禄琳瑯書目後編》著録。民國間爲周叔弢所得，現藏中國國家圖書館。然此本嘉慶間尚貯於内府，嚴杰不得據以校勘。且《引據各本目録》謂"卷末有木刻亞形篆書'相臺岳氏刻梓荆溪家塾'印"，而此本無之，可知《校勘記》所據絶非此本。清代尚流傳一部影鈔岳本《孝經》，亦崑山徐氏藏書，或即傳是樓影寫。清末歸繆荃孫，《藝風堂藏書記》著録云：

《孝經》一卷，影鈔相臺岳氏刻本。摹寫極精。崑山徐氏藏書。收藏有"傳是樓"朱文長印、"徐炯珍藏祕笈"朱文長方印、"彭城中子審定"朱文長印、"徐仲子"朱文長印、"御賜"白文、"忠

---

① ［清］杜春生《越中金石記》卷二，《石刻史料新編》第 2 輯第 10 册影印道光十年山陰杜氏詹波館刻本，臺北：新文豐出版社，1979 年，第 35 頁。
② 張政烺《讀〈相臺書塾刊正九經三傳沿革例〉》，《張政烺文集・文史叢考》，北京：中華書局，2012 年。

孝堂"朱文長印、"慧成私印"白文方印。後有"浙江按察使"、"兩浙江南鹽運使"兩官印。①

既有"浙江按察使""兩浙江南鹽運使"官印，則此本清代曾藏於浙江。《四部叢刊初編》第一次印本即借此本印行，卷末摹有亞形篆書印記。②此外又有桐鄉金氏翔和書塾翻刻本，③朱學勤批《四庫簡明目錄》作"桐華館翻岳本"，④桐華館即桐鄉金德輿(1750—1800)室名，二者當即一本。陳鱣(1753—1817)《經籍跋文》云：

> 《孝經》一卷，唐明皇注，繙宋相臺岳氏刻本……卷末有亞形篆書"相臺岳氏刻梓荆谿家塾"印，與所刻各經同。宋刻本向藏昆山徐氏，前有"傳是樓"及"徐炯珍藏祕笈"二印，後有"徐中子"及"彭城中子審定"二印。今本爲桐鄉金氏翔和書塾精摹繙刻，視原本幾欲亂真。⑤

陳氏所錄印記與傳是樓影鈔本同，因知所謂宋刻本實爲影鈔本。陳氏蓋未嘗寓目宋刻及影鈔二本，所記藏印乃據翻刻本之摹刻，故有此誤。桐鄉金氏翔和書塾翻刻本以傳是樓影鈔本爲底本，故卷末有木

---

① [清]繆荃孫著，黄明、楊同甫標點《藝風藏書記》卷一，上海：上海古籍出版社，2007年，第13頁。
② 岳刻《孝經》卷末無相臺木記，影鈔本印記乃臆添。又刻本雖無木記，但確爲岳本原刻，參見拙文《"岳本"補考》，《中國典籍與文化》2015年第3期，已收入本書。
③ [清]邵懿辰《增訂四庫簡明目錄標注》卷三，上海：上海古籍出版社，2000年，第125頁。[清]莫友芝《邵亭知見傳本書目》卷三，民國三年傅增湘天津排印本，第1a頁。按：《邵目》"書塾"作"書屋"，疑誤。
④ [清]朱學勤《朱修伯批本四庫簡明目錄標注》卷三，影印黄永年藏管禮耕據潘祖蔭滂喜齋鈔本傳錄本，北京：北京圖書館出版社，2001年，第129頁。
⑤ [清]陳鱣《經籍跋文》，光緒四年葉氏龍眠山房刻本，第28b—29a頁。

記,與《引據各本目録》所云相符,《校勘記》所據當即此本。

5. 閩本《孝經注疏》九卷

此本爲明嘉靖間福建巡按御史李元陽、提學僉事江以達刊於福州,①乃《十三經注疏》的第一次彙刻。閩本《孝經注疏》出於正德本,但改易版式爲半葉九行,經大字單行,注中字單行,疏小字雙行。卷端題"宋邢昺註疏",頗爲不倫。正德補板偶有墨釘,閩本補足,如卷六《五刑章》第十一疏"至周穆王命吕侯入爲司寇,令其訓暢夏禹贖刑,依夏之法,條有三千,則周三千之條首自穆王始也"(《校勘記》卷三),"千則周三"四字正德本均爲墨釘,閩本補闕。今所見閩本多屬後印,卷端李元陽、江以達銜名皆被削去,如《孝經注疏》卷端第三行爲大小不一之墨釘,當爲挖版後擠入之木條,欲刻字而未刻。

6. 重脩監本《孝經注疏》九卷

監本《十三經注疏》爲萬曆十四年至二十一年北京國子監刊行,故稱"北監本"。監本據閩本重雕,故行款、分卷皆與閩本同,惟注文改閩本中字單行爲小字單行,空左偏右。各經版心上方刻刊版年份,卷端次行起刻校刊者祭酒、司業銜名。其中《孝經注疏》版心刻"萬曆十四年刊",卷端次行、三行刻"皇明朝列大夫國子監祭酒臣韓世能等奉/勑重校刊"。

監本於崇禎間有修版,重修本將萬曆校刊者銜名由大字單行改爲小字雙行,"校"改"較",並於其後增刻"皇明朝列大夫國子監祭酒

---

① 前人以閩本爲李元陽主持刊刻,故又稱"李元陽本"。然據近來學者研究,江以達才是閩本校刊工作的發起者和實際主持者。李元陽到任後,以巡按御史的身份參與其事,故得留名。江以達任福建提督學校僉事在嘉靖十四年二月(本年冬到任)至十七年十月間,李元陽任福建巡按御史在嘉靖十五年至十七年五月間。參見李振聚《明嘉靖閩刻〈十三經注疏〉非成於李元陽考——以〈毛詩注疏〉爲例》,《閩學研究》2020年第3期。沈暢《江以達發起主持校刊閩本〈十三經註疏〉史事考論》,《中國經學》第27輯,桂林:廣西師範大學出版社,2020年。

臣吴士元、承德郎司業仍加俸一級臣黄錦等奉/旨重修", 版心刊版年份未改。吴士元, 字長吉, 進賢人。崇禎四年"管北司業事", 五年陞北京國子監祭酒。① 重修監本《十三經注疏》"有崇禎六年祭酒吴士元題疏, 稱板一萬二千有奇, 始刻於萬曆十四年, 成於二十一年, 至崇禎五年冬, 奉旨重修"。② 《孝經注疏校勘記》所據即此崇禎五年重修本。

至清康熙二十五年, 北京國子監又對版片進行了修補。每卷首葉版心改鎸"康熙二十五年重修", 餘葉將萬曆刊記删去。卷端舊銜名亦改刻"康熙二十五年國子監祭酒臣常錫布、祭酒加一級臣翁叔元、司業臣宋古渾、司業加一級臣達鼐、司業臣彭定求、學正臣王默、典籍臣程大畢奉旨重校脩"。舊刊記、銜名亦有未删, 或删而未刻者。

萬曆監本經過崇禎、康熙間兩次修補, 質量每況愈下, 浦鏜《十三經注疏正字例言》云:"修板視原本誤多十之三。"《校勘記凡例》對監本評價頗低, 所據實爲重修之本, 不符萬曆監本之實。嚴杰於監本初印與重修之别頗爲明了, 其分任之《左傳注疏校勘記》, 於"監本"云"錯字較少, 非毛本可及", 於"重修監本"則云"譌字較原本爲多"。《引據各本目録》僅列"重脩監本", 知《孝經注疏》未得萬曆監本。

7. 毛本《孝經注疏》九卷

毛本《孝經注疏》爲崇禎二年常熟毛晉汲古閣刻本, 故又稱"汲古閣本"。毛氏刻《十三經注疏》, 始崇禎元年, 終十二年, 各經末均鎸刊版年份, 其中《孝經注疏》爲"皇明崇禎二年歲在屠維大荒落古虞毛氏鎸"。毛本據監本重刻, 而校正粗疏, 誤字甚多, 故《校勘記凡例》譏之爲"魯魚亥豕之訛, 觸處皆是, 芬不可理"。然其初印本亦多有佳處,

---

① [明]盧上銘、馮士驊《辟雍紀事》十五,《四庫全書存目叢書》史部第271册影印明崇禎刻本, 第304—305頁。
② [清]錢大昕撰, 竇水勇校點《竹汀先生日記鈔》卷一《所見古書》, 瀋陽: 遼寧教育出版社, 1998年, 第9頁。

蓋嘗對校宋元善本。①

泰定本、正德本《孝經註疏序》，前六行文字皆低二格，後署"翰林侍講學士朝請大夫守國子祭酒上柱國賜紫金魚帶臣邢昺等奉勅校定註疏""成都府學主鄉貢傅注奉右撰"，其後文字皆頂格。閩本邢昺與傅注題名間空一行，監本沿之，毛本則將前後文字分離，各自起訖。邢昺題名移至前半文字前，仍題"孝經注疏序"，傅注題名則移至後半文字末。殿本從毛本所改，惟將傅注題名亦移至後半文字前。

毛本版片後於乾隆四十年由常熟席世宣修補印行，嘉慶間書坊並有翻刻本，②"譌字又倍之"。③毛本於清代極爲流行，盧文弨云："唯是外閒所通行，唯毛本獨多，故仁和沈萩園廷芳、嘉善浦聲之鏜作《十三經註疏正字》，日本國足利學山井鼎等作《七經孟子考文》，皆據毛本爲說。"④阮元登第前校《十三經注疏》，亦以毛本爲底本。⑤對於毛本的流行，葉德輝的解釋是："由於南北兩監刻本版片日就散佚，乾隆武英殿刻版尚未告成，士人舍此無他本可求，故遂爲天下重也。"⑥但即使在殿本刊行之後，毛本仍以其易得而盛行不衰。

上文已指出，《孝經釋文校勘記》以通志堂本爲底本，校本則有

---

① ［日］原三七《汲古閣刻板考稿》，《東方學報》（東京）第六册，東方文化學院東京研究所，1936年。［日］加藤虎之亮《周禮經注疏音義校勘記・引據各本書目解說》，東京：無窮會，1957年，第12頁。
② ［日］長澤規矩也《汲古閣本注疏の序跋封面に就いて》，《長澤規矩也著作集》第一卷《書誌學論考》，東京：汲古書院，1982年，第40—41頁。
③ 《宋本十三經注疏併經典釋文校勘記凡例》。
④ ［清］盧文弨《羣書拾補・周易注疏》，乾隆刻《抱經堂叢書》本。
⑤ ［清］張鑑等撰，黃愛平點校《阮元年譜》（即《雷塘庵主弟子記》）卷二："先生弱冠時，以汲古閣本《十三經注疏》多譌謬，曾以《釋文》、唐石經等書手自校改。"（第65頁）
⑥ ［清］葉德輝撰，楊洪升點校《郋園讀書志》卷一，上海：上海古籍出版社，2010年，第13頁。

"葉本""盧本"。盧本即盧文弨校定《抱經堂叢書》本《經典釋文》,《釋文校勘記》並參據盧氏《經典釋文攷證》。葉本即《凡例》所謂"崇禎間震澤葉林宗仿明閣本影寫"本。所謂"明閣本"即明文淵閣舊藏宋刻本,流出後爲錢謙益所得,崇禎十年"葉林宗購書工影寫一部"。①通志堂、抱經堂二本皆以葉鈔爲底本,而多有改動。明文淵閣藏宋刻《經典釋文》數部,錢氏所得本燬於絳雲樓之火,然清宮"天祿琳瑯"尚有一部宋刻宋元遞修本,今藏中國國家圖書館。

葉鈔原本舊藏吳縣朱文游處,盧文弨校刻《抱經堂叢書》本《釋文》時曾借校,乾隆末歸同邑周錫瓚。乾隆五十八年,段玉裁借此本屬臧庸細校,臧氏因復自臨一部,②顧廣圻又臨臧校。③諸君與纂《校勘記》時,葉鈔原本仍在周錫瓚處,④《校勘記》所謂葉本乃其傳校之本(以葉本臨於通志堂本之上)。顧氏謂校毛詩"用何夢華臨段本",又云"段茂堂據葉鈔更校,屬其役於庸妄人"(按:指臧庸)及"阮雲臺辦一書曰《考證》,以不識一字之某人臨段本爲據"(按:指何元錫)爲《釋文》之厄。⑤據此則《校勘記》所用葉本蓋即何元錫(夢華)臨段玉裁校葉本,《孝經釋文校勘記》即有一處稱引"段玉裁挍本",此外尚引及惠棟、臧鏞堂(即臧庸)、顧廣圻諸人之説。

---

① 通志堂本《經典釋文》書末馮斑跋,北京:中華書局,1983年,第439頁。
② 乾隆五十八年十月初九日臧庸跋,見蕭山朱氏藏王筠轉錄陳奂所鈔段校本(陳奂鈔本當出自臧庸自臨之一部)。此據羅四培(即羅常培)《段玉裁校本經典釋文跋》,《圖書季刊》1939年第2期,第145頁。此文收入《羅常培文集》第八卷《恬庵語文論著甲集》,濟南:山東教育出版社,2008年。
③ [清]顧廣圻著,王欣夫輯《顧千里集·經典釋文三十卷(校本)》:"武進臧庸堂在東氏用葉林宗景宋本校,元和顧廣圻臨。近知此人好變亂黑白,殊不足據,擬借元本一覆之。壬戌正月記。"(北京:中華書局,2007年,第266頁)
④ [清]顧廣圻著,王欣夫輯《顧千里集·經典釋文三十卷(校本)》顧氏嘉慶九年跋:"元本今藏香嚴氏。"(第268頁)
⑤ [清]顧廣圻著,王欣夫輯《顧千里集·經典釋文三十卷(校本)》,第266—267頁。

(三) 關於"盧文弨校本"

除了《引據各本目錄》所載諸本,《孝經注疏校勘記》中尚有三處引及"盧文弨校本":

> 性未達何足知　盧文弨校本下補"此依劉注也"五字。(卷一)
> 於禮記其義文多　盧文弨校本"文"作"尤"。(卷二)
> 孔傳指家相室老側室　……案,盧文弨校本"室"作"宗"。(卷三)

盧文弨《羣書拾補》並無《孝經》,此三條盧校當錄自盧氏手校本《孝經注疏》。盧校《十三經注疏》今不存,道光四年,方東樹曾借錄盧校於阮刻《十三經注疏校勘記》之上,其跋云:"抱經先生手校《十三經注疏》本,後入衍聖公府,又轉入揚州阮氏文選樓,阮作《校勘記》,以此爲本。道光四年樹館廣東督署,傳校一過,惜無疏本傳其句讀也。東樹。"①對於盧校本的面貌,方氏記其中的《毛詩注疏》"於傳注、《釋文》、《正義》三者所校更爲繁細,助語多寡,偏旁增減,或不足爲重,然精核可采者,亦復不少"。盧校諸經部分内容已採入《羣書拾補》,②各經《校勘記》引用盧校時又有甄選,故方東樹謂"此記所載及惠氏、盧氏所刻《古義》《拾補》,於此原校本詳略異同甚多,所遺亦甚多"。

由於各經分校者不同,故不同《校勘記》中對盧校本的指稱並不

---

① [清]蕭穆撰,項純文點校,吳孟復審訂《敬孚類稿》卷八《記方植之先生臨盧抱經手校十三經注疏》,合肥:黃山書社,1992年,第213頁。
② 盧文弨《羣書拾補》收有《易經注疏》《尚書注疏》《春秋左傳注疏》《禮記注疏》《儀禮注疏》五經之校正,其中《春秋》僅序,《禮記》僅《曾子問》等八篇,《儀禮》僅《士冠禮》《士昏禮》二篇。

一致。如《周易》《尚書》等《校勘記》中對於已採入《羣書拾補》的盧校，各經《校勘記》徑據《拾補》文字，稱"盧文弨"云云，直接引自盧氏手校本的不見於《拾補》的盧校文字，則稱"盧文弨校本"。①而其他僅有盧氏手校本而無《羣書拾補》可據的《校勘記》，如《毛詩》《周禮》《公羊》等，則僅稱"盧文弨"云云。由於盧校採用較多的《十三經注疏正字》和《七經孟子考文補遺》二書已在《校勘記》參校之列，《校勘記》於盧校與二書同者不錄。②故從數量上看，各經《校勘記》對"盧文弨校本"的引用並不甚多，部頭較大的《左傳注疏校勘記》僅三十餘條，《毛詩注疏校勘記》僅四十餘條，最多的《周禮注疏校勘記》亦僅七十餘條，且惟《禮記注疏校勘記》之《引據各本目錄》載有"盧文弨校本"之目。但盧校本的價值並不僅僅在於盧氏自己的校勘意見，更重要的是盧氏轉錄的各家校記，成爲阮氏《校勘記》取資的對象。如《周易注疏校勘記》所用"錢本"（錢孫保影宋鈔本），即據盧氏之傳校。③《周禮注疏校勘記》的主要校本之一"惠校本《周禮注疏》四十二卷"，實亦據盧校本轉錄之惠校。④

---

① 《春秋左傳注疏校勘記》僅用盧氏手校本（《羣書拾補》中僅有序文校正，内容過少），記中亦稱"盧文弨校本"。
② 《春秋左傳注疏校勘記》卷一"但年祀緜遠"條云："餘姚盧文弨校本'祀'改'紀'。案，盧文弨書多本之浦鏜《正誤》及《七經孟子考文補遺》，後凡與二書同者不錄。"
③ 《宋本十三經注疏併經典釋文校勘記凡例》："《周易》依盧文弨所校錢孫保影宋本。"《周易注疏校勘記·引據各本目錄》云："據餘姚盧文弨傳校明錢孫保求赤校本，今稱'錢本'。"
④ ［清］蕭穆撰，項純文點校，吳孟復審訂《敬孚類稿》卷八《記方植之先生臨盧抱經手校十三經注疏》，第212頁。《周禮注疏校勘記·引據各本目錄》於"惠校本"下引盧文弨曰："東吳惠士奇暨子棟以宋注疏本校疏，以余氏萬卷堂本校經、注、音義，書於毛氏本。"按：盧説不確。據吳棟跋，其所校惟盧見曾所得"宋槧余仁仲《周禮》經注"，並無注疏本。而盧氏過錄惠校本尚有何焯跋："康熙丙戌，見内府宋板元修注疏本，粗挍一過。"因知注疏本異文乃惠棟過錄何焯校本，非惠氏自校也。清人吳昕亦曾過錄惠校本，其跋即謂："大約先錄何義門先生所校内府宋板元修本，繼錄余氏萬卷堂本。"（《上海圖書館善本題跋選輯（經部）》，《歷史文獻》第1輯，上海：上海社會科學院出版社，1999年，第86頁）

三、《孝經注疏校勘記》徵引之文獻

除以上校本外，《校勘記》尚據《文苑英華》卷七六六、《唐會要》卷七七所引劉知幾、司馬貞《孝經議》，以校邢疏所引，《孝經注疏校勘記序》已言之。引據前代及清人之説有王應麟（《困學紀聞》）、顧炎武（《金石文字記》）、臧琳（《經義雜記》）、惠棟、盧文弨（《經典釋文攷證》、《鍾山札記》）、戴震（《戴東原集》）、周春（《十三經音略》）、段玉裁（《古文尚書撰異》）、孔廣森（《校經録》）、顧廣圻、臧庸（《孝經鄭氏解輯》）等。

引及次數最多者乃嘉善浦鏜之説。於浦氏之書，各經《校勘記》所稱不一，如《凡例》謂"十三經注疏正字"，《尚書注疏校勘記》《儀禮注疏校勘記》（皆徐養原分校）謂"十三經正字"。《毛詩注疏校勘記》（顧廣圻分校）謂"毛詩注疏正誤十四卷"，《周禮注疏校勘記》（臧庸分校）謂"周禮注疏正誤十卷"，《春秋公羊傳注疏校勘記》（臧庸分校）謂"春秋公羊傳注疏正誤四卷"，《爾雅注疏校勘記》（臧庸分校）謂"爾雅注疏正誤三卷"，《禮記注疏校勘記》（洪震煊分校）謂"十三經正誤·禮記正誤十五卷"，《論語注疏校勘記》（孫同元分校）謂"十三經注疏正誤"，嚴杰分任之《春秋左傳注疏校勘記》及《孝經注疏校勘記》亦皆稱"正誤"。①

乾隆間，沈世煒（沈廷芳子）以此書進呈四庫館，收入《四庫全

---

① 李鋭分校之《周易注疏校勘記》《春秋穀梁傳注疏校勘記》及《孟子注疏校勘記》，浦鏜之説初稿所無，當皆嚴杰增入，故《引據各本目録》未列浦書，《校勘記》中僅謂"浦鏜云"，未稱書名（惟《孟子注疏校勘記》一處稱"正誤"）。

書》。①翁方綱據進呈本鈔録一部，盧文弨曾見之，亦稱"十三經注疏正字"，②與《四庫》本同。而甘肅省圖書館藏鈔本一部，爲同光間臺灣知府周懋琦舊藏，卷端題"十三經註疏正誤""浙西浦鏜聲之校"。③浦銑（浦鏜弟）《歷代賦話》乾隆二十九年自序云"先兄聲之先生……時方卒業《十三經正誤》一書"，④蓋浦鏜稿本確作"正誤"，"正字"之名或爲沈廷芳所改，或爲進呈時沈世煒所改，故盧文弨所見鈔本及《四庫》本皆作"正字"。浦銑《秋稼吟稿序》云"《正字》書沈椒園（按：沈廷芳）先生許爲付梓，今已入《四庫全書》，而非兄之名也"，⑤乃是對《四庫》本而言，故稱"正字"。各經《校勘記》分稱浦書某經時皆作"正誤"，惟總稱全書時方有云"正字"者，或《校勘記》所據與甘肅圖所藏鈔本皆源自浦氏稿本，而非進呈本或《四庫》本，故《校勘記》所引浦説偶有不見於《四庫》本者。⑥

---

① 見《浙江採集遺書總録》丙集，《四庫全書提要稿輯存》第 1 册影印乾隆四十年刻本，北京：北京圖書館出版社，2006 年，第 318 頁。《欽定四庫全書總目》卷三三《經部·五經總義類》，北京：中華書局，1965 年，第 278 頁。二目誤以《十三經注疏正字》歸於沈廷芳名下，當時學者如盧文弨、阮元等皆知之，故盧氏於《浙録》書眉批"嘉善浦鏜纂輯"，《校勘記》所署亦不誤。惟《四庫》官書，不便指摘其誤，故盧文弨所偶有稱二人同撰（《羣書拾補·周易注疏》），或稱"嘉善浦君鏜所訂，仁和沈萩園先生廷芳覆加審定"（《抱經堂文集》卷八《十三經注疏正字跋》）處。民國初有印行《四庫全書》之議，最早指出此誤者爲浦氏鄉人蔡文鏞，見 1925 年 10 月 10 日蔡氏致章士釗函，載《甲寅周刊》第 1 卷第 29 期（1926 年 1 月 30 日出版）《通訊》，今附入《章士釗全集》第六卷，上海：文匯出版社，2000 年，第 117 頁。
② ［清］盧文弨著，王文錦點校《抱經堂文集》卷七《周易注疏輯正題辭》（第 85 頁）、《七經孟子考文補遺題辭》（第 87 頁），卷八《十三經注疏正字跋》（第 106 頁），北京：中華書局，1990 年。
③ 劉玉才《浦鏜十三經註疏正字論略》，《王叔岷先生百歲冥誕國際學術研討會論文集》，"國立"臺灣大學中國文學系編印，2015 年，第 397 頁。
④ ［清］浦銑《歷代賦話》，乾隆五十三年刻本。
⑤ 此序未見，據胡玉縉《四庫全書總目提要補正》卷八轉引，上海：上海古籍出版社，1998 年，第 211 頁。
⑥ 如《論語注疏校勘記》卷六"此章以論友"條引"浦鏜云：'友'下當脱'也'字，'以'當'亦'字誤"，"友下當脱也字"即不見於《四庫》本《正字》。

據浦氏《例言》，所見惟監本、監本修板、閩本、毛本四種，故浦氏並校以注疏所引之書，多以己意按斷之。對於浦書，《校勘記凡例》評價不高："雖研覈孜孜，惜未見古來善本。又以近時文體讀唐代義疏，往往疑所不當疑。又援俗刻他書肆意竄改，不知他書不必盡同義疏所引，而他書之俗刻尤非唐代所傳之本也。"《孝經注疏校勘記》亦云："浦鏜書不盡足據。"（卷一"以明君臣父子之行所寄"條）

《校勘記》引用文獻有據他書轉引者，如引孔廣森《挍經錄》，實轉引自盧文弨《經典釋文攷證》，《攷證》僅一處作"孔氏《校經錄》"，餘皆作"孔云"。此外，《校勘記》引用文獻亦偶有疏誤，如卷一邢昺銜名條引《宋會要》云云，並不見於是書。經檢，蓋據《經義考》卷二二五《孝經》轉引，《經義考》有誤，實爲《玉海》卷四十一"咸平《孝經》《論語正義》"條。

四、《孝經注疏校勘記》之版本

（一）嘉慶十一年儀徵阮氏文選樓刻本

即《宋本十三經注疏併經典釋文校勘記》之一。上文已指出，此本於嘉慶十一年（1806）十月由儀徵阮氏文選樓刊行。京都大學人文科學研究所藏本爲最初印本，無嘉慶戊辰酉月段玉裁序，《揔目》末葉刻"臣嚴杰挍字"，[①]刷印時間在嘉慶十三年八月前。此本爲王念孫舊藏，當爲刊成即刷印就正者。《續修四庫全書》影印南京圖書館藏本

---

① ［日］關口順原著，水上雅晴譯注《十三經注疏校勘記略說》，《經典與校勘論叢》，北京：北京大學出版社，2015年，第231、233頁。

則已有段序,"嚴杰"之名亦改爲"阮亨",刷印時間當在嘉慶十三年之後。此後又有附載嘉慶二十一年十二月《進表》的印本,刷印時間則更晚。而《進表》謂"連年校改方畢,敬裝十部,進呈御覽",①則刻成後又續有修改,故初印、後印文字偶有不同。②

(二)嘉慶二十年江西南昌府學刻《孝經注疏》附本

嘉慶二十年至二十一年,阮元在江西南昌府學開雕《重刊宋本十三經注疏》,即後世所稱"阮本"。③無《十三經注疏併釋文校勘記序》《宋本十三經注疏併經典釋文校勘記凡例》《宋本十三經注疏併經典釋文校勘記揔目》,各經卷末附《校勘記》,皆武寧縣貢生盧宣旬據文選樓本摘錄。以《孝經注疏校勘記》而言,《校勘記》中指出的底本誤字(此本某誤某,今改正),南昌本《孝經注疏》多已據改,故盧宣旬摘錄時於此類條目多刪去,但亦偶有存而未刪者(如卷一"則有評論"條、"我先師北海鄭司農"條等)。此外各類校記,或刪或留,並無特別明確的標準。故阮福謂此本"《校勘記》去取,亦不盡善"。④正德本《孝經注疏》無《釋文》,南昌本據以翻刻,自然亦無《釋文》,故亦未附《孝經釋文校勘記》。

南昌本底本與文選樓本《校勘記》相同,故直接摘錄部分條目,校文基本一致。但由於南昌本對底本文字的改動有所增加(多據《校勘

---

① [清]阮元撰,鄧經元點校《揅經室集·三集》卷二《江西校刻宋本十三經注疏書後》阮福案語,第621頁。
② [日]關口順原著,水上雅晴譯注《十三經注疏校勘記略說》原注49,《經典與校勘論叢》,第234頁。
③ 對於阮本的刊行時間,嘉慶本阮元記、胡稷後記與道光重校本朱華臨跋所言不同,汪紹楹認爲是朱跋所云嘉慶十一年仲春至二十二年仲秋,見氏著《阮氏重刻宋本十三經注疏考》,《文史》第3輯,第27—28頁。
④ [清]阮元撰,鄧經元點校《揅經室集·三集》卷二《江西校刻宋本十三經注疏書後》阮福案語,第621頁。

記》案語），故南昌本所附《校勘記》與文選樓本的出文偶有不同，校文相應的也有表述上的改動。如卷一"孝經註疏序"條，文選樓本出文如此，與正德本同，南昌本則改爲"孝經注疏序"，相應的，校文也由"案，註當作注"改爲"案，注原作註，今訂正"，並於此條校記末添"○註今改作注"一句。又如卷一"今特剪截元疏。案，剪當作翦，下同。剪乃俗翦字"條，文選樓本如此，南昌本改爲"今特翦截元疏。案，翦原作剪，俗字，今訂正，下同"。此類變動僅限於表述上的不同，校文實際内容並無差別。

南昌本偶有改正校記次序之誤者，如卷三"明日祔祖父"條與"如將見之是之"條，文選樓本原誤倒。但南昌本亦有摘錄不全、遺漏信息及錯訛處，如卷一：

> 文選樓本：分憕門徒　閩本、監本、毛本作"分撜"。《文苑英華》《唐會要》作"分授"，是也。
>
> 南昌本：分授門徒　閩本、監本、毛本作"分撜"，誤也。《文苑英華》《唐會要》並作"分授"。

南昌本改動了出文，却未在校文中補充底本異文，致使讀者誤以出文即爲底本文字。又如卷二"則私養不闕者"條，文選樓本校文作"閩本、監本、毛本作'養不闕'，此本誤'力於田'，今改正"，南昌本脱"田今改正"四字（二本皆"於"字後轉行，蓋摘錄時漏鈔或刊刻時漏刻）。

（三）道光學海堂刻《皇清經解》本

阮元調任兩廣總督後，於廣東學海堂編刊《皇清經解》，又名《學海堂經解》，命嚴杰主其事，始道光五年八月，終道光九年九月，收書凡一百八十三種，版存學海堂側之文瀾閣。①咸豐七年，英軍進攻廣州，版片殘佚過半。咸豐十年，兩廣總督勞崇光募資補刊，並增刻馮登府著作七種，即所謂"庚申補刊本"。

《皇清經解》收入《十三經注疏校勘記》，其中卷一〇二七至一〇三〇爲《孝經校勘記》，各卷末刻"嘉應生員張嘉洪校"。據文選樓本翻刻，惟於校記前後次序之誤偶有改正。如卷三"明日衬祖父"條，文選樓本原誤置於"如將見之是之"條後，學海堂本改正。亦有文選樓本不誤，學海堂本誤刻者，如《釋文》"宫割"條"盧本……又補'壞（音怪）人'四字"，學海堂本"壞"作"環"，於音不合，今檢盧本《釋文》，學海堂本誤。

咸豐補刊本《孝經校勘記》卷末刻"嘉應張嘉洪舊校，番禺高學瀛新校"，雖爲補刊，却並非簡單重刻道光本，而是據南昌府學本校正了原本的個別錯誤。如卷二"秋斂冬藏"條校記"岳本改爲秋斂，非此之謂。斂、歛乃正俗字"，文選樓本如此，"非此之謂"云云頗費解，南昌本作"非此作歛"。道光學海堂本與文選樓本同，咸豐補刊本則據南昌本改正。亦有文選樓本、南昌本、道光學海堂本皆誤，惟此咸豐補刊本改正者。如卷一"播於國序"條校記"毛本於作于"，文選樓本、南昌本、道光學海堂本"于"下皆衍"播"字，咸豐補刊本删正。今檢毛本，咸豐本是。

（原載《經學文獻研究集刊》第 15 輯［上海：上海書店出版社，2016 年］，收入劉玉才等《〈十三經注疏校勘記〉研究》［北京：北京大學出版社，2023 年］，收入本書時略有修訂。）

---

① ［清］夏修恕《皇清經解序》，道光九年廣東學海堂刻《皇清經解》書前。

武英殿本《二十四史》校刊始末考

　　乾隆間校刊《十三經注疏》《二十四史》,是一次對正經、正史前無古人的大規模校勘、刻印活動,在校勘學史和出版史上佔有重要地位。各經、各史均附有"考證"即校勘記,①亦是一大創舉,體現了當時的學術水平。武英殿本因而取代明代的南、北監本,成爲士人研習的主要版本,影響有清一代。"殿本"之名因而大盛,遂成內府本之代稱。迄今爲止,全面校刊《十三經注疏》且附有校勘記的成果僅有武英殿本及嘉慶間阮元南昌刻本,《二十四史》也僅有殿本、民國商務印書館百衲本及建國後的中華書局本。後者顯然是受了前者的影響。可以說,整理出版正經、正史及其他典籍而附有系統校勘記,乾隆殿本《十三經注疏》《二十四史》樹立了楷模,這一範式已經演變成我國古籍整理的基本傳統。因此,雖然今天殿本《二十四史》已不再作爲通行本流通,但仍然是重要的參校本②,所附《考證》亦仍具有一定的參考價值。當今學術界對殿本《十三經注疏》《二十四史》僅知刊刻於乾隆四年至十一年間,而對校刊始末均語焉不詳。學術界對這一課

---

① 當然,殿本考證並不是我們現在所說的嚴格意義上的校勘記,考證不僅釐訂文字上的訛、脫、衍、倒,還往往考訂史事,詮釋史文,論析史法。
② 如張元濟以宋元舊本輯印《百衲本二十四史》,各本除《明史》外均以殿本通校,形成《百衲本二十四史校勘記》。

題有過一些探討,①但離問題的徹底解決還有很大一段距離。殿本經史的校刊是一個極其複雜、曲折的過程,弄清其校刊始末,對我國文化事業史來說,是不可迴避的一項學術任務,對當前以及今後的古籍整理、出版工作也具有重大的借鑒意義。由於此次《十三經注疏》《二十四史》的校刊是同時進行的,不便割裂探討,所以本文不可避免地會涉及一些《十三經注疏》的校刊情況。

一、清初對明代監本《二十一史》的修版重印

清朝初年,明代國子監刊刻的《十三經注疏》《二十一史》木版都還保存着,所以還沒有重刻一套木版的必要。利用明代的舊版進行修補刷印,顯然是比較方便而又經濟的做法。明監本《十三經注疏》只有一套版,即北京國子監刻本。監本《二十一史》則有兩套版:南京國子監於嘉靖至萬曆間所刻,是爲"南監本"。北京國子監又於萬曆間據南監本重刻,是爲"北監本"。

(一) 南監本的修版重印

當時南監本《二十一史》版存江寧府學尊經閣,②修版在順治、康熙間多次進行,均由江寧府學辦理,規模較大的有兩次:

---

① 如陸楓《試論武英殿刻〈二十四史〉版本源流及其歷史作用》,《古籍整理出版情況簡報》1989年總第213期,第17—30頁。又載《江海學刊》1992年第1期,第129—135頁,略有改動。收入聶溦萌、陳爽編《版本源流與正史校勘》,北京:中華書局,2019年,第317—329頁。
② [清]佟世燕修,戴本存纂〔康熙〕《江寧縣志》卷三《建置志上·學校》,清康熙二十二年刻本,第3b頁。清順治七年(1650)改明南京國子監爲江寧府學(原址在雞鳴山南麓),書版仍存此處。

1. 順治修版

此次修版始於順治十五年(1658),至十六年蕆事,①主持者爲江南江西總督、兵部尚書郎廷佐②,具體主事者爲江寧府儒學教授朱謨。③書前有順治十六年江南江西總督郎廷佐、巡按江寧等處御史衛貞元、江南左布政使徐爲卿、江南右布政使毛一麟及順治十八年巡按江南八府御史何可化《重修廿一史序》五篇。④郎序云:

今謬膺宸命,節度南邦……郡廣文出其版以獻,荒涼舊簡,

---

① 郎廷佐、衛貞元、徐爲卿、毛一麟《重修廿一史序》四篇皆署順治十六年十月,郎序、毛序皆云已"告成""竣工",衛云"三易時而訂訛,十閱月以告成",徐序亦云"計程十月有奇"。柳詒徵《南監史談》云:"今按《元史》凡例後刊'順治戊戌年八月十二日江寧府儒學教授朱謨閱',志十七末刊'順治戊戌年十月初八日江寧府儒學教授朱謨校',傳八十一末刊'順治戊戌年十一月十五日江寧府儒學教授朱謨校',志四十四末刊'順治己亥年二月初六日江寧府儒學教授朱謨校',志七末刊'順治己亥五月初二日朱謨校',志三十四末刊'順治己亥年五月廿八日校閱,朱謨',志十七末刊'順治己亥秋八月二十日江寧府儒學教授朱謨校閱',卷一進書表後刊'順治己亥十一月初二日江寧府儒學教授朱謨校閱'。"(《柳詒徵史學論文集》,上海:上海古籍出版社,1991年,第182頁)所署時間與四序所言略有參差,但仍在順治十五至十六年間。[日]尾崎康著,喬秀岩、王鏗編譯《正史宋元版之研究》(北京:中華書局,2018年,第190頁)云:"南監書版仍藏府學,順治一六年至一八年間,二十一史又經大規模補修。蓋僅據五序題署時間而言。今按何可化順治十七年(1660)夏巡按江南,十八年仲夏因朱謨之請而作序,序中明言"全書已成",故不得作爲這次修版活動的下限。
② [清]徐爲卿《重修廿一史序》云:"大司馬制臺郎公……允兩司重修一史之請,鳩工於縣學尊經閣,以成其事。"[清]毛一麟《重修廿一史序》云:"博士、諸生輩……乃語余曰:舊有廿一史板,缺而不全,近奉制臺命修葺校正,已獲竣工云。"
③ [清]徐爲卿《重修廿一史序》云:"董成其事者,府教授朱謨與有力焉。"[清]何可化《重修廿一史序》云:"郡廣文朱謨曾董其事。"
④ 〔康熙〕《江寧府志》謂順治十七年布政使馮京如修《二十一史》版,其後〔康熙〕《江寧縣志》、〔嘉慶〕《江寧府志》、〔同治〕《上江兩縣志》、柳詒徵《南監史談》(第182頁)等皆引述此説。按:據錢實甫《清代職官年表》第三冊《布政使年表》(北京:中華書局,1980年,第1769、1773頁),馮京如順治十三年十月即改任廣東左布政使,順治十七年江南左布政使爲徐爲卿,右布政使爲毛一麟。順治修版印本正有順治十六年徐爲卿、毛一麟序,〔康熙〕《江寧府志》所記有誤。

強半經蟫鼠之餘,斷續遺編,依稀無魯魚之辨。余慨肽曰:是固天下萬世之書也,而顧使其殘缺若此,沿至積壞之後,遂令將來不復有《廿一史》,則典守者之責也……因畀廣文以輯治之任,而一昔寮寀諸大夫亦亮余心,克襄余志。爰授梓,朝夕從事,不數月而告成焉。污者潔之,缺者全之,模糊者昭著之。久淹之故帙,焕爲盛世之新書……昔順治十六年十月望日,欽命總督江南江西等處地方軍務兼理糧餉兵部尚書兼都察院右副都御史前巡撫江西内翰林秘書院學士教習庶吉士三韓郎廷佐謹序。

中國國家圖書館(善 06349)、北京大學圖書館大倉文庫均藏有一套順治重修印本《二十一史》,補版葉版心刻"順治十五年刊"或"順治十六年刊"字樣。①

2. 康熙修版

此次修版始於康熙三十九年五月,成於四十年四月,主事者爲江寧府儒學教授荆子邁,蘇郡教授朱端、江寧府學司訓王奕章分任其事,以北監本參校,補版逾四千頁。書前有荆子邁跋記其事:

歲壬申,子邁承乏江寧郡鐸,斯固前明南雍地也。舊貯《廿一史》版,殘闕已久。課士之暇,曾酌修史版事宜,彙爲十則,藏之篋衍。己卯冬十月,恭遇大中丞宋公典試武闈,撤棘後詢於諸學博曰:《廿一史》……予將倡舉重修,疇爲典守者。子邁因齋十則以進,公欣然色喜,即命董其役……嗣委蘇郡教授朱端、本學司訓王奕章分任其事。於是鳩工庀材,開局貢院,購北版《廿一史》

---

① 《北京大學圖書館藏"大倉文庫"書志》,北京:中華書局,2014 年,第 192—198 頁。[日]尾崎康著,喬秀岩、王鏗編譯《正史宋元版之研究》,第 190 頁。

一部,讐對發梓。義岐則參之,字訛則改之,版頁存而文磨滅者鍥之,點畫具而木腐蛀者易之,假借備數者實之,雷同再見者燬之,梨棗破裂者合之,釘鉸舛譌者正之,殘一字兩字、缺一行兩行者,皆從而洗之、剔之、補刊之……是役也,計貲則費一千四百兩有奇,各憲捐如其數。計書則梓四千頁有奇,各史補字無算。計時則始於庚辰五月,竣於辛巳四月。其監督剞劂,務期精良者,則江寧郡丞馬公騏。其潛心史學,與共校正者,則江寧茂才朱生庭柏也。敬紀其畧如此。康熙四十年夏五月中澣江南江寧府儒學教授雲陽荆子邁薰沐拜跋。

除此兩次外,康熙五年、十二年、二十年、二十五年至二十七年、五十五年亦進行過修版。① 王重民《中國善本書提要》著錄明刻清印本《金史》:"按此爲明南監刻《十七史》零本,清代順治[十五年]、康熙[五年、二十五年、三十九年]屢經補板。"② 江西省圖書館藏南監本《遼史》《金史》,版心上方鐫"康熙二十年補刊",下方鐫"江寧知府陳龍巖捐俸"。

(二) 北監本的修版重印

明清易代之後,北監本《二十一史》版片仍存貯北京國子監,修版事在康熙年間進行。

順治十五年五月國子監奏:

> 至書籍關係文教,今監中缺少,應敕直省學臣,廣搜送部。其《十三經》《二十一史》等書,監板尚存,如有殘缺,即如式修補。

---

① [日]尾崎康著,喬秀岩、王鏗編譯《正史宋元版之研究》,第190頁。
② 王重民《中國善本書提要》,上海:上海古籍出版社,1983年,第85頁。

俟成時各印一部,收藏監内。①

康熙二十二年十月,國子監祭酒王士禛上疏,請修補北監經史版片,並敕督撫查明、收貯南監書版。禮部覆議:"應如所請。"帝命"從之"。②王士禛《請修經史刻版疏》:

國子監祭酒臣王士禛謹奏爲請修經史刻版以裨文教事:……查明代南北兩雍皆有《十三經注疏》《二十一史》刻板,今南監版存否完缺,久不可知。惟國學版(今按,《國子監志》作國學所藏原版)庋置御書樓,此版一修于前朝萬曆二十三年,再修於崇禎十二年。自本朝定鼎,迄今四十餘載,漫漶殘缺,殆不可讀。所宜及時修補,庶幾事省功倍。伏祈敕下部議,查其急宜修補者,早爲鳩工,俾刓缺悉爲完書,亦仰裨聖朝文教之一端也。至於南監經史舊版,並請敕下江南督撫查明,如未經散軼,即行該省學臣收貯儒學尊經閣中,儲爲副本,于以嘉惠來學未必無補也。③

康熙二十五年,北京國子監對北監本《二十一史》進行了修補。祭酒常錫布、翁叔元主持,與事者有司業宋古渾、達鼐、彭定求,學正王默,典籍程大畢等。修版印本有如下記載:

王重民《中國善本書提要》:

《金史》……按此即北監本,清康熙間所印者。每卷首葉上

---

① 《世祖章皇帝實録》,《清實録》第三册,北京:中華書局,2008年,第915頁。
② 《聖祖仁皇帝實録》,《清實録》第五册,第160頁。
③ [清]王士禛《帶經堂集》卷五一《漁洋文一三》,康熙四十九至五十年程哲七略書堂刻本。又見〔乾隆〕《欽定國子監志》卷五三《藝文一》,文淵閣《四庫全書》本。

書口刻"康熙二十五年重修"八字,卷一脫脫題銜後題"康熙二十五年國子監祭酒臣常錫布、祭酒加一級臣翁叔元、司業臣宋古渾、司業加一級臣達鼐、司業臣彭定求、學正臣王默、典籍臣程大畢奉旨重校修"。①

《中山大學圖書館古籍善本書目》著錄明萬曆刻清康熙二十五年國子監重修本《史記》,版心上間鐫"康熙二十五年重修",卷端下撰者後鐫"康熙二十五年國子監奉旨重校修"。又著錄《前漢書》,各卷首葉版心上右鐫"康熙二十五年重修",目錄首葉下端撰注者後鐫"康熙二十五年國子祭酒、司業奉旨重校修職官姓名"。②莫友芝《郘亭知見傳本書目》云:"明北監板……康熙間通修補一過,其板至今猶存。"③

從以上記載可以清楚地看到明南北監本在順治、康熙間修版刷印的情形。北京故宮博物院現仍存有部分經過清初修補的明北監本經史書版。④

二、乾隆武英殿刊刻《二十二史》

明代國子監的舊版,經過順治、康熙間不斷修補刷印,到乾隆初年已有大約一百四五十年的歷史,版面模糊,難以繼續刷印,於是重新刻一套版勢在必行。再者,清代到乾隆年間,經濟、文化、學術均已

---

① 王重民《中國善本書提要》,第86頁。
② 《中山大學圖書館古籍善本書目》,廣州:中山大學圖書館,1982年,第47、50頁。
③ [清]莫友芝《郘亭知見傳本書目》卷四《史部一·正史類》,民國三年傅增湘天津鉛印本。
④ 圖版見《故宮博物院藏品大系·善本特藏編》第18冊《內府雕版》(上),北京:故宮出版社,2012年,第26—41頁。

達到高峰,內府修書刻書已取得了很大成就,作爲正經的《十三經注疏》、正史的《二十一史》,刊刻一套代表清代水平的版本,已是擺在桌面上的議程。

重刻之議始於乾隆三年。是年九月,國子監上奏,請重刻《十三經注疏》《廿一史》並《舊唐書》。①《乾隆帝起居注》:

> 乾隆三年歲次戊午九月……初三日壬子……大學士等議:國子監奏:太學所貯《十三經注疏》《二十一史》,板片年久模糊,請詳加校正,重新刊刻,以垂久遠。查《十三經注疏》共板一萬一千八百三片,《二十一史》共板五萬七百三十片,板質難以修補。應令國子監購覓原本各一部,分派編檢等官校閱,交武英殿繕寫刊刻,進呈御覽,即將板片交國子監存貯,以備刷印。至國子監奏有寫本《舊唐書》一部,共三千八百二十一頁,亦應刊刻,以廣流傳一折。奉諭旨:板片不必國子監查辦,著交與莊親王,於武英殿御書處等處查辦。②

---

① 陶湘《清代殿板書始末記》云:"乾隆一朝,四年詔刻《十三經》《廿一史》……十二年,刻《明史》《大清一統志》。次刻《三通》,再次刻《舊唐書》。"(陶湘編,竇水勇點校《書目叢刊·清代殿板書目》,瀋陽:遼寧教育出版社,2000年,第65頁)張元濟《〈百衲本二十四史〉後序》云:"高宗初立,成《明史》,命武英殿開雕,至四年竣工。繼之者《二十一史》。其後又詔增劉昫《唐書》,與歐、宋《新書》並行。"(《張元濟全集》第九卷,北京:商務印書館,2010年,第621頁)二人皆將《二十一史》與《舊唐書》分而言之,現當代學者亦多沿此說,以爲下詔刻《舊唐書》在《二十一史》之後。實際從一開始國子監上奏時就包括《舊唐書》,此次校刊,實爲《二十二史》,高宗《重刻二十一史序》之名乃沿舊稱。

② 中國第一歷史檔案館編《乾隆帝起居注》第3冊,桂林:廣西師範大學出版社,2002年,第363頁。按:"御書處"實際負責"恭刻御製詩文、法帖之屬"(《日下舊聞考》卷七一《官署》,北京:北京古籍出版社,1985年,第1190頁),乾隆間直屬內務府,故其名稱前並不冠"武英殿"字樣,道光二十三年方"歸併武英殿管理"((光緒)《欽定大清會典事例》卷一一七三《內務府》,光緒石印本)。校刊經史事應交武英殿修書處,所謂"武英殿御書處"實指武英殿修書處。

武英殿位於紫禁城"西華門內,熙和門西"。①康熙十九年,內務府設立武英殿造辦處,②兼辦刻書任務。康熙四十四年後,"又對造辦處機構進行了調整,將一些與刻書無關的作坊劃歸養心殿造辦處管理","武英殿造辦處真正成了內府的專門的刻書機構"。雍正七年,造辦處改稱武英殿修書處。③武英殿屬內務府管理,莊親王允祿其時主管內務府事務,故下旨由其主事。

武英殿校刊《十三經注疏》《二十二史》的最初規劃由張廷玉提出。乾隆三年十二月十五日,大學士兼管翰林院事張廷玉上奏:"重刊經史,必須參稽善本,博考群書,庶免舛訛。查武英殿爲內府藏書之所,就近校閱,實爲便易。今擬於編檢內選派六員咨送到殿,稽查善本,悉心校對,並與該處總裁公同商訂,陸續發到,覆閱進呈。俾校勘、刊刻會於一處,則錯誤可免而書易成。"高宗當日即下旨:"依議。編檢六員恐不敷用,著添派庶吉士六員。"④據張氏所奏,可見當時計劃校勘、刊刻均在武英殿辦理。但其後經查,武英殿"庫內存貯書籍,並無監板《十三經》《廿一史》",⑤因而沒能實現"校勘、刊刻會於一處"的設想。經史館最終設在宮外怡親王允祥舊府邸。⑥

---

① 章乃煒《清宮述聞》,北京:紫禁城出版社,2009年,第261頁。
② 〔光緒〕《欽定大清會典事例》卷一一七三《內務府》,光緒石印本。
③ 金良年《清代武英殿刻書述略》,《文史》1988年第31輯,第183—185頁。
④ 乾隆四年二月十九日食禮部右侍郎俸教習庶吉士方苞《奏爲請定校刊經史程式事》,軍機處錄副奏摺,中國第一歷史檔案館藏。[清]方苞《方望溪先生全集・集外文》(咸豐元年戴鈞衡刻本)卷二《奏重刻〈十三經〉〈廿一史〉事宜劄子》略同。
⑤ [清]方苞《奏爲請定校刊經史程式事》。
⑥ [清]齊召南《寶綸堂詩鈔》(嘉慶二年刻本)卷三《經史館遇雪呈董浦、葆青、方來(吴紱)、仲常(于敏中)》注:"館即怡親王舊府也,園亭宏麗,並雍正年建造。雪中與諸公瀹茗校經,軒窗洞啓,爐香馥郁,如坐瑤池蓬島中。"《日下舊聞考》卷四五云:"賢良寺舊在東安門外帥府衚衕,雍正十二年建。本怡賢親王故邸,捨地爲寺,世宗憲皇帝賜名賢良寺……乾隆九年,皇上御書《心經》塔碑,勒石於寺。二十年移建於冰盞衚衕。"(第706頁)則此時爲賢良寺。

經史館和武英殿修書處的關係與其他修書館不同。修書館和武英殿並無隸屬關係，一是修書，一是刻書，分工各異。①經史館的任務不是修書而是校勘，人員即咨送到殿的六名編檢和奉旨添派的六名庶吉士，之後人員又有調整和增加。經史館隸屬於武英殿修書處，受武英殿總裁管理，所以校刊完竣之經史皆由武英殿總裁進呈。

校刊工作正式開始，則由方苞具體負責，方苞於乾隆四年初被任命爲經史館總裁。②不久他就上奏提出了全面而周密的校刊計劃。

方苞提出的第一個問題是選擇底本、校本的問題：

> 竊思經史惟宋板字鮮遺訛，目今不惟宋板難得，即明初刻本亦少。臣生平所見，惟嘉靖以後之板，已屢經改補，無三五頁中無遺訛者。而現今監板更剝蝕，無一完善可憑以校對。伏祈皇上飭內府並內閣藏書處徧查舊板經史，兼諭在京諸王大臣及有列於朝者，如有家藏舊本，即速進呈，以便頒發校勘。並飭江南、浙江、江西、湖廣、福建五省督撫，購求明初及泰昌以前監板經史，各送一二部到館，彼此互證，庶幾可補其缺遺、正其錯誤……又前翰林院侍講學士（今按，《全集》作侍讀學士）何焯曾博訪宋板，校正《前漢書》《後漢書》《三國志》遺訛，臣曾見其書，並求下江蘇巡撫，向其家索取原書，照式改注，別本送館，原本仍還其家，毋得損壞。③

方苞作爲桐城派古文大家，並不以校勘學出名，但他提出的先求舊本並參考何焯校本的方案，可以說十分專業，這一方案對殿本的學

---

① 楊玉良《武英殿修書處及內府修書各館》，《故宮博物院院刊》，1990 年 1 期，第 38 頁。
② ［清］方舟《方望溪侍郎事略》，《國朝先正事略》卷一四，同治刻本。
③ ［清］方苞《奏爲請定校刊經史程式事》。

術質量應當說奠定了基礎。殿本諸史以明北監本爲底本(《舊唐書》以明聞人詮本爲底本),部分史如《漢書》《後漢書》《三國志》《晉書》《隋書》等使用宋本作爲校本,何焯校本也有參考。① 確按方苞計劃辦理。

非但如此,方苞還提出要把校勘發現的錯誤"一一開列,進呈御覽",② 這當然就是校勘記,後來的《考證》也就導源於此。官刻正經、正史而附校勘記,宋、元、明歷代所無,清乾隆殿本還是開創者,這個功勞首先應歸於方苞。

方苞提出的另一個開創性建議是添加句讀:"舊刻經史,俱無句讀,蓋以諸經注疏及《史記》《前》《後漢書》辭義古奧,疑似難定故也。因此纂輯引用者,多有破句。臣等伏念,必熟思詳考,務期句讀分明,使學者開卷了然,乃有裨益。"③ 軍機處議覆對此建議也表示贊同:"《十三經》經文因有注疏詳明,句讀易曉,晚唐以後史書亦無難讀者。至注疏及《史記》《前漢書》《後漢書》以及《三國志》《魏》《晉》等書俱使句讀分明,自屬有益學者。"④ 可見當時計劃《十三經》經文、注疏和晚唐以前所修諸史皆加句讀。《十三經》的注疏合刻本,自南宋八行本

---

① 殿本《漢書》末齊召南跋:"臣照等既與諸臣遍蒐館閣所藏數十種及本朝李光地、何焯所校,再三讐對,積歲彌時,凡監本脫漏,並據慶元舊本(今按,即南宋慶元建安劉元起家塾刻本)補缺訂譌。"殿本《三國志》末李龍官跋:"將監本、別本,與凡漢晉之書,參互考訂,悉心校勘,並取前學士臣何焯所校本,擇其引據精者,概行摘出,逐卷分注,彙爲《考證》。"殿本《隋書》錄宋本原跋(今按,即天聖二年付雕牒文。元大德本亦有此牒文,故是否確爲宋本尚未可知),末張映斗跋:"宋本殘缺,乃以監本爲底本。此外完書備校者,有南監本、汲古閣本。他本殘缺亦可參校者,宋本外有兩舊本。"《漢書》《後漢書》《三國志》《晉書》《隋書》考證中多有"宋本作某",《漢書》《後漢書》《三國志》考證並多引"何焯曰"。
② [清]方苞《奏爲請定校刊經史程式事》。
③ [清]方苞《奏爲請定校刊經史程式事》。
④ 中國第一歷史檔案館編《乾隆朝上諭檔》第一册,桂林:廣西師範大學出版社,2008年,第360—362頁。

而下，南宋福建刻十行本、元福建刻十行本、明嘉靖李元陽福建刻本、明萬曆十四年至二十一年北京國子監刻本、明崇禎元年至十二年毛氏汲古閣刻本，經文、注疏皆無句讀。經文、注疏皆施句讀自殿本始，①殿本之後的嘉慶阮元南昌府學刻本亦無句讀，遲至二十世紀九十年代，才又出現了新式標點本。殿本的句讀給清代讀者帶來了極大的便利，對我們今天標點《十三經注疏》仍具有重要的參考價值。此亦方苞之功。遺憾的是，諸史並無句讀，未能按原計劃辦理，這與後來方苞的離職可能不無關係。

《十三經注疏》《二十二史》工程量大，所需版片數量甚巨，如校勘稍有不慎，"遺落一句數字，即需重刻數十板，勞費甚大"。所以方苞提出："必更番校對，一字無訛，始可寫樣。必樣本對清，始可登板。"②而不可限期催促。

關於校勘步驟，方苞提出：

> 臣等擬擇原在殿編校編檢、庶吉士（按：《全集》作在殿編校翰林）十二人合同分派，先對《十三經》，互稽經傳以考舛誤，限八月內將底本全完（按，《全集》作對完）。臣等細加斟酌，繕折進呈御覽。然後次及《史記》《前漢書》《後漢書》《三國志》。四史皆有注解，亦宜詳勘。以下諸史，則參伍舊本，增改落字、錯字，加功較易矣。③

---

① 南宋建安坊刻本如余仁仲本《禮記注》《春秋公羊解詁》《春秋穀梁傳》等，經文有句讀。據《相臺書塾刊正九經三傳沿革例·句讀》，宋代蜀中字本、興國于氏本、廖氏世綵堂本、元代相臺岳氏本諸經，經注並有句讀。但以上各本均無疏文，疏文之句讀，仍以殿本爲最早。
② 〔清〕方苞《奏爲請定校刊經史程式事》。
③ 〔清〕方苞《奏爲請定校刊經史程式事》。

可見計劃校勘是先經後史，史書中對有注解的前四史著力更多。莫友芝云："《史》《漢》等前數部校對差善，六朝及《宋》《遼》《金》等即與北監無異。"①莫氏對殿本的評價或有可商，但也反映出殿本各史校勘質量不均的情況。方苞所擬此項計劃爲這種不均埋下了伏筆。

明代所刊經史，款式不一，"每卷之首止列校刊職官姓名，而漢唐先儒轉附第一行，某卷之下且或止稱某氏，或具姓名鄉里，或並詳官階封邑"。此次武英殿重刊經史乃奉敕辦理，自應整齊劃一。方苞提出仿照明萬曆間馮夢禎主持刊刻的南監本《史記》，"王大臣監修校勘列於目錄之前，漢唐先儒列於每卷之前，分校諸臣列於每卷之末。卷內若有遺訛，則分任其責者無可推諉，庶幾各竭心力"。②核之殿本，校刻職名表僅載於首經（《周易》）、首史（《史記》）書前，分校姓名僅載於各書末，與方氏原擬稍異。

古代刻書所用版片會因乾濕的變化而縮漲，造成刷印時邊框長短不齊，所以裝訂時一般僅要求書口版匡下線對齊。而清初内府裝訂書籍要求更高，尤其是進呈御覽之書，上下線均要整齊一致。雖然内府所用板材多爲優質棗、梨木，且要經過自然乾燥、人工烘乾等工藝處理，但木版畢竟有老穉之別，刷印時還要"或烘板使短，或煮板使長，終有參差，仍用描界取齊"。這種做法對版片損害很大，"數烘數煮，板易朽裂。凡字經剜補，木皆突出散落，再加修補，則字畫大小粗細不一，而舛誤彌多"。方苞因而提出："經史之刊，以垂久遠，若致剥落，則虛糜國帑。伏乞特降諭旨，即進呈之本，亦止齊下線，不用烘煮，庶可久而不敝。"③方苞的建議得到批准，此後武英殿即"永遠遵

---

① ［清］莫友芝《郘亭知見傳本書目》卷四《史部一·正史類》。
② ［清］方苞《奏爲請定校刊經史程式事》。
③ ［清］方苞《奏爲請定校刊經史程式事》。

行",①不再烘板、煮板,書版得以更加長久的保存。這是清代内府刻書史上的一個重要變化,方苞之功應該肯定。

方苞所奏校刊程式全面而合理,得到肯定,成爲此次校刊經史工程的綱領性文件,其後整個校刊活動即基本按此進行。

乾隆四年五月至五年三月,管理層發生了很大的人事變動。五月十三日,方苞因事被革去所有職務,"專在三禮館修書","其武英殿事務著陳大受、劉統勳管理"。②十月十六日,高宗因莊親王允祿與弘晳等結黨營私事,下旨懲治莊親王,雖令其"仍管内務府事",但指出"伊身所有職掌甚多,應取應留,著自行請旨"。③此後,和親王弘晝亦參與辦理内務府總管事務,④校刊經史事乃轉由其管理,故職名表中監理官署弘晝之名。十一月十七日,任内閣學士張照爲武英殿總裁。⑤五年三月,又任許希孔爲總裁,與張照一同辦理武英殿事務。⑥

陳大受任總裁時間較短,大致在乾隆四年五月至十一月,⑦期間《十三經》"漸已校完"。至張照爲總裁時"陸續進呈",隨即上板刊刻。⑧張照於各總裁中在任時間最長,功勞亦最大。雖曾於乾隆六年

---

① 《乾隆朝上諭檔》第一册,第360—362頁。
② 《乾隆朝上諭檔》第一册,第402頁。
③ 《乾隆朝上諭檔》第一册,第464—465頁。
④ 乾隆四年十二月十四日其奏摺即署"學習辦理内務府總管事務和碩和親王臣弘晝",見《大連市圖書館藏清代内閣大庫散佚檔案選編:獎懲、宫廷用度、外藩進貢》,天津:天津古籍出版社,1992年,第60頁。按:該書所收實爲内務府檔案,與内閣大庫無關。
⑤ 《乾隆朝上諭檔》第一册,第479頁。
⑥ 《乾隆朝上諭檔》第一册,第524頁。
⑦ 陳大受於乾隆四年十一月被任命爲安徽巡撫,見《高宗純皇帝實録》《清實録》第十册,第566頁)。
⑧ 乾隆七年六月初七日張照《奏陳校刊經史事宜事》,軍機處録副奏摺,中國第一歷史檔案館藏。

二月至八月間告假離京省親,①並於乾隆十年正月在丁憂回籍的途中病故,②但在任期間堅持應撰寫《考證》的主張,並對校勘人員進行了調整與補充,使得校刊經史活動得以順利、高效的進行,保證了工程的高質量完成。許希孔在任事蹟較少,僅知曾於乾隆六年張照告假在籍期間與和親王弘晝一起進呈過刻成的四經。③

在校刊經史的過程中,除總裁等高層外,具體的辦事人員也有過一些變動,這些調整都是由張照一手辦理的。

起初方苞上奏校刊程式時,推薦在殿翰林詹事府正詹事陳浩、左庶子周學健、翰林院侍讀學士呂熾、編修朱良裘四人負責校勘事宜,④四人後被任命爲總辦。張照任武英殿總裁後,曾於乾隆五年二月上奏,認爲對負責校勘的翰林應"詳加揀選"。但軍機大臣議覆認爲:"現在總辦官陳浩等四員俱經奏明,其餘翰林亦係節次挑取補用之員,所辦校對經史等事尚可勝任,且行走漸已熟習,似無庸另加揀選。"⑤未接受張氏建議。但張照還是推薦了欽天監博士張永祚入經史館校《二十二史》中的《天文》《律曆》諸志,以用其所長,保證了校勘質量。⑥乾隆六年二月十七日,周學健升署理刑部右侍郎。⑦五月,陳

---

① 告假時間見《乾隆朝上諭檔》第一册,第 703 頁。乾隆六年五月初三日,張照又奏請再給假,高宗朱批"於八月間來京供職可也",見張照《奏爲父病後行動需人請再給假等事》,朱批奏摺,中國第一歷史檔案館藏。
② 乾隆十年正月二十二日漕運總督顧琮《奏爲刑部尚書張照在途病故料理情形事》,朱批奏摺,中國第一歷史檔案館藏。
③ [清]張照《奏陳校刊經史事宜事》。
④ [清]方苞《奏爲請定校刊經史程式事》。
⑤ 《乾隆朝上諭檔》第一册,第 519 頁。
⑥ [清]杭世駿《道古堂全集·文集》(乾隆四十一年刻光緒十四年汪曾唯修本)卷四七《欽天監博士張君墓碣》:"會詔刊經史,華亭張司寇照薦君校勘《二十二史》《天文》《律曆》兩志,用君所長也。"又《詩集》卷十《翰苑集·中秋前一日張博士永祚見過茶話》注:"博士以張大司寇薦,入經史館校各史《天文》《律曆》諸志。"
⑦ 《乾隆朝上諭檔》第一册,第 703 頁。

浩因事革職。①本年末,張照曾奏請從翰林院補充校勘人員,並向內閣、翰詹衙門咨取供事。②但總辦四人僅存其二,張照又認爲"吕熾於四人中本屬不及,惟存朱良裘一人",人力不足,乃於七年六月初七日上奏請令長於史書的工部侍郎德齡兼經史館總裁行走,並請仍令陳浩在經史館行走,與朱良裘同任提調。同時,建議仍由周學健分司《三禮》考證,陳浩分司《三傳》考證。至於刊刻經史外的雜項差使,則請令勵宗萬爲總裁,專司其事。③

當時面臨的另一個棘手問題是校勘翰林的"兼館辦事"。經史館負責校勘工作的翰林並非專任,其任命並不經過高宗諭旨批准,而是"於各館翰林内咨取兼辦",其人仍屬原館。如周學健、杭世駿等俱兼三禮館事。由於校勘經史僅爲兼差,武英殿又不"專給公費",翰林們僅"以餘力及之","難免日漸廢弛",影響了工程質量與進度。乾隆五年二月張照曾就此事上奏:"請以後武英殿行走並皆開列請旨補用。"張氏建議得到批准:"嗣後武英殿翰林遇有更換補用之處,俱令該總裁奏明請旨,著爲定例遵行。"④但這僅是增加了一個表面上的程序,並没有改變校勘經史的兼差性質。乾隆七年六月初七,張照再次就此問題上奏,提出解決辦法:

> 現在分校各員,兼別館行走,每以別館事忙爲辭。若不解而

---

① 《高宗純皇帝實録》,《清實録》第十册,第1042頁。
② 乾隆六年十一月八日武英殿修書處咨典籍廳:"本殿總裁侍郎張照等摺奏:武英殿經史館翰林及行走人員今不敷辦理殿務,請旨敕下掌院大學士,酌量揀選,奏明補缺。奉旨:交掌院大學士。"(臺北"中研院"歷史語言研究所内閣大庫檔案資料庫,登録號106122-001)乾隆六年十二月武英殿修書處咨典籍廳:"本處總裁張照等奏請准向内閣翰詹衙門咨取供事,奉旨准給二名。理合行文内閣,將現在辦事之供事胡熙、吕鐘名次扣除,准作經史館供事。"(史語所内閣大庫檔案資料庫,登録號106123-001)
③ [清]張照《奏陳校刊經史事宜事》。
④ 《乾隆朝上諭檔》第一册,第519頁。

更張，必同道旁築舍。請行文各館總裁，如實係該館不可少之人，即行知臣館出缺，另行揀選奏補。如非該館不可少之人，亦於咨內聲明，臣等酌其才力尚可兼走者毋庸改更外，或度其力不能兼，一併出缺，另行揀選奏補，務令人得其用，庶幾刊刻易成。①

其建議終於被採納。②通過對人員的重新揀選，僅留下才力確能兼任兩館事者，明確了職責，確保了充足的人力。如有出缺，均及時補充。③經過此次人員的調整與補充，校刊經史進一步走上正軌。

乾隆十一年底，全部經史校刻告竣，十二月十七日由和親王弘晝等上表進呈，計《十三經注疏》三百四十六卷十七函、《二十二史》二千七百三十一卷六十五函。④經史進表後各附校刻《十三經》諸臣職名、校刻《二十一史》諸臣職名表。十二年二月朔，高宗作《御製重刻十三經序》《御製重刻二十一史序》，冠於首經（《周易》）、首史（《史記》）前。三月，經史館正式告成，議敘提調、編校、校錄、監造諸官。⑤

乾隆四年至十一年間，各經、各史的校刊工作是陸續完成的。如

---

① ［清］張照《奏陳校刊經史事宜事》。
② 乾隆七年六月二十三日翰林院典簿廳為大學士議覆武英殿修書處："現在分校各員俱兼別館行走，每多彼此推諉，應如張照所請，行文各館總裁，酌定去留，相應移會實錄館，查照辦理移覆。"（史語所內閣大庫檔案資料庫，登錄號 096750-001）
③ 乾隆八年四月九日武英殿修書處咨三禮館："為經史館總裁張照等奏，校勘經史翰林現出四缺，除原在館行走之編修張映斗仍補一缺外，查有三禮館纂修檢討程恂等堪充校勘之任。"（史語所內閣大庫檔案資料庫，登錄號 102725-001）乾隆九年六月武英殿修書處咨內閣："總裁官張照、德齡奏報經史館翰林王會汾等陞任、試差、丁憂等缺，將候補洗馬陸宗楷、編修汪師等六員派補辦理。"（臺北"中研院"歷史語言研究所內閣大庫檔案資料庫，登錄號 103140-001）
④ 武英殿本《史記》前進表云"二十一史"，據卷數計，實為二十二史，含《舊唐書》，此為沿襲固有之舊稱。
⑤ 《高宗純皇帝實錄》，《清實錄》第十二冊，第 728 頁。又杭世駿《道古堂全集·文集》卷四一《資政大夫禮部右侍郎齊公墓誌銘》："（乾隆十二年）三月，經史館告成，議敘加一級。"

《周易》校畢進呈在乾隆四年冬，①《尚書》《詩經》《儀禮》《禮記》《左傳》及《爾雅》六經在乾隆四年十二月二十四日。②進呈後，各書隨即開雕。如《周易》《穀梁》《論語》《周禮》四經刻成于乾隆六年七月，《史記》刻成于六年十月。③但也有部分經書又進行了進一步的校勘。如《禮記注疏》齊召南跋云："乾隆四年特命重刊……在館諸臣遍蒐善本，再三讎對，是正文字，凡六年始付開雕。"則《禮記》雖已於乾隆四年底進呈，但刊刻却遲至乾隆九年。《漢書》刊刻完成在乾隆十年五月前。④《舊唐書》乾隆八年正月開始校勘，乾隆九年正月與《考證》一併進呈。《新唐書》的校勘工作則在乾隆九年正月至十年正月。⑤

《考證》的編寫與各經史的校勘活動在時間上並不完全一致。按

---

① 武英殿本《周易注疏》末朱良裘跋："乾隆四年奉敕校刊經史，廣羅舊本以備參稽，得文淵閣所藏不全《易疏》四册……是年冬校訖進呈，奉制報可，爰付剞劂，逾年竣工。"

② [清]齊召南《寶綸堂詩鈔》（清嘉慶刻本）卷三《十二月二十四日進呈校勘六經，退直武英殿，用朱子鈔二南詩韻應杭董浦同年索賦，兼呈同館諸公》注："陳侍郎大受、張閣學照、陳詹事浩、周學士健、呂學士熾、朱庶子良裘、熊侍講暉吉、趙編修青藜、沈編修廷芳、唐檢討進賢、閩編修棠、吴檢討泰、萬檢討松齡、于修撰敏中、王編修會汾、李編修龍官，並會所校六經注疏，則《尚書》《毛詩》《儀禮》《禮記》《左傳》及《爾雅》也。"又杭世駿《道古堂全集·詩集》卷八《翰苑集·十二月二十四日進呈校勘六經退直武英殿用朱子鈔二南韻同在館諸公作》。又沈廷芳《隱拙齋集》（清乾隆刻本）卷十《十二月二十四日進呈校勘六經退直武英殿同大宗、次風用朱子抄二南韻》。

③ 乾隆六年十月《武英殿修書處爲校勘〈十三經〉〈廿一史〉由》："咨内閣典籍廳：本殿奏本年七月内刻成《易經》《穀梁》《論語》《周禮》四經，業經進呈。今刻得《史記》，謹釘樣本一部，恭呈御覽。應否刷印若干部數之處，請交内閣擬定數目，以便刷印。"（臺北"中研院"歷史語言研究所内閣大庫檔案資料庫，登錄號 209066-001）

④ [清]齊中崧《齊侍郎年譜》（抄本，浙江圖書館藏）："（乾隆十年）五月，到書一匣，係武英殿新刊《前漢書》一部。"轉引自謝海林《齊召南〈漢書考證〉綜論》，《古典文獻研究》第12輯，第440頁，下同。

⑤ [清]沈德潛自訂《年譜》（《沈歸愚詩文全集》附，清乾隆教忠堂刻本）："（乾隆七年九月）是月輔臣傳諭校勘《新》《舊唐書》，分脩《明史綱目》……八年癸亥，年七十一，先校《舊唐書》……九年甲子，年七十二，正月校勘《舊唐書》畢，每卷後有考證，繕寫進呈。自是校《新唐書》起……十年乙丑，年七十三，正月校《新唐書》畢，進呈。"

照方苞擬定的計劃，校勘經史時，對於改正的監本錯誤，應貼簽說明"改正之處所據何本、所託何義"，進呈欽定，並刊刻在各卷之末。但在方苞被革職後，這一計劃並沒能嚴格執行。雖然校勘時於改正之處仍加簽說明，但僅是爲進呈御覽，事後並未進行編輯加工。張照十分贊同撰寫《考證》的意見，但乾隆六年他告假在籍期間，總裁許希孔並未認真執行此事，許氏移交和親王進呈的刻竣四經和張氏返京之初進呈的《史記》、七年六月進呈的五經均無考證。①

乾隆七年六月初七張照上奏强調《考證》的重要性，並提出重新編輯《考證》的建議：

> 伏思方苞奏定卷末刊載考證，極有倫理，蓋學問無窮，不可以今日一時所見爲定。或原本別有意義，而今日所據之本轉有未合，實所難定。惟將考證詳載於末，則後人得見前本是非，聽其論定，果有未合，既不致求益反損，而合者自必十分之九，又足以彰聖朝，此舉實有裨益。但原簽係進呈口氣，且有例見於前則後不重標之處，若逐卷開載垂後，自必一一聲明。所以考證另須編輯，不能即將原簽抄錄也。今在事翰林見書已進呈，便以考證爲蛇足，益復懈弛。理合奏明，令諸翰林上緊編輯進呈欽定，與《十三經》一同刊頒。②

《考證》作爲殿本經史的一大特色，具有很高的學術價值，却因館臣的懈怠而瀕於流産。張照作爲此次校刊活動的負責人，深切的瞭解《考證》的價值所在，正是由於他的堅持，才使得《考證》的撰寫走上

---

① ［清］張照《奏陳校刊經史事宜事》。
② ［清］張照《奏陳校刊經史事宜事》。

正軌,張氏之功不可忽略。

其後即按所奏辦理。已刻竣或已校畢之書,著人另行編輯考證。如《周易注疏考證》即交由朱良裘、陳浩、李清植三人編輯。①《史記考證》條目多出杭世駿之手,但乾隆八年二月,杭氏因言獲罪革職,《考證》的最終編定當出他人。②剩餘各書則校勘與考證一同辦理,待完成後一併進呈、刊刻。③各經史《考證》的編輯,齊召南出力尤多,他以一人之力承辦《尚書》《禮記》《漢書》三書《考證》的編輯工作,④並撰寫了《尚書》、《禮記》、《左傳》(代陳浩)、《公羊》、《穀梁》、《漢書》六書的跋語。根據《寶綸堂文鈔》各"進呈考證後序"所注時間可知,《左傳考證》《穀梁考證》成於乾隆八年五月,《公羊考證》成

---

① 武英殿本《周易注疏》末朱良裘跋。
② 《乾隆朝上諭檔》第一册,第 831—832 頁。[清]杭世駿《史記考證》(乾隆五十三年補史亭刻《道古堂外集》本)卷一:"《十三經》《二十一史》……聖天子……申畀以命儒臣重加校勘,條其同異附於各卷之後。桐城方侍郎苞以余名上聞,總裁其事者華亭張尚書照也。就余商榷,虛心采納,竭駑鈍以答之,《考證》所由作也。既余以狂言獲譴,天府之藏末由再得窺見。同年天台齊侍郎惠寄三册,而《史記》儼然在焉。一再覽觀,如逢故物,辛苦所存,不忍捐棄,録而存之,其名一仍武英殿之舊。同事此書者,長白德侍郎齡、昌平陳詹尹浩、歸安孫編修人龍均有論議,不敢闌入,恐獵美也。"按:殿本考證見於杭氏《史記考證》者約三分之一。後杭氏又增益《史記考證》爲《史記疏證》一書,殿本考證與之重合者約三分之二,且多有殿本考證原作"臣照按"而《疏證》逕改爲"愚按"者(參劉起釪《〈史記疏證〉抄本情況及其作者考略》,日本文教大學《文學部紀要》第 5 期,1991 年)。今殿本《史記考證》標"臣世駿按"者不足三十條,而實際杭氏之功最鉅。
③ [清]沈德潛自訂《年譜》:"(乾隆九年)正月校勘《舊唐書》畢,每卷後有考證,繕寫進呈。"
④ [清]齊召南《寶綸堂文鈔》卷三《進呈尚書注疏考證後序》:"今年冬臣召南奉勅再加審定,輯爲考證如干條。"《進呈禮記注疏考證後序》:"臣召南以讀禮家居,奉勅即加編校勘之說附各卷之後。"《進呈前漢書考證後序》:"臣召南復奉勅編爲考證。"杭世駿《道古堂全集·文集》卷四十一《資政大夫禮部右侍郎齊公墓誌銘》:"乾隆……九年丁省齋公艱……前曾承辦《禮記》《漢書》考證,十年諭旨,仍令在籍編輯,陸續交武英殿經進。"[清]沈廷芳《隱拙齋集》卷十四《聞齊次風同年讀禮時承旨即家編〈禮記〉〈漢書〉考證賦此寄懷》。

於乾隆八年十月。①《尚書考證》的編纂也在乾隆八年完成。九年初，齊召南丁憂回籍，高宗仍命在籍編輯《禮記》《漢書》二書《考證》，並將新刻成的殿本《前漢書》送交其家。齊氏於本年七月編成《前漢書考證》稿本四十卷，九月編成另六十卷，交本縣送遞京城。②其他各書的校勘與《考證》編寫工作亦多有他參與。

由於大部分經書和《史記》刻成在前，《考證》編輯在後，所以存在一些《考證》與正文不一致的地方。如《史記》張照跋云："其注有三，曰《集解》，曰《索隱》，曰《正義》……其於已刊之後，復搜得之者，則又見於《考證》中，以補其遺。"後來發現的注文無法補入原書，只能附載於《考證》。各書《考證》末附跋語，詳述各經史源流及校勘情況，與《四庫提要》類似，極見學術功力。今所見殿本經史所附跋語與館臣文集所載原稿稍有差異，蓋刊刻前曾經潤色處理。③

殿本刻成以後又偶有改動。如陸楓指出：《史記·漢興以來諸侯王年表》有三處，初印殿本其下均無"集解"二字，重印本挖改，字數多出，版面放不下，便將末段"上足以奉貢職，下足以供祭祀"的"下足

---

① ［清］齊召南《寶綸堂文鈔》卷三《進呈尚書注疏考證後序》、《進呈禮記注疏考證後序》、《進呈春秋左傳注疏考證後序》（乾隆八年五月）、《進呈春秋公羊注疏考證後序》（乾隆八年十月進）、《進呈春秋穀梁注疏考證後序》（乾隆八年五月代）、《進呈前漢書考證後序》。按：殿本《左傳注疏》跋語署陳浩名，實為齊召南代撰，《穀梁注疏》跋語署齊召南名，並非代撰，《文鈔》混淆。
② ［清］齊中嶽《齊侍郎年譜》："（乾隆八年）是年撰《尚書考證》。乾隆九年二月十九日聞訃丁憂。三月初十日奔喪，五月二十七日抵家。乾隆十年三月十九日，經史館總裁勵宗萬面奉上諭：經史館考證內《禮記》《漢書》二部，原係翰林齊召南承辦，今丁憂回籍，仍著寄信與齊召南，令其在籍編輯，陸續送交武英殿呈進……五月，到書一匣，係武英殿新刊《前漢書》一部。公書一封，於五月二十四日收到。七月十二日，將編成《前漢書考證》稿本四十卷全匣，次本縣海送遞。九月二十二日，將編成《前漢書考證》稿本六十卷全匣，交本縣海送遞。"
③ 參見上舉齊召南《寶綸堂文鈔》卷三諸原稿。又姚範《援鶉堂文集》卷二《校上北齊書序錄》。沈德潛《歸愚文鈔》卷十《舊唐書考證後序》《新唐書考證後序》。

以"三字挖去。《史記·伍子胥傳》"因命曰胥山"句下，重印本將《集解》《正義》中"太廟"改正爲"太湖"。①這兩處改動，陸氏未指明時間。據本人所見，重印本墨色均勻、字畫清晰，刷印時間應較早，故改動當在乾隆前期。

乾隆二十八年十月，福建學政紀昀奏請各省書坊刊刻經書敬避廟諱御名，"舊板亦令刊補"，雍正間所刊官韻亦請"敕武英殿敬避重刊"。大學士傅恒等會同禮部議覆其奏，除同意紀氏所請外，又查得"武英殿所刊官韻暨各經書内，於御名本字尚係全書，而加有偏旁之字亦俱未行缺筆"，因此提出應命武英殿"將所刻書板詳悉校正"，廟諱本字改字（"玄"改"元"，"燁"改"爅"，"胤"改"允"，"禎"改"正"，"弘"改"宏"，"曆"改"歷"），作偏旁時缺末筆。②這項工作交由武英殿纂修官辦理，殿本經史自然在檢查、校改之列。如時任纂修官的錢大昕即先後分得《周易折中》《元史·本紀》《一統志》《佩文韻府》等書的部分卷册。③不過，纂修官在實際操作過程中，對於應改字類推廣太過，如"率""銜"等"上中嵌寫之字"亦俱缺筆，字數太多，難以辦理。故至乾隆三十年閏二月，即下旨不再追改已經刊成之舊板。④

三、《遼》《金》《元》三史之改譯與重刊

遼、金、元三代由少數民族統治，因而《遼》《金》《元》三史中的人名、

---

① 陸楓《試論武英殿刻〈二十四史〉版本源流及其歷史作用》。
② 《乾隆朝上諭檔》第四册，第 310—311 頁。
③ ［清］錢大昕撰，漆永祥整理《講筵日記》，《嘉定錢大昕全集·附錄》，南京：鳳凰出版社，2016 年，第 119—120、124、131、136 頁。
④ 《乾隆朝上諭檔》第四册，第 615—616 頁。

地名、官名、物名等多涉及當時的民族語言,即所謂"國語"。譯名多爲音譯,後人難明其意,所以三史均附有《國語解》,解釋這些譯名對應的漢語語義。乾隆初刊刻《二十二史》,三史皆以北監本爲底本,譯名一仍其舊。但其後高宗却認爲三史譯名多謬誤且不雅馴,下旨改譯。此事始於乾隆十二年改譯《金國語解》,三十三、四年進一步擴大到重編三史《國語解》。至乾隆末,三史改譯與重編之《國語解》基本完成。《遼金元三史國語解》隨即付刊,《遼》《金》《元》三史却因與重編《國語解》頗不一致而使修版遲遲不能完成。此事遷延日久,嘉慶二十三年方確定以《遼金元三史國語解》爲依據,道光三年末修訂完成,四年將三史上版重刻,七年刻成。至此,三史改譯才最終結束。現將此過程詳考如下。

《二十二史》刻成不久,高宗又命對《遼》《金》《元》三史中的譯名進行改譯。改譯始於《金國語解》。乾隆十二年七月十八日上諭:

> 近因校閱《金史》,見所附《國語解》一篇,其中譌舛甚多。金源即滿洲也,其官制、其人名,用本朝語譯之,歷歷可見。但大金全盛時,索倫、蒙古亦皆所服屬,幅員遼廣,語音本各不同。而當時惟以國語爲重,于漢文音義,未嘗校正畫一。至元臣纂修,又不過沿襲紀載舊文,無暇一一校正。訛以傳訛,有自來矣。即如所解之中,或聲相近而字未恰合,或語似是而文有增損。至於姓氏,惟當對音,而竟有譯爲漢姓者。今既灼見其謬,豈可置之不論。爰命大學士訥親、張廷玉、尚書阿克敦、侍郎舒赫德,用國朝校定切音,詳爲辨正。令讀史者咸知金時本音本義,訛謬爲之一洗。並注清文,以便考證。即用校正之本,易去其舊。其坊間原本,聽其去留。庶考古信今,傳世行遠,均有裨焉。①

---

① 《高宗純皇帝實錄》,《清實錄》第十二册,第863頁。

《金國語解》原有小序，分官稱、人事、物象、物類、姓氏五項。改譯本題《欽定國語解》，刪去小序，仍就其原有諸項，於各條下加注漢文新譯名及滿文，少數條目有簡短考證，版心鐫"乾隆十二年校刊"字樣。此次改譯僅限於《國語解》，且仍保持其原有格局，《金史》正文未改動。由於工程量不大，改譯和刊刻應不久即完成，此後印本即用改定之《國語解》。

但至乾隆三十三年，高宗已不再滿足於這種局部改譯。劉浦江引高宗此年八月所作《於波羅河屯詠東山筆架峯》詩（《御製詩三集》卷七六），小注指斥"捺鉢"譯音之失，並云"即如《金》《遼》《元》三史中，類此者難以枚舉，將悉爲改譯"，明確表示要全面改譯三史。①但劉氏認爲"重修三史《國語解》的工作大概就始於乾隆三十六年"則並不準確。其實在乾隆三十四年，《金國語解》已開始重新編纂。高宗在本年七月所作《雲浄朗秋晴》（《御製詩三集》卷八三）詩中指出《金史·地理志》"留斡嶺"譯名之訛，小注云："今命釐定《金國語解》，特爲舉出，以正其謬。"因知高宗下旨重編《遼金元三史國語解》在乾隆三十三年八月至三十四年七月間。

改譯事由方略館辦理。館臣按高宗旨意"就《遼》《金》《元史》《國語解》內人、地、職官、氏族及一切名物、象數，詳晰釐正，每條兼係以國書，證以《三合切韻》"，"並爲分類箋釋，各從本來意義"。②改譯不限於三史《國語解》原有之條目，而是將三史正文所有譯名一一提出改譯，加入新定之《國語解》，實際是重編。以《遼史》爲例，原《國語解》凡 198 條，《欽定遼史語解》據劉浦江統計則達到 1639 條③，篇幅大大

---

① 劉浦江《從〈遼史·國語解〉到〈欽定遼史語解〉》，《松漠之間：遼金契丹女真史研究》，北京：中華書局，2008 年，第 186—187 頁。
② 《高宗純皇帝實錄》，《清實錄》第十九冊，第 1099 頁。
③ 劉浦江《從〈遼史·國語解〉到〈欽定遼史語解〉》，第 195 頁。

增加。上文高宗《雲淨朗秋晴》所舉"留斡嶺"即不見於原《金國語解》。三史《國語解》原有各自不同的編排方式,新編本則予以統一,分君名、宮衛、部族、地理、職官、人名、名物等類。惟《欽定金史語解》稍有不同,無"宮衛",而在"人名"前有"姓氏"類,"名物"附於"人名"類。各類之條目則按其在各史中的出現順序排列。各條先列滿文,次"三合切韻",次漢文譯名,下注語種、語義及其出現的卷次和舊譯名。

新編《國語解》分卷"以次進呈"御覽。乾隆三十六年十月新《金國語解》已完成十一卷,至十二月全書十二卷完竣。

乾隆三十六年十月二十三日館臣奏:"臣等遵旨查得《金國語解》共計十二卷,先經臣等將卷一至卷十陸續進呈,卷十一已經纂就,卷十二亦經辦得底本,計出月初即可完畢。今將卷十一繕寫裝潢,同已進之十卷一併恭呈御覽。其書內應行畫一之處,統俟全書完竣後,臣等再行詳細校正,另繕陳設正本進呈。至遼、元《國語解》,現在辦纂底本,俟《金國語解》完竣後再行陸續進呈。"①

《金國語解》甫一完成,高宗即命方略館據以先行改定《金史》正文。

乾隆三十六年十二月戊寅上諭:"今《金國語解》業已訂正蕆事,而諸史原文尚未改定。若俟遼、元《國語》續成彙訂,未免多需時日。著交方略館,即將《金史》原本先行校勘,除史中事實久

---

① 《乾隆朝上諭檔》第六冊,第 808—809 頁。

布方策，無庸復有增損外，其人、地、職官、氏族等，俱依新定字音確核改正。其《遼》《元》二史，俟《國語解》告竣後，亦即視《金史》之例，次第釐訂畫一。仍添派纂修官分司其事，總裁等綜理考核，分帙進覽候定。"①

乾隆四十年七月，《金史》改譯完畢，高宗作《讀〈金史〉》文。文中有"書此以揭重刊《金史》之首"語，《高宗純皇帝實錄》七月癸酉"命重刊《金史》成，序曰"云云，似已將《金史》版片修完，而實際情況並非如此。此時僅僅是改譯完成，高宗所閱乃館臣繕寫進呈之本，而非印本。乾隆四十六年十月二十六日和珅等方擬奏三史修版事宜："三史內改譯字樣，或一篇僅有數字者，仍交武英殿挖改，其累牘連篇，原板難以挖改者，請交武英殿查明，另行刊刻。"②乾隆四十七年二月二十七日軍機大臣開列《纂辦全竣現在繕寫刊刻各書單》中尚有《遼》《金》《元》三史，足證乾隆四十年時尚未開修《金史》版片。高宗文中並無重刊完成之語，《實錄》誤解"書此以揭重刊《金史》之首"語義。

而《遼國語解》《元國語解》的編纂却並未按高宗的原計劃進行。劉浦江據檔案指出："從乾隆三十六年到四十六年，《三史國語解》的編纂與《遼》《金》《元》三史的改譯工作應該是同步交叉進行的，在後一項工作完成之前，即便已經編出了《三史國語解》，也只能是一個很粗疏的稿本而已；只有在《遼》《金》《元》三史的改譯工作全部結束之後，才能把所有改譯的詞彙全部吸收進《三史國語解》。"③館臣應該就

---

① 《高宗純皇帝實錄》，《清實錄》第十九冊，第 1099 頁。
② 中國第一歷史檔案館編《纂修四庫全書檔案》，上海：上海古籍出版社，1997 年，第 1426—1427 頁。
③ 劉浦江《從〈遼史·國語解〉到〈欽定遼史語解〉》，第 189 頁。

是在據新編《金國語解》改譯《金史》時發現了這一問題，因而改變了工作程序。

乾隆四十二年之前，改譯《遼》《元史》事"未經特派總裁專辦，向係軍機大臣兼管"。此年三月二十七日，大學士舒赫德等建議"應派有專管之員，重以責成，方能陸續纂就，按期呈進"。高宗乃派金簡、錢汝誠爲總裁。①四月十二日，金簡、錢汝誠又奏請添派編修平恕、李堯棟二員爲纂修官，以趕辦二史。②五月初八，高宗又諭于敏中任總裁，"同原派之大臣等閱辦"。③乾隆四十三年三月初一日，軍機大臣因二史卷帙較多，奏請展限。④乾隆四十四年十二月十一日添派和珅、曹文埴同辦二史。⑤

改譯三史的辦法是，用乾隆初刻殿本三史，凡遇人、地、官等名，於其傍或書眉貼以黄籤並改譯。馮家昇曾見《遼史》之工作本，⑥山東省博物館藏《元史》卷十九之工作本。⑦改譯完成後，再將此本繕寫一本進呈御覽。進呈本《遼史》亦曾經馮氏寓目，"册面書校書者姓名，

---

① 《大學士舒赫德等奏請將未竣十種書籍特派總裁專辦摺》，《纂修四庫全書檔案》，第578—579頁。
② 《刑部尚書英廉等奏擬再添派編修平恕等趕辦三史摺》，《纂修四庫全書檔案》，第585—586頁。
③ 《諭〈元史〉〈遼史〉等各書仍着于敏中同原派大臣等閱辦》，《纂修四庫全書檔案》，第591頁。
④ 《軍機大臣奏現辦輪進各書無庸展限及酌定展限開單呈覽等情片》，《纂修四庫全書檔案》，第788—789頁。
⑤ 《諭〈遼史〉〈元史〉着添派和珅等同辦〈明史〉著添派王杰等同辦》，《纂修四庫全書檔案》，第1138頁。
⑥ 馮家昇《遼史證誤三種·遼史初校》，北京：中華書局，1959年，第82頁。然馮氏以此本爲"道光四年殿本之原底本"，且謂改譯"蓋館臣據庫本之譯名，加簽於乾隆殿本"，則非是。此本實爲乾隆間改譯之產物，各閣《四庫》本乃據此本之謄清本抄入，馮氏誤倒二者關係。
⑦ 張祖偉《乾隆重修〈元史〉卷十九工作本淺考》，《山東圖書館學刊》2021年第4期。

如章宗瀛、李堯棟、邱庭溁、平恕、黃壽齡、陳嗣龍、王仲愚"。①《遼》《金》《元》三史改譯進呈本現均藏臺北故宮博物院②,新譯名以黃籤粘於原文之上,書眉尚有黃籤按語。

至乾隆四十六年十月,《遼史》《元史》改譯完成,三史全部告竣。和珅、金簡、曹文埴奏:

> 竊臣等奉命改譯《遼》《金》《元》三史人、地、官名,輪卯進呈,節次進過《金史》一百三十五卷、《元史》二百十卷,又續進過《遼史》本紀、傳、志一百零七卷,此次將《遼史》表八卷改對校正,繕寫裝潢進呈,所有《遼》《金》《元》三史現在全行告竣……應請將《欽定遼金元三史國語解》重行編次,分刊於原史之前,並恭請御製序文,冠於卷首……其舊史內原有之《國語解》概行撤去。③

---

① 馮家昇《遼史證誤三種‧遼史初校》,第82頁。馮氏謂"此本即據底本(按:即本文所云工作本)重抄之本"是,謂爲"道光四年原寫本"則非。此七人皆乾隆間參與改譯工作者,平恕、李堯棟、黃壽齡、邱庭溁、章宗瀛見《諭〈遼〉〈金〉〈元〉三史承辦官平恕等俱著加一級紀錄三次》(《纂修四庫全書檔案》,第1555頁),陳嗣龍見《軍機大臣阿桂等奏遵旨議奏添纂〈八旗通志〉》(《纂修四庫全書檔案》,第2225—2226頁),王仲愚見殿本《舊五代史》卷首"奉旨開列編校《舊五代史》諸臣職名",足證此本爲乾隆間膳清本。又馮氏云:"卷百十二《華格傳》書眉簽云:'按《華格傳》原本附載卷末,考華格以太祖六年與埒克希達輦同時謀亂伏誅,年次事蹟俱不應列察克重之後,謹改正。'及檢庫本、底本,《華格傳》均附卷末,道光殿本則在重刊之後,以是知是本必在道光殿本之先,庫本、底本之後也。"按本人核查文淵閣《四庫全書》本《遼史》,《華格傳》實在重元之前,而非在卷末。庫本既與此簽合,可證此簽必在庫本前,乃乾隆間館臣所出,亦證此本乃乾隆間膳清本。馮氏失查。至於此本改譯較庫本增多,夾簽避仁宗諱等情況,是因爲嘉二十三年之前館臣仍以此本爲工作底本所致,參下文。
② 《"國立故宮博物院"善本舊籍總目》(臺北"國立故宮博物院"編印,1983年,第194—196頁)著錄,但僅模糊定爲"清内府朱絲欄寫本"。
③ 《軍機大臣和珅等奏〈遼〉〈金〉〈元〉三史辦理全竣摺》,《纂修四庫全書檔案》,第1426—1427頁。

高宗即作《御製改譯遼金元三史序》。①此後館臣即著手編輯《欽定遼金元三史國語解》。由於館臣此前是一面改譯《遼》《元》二史正文，一面將譯名摘出，而《金國語解》早已基本完成，所以剩下的僅是分類編輯與統一潤色的工作，乾隆四十七年二月即告竣。本月二十七日軍機大臣奏《纂辦全竣現在繕寫刊刻各書單》中即有《遼金元國語解》。②

　　但《三史國語解》的刊刻却一再拖延。乾隆五十二年六月初二日，曾參與改譯三史、編輯《三史國語解》的祝德麟奏"請敕下武英殿總裁，趕緊將《三史國語解》一書刊刻完竣"，以便以此爲據校改《四庫全書》中所涉遼、金、元三朝譯名。③次日，高宗即下旨催辦。④但負責刊刻事宜的武英殿修書處則指責方略館"前貴館交刊之《遼金元三史語解》，緣書內各卷案語或載或遺，體式不一，仍繳貴館核定。兹奉旨趕刻此書，希即核定付交，以便迅速刊辦"。⑤可見此時《三史國語解》仍在方略館進行修訂。至於最後刊刻完成似應仍在本年內（圖16）。⑥刻本與《四庫全書》本亦有不同，如《欽定元史語解》卷一，文淵閣《四庫》本作"帝名"，刻本則作"君名"，與《欽定遼史語解》《欽定金史語解》類名一致。

---

① 武英殿本序末署"乾隆四十六年冬月臣董誥奉敕敬書"，《高宗純皇帝實錄》（《清實錄》第二十三册，第465頁）則載於乾隆四十七年四月。
② 《纂修四庫全書檔案》，第1519頁。
③ 《掌湖廣道監察御史祝德麟奏請將〈三史國語解〉刊刻完竣呈覽摺》，《纂修四庫全書檔案》，第2018—2019頁。
④ 《寄諭八阿哥永璇等將武英殿所刻〈三史國語解〉趕緊刊刻完竣》，《纂修四庫全書檔案》，第2019—2020頁。
⑤ 乾隆五十二年六月初五日《武英殿修書處移付趕刊〈遼金元三史國語解〉事》，軍機處錄副奏摺，中國第一歷史檔案館藏。
⑥ 乾隆武英殿本《欽定遼金元三史國語解》版心上方未刻校刊時間。

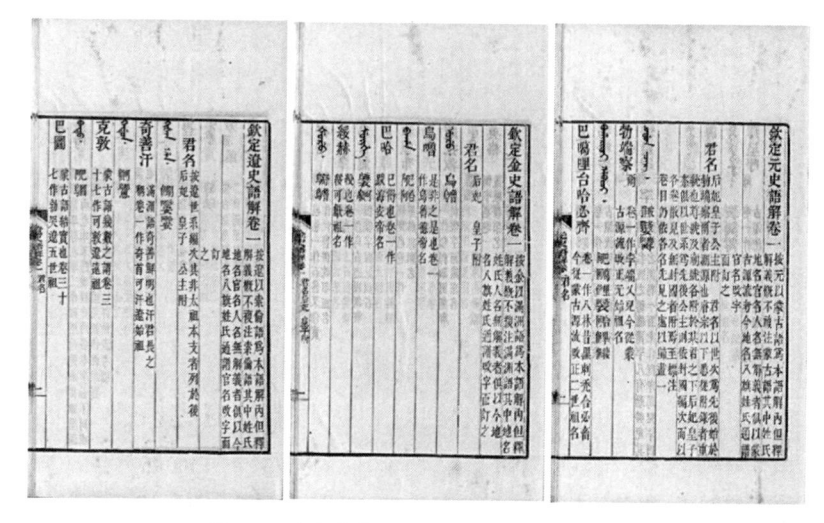

圖 16　乾隆武英殿刻本《遼金元三史語解》

在改譯《遼》《金》《元》三史的過程中，館臣於"人、地名前後異同及事實顯然訛錯脫落之處"，"援據各書，逐加案語"，和珅等奏請"將原籤擇取其精當者改爲考證，刊附原史各卷之末"。①所以在乾隆四十六年十月三史告竣進呈之後，館臣又對各史原附考證進行了增添、改動。這項工作的完成在乾隆四十七年初，二月二十七日軍機大臣奏《纂辦全竣現在繕寫刊刻各書單》中有"《遼》《金》《元》三史"②。此後才形成了三史的"定本"。各閣《四庫全書》及《四庫全書薈要》均以此爲底本抄錄，故可反映改譯定本面貌。《遼史》卷一考證乾隆初本僅五條，文淵閣《四庫全書》本則增加至十二條，且將原按語上"臣某"字樣一律刪去。

即使在以上任務都完成後，仍有校對官在對三史進行潤色畫一

①　《軍機大臣和珅等奏遼金元三史辦理全竣摺》，《纂修四庫全書檔案》，第1427頁。
②　《纂修四庫全書檔案》，第1519頁。

的工作。乾隆四十八年九月二十一日，儀郡王永璇奏請以大理寺卿富炎泰補病故校對官呈麟之缺："臣等遵旨辦理《遼》《金》《元》三史等書，每俱用三合字樣，應用滿、蒙、索倫、唐古忒、回蕃話語註節之字，事務繁多。此項書籍原係校對官呈麟一人總辦，今呈麟病故……請將富炎泰坐補。"①乾隆五十年七月初七，阿桂等上奏亦有"現辦《遼》《金》《元》三史畫一"之語。②

至於三史修版事宜，乾隆四十六年十月二十六日和珅等曾上奏："查三史内改譯字樣，或一篇僅有數字者，仍交武英殿挖改，其累牘連篇，原板難以挖改者，請交武英殿查明，另行刊刻。"③其辦理過程是，先由武英殿將版片挖改，刷印樣本交方略館校勘，校出錯訛之處後，再返武英殿改刻，改刻後的本子"於乾隆五十三、四等年"陸續交方略館覆校。但三史改譯定本僅一分，"其時正當趕辦四閣空函書籍及江浙三閣之書"，均須使用此本。如乾隆五十二年六月初一日，文淵閣辦理四庫全書處移文索取《遼史》《金史》底本用於校對。④乾隆五十五年"復帶往盛京覆勘文溯閣《全書》"，且"摛藻堂《薈要》尚未完竣"，底本不在館，自然無法覆校，遷延日久。乾隆五十五年十一月二十五日，軍機大臣即就此事上奏，表示"現在行催，一俟交回底本，即行趕緊核對板樣，刷印頒發"。⑤摛藻堂《四庫全書薈要》本《元史》書前提要署"乾隆五十五年十二月恭校上"，則底本交還方略館必在其後。

---

① 《多羅儀郡王永璇等奏請將富炎泰坐補辦理遼金元史事務摺》，《纂修四庫全書檔案》，第1641—1642頁。
② 《軍機大臣阿桂等奏爲咨取謄録繕寫全書留空函摺》，《纂修四庫全書檔案》，第1884—1886頁。
③ 《軍機大臣和珅等奏遼金元三史辦理全竣摺》，《纂修四庫全書檔案》，第1427頁。
④ 《文淵閣辦理四庫全書處爲移付遼史金史底本事》，軍機處録副檔，轉引自張升《四庫全書館研究》，北京：北京師範大學出版社，2012年，第41—42頁。
⑤ 《軍機大臣等奏遵旨查遼金元三史挖改情形片》，《纂修四庫全書檔案》，第2221頁。

張元濟在《校史隨筆》中說，曾得到一部原、改兩本配合的殿本《元史》，改本剜刻原書，"有時所改之名不能適如原用字數，於是取上下文而損益之"。①武漢大學圖書館藏殿本《遼史》（書號 B/0004，圖17），譯名也經過挖改，部分新改譯名顯係剜版擠入，而版心仍題"乾隆四年校刊"，正文與《四庫》本、《薈要》本一致，卷一考證亦十二條。中國國家圖書館藏《金史》（善 73274）情況類似。②這三部書應是乾隆間武英殿將部分書版挖改後刷印之本。由於當時三史的改譯、修版工作尚未最終完成，無法將新本頒行刷印，廣泛流通，所以乾隆挖改殿本三史頗爲稀見。

乾隆初刊本《遼史》　　　　乾隆挖改本《遼史》
（中國國家圖書館藏）　　　（武漢大學圖書館藏）

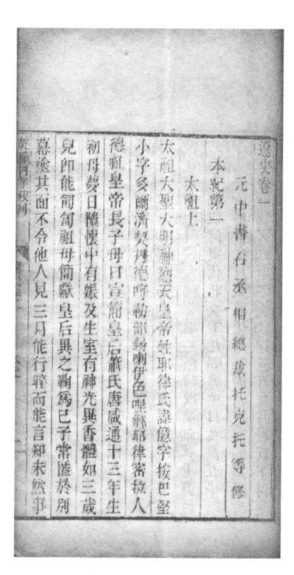

圖 17　《遼史》乾隆初刊本與挖改本對比

---

① 張元濟《張元濟全集》第九卷，第 804 頁。
② 任文彪《〈金史〉版本源流考》，聶溦萌、陳爽編《版本源流與正史校勘》，第 290 頁。

由於《欽定三史國語解》在三史改譯完成後仍在修訂,因而兩者譯名有不相符合處。和珅等曾奏請將《欽定三史國語解》"分刊於原史之前",則三史與《國語解》又應畫一。因爲没有統一標準,不知以三史改譯底本爲準,抑或以《國語解》爲準,底本雖已還館,覆校却仍難以完成,"從違莫定,難歸一是"。①同時,方略館與武英殿兩方又相互推諉,送交之印樣"屢校屢訛"。此事遂拖延至嘉慶年間。

嘉慶十九年之前,武英殿刊刻書籍的流程是:

> 各館書成送交之後,由武英殿先繕寫宋字樣本一分,交原館校勘。其有繕寫錯誤者,簽出交回改正。俟覆校無訛後,再送交武英殿刊刻。及刻成板片印出板樣一分,仍交原館校勘。亦俟簽出錯誤備改,覆校無訛後,再送交武英殿刷印。②

而各階段均未定下限期,且"校書原館係屬常開之館,其承辦非止一書,武英殿刊刻修改亦係將前後所刻各書錯綜辦理",兩方相互推諉,"是以一書刻成校正至可以刷印之日,其卷帙較多者往往遲至一二十年之久"。嘉慶十九年改定校書章程,"武英殿初次寫樣仍照原館校對,至刊刻告成後,其板樣即由武英殿各員校對"。並定下校對與修改限期,以明責任。"其有遲逾者,遲在原館,由該總裁參處。遲在武英殿,由該管大臣懲辦。如此則原館校勘書籍可期速竣矣。"③

---

① 嘉慶二十五年十一月初四曹振鏞等奏云:"因從前訂正繕録之三史進呈欽定在後,與先經欽定之《三史國語解》内訂正之人、地、官判然不相符合,從違莫定,難歸一是。"(《嘉慶朝上諭檔》,第 512 頁)曹氏對乾隆間改譯的具體流程並不熟悉,認爲《國語解》完成在三史之先並不正確。
② 中國第一歷史檔案館編《嘉慶道光兩朝上諭檔》第二十五册,桂林:廣西師範大學出版社,2000 年,第 510 頁。
③ 《嘉慶道光兩朝上諭檔》第二十五册,第 510—511 頁。

這樣便解決了方略館與武英殿兩方相互推諉的問題。

同時，爲了解決這種"從違莫定，難歸一是"的局面，以便儘快完成三史修版事宜，嘉慶二十三年，仁宗下旨"令方略館諸臣將《遼》《金》《元》三史中人名、地名、官名，悉遵《欽定國語解》改正，仍於所改名下註明'原作某'，以存其舊"。①

標準既定，工作便可展開。此時，三史版片距乾隆初刻已近八十年，"糟爛之處甚多，皆須一面補添完全，方能校勘"。② 然後館臣再以《欽定遼金元三史國語解》爲準修改三史譯名。

至嘉慶二十四年，《金史》校完送交送武英殿，但"嗣經修改交回，多有新刊補湊之板，又添訛字，復須重校。《遼》《元》二史情形更甚"。故曹振鏞以"校勘實難速竣"，於嘉慶二十五年十一月初四日上奏"請勒限於道光二年校竣"。③

道光二年十二月，三史校竣。但館臣以"原板模糊脫落及糟爛之處甚多，幾於不可辨識。若僅加修改，仍屬無益"，提出"應另行刊板，以垂久遠"。一方面是版片模糊糟爛，另一方面，三史經過改譯，譯名下又注"原作某"，與原史相比，字數自然增加不少，原版無法承載，重刻勢在必行。因而曹振鏞於本月十九日奏請"再展限一年"，以便謄錄副本，詳加覆校進呈後，"再繕寫殿本交武英殿刊板"。④北京故宮博物院藏《遼史》《金史》《元史》黑欄抄本，紙捻裝訂，書衣題"總裁長閱/曹閱/文閱/黃閱"。⑤長爲長齡，曹即曹振鏞，文爲文慶，此本

---

① [清]梁章鉅《退菴隨筆》(清道光十六年刻本)卷十六。[清]吳振棫《養吉齋叢錄》(童正倫點校，北京：中華書局，2005年)卷二十略同。梁氏並謂"章鉅曾耳筆其間"。
② 《嘉慶道光兩朝上諭檔》第二十五冊，第512頁。
③ 《嘉慶道光兩朝上諭檔》第二十五冊，第512頁。仁宗已於七月駕崩，宣宗已即位。
④ 《嘉慶道光兩朝上諭檔》第二十七冊，第677—678頁。
⑤ 《故宮博物院藏品大系·善本特藏編》第10冊《抄本》，第90—91、100、102頁。按：第101頁配圖本應爲黑欄抄本《金史》，但誤與第99頁配圖重複。

舊藏方略館，當是改譯後謄錄之本，亦即道光殿本三史之底本。又有三史朱欄抄本，字體較黑欄本工整，鈐蓋朱圈句讀，亦方略館舊藏，應爲進呈之本。①

道光三年七月二十二日，《遼史》《金史》繕校完竣進呈。②十二月十七日，《元史》繕校完竣進呈。③同時繕寫進呈的還有《欽定遼史語解》《金史語解》《元史語解》。館臣指出乾隆欽定之《三史語解》"間有前後兩歧、小註不全及重複等處"，所以此進呈本在乾隆本基礎上又進行了修訂。此後，《遼》《金》《元》三史及《三史語解》即交武英殿刊刻，開雕時間當已在道光四年，故三史及《語解》版心皆鐫"道光四年校刊"字樣。實際情況是嘉慶二十三年至道光三年校正，道光四年開始刊刻。道光七年，武英殿即將三史及《語解》版片交付國子監存貯，④則刊刻完成當在道光七年。

此次將略加修訂的《欽定遼金元三史國語解》一併重刻，行款、版式與乾隆本略同，惟改左右雙邊爲四周單邊，並在版心上方加刻"道光四年校刊"字樣。其中《金史》部分將乾隆十二年改譯之《欽定金國語解》和乾隆後期重編之《欽定金史語解》兩種文本一併刻入。乾隆四十六年和珅等上奏時即提出應將《語解》"分刊於三史之前"，道光三年曹振鏞等進呈《元史》時亦提出"將來即冠於三史之首"。但從現存的印本看，《欽定遼金元三史國語解》有單行者，亦有分附於三史之末者，冠於書首者則未見。

至此，三史的改譯工作才最終完成。道光本與乾隆本的主要不

---

① 《故宮博物院藏品大系·善本特藏編》第 10 册《抄本》，第 96、98—99、103 頁。
② 《嘉慶道光兩朝上諭檔》第二十八册，第 274 頁。
③ 《嘉慶道光兩朝上諭檔》第二十八册，第 485—486 頁。
④ ［清］文慶、李宗昉等纂修，郭亞南等校點《欽定國子監志》卷六六《經籍志》二《書版》，北京：北京古籍出版社，2000 年，第 1152—1153 頁。

同在於譯名,對文字亦有改動。中華書局本《元史》出版說明云:"道光本對《元史》的任意改動很大,但對史文也作了不少有根據的校訂。"①如陸楓指出:"《元史·文宗紀》末復出《順帝紀》文,道光本據《永樂大典》等資料刪去。"②需要說明的是,部分改訂實際上反映的是乾隆年間館臣的工作。如陸氏所舉此條,實際在《四庫全書》本中已經改正,庫本所附此條相關考證與道光本相同,可見道光本實際上是沿用了乾隆間的校訂成果。但道光本所附《考證》仍較庫本大量增加,如《遼史》卷一《考證》,庫本十二條,道光本則增至三十八條。庫本《考證》有不見於道光本者,如卷一《考證》首條"太祖字安巴堅,德祖皇帝長子。按《北庭雜記》,太祖父諱斡里,《遼史》不載"共二十七字即爲道光本所無。

此次改譯活動是對古書的改篡,自不可取,因而備受後人詬病。③但此次也同時改正了原本的一些錯訛。④除上文所舉《元史》例外,再如《金史》中對干支的訂定,亦間有可採處。⑤即使是對譯名的改動,也不是全無用處。如《遼史》原本中頗有一些同名異譯、異名同譯的情況,很容易讓人誤一人爲多人、誤多人爲一人。對於同名異譯,改譯本將譯名統一,並在《考證》中說明。如原本《遼史》卷一《太祖紀上》"皇孫隈欲生",卷五《世宗紀》世宗"小字兀欲",道光本卷一《考證》云:"考《皇子表》《皇族表》並無名隈欲者,惟世宗小字兀欲。兀與隈

---

① 《元史》,北京:中華書局,1976年,第5頁。
② 陸楓《試論武英殿刻〈二十四史〉版本源流及其歷史作用》,第20頁。
③ 馮家昇曾詳論改譯《遼史》之大弊八條,見《遼史證誤三種·遼史初校》,第86—87頁。張元濟在《校史隨筆·元史》中更指出改譯本竟將《元史·泰定帝紀》口語即位詔全譯爲文言。
④ 任文彪《〈金史〉版本源流考》,聶溦萌、陳爽編《版本源流與正史校勘》,第288—289頁。
⑤ 《〈金史〉校點工作進行情況與問題》,《〈二十四史〉點校本檔案》,《書品》2011年第5期,第81頁。

音近,且世宗被弑年三十四,是年至天禄五年適三十四年,其爲世宗無疑。"道光本即將"硍欲""兀欲"統一改譯爲"烏雲"。對於異名同譯,則於首次出現並加改譯時在《考證》中將同名諸人同時列出。如道光《遼史》卷一《考證》:"奴農古生瘂其中。按農古原作女古,卷七《穆宗》應曆十五年監軍、卷九十四《蕭阿嚕岱傳》父糺詳袞、卷一百《耶律章努傳》天祚時叛黨四人同名女古。"參閱改譯本及《考證》,對於我們辨別同名異譯、異名同譯是有所幫助的。

從乾隆十二年至道光七年,《遼》《金》《元》三史之改譯、重刊,歷時八十一年之久。

四、《舊五代史》之輯刊

薛居正《舊五代史》本與歐陽修《五代史記》並行於世,金章宗泰和七年詔廢舊史,其後薛史流傳漸稀,①至清初遂告亡佚,乾隆間復由四庫館輯出,厥功至偉。

乾隆三十八年二月,四庫館開,邵晉涵以大學士劉統勳薦,入館充纂修官,②《舊五代史》即由其一手輯成。由四庫館《永樂大典》輯佚的程序推測,邵輯《舊五代史》的大致過程是,先由邵氏或館臣逐册檢覽《永樂大典》,遇《大典》引《舊五代史》處,以簽條簽出,交繕書處謄録,再由邵氏考訂編次,另以《册府元龜》《太平御覽》等書補之,並廣

---

① 張元濟據《宋史·選舉志》,認爲在金章宗以前,南宋即先已摒棄薛史,見《百衲本舊五代史跋》。
② [清]洪亮吉《卷施閣集·文甲集》卷九《邵學士家傳》,光緒授經堂重刻《洪北江全集》本。黄雲眉《邵二雲先生年譜》,《史學雜稿訂存》,濟南:齊魯書社,1980年,第28—29頁。

參《通鑑考異》《通鑑注》《玉海》《容齋五筆》等書以參核辨證。邵輯均標明原文輯録出處及卷數，①並仿裴注《三國志》例，將補充和考證史實的文字附於相關正文下。據他書訂正《大典》文字之訛誤處，皆出簽說明，粘於書眉，以備進呈御覽。粘簽的目的實際上是讓高宗方便的看到館臣所做的考證工作，②所以對於已經附注於正文下的文字、案語，也要粘簽注明"某頁某行據某書所載附録備考"等語。邵氏在編輯過程中，已經對涉及的民族問題進行了一些諱改，但並不嚴重。③其時方略館正在對《遼》《金》《元》三史進行改譯，《舊五代史》中所涉遼代人、地、官名因此也改用新譯名。由於當時《遼史》的改譯尚未完成，館臣手中並没有一套完整的新譯名，所以《舊五代史》對譯名的改動是隨著《遼史》的改譯逐漸進行的，而且最後與《欽定遼史語解》並不完全一致。④

　　輯本於乾隆四十年七月完成，初三日由永瑢等進呈御覽。⑤高宗對此頗爲滿意，《于文襄手札》七夕札云："《舊五代史》進呈後……今日召見，極獎辦書人認真，並詢係何人所辦，因奏二雲采輯之功。"⑥但

---

① 據章鈺《孔荭谷校薛居正〈五代史〉跋》（《"國立中央圖書館"善本題跋真跡》，臺灣"國立中央圖書館"編印，1982年，第375—376頁），孔繼涵校本卷一百四十三尚有注明《大典》頁數者，章鈺因此認爲"初稿並記《大典》卷數、頁數，以便覆核，定本方删頁數而存卷數，此數條係删除之未盡者"。
② 正是出於這種炫示工作成果的目的，陳尚君所指出的"原書確有誤而輯本改正者，大約僅占校記十之一二，其中超過半數是原書不誤而粘簽虛構誤字，並援引常見書加以所謂改正"（《舊五代史新輯會證・前言》，上海：復旦大學出版社，2005年，第36頁）的情況也就不難理解了。
③ 如章鈺《孔荭谷校薛居正〈五代史〉跋》指出此本尚存"犬羊獦夏"、"虜母"、"種落賤類"、"亂華"等字樣。
④ 如遼世宗耶律阮小字"兀欲"，熊羅宿影印乾隆翰林院抄本本作"鄂約"，殿本改爲"烏裕"，而《欽定遼史語解》則作"烏雲"。
⑤ 早期的本子如熊羅宿影印本卷首《進表》僅有月份，後期删去出處的定本如文淵閣《四庫全書》本、殿本則並載"初三日"。
⑥ 《于文襄手札》，《國家圖書館藏鈔稿本乾嘉名人别集叢刊》第四册影印本，北京：國家圖書館出版社，2010年，第491頁。

幾日後高宗又詢問："金章宗專用歐史係何意，或因薛史措詞有礙大金否？"①"金源即滿洲"，女真、滿洲同源，當時正值禁燬違礙書籍的高潮，這種詢問實際是很敏感的問題。此後館臣即加緊對《舊五代史》留存的違礙語詞進行改動。邵晉涵"體素羸"，②當時又在病中，③應該並沒有參與下一步的改訂工作。乾隆四十年內，邵氏即離京南歸。④

其後王際華面奏高宗，"請倣劉昫《舊唐書》之例，列于《廿三史》"，"照殿版各史例刊刻"。⑤既然要與《廿三史》同列，必然要求在體例、行款上與其他各史保持一致。館臣上奏提出：

> 現在繕本，因係採葺成書，于每段下附注原書卷目，以便稽考。但各史俱無此例，刊刻時擬將各注悉行刪去，俾與諸史畫一。其有必應核訂者，酌加案語，照各史例附考證于本卷之後。⑥

這就明確說明了刪去出處、將大部分案語改爲考證是爲了與其他各史畫一。邵氏離館後，館臣對《舊五代史》的改動主要有以下幾方面：一、增補部分邵氏漏輯內容。二、刪去邵氏誤收的內容。⑦三、改纂違礙字句。四、將原輯本《永樂大典》卷某等出處刪去。五、選擇部分精要案語及黃簽改造爲考證。

---

① 《于文襄公手札》七月廿八日札，第498頁。
② ［清］洪亮吉《卷施閣集·文甲集》卷九《邵學士家傳》。
③ 《于文襄手札》七月廿八日札："二雲復感甚，念念，囑其加意調攝。"（第499頁）
④ 黃雲眉《邵二雲先生年譜》，第47頁。
⑤ 文淵閣《四庫全書》本《舊五代史》卷首奏章、《御製題〈舊五代史〉八韻》注。《御製題〈舊五代史〉八韻》載《御製詩四集》卷三十三，可知作詩時間在四十一年正月，則王際華面奏當在四十年。
⑥ 文淵閣《四庫全書》本《舊五代史》卷首奏章。
⑦ 參見陳尚君《舊五代史新輯會證·前言》，第39頁。

改訂工作的完成在乾隆四十九年。兩套《四庫全書薈要》、各閣《四庫全書》均以改訂本抄入，今可見書前提要末所署恭校上時間均爲乾隆四十九年。武英殿也以此本付刊。所以《薈要》本、庫本、殿本均無出處，並且各卷末附考證。雖然同出一源，但《薈要》本、庫本與殿本仍有些許差異。如卷二《考證》"《梁太祖紀二》磁州刺史袁奉滔"條，文淵閣《四庫》本作"磁州，案《歐史》磁訛惠"，《薈要》本作"磁，原本訛惠"，殿本作"磁州，原本訛作惠州"，熊羅宿影印本粘簽作"磁州，原本作惠州"。可見《薈要》本、殿本與熊本相同，都是説原本即《大典》本是錯的，而文淵閣《四庫》本則變成《新五代史》是錯的了。考《新五代史》卷二十一《梁臣傳》第九，實作"磁州"，並不作"惠州"，知文淵閣《四庫》本此條考證誤"原本"二字爲歐陽修《新五代史》，實際應指《永樂大典》。又本卷《考證》，殿本較《薈要》本、文淵閣《四庫》本多出"五日之内連下三州"一條。邵晉涵《舊五代史考異》卷一對此條亦有案語，與殿本《考證》徵引略同，但文字頗有差異，則殿本此條考證當出負責改訂工作的館臣之手。

現存《舊五代史》的主要版本有：一、清孔繼涵校抄本。此本卷末有吴興陳焯(暎之)題記："乾隆丁酉八月十七日，同孫庶常寄圃晤茝谷户部，得見此書，因記歲月於後。"①丁酉爲乾隆四十二年，可見此本抄寫甚早，在現存諸本中與邵輯原稿最爲接近，當是孔氏在京時由四庫館抄出。②此

---

① 《"國家圖書館"善本書志初稿·史部》，臺灣"國家圖書館"編印，1997年，第72頁。
② 陳尚君《舊五代史新輯會證·前言》云："邵晉涵於乾隆四十年秋南歸途中，曾將從《大典》録出的《九國志》遺文交孔茝谷，孔校所據《舊五代史》鈔本，很可能就是邵氏攜出而轉示的。"謙按：此語有可商處。邵氏南歸後，孔繼涵仍在京。據《守山閣叢書》本《九國志》周夢棠跋，《九國志》是邵氏南歸時留給孔氏的，孔繼涵又於乾隆四十一年夏交周氏編次刊刻。周跋署"宣武門内貝瓔衚衕之因居"，説明周氏當時在京，孔氏將書交周氏時也必然在京。又孔繼涵跋殿本《禮記注疏》，末署"乾隆四十一年秋九月己巳朔孔繼涵記於小時雍坊李閣老胡同之壽雲籤"。(傅增湘《藏園群書經眼録》卷一，北京：中華書局，2009年，第47頁)亦證孔氏在京。謂邵氏於南歸途中將稿交孔氏，言外之意似乎事情是在曲阜發生的，不確。

本曾經鄧邦述收藏，現藏臺灣"國家圖書館"。章鈺有長跋，詳述此本與殿本差異。二、清乾隆翰林院抄本。此爲進呈本，粘有黃簽，卷端標"欽定四庫全書"，爲孔校本所無，内容較孔校本多賀德倫、裴羽二傳及卷六十三史臣贊，删去了孔校本誤收的崔居儉傳，①可見已經過修訂。民國十年，江西熊羅宿將黃簽移附書末，並以此本影印出版，即所謂"影庫本"②。此本現藏江西省圖書館。三、清抄本。此本行款與翰林院抄本相同，卷端亦題"欽定四庫全書"，或即從翰林院本抄出。此本爲王鳴盛舊藏，現藏臺灣"國家圖書館"。四、清彭元瑞知聖道齋抄本，彭氏自校並跋。現藏上海圖書館。五、清盧氏抱經樓抄本，繆荃孫校。現藏北京中國國家圖書館。以上各本均較爲原始，存有出處及大量案語。六、乾隆内府抄《四庫全書薈要》本。七、乾隆内府抄《四庫全書》本。八、乾隆四十九年武英殿刻本。③九、民國十四年劉承幹嘉業堂刻本。劉本以盧氏抱經樓抄本爲底本，又據殿本作了校補，所以一方面保留了出處，另一方面各卷末也附考證。其後商務印書館即以此本收入《百衲本二十四史》。④十、中華書局點校本。此本以熊本爲底本，校以章鈺過録孔校本、彭本、盧本、百衲本，並利用

---

① 陳尚君《舊五代史新輯會證·前言》，第 39 頁。
② 但"影庫本"的稱呼容易讓人認爲影印的是某閣《四庫全書》的本子，而實際上此本屬於早期本，與删去出處及大量案語並附考證的各閣《四庫》本差别甚大，所以稱"翰林院抄本"較妥。
③ 需要説明的是，陳尚君《舊五代史新輯會證·前言》（第 41 頁）謂有武英殿聚珍本，誤。《舊五代史》武英殿僅有刻本而無聚珍本，後世刻本如嶺南葄古堂本、崇文書局本等皆從此出。嘉慶元年掃葉山房翻刻殿本，目録及正文卷首書名下題"武英殿聚珍版原本"（楊麗瑩《掃葉山房史研究》，上海：復旦大學出版社，2013 年，第 82 頁），又有翻刻本於卷端書名下題"武英殿聚珍版"，均屬臆刻。
④ 《百衲本二十四史》除《明史》外對底本均有改動，《舊五代史》當時也進行了通校，留有校勘記七册（《百衲本二十四史校勘記一覽表》，《百衲本二十四史校勘記·史記校勘記》，北京：商務印書館，1997 年，第 12 頁），但現已遺失，本人未曾對校，改動情況不敢妄言。

了現存的《永樂大典》《冊府元龜》《五代會要》等文獻及諸家考訂成果。①除以上各本外,陸心源藏有邵晉涵原稿本,其《儀顧堂續跋》卷六《重輯舊五代史原稿跋》云:"此本每冊有'晉涵之印'朱文方印、'邵氏二雲'朱文方印,蓋即學士家底本也。"此本現藏日本靜嘉堂文庫,《靜嘉堂文庫漢籍分類目錄》著錄爲寫本,二十四冊。《靜嘉堂祕籍志》僅節錄陸跋及《四庫提要》,無其他詳細信息。此本未見有研究者提及。②

對《舊五代史》的研究,最富成果的當屬陳垣、陳智超、陳尚君等。陳尚君更完成了《舊五代史新輯會證》一書,形成了一個新輯本,本人上述論述對其成果即多有借鑒。一直以來,學者們對殿本刪去出處的做法多有批評,但正如上文所述,這是爲了與其他各史保持一致。高宗及館臣是站在官方的立場上考慮,希望推出的是一部正史的定本,所以不會考慮學者查核原文的需求。殿本雖然有這種極大的缺點,但畢竟是最後的定本,在一些地方仍然優於之前各本。如殿本雖已將大部分案語或刪或改爲考證,但在某些卷中,殿本案語反較他本爲多。如卷二,殿本有案語四段即爲熊本所無。再如改造而成的殿本考證有較原本案語爲佳者,如卷九十七"胡漢筠"條,熊本案語爲"案歐陽史作胡漢榮",殿本考證爲"歐陽史及《南唐書》俱作胡漢榮,《通鑑》從是書"。可見殿本《舊五代史》仍應受到足夠的重視。

五、《明史》之修訂與《明史考證》

《明史》的纂修經歷了漫長而複雜的過程。順治二年詔修,康熙

---

① 對中華本所做的工作及其評價,詳陳尚君《舊五代史新輯會證》前言,第42—46頁。
② 本文發表後,張恒怡赴靜嘉堂文庫調查此本,撰有《靜嘉堂所藏〈舊五代史〉鈔本述略》一文,載《文史》2015年第3期。

十八年正式開明史館,終康熙一朝仍未定稿,雍正元年再次開館,至十三年十二月方基本告成。高宗又命"展半年之期",以便再加校閱,改正錯訛。①建文帝謚號"恭閔惠皇帝"即在此期間議定。②乾隆元年九月,《明史》正式告成,交武英殿刊刻。③乾隆四年七月,《明史》刻竣,本月二十五日由張廷玉等上表奏進。④其後校刊《二十二史》,與新修《明史》合稱"二十三史"。可見,乾隆武英殿本《二十四史》最先刊刻的實爲最後一史《明史》。

但《明史》在其後又經歷了改譯與修訂的風波。如上文所述,高宗在乾隆三十三年即表示要全面改譯《遼》《金》《元》三史,明承元朝,《明史》中多有元代人名、地名,自然也逃脱不了改譯的命運。乾隆四十年五月,高宗在上諭中指出:

> 《明史》内於元時人地名對音訛舛,譯字鄙俚,尚沿舊時陋習……既於字義無當,而垂之史册,殊不雅馴。今《遼》《金》《元》史,已命軍機大臣改正另刊,《明史》乃本朝撰定之書,豈可轉聽其訛謬?現在改辦《明紀綱目》,著將《明史》一併查改,以昭傳信……所有原頒《明史》及《綱目三編》,俟改正時並著查繳。⑤

與《遼》《金》《元》三史一樣,《明史》的改譯也是交方略館辦理的。

---

① 《高宗純皇帝實録》,《清實録》第九册,第333頁。
② 《高宗純皇帝實録》,《清實録》第九册,第534頁。又《明史》卷四《恭閔帝》(北京:中華書局,1974年,第66頁):"大清乾隆元年,詔廷臣集議,追謚曰恭閔惠皇帝。"
③ 《高宗純皇帝實録》,《清實録》第九册,第585頁。
④ 乾隆武英殿本《明史》書前進表。乾隆四年八月高宗上諭有"今武英殿刊刻《明史》將次告竣"(《高宗純皇帝實録》,《清實録》第十册,第486頁)之語,蓋其時仍有收尾工作,如尚需刊刻諸臣職名和表文等。
⑤ 《高宗純皇帝實録》,《清實録》第二十一册,第120—121頁。

乾隆四十二年三月二十九日，下旨派英廉、錢汝誠爲總裁，專管《明史》改譯事。① 五月初八，又添派于敏中一同辦理。② 改譯由滿漢纂修官協同辦理，滿族纂修官主要負責譯改對音，漢族纂修官則主要爲考訂文義。③

此時對《明史》的改動僅是局部的，改動之處"並就原板字數刊正，其間增損成文不過數字而止，於原書體例無多更易"。④ 而到了五月十三日，高宗在"閱所進簽改之《英宗本紀》"時，對《本紀》不詳汪澄、柴文顯兩御史獲罪之由和"土木之敗"中王振事蹟表示了極大的不滿，下旨："所有《明史本紀》並着英廉、程景伊、梁國治、和珅、劉鏞等將原本逐一考核添修，務令首尾詳明，辭意精當。仍以次繕進，候朕親閱鑒定，重刊頒行，用昭傳信。"⑤ 除了改譯，又增加了修訂《本紀》的任務，工作量大大增加，而漢族纂修官僅宋銑、劉錫嘏二員⑥，不敷使用。於是總裁英廉等奏請添派王太岳、韋謙恒、吳省蘭、李中簡四人參與修訂。⑦ 乾隆四十四年十二月十一日又添派王杰、竇光鼐同辦。⑧

---

① 《大學士舒赫德奏請將未竣十種書籍特派總裁專辦摺》，《纂修四庫全書檔案》，第 578—579 頁。
② 《諭〈元史〉〈遼史〉等各書仍著于敏中同原派大臣等閱辦》，《纂修四庫全書檔案》，第 591 頁。
③ 《刑部尚書英廉等奏擬再添派編修平恕等趕辦三史摺》，《纂修四庫全書檔案》，第 585 頁。
④ 《諭內閣所有〈明史·本紀〉著英廉等將原本逐一考核添修》，《纂修四庫全書檔案》，第 592—593 頁。
⑤ 《諭內閣所有〈明史·本紀〉著英廉等將原本逐一考核添修》，《纂修四庫全書檔案》，第 592—593 頁。
⑥ 《刑部尚書英廉等奏擬再添派編修平恕等趕辦三史摺》，《纂修四庫全書檔案》，第 585 頁。
⑦ 《四庫全書館總裁英廉等奏請派王太岳等編校〈明史本紀〉摺》，《纂修四庫全書檔案》，第 619 頁。
⑧ 《諭〈遼史〉〈元史〉著添派和珅等同辦〈明史〉着添派王杰等同辦》，《纂修四庫全書檔案》，第 1138 頁。

修訂《本紀》必然核對《列傳》，一方面要保持《列傳》與《本紀》的一致性，另一方面，在核對的過程中必然也會發現《列傳》的錯誤，所以修訂工作不可避免地擴大到《列傳》部分。纂修官以乾隆四年刻本爲工作本，此稿經總裁英廉、于敏中、錢汝誠等審閱刪定後，另繕黃簽粘於另一乾隆四年刻本上，進呈御覽。王頌蔚曾於光緒十三年入值軍機處時見到稿本、進呈本。①進呈本現藏臺北故宮博物院，②藍色書衣，上書某官某某恭校字樣，如卷一百三十三列傳第二十一書衣粘黃簽，上書"編修臣宋銑恭校"。書內新譯名粘黃簽於原文之上，史文修訂處粘黃簽於原文之側，考訂及勻湊字數之語則皆粘於書眉（圖18）。

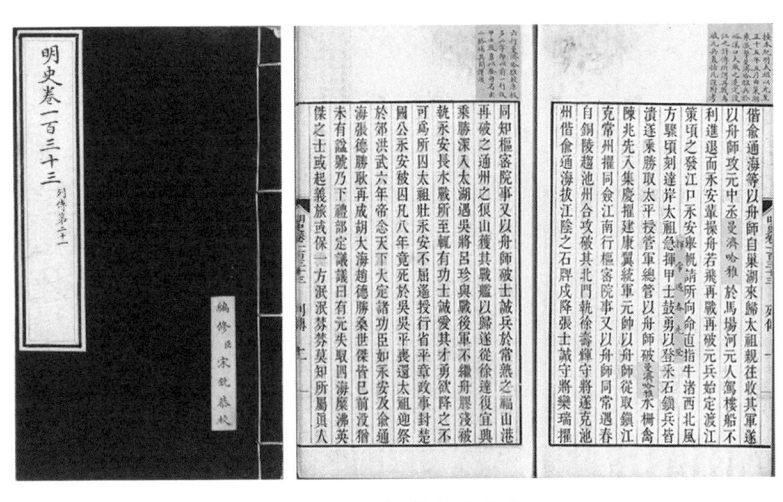

圖 18　《明史》修訂進呈本

————————
① 〔清〕王頌蔚《敘》，《明史攷證攟逸》，民國五年吳興劉氏嘉業堂刻本。
② 此本《"國立故宮博物院"善本舊籍總目》第 197 頁著錄，2007 年曾列"皇城聚珍——清代殿本圖書特展"，但皆誤爲"雍正年間武英殿刊初印校樣本"。此本書衣所題宋銑等人皆乾隆間進士，參與此次修訂活動。黃簽所書人地名皆爲新譯，如卷一百三十三"曼濟哈雅"，乾隆四年原本作"蠻子海牙"。皆證此爲乾隆修訂進呈之本。

與王頌蔚《明史攷證攟逸敘》所云同。①

《明史本紀》的修訂完成於乾隆四十七年初，二月二十七日軍機大臣奏《纂辦全竣現在繕寫刊刻各書單》中已有《明史本紀》。②文溯閣《四庫全書》本《明史》書前提要署"乾隆四十七年十月恭校上"③，則《列傳》部分修訂完成的時間大概與《本紀》相同或略後，《明史》全書形成新定本必在乾隆四十七年十月前。

與《遼》《金》《元》三史相同，《明史》在修訂完成後，即開始以黄簽爲基礎編輯《考證》，並將乾隆四十一年二月擬定的明代殉難諸臣謚號附於相關各傳《考證》之後。④《考證》僅限於《列傳》部分，王頌蔚曾見《考證》稿本三巨册，"每卷題《明史》卷幾考證……每條稱臣某某案"，⑤與文淵閣《四庫全書》本《明史》列傳各卷所附《考證》格式相同。

高宗在修訂之初就表示要將《明史》新定本"重刊頒行"。《明史本紀》因改訂較多，交武英殿重刊。《列傳》部分改動相對較小，修訂時"字句或增或删，必於前後數行凑足字數"，《考證》"案語中每云以符勻刻"。⑥這些部分僅僅修版即可。但亦有改動較多者，如"卷三百二十九、三百三十俱云卷內改譯各名過多，難以增删勻刻，擬將全卷另刊"。⑦這些部分則是打算重刻的。然而，最終僅《明史本紀》由武英

---

① 惟王氏《敘》云存卷一百十六至卷三百三十二（闕卷一百九十五），凡二百十六卷，臺北故宮則現存卷一百一十三至卷一百九十四、卷一百九十六至卷三百七、卷三百九至卷三百三十二，凡二百十八册（據"國立故宮博物院"善本舊籍總目》及"國立故宮博物院"善本古籍資料庫），略有差異。或王氏當時檢點有差，或其後又有得失。
② 《纂修四庫全書檔案》，第1519頁。
③ 金毓黻輯《金毓黻手定本文溯閣四庫全書提要》，北京：中華全國圖書館文獻縮微複製中心，1999年，第234頁。
④ 《高宗純皇帝實録》，《清實録》第二十一册，第416—418頁。
⑤ ［清］王頌蔚《敘》，《明史攷證攟逸》。
⑥ ［清］王頌蔚《敘》，《明史攷證攟逸》。
⑦ ［清］王頌蔚《敘》，《明史攷證攟逸》。

殿刊刻完成，①格式、行款一仍原本之舊，書版存於宫中，僅有刷印樣本，並未頒發。《列傳》的修版與重刊則根本未能完成。《考證》也僅刻成樣本。王頌蔚曾見《考證》初刊樣本一册，爲卷三百十六至卷三百三十二，中有黏簽校改處。②卷三百三十二爲《明史》末卷，則當時已將《考證》樣本全部刊刻完成。

兩部《四庫全書薈要》、各閣《四庫全書》所收《明史》均以新定本抄入。《四庫全書薈要總目》云："我皇上重加筆削而後成書。"《四庫全書總目》云："頒行以後宣示綸綍，特命改增。"《四庫全書簡明目録》云："其中考究未詳者，近命刊正，今謹以新定之本著於録。"

新定本既没有重刊頒行，《四庫全書薈要》《四庫全書》又不爲一般士人所閱，所以新定本並没有對清代士人産生實際影響。但新定本畢竟做了一些有益的工作，如補充史事原委、潤色史事記述、增補史事、修改贊語等等。尤其是《列傳》所附《考證》徵引頗多明清文獻，包括各朝實録、筆記、文集以及内府所存檔案，糾正了原本的一些錯訛。對新定本的價值，喬治忠、楊艷秋《〈四庫全書〉本〈明史〉發覆》一文言之甚詳，③此不贅述。宫中所存改訂《明史本紀》武英殿刻本，民國二十一年已由故宫博物院影印出版，《四庫全書》本現在也十分易得，當代學者研究《明史》，包括現在重新點校《明史》，對新定本都應多加利用。

新定本《明史本紀》與原本的不同，讀者可參看影印本《明史本

---

① 翁連溪《清代内府刻書圖録》（北京：北京出版社，2004年）附《清代内府刻書總目録》著録《明史本紀》二十四卷，作"清乾隆四十二年武英殿刻本"，誤。乾隆四十二年爲高宗下旨改訂的時間，改訂完成已至乾隆四十七年初，刻成時間自應在其後。
② ［清］王頌蔚《敘》，《明史攷證攟逸》。
③ 喬治忠、楊豔秋《〈四庫全書〉本〈明史〉發覆》，《清史研究》，1999年4期，第67—73、124頁。

紀》所附段瓊林《〈明史本紀〉原本補本異同錄》。對所涉元代譯名的改譯，可參看王頌蔚《明史攷證攟逸》卷首所附《改譯人地名》。①

六、道光間《二十史》之修版

自乾隆初年至道光數十年間，各史版片屢經刷印，殘缺比較嚴重。道光十六年八月，吏科掌印給事中常大淳上奏指出，國子監所存《廿三史》書版"因年久失修，版片模糊殘缺者約有一千餘塊"，請"敕下修補，照例繳價，刷印通行"。②宣宗即下旨命武英殿查明辦理。綿愉、奕紀、吳椿、文慶等人負責辦理此事，首先清點《廿三史》版片殘缺數量，九月二十九日奏明：

> 臣等隨派監造等官將國子監所儲《二十三史》書版片檢齊……內有全頁模糊，版片糟朽，不堪刷印，應行換刻者；有字畫模糊，版片尚堪應用，應行修補者，按頁籤明……內應換刻者約計三成，其餘七成版片修補完善，尚堪刷印。③

可見此次修補大約有十分之三的版片是重刻的。由於《舊五代史》刊刻時間相對較近，書版情況尚佳，且版片並未存貯國子監，所以此次奏請修補的僅爲《廿三史》。同時，《遼》《金》《元》三史才於道光四年重刻，亦無需修補。所以此次修補的實際上是除此之外的《二十

---

① 需要説明的是，王頌蔚當時看到的《列傳》稿本、進呈本均不全，且非最終定本，所以他所開列的譯名並不完備。
② 道光十六年武英殿重修本《史記》卷首奏摺。
③ 道光十六年武英殿重修本《史記》卷首奏摺。

史》。修補完成的時間不詳。修補完成之書，行款、版式一如乾隆本，惟版心將"乾隆四年校刊"改爲"道光十六年重修"，並新刻"道光十六年重修原奏"，包括常大淳奏摺、宣宗上諭和綿愉等奏摺等，附於乾隆"校刻二十一史諸臣職名表"後。

道光十六年修版之《二十史》流傳極少，臺北故宮博物院藏有一部，①北京故宮博物院僅存《陳書》《北齊書》兩種，②2009年嘉德拍賣公司曾拍出一部，暨南大學圖書館藏《史記》一種，③2013年北京大學圖書館入藏的大倉文庫藏書中有《前漢書》《後漢書》兩種，④此外未見著錄。究其原因，大概是由於修版事竣不久，中國即進入多事之秋，列強入侵，太平軍起，清廷自顧不暇，修版之本或即因此未能廣泛頒行流通。

七、版片之存貯

殿本《十三經注疏》《二十四史》版片，宮外之人多以爲存貯武英殿，並於同治八年六月燬於武英殿大火。如張文虎《舒藝室日記》同治八年七月十四日云："接雨樓信，言馬芸生得其友京都來書，云六月二十日武英殿火，延燒三十餘間，所藏《十三經》《廿四史》板乃均

---

① 陶湘《故宮所藏殿本書目》（民國二十二年故宮博物院圖書館鉛印本）云："《二十四史》，清道光十六年修補前本，改刻年號。重刊《遼》《金》《元》三史，人名、地名悉依國語校正。此帙原無《舊五代史》。共八百冊。"又陶湘《故宮殿本書庫現存目》（民國二十二年故宮博物院圖書館鉛印本）云："道光修刊《二十四史》，無《舊五代史》。""《國立故宮博物院》善本舊籍總目》著錄《史記》等二十史均有"道光十六年重刊殿本"。
② 翁連溪《清代內府刻書圖錄》附《清代內府刻書總目錄》，第11頁。
③ 暨南大學圖書館編《暨南大學圖書館古籍目錄》，1963年油印本，第61頁。
④ 《北京大學圖書館藏"大倉文庫"書志》，第210—211、218—219頁。

爐。"①又如傅以禮《華延年室題跋》云:"同治己巳,武英殿災,版燬於火,傳本自此益尟。"②其實不然。

乾隆三年九月,大學士等奏議重刊經史時即提出,應"將板片交國子監存貯,以備刷印"。《十三經注疏》《二十二史》並《明史》刊刻完竣後,即照此辦理,由武英殿將版片移交國子監存貯。乾隆四十六年,《遼》《金》《元》三史改譯完成,"武英殿來文繳還監貯《遼》《金》《元》三史版共八千零一十六面",準備進行修版。道光七年,武英殿重刻三史並《國語解》成,國子監復"由武英殿領回《遼》《金》《元》三史版及《語解》版,共九千五百零三面,存貯本監御書樓内"。③道光十六年,常大淳奏請修補《廿三史》版片及綿愉等上奏查明版片殘損情況的奏摺中也都說明《廿三史》版片存貯國子監。④此次修版完竣後,按常理推斷,版片應該又交回國子監存貯。惟李鴻章於同治十年十二月十七日上奏言各省局合刻《二十四史》事時謂"查《二十四史》之刻,以武英殿所藏乾隆四年校刊之本爲最精,前年回禄之餘,書板殘缺,刷印綦難"云云,⑤似書版當時存貯武英殿,並毀於同治八年大火。但李氏當時在直隸總督任,對武英殿和國子監的情況可能並不熟悉,所謂《二十四史》書版毀於武英殿大火,或許僅是當時外間廣泛流傳的說法,難以取信。

乾隆四十三年梁國治等奉勅纂修《欽定國子監志》(文淵閣《四庫

---

① 陳大康整理《張文虎日記》,上海:上海書店出版社,2009年,第187頁。
② [清]傅以禮《華延年室題跋》卷上"新會陳氏重刊二十四史"條,上海:上海古籍出版社,2009年,第105頁。
③ [清]文慶、李宗昉等纂修《欽定國子監志》卷六十六《經籍志》二《書版》,第1152—1153頁。
④ 道光十六年武英殿重修本《史記》卷首奏摺。
⑤ 《奏爲飭下各省督撫照議定式樣刊刻〈二十四史〉並將所有板片交翰林院收藏事》,軍機處錄副奏摺,中國第一歷史檔案館藏。

全書》本)卷五十二《經籍》二"板片"所載經史版片數量爲乾隆初刻未改譯本之數據,道光十二年末至十四年文慶、李宗昉等纂修《欽定國子監志》(道光十四年刻本)卷六十六《經籍志》二"書版"所載則爲道光時數據。茲據二《志》所載列爲下表:

經史名	乾隆《國子監志》	道光《國子監志》
周易注疏	四百七十六面	同
尚書注疏	七百零五面	同
詩經注疏	一千四百九十九面	一千五百零一面
左傳注疏	二千零三十二面	二千零三十三面
公羊注疏	八百三十二面	八百三十三面
穀梁注疏	五百一十八面	五百一十七面
周禮注疏	一千二百四十七面	同
儀禮注疏	九百八十七面	同
禮記注疏	一千八百三十七面	同
論語注疏	二百九十七面	同
孝經注疏	九十四面	同
孟子注疏	五百二十二面	五百二十一面
爾雅注疏	三百七十五面	同
史記	二千六百七十三面	二千六百七十五面
前漢書	三千二百五十六面	三千二百五十五面
後漢書	二千五百二十四面	同
三國志	一千四百七十五面	一千四百七十八面
晉書	三千一百七十五面	同
宋書	二千三百二十二面	二千三百二十三面
南齊書	九百一十九面	九百一十八面

續　表

經史名	乾隆《國子監志》	道光《國子監志》
梁書	八百一十面	八百四十八面
陳書	四百六十三面	四百六十面
魏書	二千八百四十四面	二千八百四十三面
北齊書	六百一十五面	同
周書	七百三十九面	同
隋書	一千八百五十九面	一千八百五十八面
南史	一千八百二十二面	同
北史	二千九百三十面	同
舊唐書	五千二百八十八面	同
唐書	五千三百三十面	五千三百四十七面
五代史	八百六十四面	八百六十五面
宋史	一萬一千五百五十九面	一萬一千五百六十四面
遼史	一千一百二十七面	一千三百一十一面《語解》一百七十三面
金史	二千五百二十九面	二千六百七十二面《語解》二百面
元史	四千三百四十八面	四千六百五十三面《語解》四百九十四面
明史	七千三百六十八面	七千三百九十面
總計	七萬八千二百六十面	七萬九千八百一十三面

（注：二《志》均無《舊五代史》，道光十六年常大淳奏請修補國子監存貯版片亦僅爲廿三史，則《舊五代史》版片並不存貯國子監。）

清末，國子監版片散失嚴重。1925 年故宮博物院成立，國子監所貯書版"因成立古物館搬到端門朝房等處"，1950 年 7 月后又"搬入角樓東華門等處存貯至今"。①據《故宮藏清宮遺存書版調查表》，②《十三經注疏》版片現存僅約 3200 面，《二十四史》(當作《二十三史》)僅約 4700 面。③

八、餘　　論

由以上論述可知，武英殿本《十三經注疏》《二十四史》的校刊工作雖然主要在乾隆初年進行，但其後又對《遼》《金》《元》三史進行了改譯並新編了《三史國語解》，新輯出《舊五代史》，對《明史》進行了修訂，道光間又對《二十史》進行了較大規模的修版，整個過程延續近百年，是清代官方校書、刻書史上的重大事件。乾隆初年的校勘工作由博學鴻詞和進士出身的翰林們負責，包括了齊召南、杭世駿等當代最優秀的學者，保證了校勘的質量，使殿版經史遠邁前代諸本，成爲當時最精善的本子。

至於對《遼》《金》《元》三史的改譯，對《舊五代史》文字的改竄，對《明史》的修訂，這固然摻雜著政治因素，但館臣在進行改動的同時，也糾正了一些錯訛。④對於因政治問題和因學術問題進行的改動，我們應當區別對待，不可將館臣後來的工作一筆抹殺。道光修版之《二

---

① 翁連溪《清代內府刻書圖錄》附《清代內府刻書概述》，第 26 頁。
② 翁連溪《清代內府刻書圖錄》附《清代內府刻書概述》，第 26 頁。
③ 翁連溪《清代內府刻書研究》下冊(北京：紫禁城出版社，2013 年，第 320 頁)記《十三經注疏》存 5326 塊，《二十四史》存 21418 塊，但其中雜有康熙二十五年重修北監本經史。版片圖見《故宮博物院藏品大系・善本特藏編》第 18 冊《內府雕版》(上)，第 187—190 頁。
④ 還有一些改動是基於高宗個人的好惡，如乾隆四十一年七月高宗諭將《三國志》中關羽諡號"壯繆侯"改爲"忠義侯"，殿本即照改，並將諭旨刊載傳末。乾隆四十二年十月又諭將《北史・文苑傳敘》中"漢徹"改爲"漢武"，但殿本和文淵閣《四庫》本並未改動。

十史》流播未廣,未經學界檢驗,優劣不便遽定。然時值晚清,人力、財力俱不逮前,質量或不能甚高。

總之,殿本《十三經注疏》《二十四史》校刊工作歷時甚久,固然有人爲的原因,但這項學術事業本身的複雜性,也是不可忽視的重要内因。新中國成立以來,中華書局校勘、出版《二十四史》也同樣歷盡坎坷,至今仍在作進一步完善的工作。本人相信,在這樣的情況下,回顧乾隆殿本誕生的歷史,尤其具有特殊的啟示。

附記:2014年《清宫武英殿修書處檔案》由故宫出版社影印出版,其中有道光修補《二十史》版片流程的記錄,參見楊勝祥《道光十六年修補武英殿本〈廿史〉版片的流程》,《歷史檔案》2024年第3期。

(原載《文史》2014年第1期,《點校本"二十四史"及〈清史稿〉修訂工程簡報》第84期[2014.4]、《人大復印報刊資料·明清史》2014年第6期全文轉載,後收入聶溦萌、陳爽編《版本源流與正史校勘》[北京:中華書局,2019年],收入本書時又有訂補。)

武英殿本《二十四史》翻刻翻印考述

武英殿本《二十四史》是歷代正史的重要版本。自殿本《二十四史》出，便成爲除汲古閣《十七史》外最爲通行的版本，影響覆蓋清代中後期，直至民國間。殿本作爲官方定本，校勘較爲精審，刻印尤其精美，咸豐以來，尤其是同光時期及民國初年，其翻刻本、影印本、排印本層出不窮。新中國成立以後，隨着"點校本二十四史"的陸續出版，殿本《二十四史》已經不再作爲通行本流通。但對相關研究者來説，殿本仍然是不可或缺的參校本。

殿本的校刊是一個複雜、曲折的過程，其校刊工作雖然主要在乾隆初年進行，但其後又對《遼》《金》《元》三史進行了改譯並新編了《三史國語解》，新輯出《舊五代史》，對《明史》進行了修訂。道光間又新刊《遼》《金》《元》三史改譯本，對《二十史》進行了較大規模的修版，整個過程延續近百年。① 因此，不同時期的殿本《二十四史》印本，文本上存在一些差異，其中《遼》《金》《元》三史及《明史》尤甚。由於建國後並没有重新影印過殿本《二十四史》，現在的研究者所利用的殿本多是清代後期及民國間的翻印本。即使是中華書局正在進行的"點校本《二十四史》修訂工程"，就本人所知的幾個修訂組，所用殿本也並

---

① 關於殿本《二十四史》的具體校刊過程，請參拙文《武英殿本〈二十四史〉校刊始末考》，《文史》2014年第1輯，已收入本書。

非原本,而是更爲易得的民國石印本。實際上,這些石印本的底本並非如其宣傳的採用殿本初印本,而往往是拼湊了不同時期的刻印本。所以,考察殿本翻印本的基本情況,對於我們恰當利用這些版本進行研究,仍是不無裨益的。

《四庫全書》《四庫全書薈要》皆以殿本抄入,因此亦屬於殿本系統。同時,庫本、薈要本也經過四庫館臣的校改,糾正了一些殿本原有的錯誤。薈要本各卷末除殿本考證外,尚附有新撰校勘記,不與考證聯排,而是另頁起,首以"謹按"二字别之。與殿本考證不同,此爲純粹意義上的校勘記,注明某頁某行刊本訛脱情況及校改依據。庫本則未附新校記,校記見於《四庫全書考證》,較薈要本有增加。薈要本、庫本、殿本《舊五代史》同出一源,均無出處而附考證,但亦略有不同,蓋後期校勘中又略有修改。薈要本、庫本《遼》《金》《元》三史以乾隆後期改譯本抄入,未注原稱,考證亦較原殿本增多,但因嘉道間三史改譯本又有修訂,故薈要本、庫本與道光本並不完全一致,道光本考證亦有增加。《明史》以乾隆後期修訂本抄入,並附考證。①

一、翻　刻　本

（一）嶺南葄古堂本

即"新會陳氏本"。新會陳焯之翻刻,是殿本最早的翻刻本。陳焯之,字偉南,廣東新會縣外海鄉(今屬江門市)人。監生,咸豐二年

---

① 薈要本、庫本的具體情況請參拙文《武英殿本〈二十四史〉校刊始末考》各節相關論述。

欽賞舉人。候補工部虞衡司郎中，候選守巡道，欽加按察使司銜。①

陳氏"雖生長富貴之家，而性嗜圖籍。道光初年，民間欲得《二十四史》者，尚無從購買。焯之乃發大願，以獨力刊印《二十四史》，延通儒多人，在其所居新會城北園別墅，分任襄校，據殿本爲底本，加以讎訂，而以李文田總其成"。②陳氏饒於資，曾與弟熙森合捐軍費二十萬兩而獲欽賜舉人，又斥資在北京建新會會館，③因此能夠以一人之力翻刻殿本全史。"核計招待之費，所耗不貲，即以龍井茶葉一項而論，月須數十金，其他如薪俸等，尚未計及，焯之絕無吝色。"④除李文田外，陳氏延請任校勘事者尚有南海曾釗（字勉士）、⑤番禺史澄等。⑥"咸豐元年開雕，六年竣工，後復加考訂，於同治年間印行。版心乾隆某年校刊字樣刪除。"⑦

傅以禮《華延年室題跋》於此本情況言之較詳：

此本爲新會陳偉南虞部焯之校刊。儀部善讀書，好史學，因取殿本全史，重繡諸梓。凡經營十餘年，縻白金六萬餘兩，猶以

---

① ［清］彭君穀修，鍾應元、李星煇等纂〔同治〕《新會縣志續》卷五《選舉·五貢附欽賜欽賞》第12b頁、《選舉·仕宦》第19a頁，民國鉛印本。
② 何多源《廣東藏書家考（四續）·陳焯之》，《廣州大學圖書館季刊》第二卷第一期，1935年，第97頁。
③ 陳一峰《外海（龍溪）陳氏望族發展史》，《江門文史》第38輯，2001年，第27—28頁。
④ 何多源《廣東藏書家考（四續）·陳焯之》，第97—98頁。
⑤ 《番禺陳東塾先生書札》（中華書局影印本，1937年）有陳澧致桂文燦手札云："曾勉翁寓柳波，爲新會陳氏校刻廿三史。"此轉引自陳潔《蒔古堂二十四史》（《藝林叢錄》第七編，香港：商務印書館香港分館，1961年，第119頁）。曾釗卒於咸豐四年，其時全書尚未刻完，參見陳潔文。
⑥ 徐信符《廣東版片記略》："當時爲之計畫者，由於順德李文田、番禺史澄。"（《廣東文物》卷九《學術文藝門》，上海：上海書店出版社，1990年，第859頁）
⑦ 陸楓《試論武英殿刻〈二十四史〉版本源流及其歷史作用》，《江海學刊》1992年第1期，第131頁。

勘訂未審，秘不肯出。比年始徇同人請，發坊印行。夫當殿本毀後，得此本以續其傳，其有功藝林甚鉅。惟原槧考證散附各卷，體例最善。茲刻另彙一編，附全書末，殊不便於翻檢。且所據爲近時拓本，其中缺佚悉仍其舊，讀者病之。謹爲搜訪當時原槧，據以補刻，並總目共增六十餘葉。至《遼》《金》二史，舊有《國語解》，次列傳後，此本另載欽定新編，撤去二史末卷，非復原書之舊，以殿本原刪，今亦不復增補云。①

現存菔古堂本有兩種：一是初印本，卷首有毛鴻賓等三人序跋及陳焯之《摹刻二十四史紀略》。②所用底本爲後印本，且有殘缺，"缺考證、乾隆序、職名表以及各史原序等"。③或許正因此而未廣泛刷印流通，即傅以禮所謂"猶以勘訂未審，秘不肯出"。初印本流傳甚稀，筆者未曾寓目，除陸楓先生所見，亦少有著錄，僅知湖南圖書館藏有一部，見《湖南圖書館古籍線裝書目錄》。④

一是重印本，即通常所謂同治八年嶺南菔古堂刻本。實際上，同治八年乃是開始刷印流通之年份。內封 A 面刻"武英殿本二十四史附考證"，B 面爲牌記"嶺南菔古堂/藏板，同治八年孟秋"（圖 19）。當即傅以禮所謂"徇同人請，發坊印行"之本。卷首無毛氏等三人序跋及陳氏《紀略》。重印本流通較廣，毛澤東評點所用即此重印本。毛批本現藏中央檔案館，原書 850 冊，已經影印出版。⑤較初印本補足乾隆序，有進表，而仍無諸臣職名。補足各史原序，《史記》序後有《重刊

---

① ［清］傅以禮《華延年室題跋》卷上"新會陳氏重刊二十四史"條，上海：上海古籍出版社，2009年，第105頁。
② 陸楓《試論武英殿刻〈二十四史〉版本源流及其歷史作用》，第131頁。
③ 陸楓《試論武英殿刻〈二十四史〉版本源流及其歷史作用》，第131頁。
④ 湖南圖書館編《湖南圖書館古籍線裝書目錄》，北京：線裝書局，2007年，第506頁。
⑤ 《毛澤東評點二十四史》，北京：中國檔案出版社，1996年。

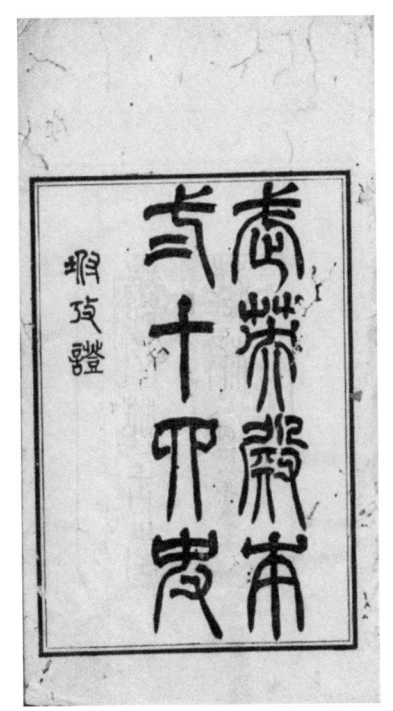

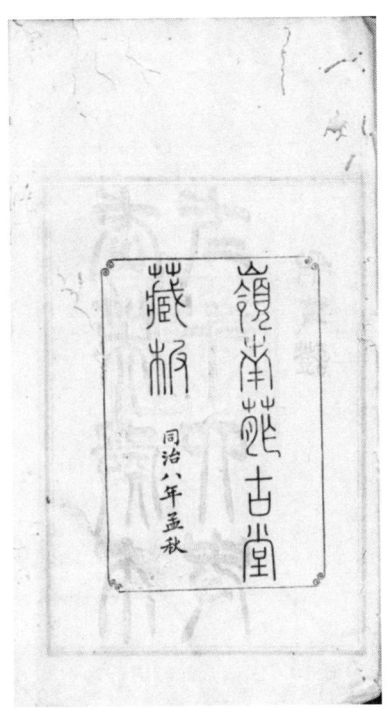

圖 19 同治八年嶺南芘古堂刻本《二十四史》內封

二十四史總目》。正文中"集解""索隱""正義"字樣，殿本原刻作陰文，芘古堂本僅在文字四周加框以別之（圖 20）。補足各史考證，而無考證跋語。

與殿本考證分附各卷之後不同，此本考證彙爲一編，卷端題"武英殿本二十三史考證"，版心下刻"第×册"，凡六十七册（圖 21）。字體、行款與正文相同，而與殿本考證原本不同。芘古堂本考證亦有單行者。《四庫未收書輯刊》影印一本，有相同牌記，首有"武英殿本二十三史考證目次"及"乾隆四年七月二十五日奉旨開列在事諸臣職名"，版心下刻"原闕新增"字樣。而此表實爲纂修《明史》諸臣職名，

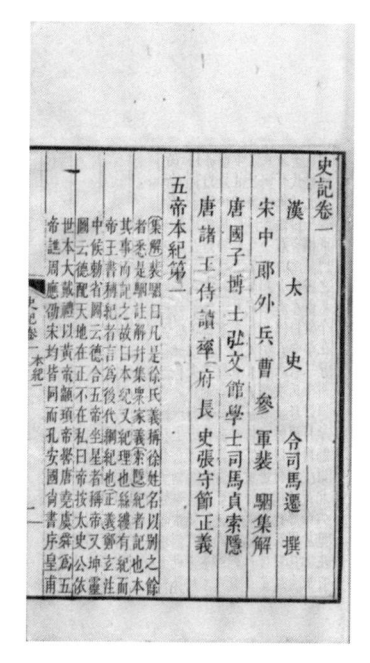

圖20　同治八年嶺南菋古堂
　　　刻本《史記》

圖21　同治八年嶺南菋古堂刻本
　　　《武英殿本二十三史考證》

見《明史》卷首，此蓋誤以爲校刻《二十一史》諸臣職名。單行本斷版情況與上本相同，可定爲同版，而刷印更遲，且將"○臣某"（雙行小字，如○臣/照、○臣/世駿等）字樣均改刻爲一大"○"，未知何故。

菋古堂本所據殿本刷印較晚。如陸楓先生指出的後印殿本《史記》的幾處改動，①菋古堂本全同。又乾隆四十一年高宗上諭，命改

---

① 陸楓《試論武英殿刻〈二十四史〉版本源流及其歷史作用》（第130頁）："如《史記·漢興以來諸侯王年表》中，'漢興，序二等'、'自雁門、太原以東至遼陽'，及'吳、淮南、長沙無南邊郡'三處，初印本其下均無'集解'兩字，重印本進行挖改，字數多出來，版面放不下，又硬將末段'上足以奉貢職，下足以供祭祀'的'下足以'三字挖去……《史記·伍子胥傳》'因命曰胥山'句下，'集解：張晏曰胥山在太廟邊……《正義》：《吳地記》云，胥山太廟邊。'重印本均將'太廟'改正爲太湖。"

《三國志·關羽傳》內謚號壯繆侯爲忠義侯。①菺古堂本正作忠義侯，可知其《三國志》底本刷印必在乾隆四十一年之後。②其《遼》《金》《元》三史及考證、《欽定三史國語解》之底本則均爲道光四年刻本。③

菺古堂《二十四史》書版歷經晚清至民初，日久蛀蝕殘缺，民國十六年（1927）徐信符（紹棨）曾擇購部分較完整書版，其餘因無地貯存而未購。後陳氏後人遷居，盡將剩餘書版零星售去，甚至有以之作柴薪者。④菺古堂書版就此散盡。

關於菺古堂本的評價，莫友芝《邵亭知見傳本書目》云："咸豐中廣州陳氏翻刊官本《二十四史》，聞其《史》《漢》等二三部經校者意改字甚多，故遲遲未印行。今頗行矣，人亦不重之。"徐信符《廣東版片記略》則反護莫氏云："咸同軍事平定後，江寧、江蘇、淮南、浙江、湖北

---

① 《纂修四庫全書檔案》（第530頁）："乾隆四十一年七月二十六日內閣奉上諭：關帝在當時力扶炎漢，志節凜然，乃史書所謚，並非嘉名。……今當抄錄《四庫全書》，不可相沿陋習，所有《志》內關帝之謚，應改爲'忠義'。……著交武英殿將此旨刊載傳末，用垂久遠。其官版及內府陳設書庫，並著改刊。"

② 至於菺古堂本中的《二十史》是否可能以道光十六年修版殿本爲底本，因未見道光修版殿本，無法對勘，尚無確論。但若是道光修版本，距咸豐初較近，不當有缺佚。因此傅以禮所謂"近時拓本"仍以道光修版之前屢經刷印、頗有殘缺的殿本可能最大。

③ 略有不同的是，道光本《金史》之"進《金史》表"、"修《金史》官員"後有考證跋語、"《金史》表改譯元人各名"，而菺古堂本無跋語，"《金史》表改譯元人各名"移至乾隆十二年七月十八日改譯《金史》上諭後、《欽定金國語解》前。

④ 何多源《廣東藏書家考（四續）·陳焯之》（第98頁）："民國十六年，南州書樓主人徐紹榮曾以三千元，擇購其較完整之版本九種，其餘因無地貯存，不能再購。□黨亂後，焯之後人急於遷居，盡將殘餘版本零星售去，西關傭婦，至有以之磨姜磨芋者，《論語》代薪，可勝浩嘆。十七年，黃節任廣東教育廳長，欲蒐羅舊版本，保全鄉邦文獻，但此版已化灰燼。現市面所存舊印之書，亦售至七百餘元。"又自著《廣東藏書家考（二）·徐信符》（《廣州大學圖書館季刊》第一卷第三期，1934年，第397頁）："徐氏除藏書外，兼藏書版……年前新會陳氏所刻之《廿四史》版片出售，徐氏以八千元購其半。惜徐氏藏版之所不敷用，祇能貯藏八史之版，其餘仍存陳氏處。後陳氏之屋出售，所藏《廿四史》書版，擬再以八千元之代價求售於徐氏，徐氏以無地貯藏，欲購不能。後聞此種版片已爲陳氏後人劈作柴薪，售之他人，惜哉！"

各設書局，分工合作，乃刻成《廿四史》，世稱四省合刻本，蓋合四省之力而成也。惟粵新會陳氏葄古堂以一人之力，獨能刻成《廿四史》，其魄力偉矣。陳氏本乃覆殿本……雕刻良善，形式大觀。莫友芝《郘亭書目》謂是書無校對，蓋由嫉忌使然。莫氏任官局職，當時以四局所刻，板非一律，粵刻版歸一式，整齊畫一故云。"①時至今日，在殿本易得的情況下，葄古堂本不再具有特殊的版本價值，但陳氏以一人之力，耗費巨資刊刻全史，其流通之功，不可否認。

（二）成都書局本

同治年間，各省督撫相繼主持設立了一批官辦書局，刻印了大量書籍，稱爲"局本"。同治六年四月，江蘇學政鮑源深奏稱"雍正、乾隆初年迭經奏准，令直省撫藩將頒發御纂、欽定經史諸書，敬謹重刊，並聽坊間印售，以廣流傳。又議准督撫將《十三經》《廿一史》諸書購買頒發各學收管，令士子講習"，而今各省於兵燹之後，舊藏蕩然，版片毀失，故請敕各省督撫"籌措經費，擇書之尤要者，循例重加刊刻"。②五月，諭旨依請敕"各直省督撫轉飭所屬……將列聖御纂欽定經史各書，先行敬謹重刊"。③故各省官書局所刻書中，不少是翻刻武英殿本。

吳棠同治七年調任四川總督④，即於次年刊刻《御纂朱子全書》六

---

① 徐信符《廣東版片記略》，第859頁。
② ［清］鮑源深《請購刊經史疏》，《中國出版史料（近代部分）》第一卷，武漢：湖北教育出版社，2004年，第406頁。
③ 《清實錄·穆宗毅皇帝實錄》，北京：中華書局，2008年，第604頁。
④ 張宗友《晚清官書局與近代文獻傳承》一文（《古典文獻研究》第15輯，第123頁）認爲成都書局乃吳棠於同治七年創立。但同治六年刻《詩經通論》内封已鐫"丁卯仲冬成都書局據韓城王氏本重刊"（書末鐫"戊辰九秋重校，成都書局謹識"），早於張文認定的時間。

十六卷。①後又於同治十年至十一年翻刻殿本前四史。《前漢書》《後漢書》刊成於同治十年四月，吳氏於刊行緣起有云："因思培植士林之道，既有經學以養其心性（按：謂此前刊行之《御纂朱子全書》），尤須有史學以增其識力。查殿本前、後《漢書》考核精詳，洵爲士林圭臬。茲由在籍薛侍郎宅借到原本，亟應摹刊，藉廣分給。"②其後又"接刊《史記》《三國志》兩書，合成四史"。③

成都書局翻刻本字體、行款、版式一仍殿本原貌，考證附於各卷之後，惟版心無"乾隆四年校刊"字樣（圖22）。內封有牌記："同治××年×月恭摹殿本，刊於成都書局。"《史記》：同治十一年正月，《漢書》《後漢書》：同治十年四月，《三國志》：同治十年十月。書末開列校刊者銜名。今檢成都書局本《三國志·關羽傳》，關羽諡號已改爲"忠義侯"，"蜀志卷六考證"後附有乾隆四十一年七月二十六日上諭，知其所據殿本刷印時間已在此後。

圖 22　同治十一年成都書局刻本《史記》

除四史外，成都書局又有光緒元年三月翻刻殿本（新）《五代

---

① ［清］吳棠《望三益齋雜體文》卷二《恭刊朱子全書劄（己巳）》，《清代詩文集彙編》第 653 册影印同治間刻《望三益齋詩文鈔》本，第 31 頁。
② ［清］吳棠《望三益齋雜體文》卷二《刊前後漢書劄（庚午）》，第 32 頁。
③ ［清］吳棠《望三益齋雜體文》卷二《刊史記三國志劄》，第 36 頁。

史》，①亦在吳棠任內，②內封牌記格式與四史同，但書末無校刊者銜名。

（三）廣州澹吟館本

廣州澹吟館所刻正史數目不詳，僅見光緒十二年所刻《史記》《前漢書》《後漢書》《三國志》四史，亦是摹刻，字體稍有走樣。內封牌記："光緒丙戌秋澹吟館刊於廣州。"

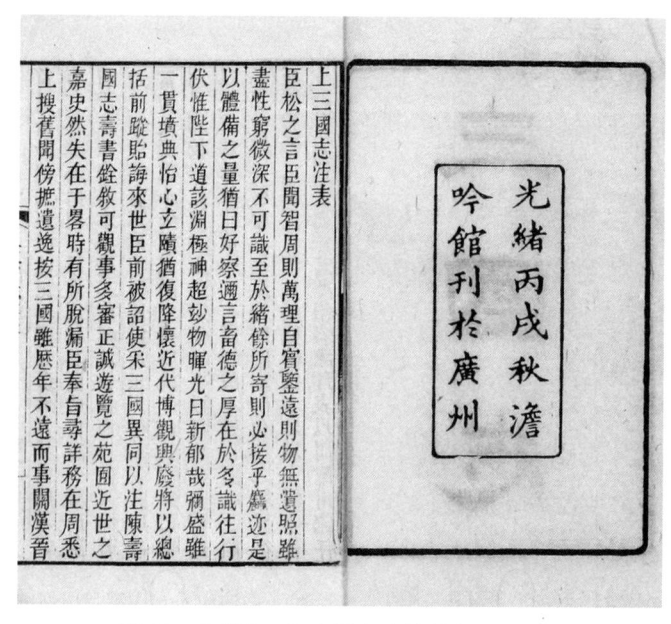

圖23　光緒十二年廣州澹吟館刻本《三國志》

① ［清］莫友芝撰，傅增湘訂補，傅熹年整理《藏園訂補郘亭知見傳本書目》（北京：中華書局，2009年，第225頁）卷四《史部一·正史類》"五代史記"條："清光緒元年成都書局刊二十四史本。余據宋刊本校。"點校本《新五代史》（北京：中華書局，1974年）曾參校傅校成都書局本本紀部分，見該書"出版說明"。

② 吳棠因病於光緒元年十一月奏請開缺回籍，二年正月正式卸任。見陳慶年《吳棠年譜》（《吳勤惠公年譜》），《近代史資料》總75號，第131頁。

（四）味經書院本

光緒間陝甘味經書院所刻。陝甘味經書院位於陝西涇陽縣，建於同治十二年。光緒十七年，陝西學政柯逢時"創立刊書處於味經書院之東。以院長（按：其時院長爲劉光蕡）總其事，以監院爲局董事……以肄業生任校讎。其刊書以《十三經》《廿四史》爲主"①。"經以《十三經注疏》，用院刻附校勘本，凡原有圈者須補入。史以《二十四史》，謹遵殿本爲斷。"②所刻正史有《史記》（光緒二十年）、《前漢書》（光緒二十三年）、《五代史》（光緒十七年）三種。内封刻"光緒××年陝甘味經書院謹遵武英殿本重校刊"，首刻學政柯逢時奏折。餘皆照殿本樣式翻刻，惟版心上方無"乾隆四年校刊"字樣，而下方刻有字數。三史並附新撰之《校勘札記》，③内封題"光緒××年陝甘味經刊書處校刊"。

此外，《舊五代史》有嘉慶間掃葉山房刻本（卷端書題下贗刻"武英殿聚珍原本"字樣，又有翻刻本）、同治十一年湖北崇文書局刻本等，《宋史》有光緒元年浙江書局刻本，《遼史》有同治十二年江蘇書局刻本，《金史》《元史》有同治十三年江蘇書局刻本，《明史》有光緒三年湖北崇文書局刻本，均爲翻刻殿本（其中《遼》《金》《元》三史爲翻刻道光四年殿本），而變異字體、行款，此不贅述。

---

① ［清］劉光蕡《陝甘味經書院志·刊書第六》，民國二十五年陝西通志館排印《關中叢書》本，第 1a 頁。
② ［清］劉懋官修，宋伯魯等纂〔宣統〕《重修涇陽縣志》卷六《學校志》"辦法章程附後"，宣統三年天津華新印刷局鉛印本，第 5a 頁。
③ 點校本《新五代史》"出版説明"（第 11 頁）："參校了……劉校本（清味經書院刻本，附有劉氏等《五代史校勘札記》）。"

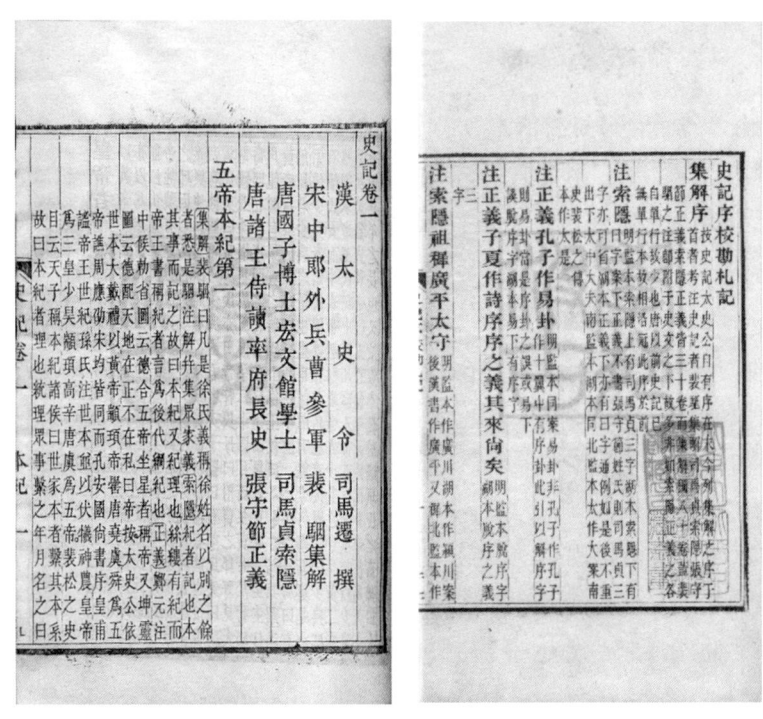

圖24　光緒二十年陝甘味經書院刻本《史記》及《史記校勘札記》

二、影　印　本

（一）原版式影印者

1. 同文書局本

　　光緒十年上海同文書局石印。其《股印〈二十四史〉啓》云："而殿本又非乾隆初印不可。蓋重修晚出之本，往往漸失其真，不足貴也⋯⋯本局現以二千八百五十金購得乾隆初印開化紙全史一部，計七百一十一本……擬用石印，較殿本略縮，本數則仍其舊。"但實際上，同文書局所用並非乾隆初印本。與菲古堂本相同，其《史記・漢興以來諸侯王年表》三處均增"集解"二字，葉末刪"下足以"三字，《三國志・關羽傳》"壯繆侯"改爲"忠義侯"。殿本《舊五代史》版心爲"乾隆四十九年校刊"，而同文書局本版心竟作"乾隆四年校刊"(圖25)，顯然是未得殿本原書而據别本抄寫，並僞造版心字樣。① 其《元史》爲未注原稱的改譯本，既非乾隆初印本，亦非道光四年改譯重刻本(道光本於新譯名下注原稱)，當即張元濟所見的乾隆剜改本(圖26)。② 此本又經描潤，有誤改處。③

2. 五洲同文書局本

光緒二十九年五洲同文書局石印。各書前增列《四庫全書總目》諸史提要(孫廷翰録)。《史記》《三國志》等與同文書局底本刷印時代大致相同。《舊五代史》用乾隆四十九年殿本。④《遼》《金》《元》三史前雖均冠《御製改譯遼金元三史序》，但《遼》《元》二史爲未改譯之本，《金史》爲乾隆十二年以後印本，正文未改譯，末附乾隆十二年改譯《金史》上諭及《欽定金國語解》。

---

① 陶湘《故宫殿本書庫現存目》："再考同治年廣東書局覆刻殿版《廿四史》，中縫均無年月。光緒年上海同文書局得殿版初印《廿三史》，以爲缺《舊五代史》，爰取廣東書局覆刻《舊五代史》，加注'乾隆四年校刊'字樣，以足《廿四史》名稱而縮印之。"錢基博《版本通義・讀本第三》："尤可笑者，自云所據乾隆四年本，而不知四年所刻，固無《舊五代史》。又未見乾隆四十九年殿本，輒依殿板行款，别寫一通，版心亦題乾隆四年。"(北京：古籍出版社，1957年，第71頁)按：未聞同治間廣東書局有翻刻殿本事，陶湘蓋誤記菲古堂本。經筆者核對，同文書局本《舊五代史》並非以菲古堂本爲底本。
② 張元濟《校史隨筆》，《張元濟全集》第九卷，第804頁。
③ 汪康年《汪穰卿筆記》卷七《雅言録》(上海：上海書店出版社，1997年，第179頁)："蓋所得之本，並非初印，字跡多漫漶，乃延人描使明顯，便於付印。此輩文理多未通順，遇字不可解者，輒擅改之，致錯誤百出。"錢基博《版本通義・讀本第三》(第71頁)略同。
④ 陶湘《故宫殿本書庫現存目》："後經湖州孫君問清得四十九年殿刻《舊五代史》原本，由五洲同文書局重印《廿四史》全部以糾之。"

圖 25　光緒十年上海同文書局石印本《舊五代史》　　圖 26　光緒十年上海同文書局石印本《元史》

3. 涵芬樓本

民國五年商務印書館石印。五洲同文書局版後歸商務印書館，[①] 故涵芬樓本實際是用舊版重印，而刪去四庫提要及《御製改譯遼金元三史序》。商務初印《四部叢刊》，以此本《二十四史》暫配。

(二) 改變版式影印者

1. 竹簡齋本

光緒十八年武林竹簡齋石印（光緒二十八年二次石印、光緒三十

---

① 馮家昇《遼史證誤三種·遼史初校》，北京：中華書局，1959 年，第 85 頁。

年三次石印）。半葉二十行，行四十二字。此本以同文書局本爲底本再行石印，而"以兩行爲一行……有錯行者，有應另行而圖省紙，與前行併爲一者。至諸表則强以次葉附於前葉之下……誤字本不應有，然閱之隨處皆是。蓋一則承同文之誤，一則因有描寫，而新添無數錯誤也"①。因此本出於同文書局本，故《元史》亦是未注原稱的改譯剜改本。此後，"竹簡齋石印之底本抵歸仁和高氏，後又由高氏售於上海書肆，得價三千元。後縮爲六開，價乃極廉……"②清末民初石印本多出於竹簡齋本，而剪貼拼接愈加嚴重。

2. 史學會社本

光緒二十八年史學會社石印。半葉二十行，行四十二字。内封題"光緒壬寅史學會社石印"。史學會社當即仁和高氏所有，所用即竹簡齋版。

3. 中華書局本

民國十二年中華書局據光緒十八年竹簡齋石印本翻印。内封題"清光緒十八年壬辰武林竹簡齋影殿本，中華民國十有二年上海中華書局印行"。《元史》亦是未注原稱的改譯本（如鐵木真作特穆津）。

4. 開明書店本

民國二十四年上海開明書店影印（鋅版印刷）《二十五史》。③增加柯劭忞《新元史》，將王頌蔚《明史考證攟逸》散附於《明史》各卷後。每頁分四欄。《三國志》爲乾隆四十一年後印本，《金史》爲乾隆十二年前印本，《國語解》尚爲未改譯之原本，《元史》亦爲未改譯本。但此

---

① 汪康年《汪穰卿筆記》卷七《雅言録》，第 178 頁。
② 汪康年《汪穰卿筆記》卷七《雅言録》，第 179 頁。
③ 葉聖陶《二十五史刊行緣起》，《葉聖陶集》第 18 卷，南京：江蘇教育出版社，2004 年，第 203 頁。

本有錯簡，又有部分刪削。①

5. 上海古籍出版社、上海書店本

1986年二社影印。增加《清史稿》，其餘用涵芬樓本拼貼。

此外尚有光緒十四年上海蜚英館石印本（十五行，三十二字）、光緒二十八年竢實齋石印本（二十五行，五十字）、光緒二十八年上海文瀾書局石印本（三欄，三十行，二十一字）、光緒三十一年上海久敬齋石印本（二十二至二十五行不等，四十八至四十九字不等）、民國十九年上海錦章圖書局影印本、民國二十四年上海世界書局影印《四史》本（國學整理社編，三欄，有斷句），不再一一詳述。

三、排　印　本

（一）圖書集成局本

光緒十四年上海圖書集成印書局鉛印。此本於光緒二十七年、光緒三十三年、光緒三十四年等年份亦曾印行，内封所標書局名稱（圖書集成印書局、華商集成圖書公司、集成圖書公司）略有不同，實際均同版。②半葉十三行，行四十字。乾隆序爲影印，版心標"乾隆四

---

① 陸楓《試論武英殿刻〈二十四史〉版本源流及其歷史作用》（第132頁）："《元史》中《進元史表》有錯簡，將'推忠厚之仁……俟續編'一段310字移前，誤接在'立經陳'三字前。又《三國志》刪去乾隆四十一年上諭……削去《史記》卷首部分《集解》《索隱》《正義》四序。"

② 胡道靜《〈古今圖書集成〉的情況、特點及其作用》（《中國古代典籍十講》，上海：復旦大學出版社，2004年，第197—198頁）："英國人安・美查和弗・美查弟兄倆組織資本在上海設立'圖書集成印書局'……除了排印《古今圖書集成》外，還用同樣的扁體活字排印了《二十四史》……美查兄弟在《集成》全部印成以後，於次年（1889）秋季將其在滬經營的各種事業出盤，離華返國。"光緒十五年美查兄弟回國後，書局大概是轉給了中國人，所以重印本改題"華商集成圖書公司"。

年校刊"字樣。其《元史》亦爲未注原稱的改譯本，所據當是同文書局本。

（二）萬有文庫本

民國十九年商務印書館鉛印。《國學基本叢書》本係用《萬有文庫》本重印，二本完全一致。有斷句。

（三）四部備要本

民國二十五年上海中華書局鉛印。內封題"上海中華書局據乾隆四年殿本校刊"，亦有題"上海中華書局據武英殿本校刊"者，版心題"中華書局聚珍仿宋版印"。初印本無句讀，縮印本有斷句。《元史》爲未改譯本。

由上所述，可知殿本之翻印本雖多，却都是包括乾隆初印本、剜改本，甚至道光改譯本在內的混合本，拼貼本更是多有脱文、錯簡，並不存在以整套乾隆初印本爲底本的版本。這是我們在利用此類版本時需要特別注意的。退而求其次，仍以五洲同文書局本及翻印此本的涵芬樓本爲佳。

（原載《北京大學中國古文獻研究中心集刊》第 15 輯［北京：北京大學出版社，2016 年］，《點校本"二十四史"及〈清史稿〉修訂工程簡報》第 104 期全文轉載，收入本書時略有修訂。）

關於宋蜀大字本《孔氏家語》及其衍生版本的考察

　　毛氏汲古閣舊藏宋蜀大字本《孔氏家語》是晚明至清代流傳於世的唯一一部宋本《孔子家語》,①以之爲底本的汲古閣刻本和玉海堂刻本亦是《家語》的重要版本。民國七年,蜀大字本不幸毀於火,使得我們今日無法得見原本面貌。雖然有兩部翻刻本傳世,其中的玉海堂本更是所謂影刻本,但由於蜀大字本原屬殘本,其鈔配部分的來源並不十分明確,文獻記載更是頗有矛盾,故仍有進一步研究的價值。

一、毛晉獲得宋蜀大字本《孔氏家語》的經過和汲古閣本的刊刻

　　宋蜀大字本《家語》最早爲毛氏汲古閣收藏,毛氏父子的跋語是後人推測此本原始面貌和汲古閣刻本來源的主要依據,故全文迻錄如下:

---

① 明代尚有其他宋本王肅注《孔子家語》流傳,如嘉靖三十三年黄魯曾刻本所據殘宋本,王鏊亦曾得王肅注本於書市(見《震澤長語》卷上,即下文陸治本所據),參見寧鎮疆《今傳宋本〈孔子家語〉源流考略》,《中國典籍與文化》2009年第4期。

跋一：嗟乎，是書之亡久矣。一亡於勝國王氏，其病在割裂；一亡於包山陸氏，其病在倒顛。先輩每慶是書未遭秦焰，至於今日，何異與焦炬同煙銷耶。予每展讀，即長跽宣尼像前，誓願遵止。及見郴陽何燕泉敘中云云，不覺泣涕如雨。夫燕泉生於正德間，又極稽古，尚未獲一見，余又何望哉！余又何望哉！撫卷浩嘆，愈久愈痛。忽丁卯（按，天啟七年，1627）秋，吳興賈人持一編至，乃北宋板王肅注本子，大書深刻，與今本迥異，惜二卷十六葉已前皆已蠹蝕。因復向先聖焚香叩首，願窺全豹。幸己卯春（按，崇禎十二年，1639），從錫山酒家復覯一函，冠冕歸然，亦宋刻王氏注也，所逸者僅末二卷。余不覺合掌頓足，急倩能書者一補其首，一補其尾，二冊儼然雙璧矣。縱未必夫子舊堂壁中故物，已不失王肅本注矣。三百年割裂顛倒之紛紛，一旦而垂紳正笏於夫子廟堂之上矣。是書幸矣！余幸矣！亟公之同好，凡架上王氏、陸氏本，俱可覆諸醬瓿矣。即何氏所注，亦是暗中摸索，疵病甚多，未必賢於王、陸二家也。但其一序亦可參考，因綴旒於跋之下。虞山毛晉識。①

跋二：《孔氏家語》雖不列六經，然志藝文者每敘於《論語》之後，實經部之要典也。乃一訛於勝國王氏，謬在割裂；再訛於包山陸氏，謬在倒置。余每願遵止古本，一正近今之失。及見彬陽何燕泉序，愾然為之三嘆。夫燕泉生當盛隆之代，且號稽古，竟未獲一見，余又何望哉！乃數年前，吳興賈人持一編售余，猶是蜀本大字宋版，亟付剞劂，惜二卷十六葉以前皆已蠹蝕，未得為完書。今年秋，南都應試而旋，汲泉於惠山之下，偶登酒家蔣氏樓頭，見殘書三冊，亦大字宋槧王注，恰是前半部，驚喜購歸，倩

---

① 明崇禎毛氏汲古閣刻本《孔氏家語》書末毛晉識語。

善書者用宣紙補抄，遂無遺憾。子邕本書，庶幾得以復存也，崇禎丙子(按，九年，1636)重九，隱湖毛晉識。①

跋三：先君當年初得此書也，缺二卷十六葉以前。崇禎丙子秋，從錫山酒家見殘書幾冊，乃其覆瓿之餘也。亦係宋槧，其八卷至十，已供酒工之用，而前半尚全。喜而購歸，倩善書者互爲補治，儼然雙璧矣。後酒家本爲錢宗伯所奪，亦燼于絳雲之火，而此本獨存。扆又借得小字宋本參校，至《六本》篇見第四卷，小字本作"良藥苦於口而利於病"，此本獨作"藥酒"。及讀《鹽鐵論》見第五卷亦同，益證此本之善。蘇文忠所謂蜀本大字最爲善本，豈不信夫！汲古後人毛扆謹識。②

所謂"北宋板"不確，清末、民國寓目此本者，如蕭穆、陸心源、孫詒讓、葉德輝、莫繩孫、傅增湘等，皆以爲南宋本。③此本避諱至"瑗"字(孝宗皇子時諱名)、"愼"字(孝宗嫌名)，實爲南宋孝宗時刊本。

由此以上跋語可知，毛晉最初從吴興賈人購得宋蜀大字本《孔氏家語》，闕"二卷十六葉以前"，後又從無錫酒家偶得宋大字本殘書三冊，前半尚存。於是得以"一補其首，一補其尾"，使二本復全。然細審以上三跋，頗有矛盾之處，啓人疑竇。首先是獲得酒家本殘書的時

---

① 清光緒二十四年貴池劉世珩玉海堂景宋蜀本《孔氏家語》書末毛晉識語。
② 清光緒二十四年貴池劉世珩玉海堂景宋蜀本《孔氏家語》書末毛扆識語。
③ [清]蕭穆《敬孚類稿》卷五《跋宋本孔氏家語》，光緒三十三年刻本。[清]陸心源《儀顧堂題跋》卷六《宋本孔子家語跋》，光緒間刻《潛園總集》本。[清]孫詒讓著，徐和雍、周立人輯校《籀廎遺文》同治十一年壬申《景寫宋本孔氏家語校記》，北京：中華書局，2013年，第90—91頁。[清]葉德輝撰，楊洪升點校《郋園讀書志》卷二"孔家語十卷，日本寬永十五年風月宗智重刊上官國材宅本"條，上海：上海古籍出版社，2010年，第71頁。[清]莫友芝撰，傅增湘訂補，傅熹年整理《藏園訂補郘亭知見傳本書目》卷七《子部·儒家類》，北京：中華書局，2009年，第484頁。傅增湘《藏園群書經眼錄》卷七《子部·儒家類》，北京：中華書局，2009年，第451頁。

間，跋一作"己卯春"（崇禎十二年），跋二、跋三作"崇禎丙子秋"（崇禎九年）。其次是汲古閣本《孔氏家語》的刊刻時間與所據底本，按跋一的説法，"亟公之同好"在獲得酒家本，補全闕卷之後（崇禎十二年後），則"二卷十六葉以前"據酒家本，餘據宋蜀大字本。然跋二"亟付剞劂"在獲得蜀大字本後，獲得酒家本前（崇禎九年前），且慨嘆"未得爲完書"，則汲古閣本以蜀大字本爲底本，闕卷所據不明。①毛晉一人之跋，前後相隔不過數年，却有如此重大的差異，殊不可解。②

若以情理推斷，跋二、跋三乃毛氏父子書於蜀大字本上，尤其是毛晉跋二作於據酒家本鈔補蜀大字本闕卷後，有明確的題署時間，當較汲古閣本所附跋語更爲可信——即毛晉購得蜀大字本後即付梓，後於崇禎九年又獲酒家本，方得以鈔補闕卷。

再比勘汲古閣本與玉海堂本"二卷十六葉以前"的文本內容，差異十分明顯（主要是注文部分），如卷一《相魯第一》（插頁圖十五、插頁圖十六）：

---

① 錢曾《述古堂宋板書目》著録"王肅注《孔子家語》十卷四本"，而錢、毛二氏又有交遊，山城喜憲認爲，毛扆借校之"小字宋本"即錢氏述古堂藏本。進而又推測，汲古閣底本闕卷可能亦以此本補足。（[日]山城喜憲《知見孔子家語諸本提要（一）》，《斯道文庫論集》第21輯，1985年）山城氏所據當爲《粵雅堂叢書》本（《叢書集成》本據此本排印）《述古堂藏書目》，後附《述古堂宋板書目》。但《宋板書目》所載之書亦散見於《述古堂藏書目》各類中，其中經類即有"王肅注《孔子家語》十卷四本，宋本影抄"，因知其版本實爲影宋抄。又中國國家圖書館藏清初錢氏述古堂抄本《錢遵王述古堂書目録》十卷（《四庫全書存目叢書》《續修四庫全書》皆影印），與粵雅堂本（出於《祕籍叢函》本）分類、編次略有差異，且無《宋板書目》。可見所謂《宋板書目》或是後人從《述古堂藏書目》中揀選版、影宋抄抄出之目，並非錢曾原編所有。故錢曾所藏《孔子家語》並非宋刻本，而是影宋抄本。當然，也不能排除影宋抄的底本是汲古閣底本闕卷來源的可能性。錢曾生於崇禎二年，毛晉刻《家語》時，錢曾尚幼，此事必與之無關。錢氏述古堂影宋抄本現藏香港大學馮平山圖書館（善121.11126）。

② 據毛晉跋二，其得酒家本在鄉試後由南直返回時（"今年秋，南都應試而旋"）。明代鄉試三年一次（《明史·選舉志二》），崇禎九年與十二年之異尚可解釋爲毛晉之誤記，而汲古閣本刊刻時間的歧異仍令人疑惑。

正　　文	注　　文	
	汲古閣本	玉海堂本
孔子初仕爲中都宰	中都，魯邑。	中都，魯邑名。
制爲養生送死之節，長幼異食	如禮，年十五異食也。	如禮，五十異糧，六十至九十，食各以漸加異也。
男女別塗，路無拾遺，器不雕僞	雕畫無文飾，不詐僞。	不雕僞，無文節，不詐僞。已上養生之節。
爲四寸之棺，五寸之槨	以木爲槨。	以木爲之。
因丘陵爲墳，不封	不聚土以起墳者也。	不聚土起坟。
不樹	不樹松柏。	不植松柏。以上送死之節。
行之一年，而西方之諸侯則焉	魯國在東，故西方諸侯皆法則。	魯國在東，故西方諸侯皆則之。

　　玉海堂本爲光緒二十四年劉世珩據汲古閣舊藏宋蜀大字本《孔氏家語》("二卷十六葉以前"爲毛氏抄補)影刻，反映了毛晉抄補完成後的此本面貌。既然汲古閣刻本與玉海堂刻本"二卷十六葉以前"的差異如此明顯，則說明汲古閣本前二卷底本與毛晉抄補本不同，即其前二卷來源並非酒家本。由此推斷，汲古閣本的刊刻似亦在毛晉獲得酒家本之前。瞿鏞即謂"蓋初得宋本即刻，其闕者仍參通行本，迨續得全本，不及追改矣"，①莫繩孫亦云"蓋毛氏刊是書時尚未得酒家本，故但據家藏殘帙，其所缺者以別本湊合付梓爾"。②如果事實確實如此，則汲古閣本所附毛晉跋語當爲補刻(圖27)。遺憾的是，筆者並未獲知有未附毛晉跋語的汲古閣本存世，故以上結論仍屬推斷。

---

① [清]瞿鏞《鐵琴銅劍樓藏書目録》卷十三《子部一》"孔子家語十卷，校宋本"條，光緒間常熟瞿氏家塾刻本。
② [清]莫友芝《邵亭知見傳本書目》卷七《子部一》"孔子家語"條莫繩孫附記，民國三年傅增湘天津排印本。

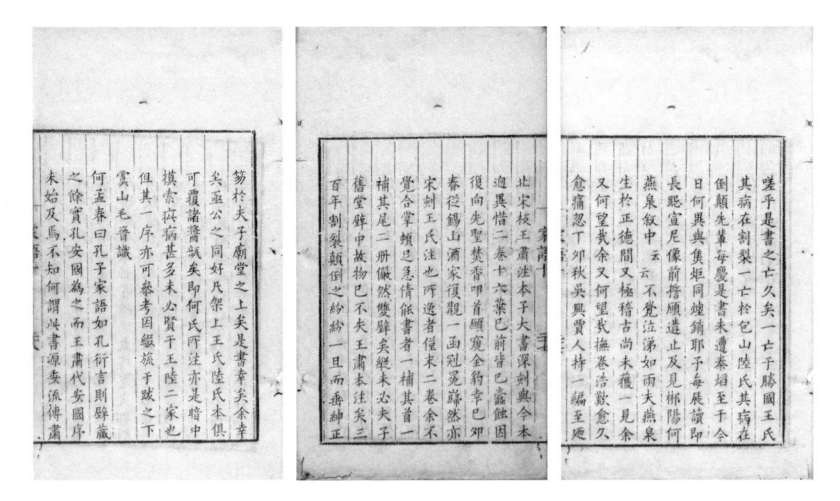

圖 27　汲古閣刻本書末毛晉跋

汲古閣本《孔氏家語》，九行十七字，白口，左右雙闌。版心無魚尾，題"家語幾"，各卷首末葉則題"汲古閣/毛氏正本"字樣。首王肅《孔氏家語序》，次篇目（不另葉起），次正文，次後序（不另葉起），書末附毛晉、何孟春跋（寫刻）。

現存汲古閣本多爲吳郡寶翰樓印本，內封題"汲古閣校/孔子家語/吳郡寶翰樓"，亦有於"吳郡寶翰樓"上方鈐"寶翰樓藏書記"朱長方、①"沈氏山樓藏書記"朱長方等印記者（插頁圖十七）。②寶翰樓主人爲蘇州沈氏（沈良玉、沈鳴玉），鈐有以上相同印記的吳郡寶翰樓出版物基本都是印行於康熙年間，③故此本當爲康熙間沈氏自毛氏購得

---

① 中國國家圖書館藏本（書號：善 6300）、日本國立公文書館藏本（書號：298-14）、京都大學人文科學研究所藏本（書號：子-Ⅱ-1-1）等。
② 遼寧大學圖書館藏本（書號：122.1/1050）、日本宮內廳書陵部藏本（書號：556-421）、京都大學附屬圖書館藏本（書號：近衛 1-69コ1）等。
③ 吳郡寶翰樓相關文獻資料參見［日］笠井直美《吳郡寶翰樓初探》（《古今論衡》第 27 期，2015 年 4 月）及《吳郡寶翰樓書目》（《東京大學東洋文化研究所紀要》第 164 冊，（轉下頁）

《孔氏家語》書版後印行。

現在存世的汲古閣刻本《孔氏家語》,絕大多數爲吳郡寶翰樓印本,①部分館藏目録、聯合目録雖未標明寶翰樓印本,經檢核,實際亦多有内封。②少數没有寶翰樓内封的印本,其斷版程度與寶翰樓印本一致(插頁圖十八),顯示不出初印特徵,可能僅是内封佚失的寶翰樓印本。

二、毛氏之後宋蜀大字本《孔氏家語》的流傳和玉海堂本的文本構成

汲古閣藏書散出後,③蜀大字本《家語》長期晦而不顯。④至同治

(接上頁)2013年12月)二文。兹略有補充處:此文指出康熙初寶翰樓主人是沈良玉,康熙後期主人是沈明玉(沈鳴玉)。今檢〔同治〕《蘇州府志·列女》(〔清〕馮桂芬撰,光緒九年刻本)有沈良玉妻葛氏(卷一一七)、沈鳴玉妻邵氏(卷一三〇),其中葛氏下注云:"二十三歲寡,卒年五十一。"因知沈良玉早卒,故寶翰樓轉由沈鳴玉主持。其名當以"鳴玉"(見〔清〕何焯《義門先生集》)爲正,"明玉"(見〔清〕張伯行《正誼堂文集》)蓋音近轉訛。

① 經過筆者目驗並參考笠井直美論文,可確認爲寶翰樓印本的《孔氏家語》有中國國家圖書館藏本(三部:書號:善3765、善6300、普55613)、日本國立公文書館藏本(書號:298-14,見圖43)、京都大學人文科學研究所藏本(書號:子-Ⅱ-1-1)、東京大學東洋文化研究所藏本(書號:子部-儒家-1)、宫内廳書陵部藏本(書號:556-421)、北京大學圖書館藏本(SB/111.111/1050.2)、遼寧大學圖書館藏本(書號:122.1/1050)等。

② 如中國國家圖書館藏本(善3765,佚名録清毛扆校),《中國古籍善本書目·子部》即未標明寶翰樓印本。

③ 毛扆晚年欲將家藏善本售與吳江潘耒(後不果),編有鬻書目録《汲古閣珍藏秘本書目》一卷,著録此本爲"北宋板《孔氏家語》五本",謂"意欲每本十兩,惟高明酌行之"(《士禮居叢書》景明鈔本)。

④ 僅知黄丕烈曾見此本,《讀書敏求記校證》(〔清〕錢曾著,管庭芬、章鈺校證,佘彦焱標點,上海:上海古籍出版社,2007年)卷一"王肅注家語十卷"條引黄氏校本批語云:"此書有'東坡居士'折角玉印,予曾見真本。"

初，桐城蕭穆從邑人姚世培處購得，方又爲世人所知，孫詒讓、陸心源、莫繩孫等均曾借觀。①光緒二十一年秋，蕭穆欲校刊劉大櫆《歷朝詩選》，需得資爲助，乃於二十二年將此書質與貴池劉世珩之戚家。劉世珩則於二十三年轉將此書購入己齋中，並於光緒二十四年影刻行世。②民國七年秋，劉世珩攜書行篋，却不幸於浦口客棧被焚毀。至此，清代流傳的唯一一部宋本《家語》亦不存，其影刻本自然成爲一窺宋本面貌的重要途徑。

劉世珩得書後即"屬江陵喻茂才在鎔影寫，黃岡陶子麟刻之"，玉海堂本内封題"玉海堂景宋叢書之一，光緒二十有四年太歲在戊戌二月，貴池劉世珩以家藏汲古閣舊本付刻于武昌，黃岡陶子麟鐫"。

其後，劉氏又於光緒二十六年"假得毛刻本，明仿宋刻無注本，陸樹蘭㒰度惠半農、陸敕先評閲本、邵北崖泰校本，及孫頤伯志祖疏證本，盧抱經文弨校明何孟春注本，蕭敬敷覆校本，又取《索隱》《文選注》《御覽》所引互勘"，撰爲《孔子家語札記》一卷，附於後。所據各校本多爲蕭穆舊日所錄，蕭氏《跋影刊宋槧孔氏家語》有云：

> 又予二十年前在上海廣方言館與新陽趙静涵元益同事，趙君好藏古書，一日出示道光間吳門陸僎所錄惠半農、陸敕先兩家校閲《孔氏家語》舊刊本，陸君又得錄乾隆間邵北厓太史泰假其友人徐曉亭學博以北宋精本校勘毛氏汲古閣刊本，增損數十字，

---

① 浙江大學圖書館藏汲古閣刻本《孔氏家語》孫詒讓跋。[清]陸心源《儀顧堂題跋》卷六《宋本孔子家語跋》。[清]莫友芝《郘亭知見傳本書目》卷七子部一"孔子家語"條莫繩孫附記。
② [清]蕭穆《敬孚類稿》卷五《跋宋本孔氏家語》《跋影刊宋槧孔氏家語》。光緒二十四年貴池劉氏玉海堂刻本《孔氏家語》劉世珩題識。

並其卷第先後亦爲改正。予又知兩宋刊本各有所據，亦各有優絀，屢欲以惠、陸、邵、徐合校本，且旁採古書有涉此書者，別爲札記以餉讀毛氏刊本者，而人事紛紜，久未能讎。聚卿舊亦有此志，今既以景宋本廣惠藝林，因以舊録惠陸諸家校本付之，兼爲札記，以餉同志可也。①

可見《札記》實出蕭穆之手。趙元益（1840—1902）字静涵，號高齋，江蘇新陽（今崑山）人。子趙詒琛，築"峭帆樓"，藏書民國二年毁於滬上戰火，故蕭氏所舉陸僎（字樹蘭）過録諸家校本已不存，愈見《札記》之可貴。

又王肅《孔氏家語序》末有劉世珩識語："《家語序》藏宋本缺，從汲古閣本補入，屬壽州孫稚笙傳準寫，并《札記》一卷，壬寅正月成。"可見玉海堂本並《札記》全部刻完已至光緒二十八年。

玉海堂本與汲古閣本版式略同，皆九行十七字，白口，左右雙闌。惟版心作"家語第幾"，卷端題"孔氏家語卷第幾"，次行題"王肅注"，各篇篇題頂格，與汲古閣本不同（汲古閣本版心、卷端皆無"第"字，僅卷一首行書名下有"王肅注"三字，各篇篇題亦不頂格）。孫詒讓曾從蕭穆借校前二卷所謂"影宋本"（即影鈔"酒家本"），批於已藏汲古閣本之上（插頁圖十九），並有跋云：

> 宋大字本，半葉九行，行大十七字，小廿五字。二卷十六葉已前缺，影宋鈔補。每册首有"宋本"二字小長圓印、"甲"字小方印、"毛晉之印"方印、"毛氏子晉"方印，册後有"毛氏子晉"方印，並朱文。宋諱闕筆至桓字止，蓋南宋初年刊本。毛斧季以爲即

---

① ［清］蕭穆《敬孚類稿》卷五《跋影刊宋槧孔氏家語》。

東坡所謂蜀大字本,非也。第十卷末葉有"東坡居士"白文方印,亦書賈僞作。①

宋本藏余友桐城蕭敬孚穆許,同治壬申(按,十一年,1872),在江寧假校前二卷景寫宋本,異同頗多,不甚可據。光緒丙子(按,二年,1876)冬,重審一過,擇其塙然脱誤者,依景宋本改補。其可兩通者,悉仍其舊。②

玉海堂影刻時,於原本藏印亦一一摹刻,與孫詒讓所記相符,當可如實反映原本的基本面貌。

在玉海堂本影刻行世之前,尚有光緒初上海同文書局石印本(插頁圖二十),其内封題"内府藏本",乃書商虛標炫目,所據實爲蕭穆所藏蜀大字本。光緒十一年春印行之《同文書局石印書目》即有"蜀本《孔子家語》,五本布匣,每部洋壹員"。③葉德輝《郋園讀書志》云:"毛藏宋本,光緒中葉猶在桐城蕭敬孚明經穆家。敬孚寓上海方言館,吾曾假閱之。當時同文書局有石印本,即從之出。"④《郋亭知見傳本書目》佚名眉批云:"近年石印本乃據景寫北宋本,極精,疑是汲古所藏本景寫。而蕭敬孚云別係一宋本,恐不可信。敬孚蓋極張其所藏汲

---

① 〔清〕孫詒讓著,徐和雍、周立人輯校《籀廎遺文》同治十一年壬申《景寫宋本孔氏家語校記》,第 90—91 頁。
② 〔清〕孫詒讓著,徐和雍、周立人輯校《籀廎遺文》光緒二年丙子《汲古閣本孔氏家語題識》,第 168 頁。周晶晶《汲古閣刻本〈孔子家語〉考——兼談玉海堂影宋刻本》(《文獻》2013 年第 3 期)一文據浙江大學圖書館藏孫詒讓批校本迻録二跋,文字基本一致。圖版見《浙江大學國家珍貴古籍名録圖録》,杭州:浙江大學出版社,2014 年,第 69—70 頁。
③ 徐蜀、宋安莉編《中國近代古籍出版發行史料叢刊》第 11 册影印,北京:北京圖書館出版社,2003 年,第 13 頁。
④ 〔清〕葉德輝撰,楊洪升點校《郋園讀書志》卷二"孔子家語十卷,明毛氏汲古閣本"條,第 73 頁。

古宋本之美者也。"① 又有光緒十八年上海掃葉山房石印本（插頁圖二十一），内封題"影宋刻内府藏本/繡州金爾珍署"，底本亦蜀大字本，或即翻印同文書局本。當時即有書賈以此類石印本改頭换面，以充宋本者。② 石印本"字體板滯，但具結構而略無神氣，刀法亦乏峻峭之勢"，③ 蓋非以原本製版，如佚名眉批之言，所據乃影寫本，故字體有差。又於書前增"至聖先師孔子像"及《四庫提要》。

上文已經指出，汲古閣本前二卷與玉海堂"二卷十六葉以前"所據底本不同，玉海堂本的底本爲鈔補完整的蜀大字本，其"二卷十六葉以前"所據自然源出所謂"酒家本"。而"酒家本"與汲古閣本前二卷在文本上的明顯差異則頗引人注目。

中國國家圖書館藏汲古閣刻本（吴郡寶翰樓印本，善 3765）有佚名録毛扆校，佚名跋云："辛亥孟夏假斧季先生校本勘正，朱筆從北宋本，墨筆從南宋本，閲半月而校畢，時五月初二日。" 鈐印有"稽瑞樓"白長方、"鐵琴銅劍樓"白方，爲陳揆、瞿鏞舊藏。《稽瑞樓書目》著録："孔子家語十卷，毛斧季校本，二册。"④《鐵琴銅劍樓藏書目録》云：

> 孔子家語十卷，校宋本。此陳氏子準傳録毛斧季氏校宋本，朱筆從北宋，墨筆從南宋。按子晉跋謂丁卯秋得北宋刻本，其卷二第十六葉以前已蠹蝕，繼於己卯春復得一本，闕末二卷，合之始全。今校改注字脱落顛倒者，自卷首至卷二十六葉以前爲多。

---

① ［清］莫友芝撰，傅增湘訂補，傅熹年整理《藏園訂補邵亭知見傳本書目》卷七子部儒家類，第 484 頁。
② 傅增湘之友徐敬宜（蕭霖）即爲石印本所欺，見《藏園群書經眼録》（第 451 頁）、《藏園訂補邵亭知見傳本書目》（第 484 頁）。
③ 傅增湘《藏園群書經眼録》卷七子部儒家類，第 451 頁。
④ ［清］陳揆《稽瑞樓書目》，《涉喜齋叢書》本，第 21b 頁。

蓋初得宋本即刻，其闕者仍參通行本，迨續得全本，不及追改矣。卷首有"稽瑞樓"朱記。①

陳揆(1780—1825)，字子準，江蘇常熟人。其生卒年間僅一"辛亥"，爲乾隆五十六年(1791)，時陳揆僅十二歲，故傳錄校語者絕非陳氏，瞿鏞所云不足爲據。向前推算，只有雍正九年與康熙十年兩種可能，考慮到"假斧季先生校本勘正"的語氣，似乎爲毛扆同時代之人，則以康熙十年的可能性最大。又此本爲寶翰樓印本，如此則寶翰樓得到版片的時間早於康熙十年。

所謂"北宋本"當即蜀大字本。卷三《賢君第十三》眉批云："南宋本從此起，以前屬抄補。"闕卷情況與酒家本不同，故知並非此本。且毛扆謂"後酒家本爲錢宗伯所奪，亦燼於絳雲之火"，絳雲樓被焚毀的時間爲順治七年，其時毛扆年僅十一歲，必不曾得見酒家本，故於其原始面貌亦不甚瞭然。從記錄的異文情況來看，所謂南宋本可能是嘉靖黃魯曾刻本。

正如《鐵琴銅劍樓藏書目錄》所云，此校本"校改注字脫落顛倒者，自卷首至卷二十六葉以前爲多"，上舉孫詒讓校宋本跋亦指出"前二卷景寫宋本，異同頗多"。對於這種差異，瞿鏞、莫繩孫等皆斥汲古閣刻本爲訛脫錯亂，而以此二卷所謂影宋本爲貴，當代研究者亦多作如是觀。②惟孫詒讓經過校勘，態度頗爲審慎，謂其"不甚可據"，僅"擇其塙然脫誤者，依景宋本改補。其可兩通者，悉仍其舊"。對於二本

---

① [清]瞿鏞《鐵琴銅劍樓藏書目錄》卷十三子部一。
② 如周晶晶《汲古閣刻本〈孔氏家語〉考——兼談玉海堂影宋刻本》一文即設"汲古閣本之失"一節，認爲毛扆之校改"量大質優，遠勝汲古閣刊版採補的明刻本……這是毫無疑問的"，"餘論：關於玉海堂影宋刻本"一節亦贊賞玉海堂本"能彌補汲古閣本卷一、卷二之失"。

前二卷的異文，上文已略舉數條。此外，玉海堂本前二卷注中尚有"一作某"及引《荀子》《大戴禮記》《韓詩外傳》異文等內容，與別卷王注體例差異明顯。注文如此大的差異，顯然不能遽以訛脫錯亂釋之。山城喜憲的推斷是，其中加入了王肅以後的唐人或宋人的增補。[1]而寧鎮疆通過研究，"發現這些多出的所謂注文其實並非宋本王注，而是後人的按語、校語",[2]其説甚是。但寧氏推測"其中校語可能出自毛斧季"，玉海堂影宋本或"係寫刻時未將王注與校語適當區分"而將校語混入正文，則並不正確。毛扆、孫詒讓皆曾將鈔補的蜀大字本異文校於汲古閣刻本之上，與玉海堂影宋本皆一一相符，可見鈔補的前二卷原文即是如此。問題的關鍵實際在於前二卷文本的源頭——玉海堂本前二卷來自毛氏舊藏本的所謂"影宋鈔"部分，"影宋鈔"部分則源自所謂"酒家本"。因"酒家本"毀於絳雲樓之火，後人不得見，故長久以來都無人懷疑毛晉獲得的"酒家本"是否確是"大字宋槧王注"。經過筆者的比對，發現玉海堂本"二卷十六葉以前"的文本，除極個別字外，與明隆慶六年長洲徐祚錫刻本《孔子家語》全同（圖28）。[3]

此本九行十六字，白口，單魚尾，左右雙闌。"九行十六字"的行款與蜀大字本略同，故毛晉稱"大字"。卷端題"孔子家語卷之一"，次行題"魏景侯王肅註"。[3]此本乃陸治校改本。陸治（1496—1576），字叔平，號包山，吳縣人。諸生，隱支硎山。好爲詩古文辭，善書畫，嘗遊祝允明、文徵明門。陸氏稿本今藏上海圖書館（書號：T05025-30），惠棟評點，王鳴盛跋，葉景葵舊藏。書末有陸氏手跋二：

---

[1] [日]山城喜憲《知見孔子家語諸本提要（一）》，《斯道文庫論集》第21輯，1985年。
[2] 寧鎮疆《今傳宋本〈孔子家語〉源流考略》，《中國典籍與文化》2009年第4期。
[3] 徐祚錫本並不稀見，僅《中國古籍善本書目》就著録11部，臺北"國家圖書館"也有收藏。

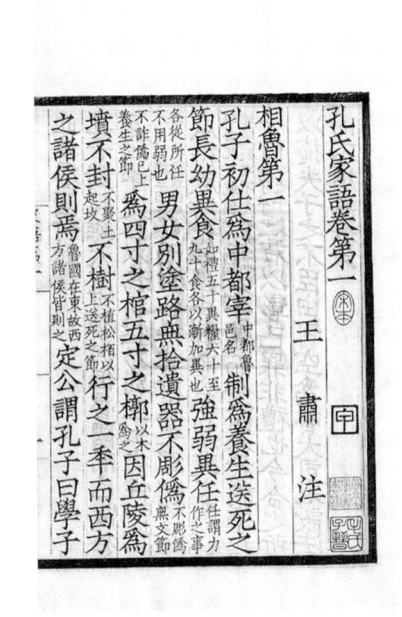

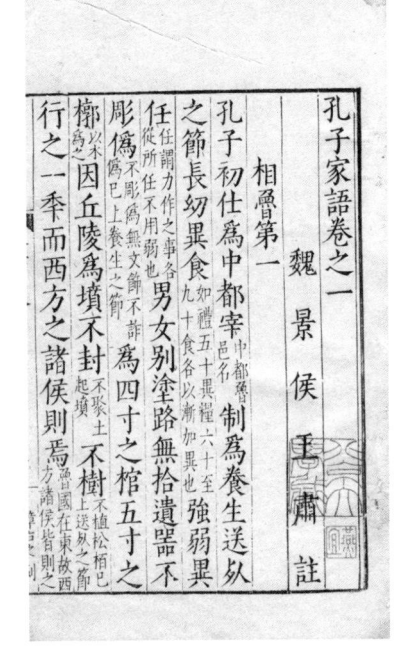

關於宋蜀大字本《孔氏家語》及其衍生版本的考察　　247

清光緒二十四年貴池劉世珩玉海堂刻本　　明隆慶六年長洲徐祚錫刻本
　　　（北京大學圖書館藏）　　　　　　　　　（北京大學圖書館藏）

圖 28　玉海堂本與徐祚錫本

　　余之知學也晚，而得此編又晚，考定甫成，而年已七十矣。而復難于親書，又一年而後書成。余豈老而忘倦，愚而好自用哉。念聖典之幸存者重，望述作於將來者深也。故并爲一帙，以備遺亡，致慎焉爾。後之得斯編者，其慎保之。嘉靖甲子（1564）季冬，後學陸治識。

　　余初考定王註，惟正其傳寫之訛謬，其文雖有繁而不要者，皆仍其舊。及登梓之時，重加考訂，間有不合經傳而義不相蒙及辭之繁衍者，據而易之，則此本之所未備也，觀者又當以刻本爲正。後丙寅(1566)九月陸治重題。①

陸氏既云"初考定王注，惟正其傳寫之訛謬，其文雖有繁而不要者，皆仍其舊"，似初稿於王注改動尚小。然以稿本首葉與刻本比對，②並無差異，可見初稿即已失王注原貌。陸氏將《後序》移至書前，改題《漢本家語序》(刻本作《漢集家語序》)，且加按語曰："此文乃孔氏之仕漢元封間者集其先聖家語而自敘也，而後顧以爲魏王肅所撰。"次《孔安國傳略》，次《孔子家語序》(刻本作《魏註家語序》)，題"魏景侯王肅撰"，即"前序"。次王鏊《孔子家語題辭》，次陸治《刻家語題辭》云：

予觀王文恪公《震澤長語》，乃知近代所行之《孔子家語》未爲完書，而以魏王肅所註本爲得其傳。……文恪幸見肅本，親爲校讎，將刻而未及。其仲子延素復將刻之，以成先志，俾予考證，而又未及焉。此編留予山中，然字多古文，而肅註綜博簡嚴，傳寫多訛謬，未易通解。予恐其傳之幸存而復失，魯魚之仍襲而益多也，乃忘其淺陋，校而梓焉。其文則考之六書，其散見禮經子史，間有一二發明者，採之註疏，其毀蝕無考者闕之。其序傳之昉於漢元封時，孔氏子孫之所撰述者，各因史以考其世而辯證於其序文之後。由是此編之源委流傳昭然可指，而疑者可信，僅存諸古以廣其傳。若夫刪述之事，則非予之所敢知也。

---

① 顧廷龍《卷盦藏書記略》，《圖書季刊》1940 年第 3 期，第 342 頁。王欣夫撰，鮑正鵠、徐鵬標點整理《蛾術篋存善本書錄》甲辰稿卷三"孔子家語十卷，明毛氏汲古閣刊，吳縣王欣夫校明吳縣陸治手鈔本並臨元和惠棟校"條亦迻錄跋語(上海：上海古籍出版社，2008 年，第 1259 頁)，個別文字有異。
② 稿本書影見《上海圖書館善本題跋真迹》第八册子部，上海：上海辭書出版社，2013 年，第 15 頁。

王延素(1492—1562),字子儀,別號雲屋,吳縣人,王鏊次子。陸氏所據底本原爲王鏊所藏,其最初爲此書作考證,乃受王延素所托。據上文陸氏手跋,初稿完成在嘉靖四十三年,而王延素已卒於嘉靖四十一年,故當時未得付梓。

又有《考證凡例》,於正文"傳寫間有闕誤而散見五經正史,已經孔子、程朱刪定,正實可據者,直從經史改正"。有增加按語者:"語中記載間有闕略,而文不相蒙,其雜見禮經子史,其文反爲周詳,而未經聖賢刪定者,分行補註其闕文之下,凡言按者皆此類也。"有補充王注者:"《家語》之文别見於經史百家者,其註疏之説辭雖不一,皆或可以發明王註之所未及,乃參伍其辭正而理長者,的從其一,補註其下。""王註簡嚴未易卒解者,即按經史註疏本文節抄於王註之後。"篇章次序則"依何孟春氏編次"。

由此可見,陸氏於原書改動頗多,於王注增删添注之處更夥,且别加按語,編次亦改從何孟春本,①徐祚錫《古本孔子家語跋》云"此書較蕭所注加十之六七",可謂大失王注本原貌,實際已是陸治新注本。故汲古閣刻本毛晋跋謂"是書之亡久矣,一亡於勝國王氏,其病在割裂;一亡於包山陸氏,其病在倒顛"。《絳雲樓書目》陳景雲注亦云:"王淳之(按:"淳"當作"濟",王鏊字濟之)得之,欲刻不果。後其子授之陸叔平校梓,頗多紊亂,盡失舊本之真面目矣。"②毛氏既云陸氏病在倒顛,或曾見此本,却仍爲其所欺,竟以陸校本(酒家本)爲宋本。究其原因,所謂"顛倒"乃指卷九、卷十據何孟春本調整篇目次序,而

---

① 王國維撰,王亮整理《傳書堂藏書志》卷三子部云:"此陸包山重校震澤王氏校本,編次從何孟春本,以卷十《曲禮子貢問》《曲禮子夏問》《曲禮公孫赤問》三篇升於卷九,而退卷九之《本姓解》《終記解》《七十二弟子解》於卷十末。"(上海:上海古籍出版社,2014年,第479頁)
② [清]錢謙益撰,[清]陳景雲注《絳雲樓書目》卷一《論語類》"孔子家語"條,《叢書集成初編》排印本,北京:中華書局,1985年,第11頁。

毛晉所得酒家本僅存前七卷（書前序言、題辭、凡例等當亦佚失），存卷全無陸治、徐祚錫之名，卷端僅題"魏景侯王肅注"，貌似王肅原本，毛氏或因此而誤認。①

三、結　　論

汲古閣主人毛晉在明末先後獲得兩部殘"宋本"《孔子家語》，吳興買人的宋蜀大字本闕首，錫山酒家的"宋本"闕尾，互相鈔補得全。汲古閣刻本的底本主體是蜀大字本，二卷十六葉以前所據底本雖不明確，但絕非酒家本。酒家本後歸錢謙益，毀於絳雲樓之火。鈔補得全的蜀大字本同治初歸於蕭穆，光緒二十三年又爲劉世珩購歸，民國七年不幸毀於浦口客棧。幸有同文書局石印本及玉海堂影刻本行世，尚得略窺原本面貌。考察二卷十六葉以前的文本，絕非王肅注，而是明嘉靖間陸治增删校補而成的新注本。由此可知酒家本亦絕非宋本，而是明本，毛晉雖斥其爲"病在顛倒"，却仍被一殘闕陸本所欺。要之，今日研讀《孔子家語》王肅注本，玉海堂本二卷十六葉以前之文本絕不可據。

前人題跋，往往泛泛而談，多因襲成説而少躬自校勘，略取數例，

---

① 匿名審稿人提示了另一種可能性，即徐祚錫本（陸治本）可能也曾有改頭換面的衍生本，遂使毛氏辨之不察而誤用。經筆者調查，並未發現徐祚錫本的翻刻本。當然，也存在此類刻本不傳或調查未盡的可能性，存疑待考。唯一與徐祚錫本關係頗爲密切的是萬曆十七年吳嘉謨序刊《孔聖家語圖》十一卷。吳嘉謨敘稱"王文恪公（按：即王鏊）嘗録其全而家藏之，余得其本，繹其義"云云，實際所得當即陸治校注本。其《家語圖凡例》亦多抄襲陸治《考證凡例》，至於注文，則以陸治注爲主，又加以元王廣謀《句解》注，故與玉海堂本前二卷接近，但又有不同處。吳嘉謨本卷一爲"聖跡圖"，卷二起方爲正文，卷端題"孔聖家語圖卷之×，武林後學吳嘉謨集校"，不易誤認。

即可成文,故目陸本爲宋本而以陸注爲王注,明眼如孫仲容者可謂鮮矣。今日研治版本之學,有彙聚衆本之便利,欲知某書某本之優劣,前人題跋僅具參考價值,不可輕信,故捨校勘而別無他途。然若學力不逮,即如毛扆通校全書,仍不得真相。

2015 年 12 月 25 日東京初稿
2016 年 6 月 23 日北京改定

(原載《中國典籍與文化》2017 年第 2 期,收入本書時略有修訂。)

黑水城出土《薛仁貴征遼事略》
刊本殘葉綴合與初步研究

《薛仁貴征遼事略》是講史平話的一種，僅見於明《文淵閣書目》卷二"史雜"類著録，原書明代以後亡佚。《永樂大典》卷五千二百四十四"遼"字韻（現藏英國牛津大學博德利圖書館）收載（圖29），當即據文淵閣藏本抄入。1957年趙萬里據影片整理編注，交上海古典文學出版社排印出版（圖30），學者研究，多據此整理本。

1983至1984年，内蒙古文物考古研究所和阿拉善盟文物工作站聯合對黑水城遺址（在今内蒙古阿拉善盟額濟納旗）進行考古發掘，獲得大量漢文文書，其中就有《薛仁貴征遼事略》刊本殘葉（現藏内蒙古考古研究所），惜未引起小説研究者的關注。

黑水城出土 M1・1260［F209：W2］、M1・1261［F209：W3］、M1・1262［F209：W4］三片刊本殘葉（插頁圖二十二至圖二十四），整理者擬名爲《薛仁貴征遼事跡》殘葉。[①]其中 M1・1262［F209：W4］爲圖像，繪三人騎馬交戰，左下二人尚存題名"張士貴""劉君

[①] 李逸友編著《黑城出土文書（漢文文書卷）》，北京：科學出版社，1991年，第202頁。塔拉、杜建録、高國祥主編《中國藏黑水城漢文文獻》第7册，北京：國家圖書館出版社，2008年，第1567—1569頁。殘葉圖版及尺寸均採自《中國藏黑水城漢文文獻》，李逸友《黑城出土文書（漢文文書卷）》所載尺寸略有不同，分别爲 112×153 毫米、114×158 毫米、135×156 毫米。

黑水城出土《薛仁貴征遼事略》刊本殘葉綴合與初步研究　253

圖29　《永樂大典》卷五二四四所收
《薛仁貴征遼事略》

圖30　趙萬里輯校
《薛仁貴征遼事略》

昴"。未直接定名爲《薛仁貴征遼事略》的原因，可能是殘葉與《永樂大典》本《事略》文字略有差異，故整理者另行擬名。①

　　由於出土殘片破損嚴重，整理者進行了綴合。但初步綴合時大概主要依據殘片斷裂處的銜接程度，導致綴合有誤，乃至影響了進一步的綴合工作。參照《永樂大典》本《薛仁貴征遼事略》的文字可知，

---

①　杜建録《中國藏黑水城漢文文獻整理研究》（北京：人民出版社，2016年，第463頁）已改爲《薛仁貴征遼事略》。

M1·1260[F209：W2]右上"同反也"三字殘片（插頁圖二十二紅框所示）並不屬於此葉，乃整理者誤行綴合。又 M1·1260[F209：W2]、M1·1261[F209：W3]兩殘片文字內容銜接，知兩殘片乃一個整葉的左右面。將上述"同反也"三字殘片移除後，M1·1260[F209：W2]、M1·1261[F209：W3]兩殘片斷裂處亦相吻合。重新綴合之如插頁圖二十五。

　　殘葉錄文如下（上部殘闕部分用《永樂大典》本補足，《大典》本與刊本文字並不完全一致，補足文字僅供推測行款）：

　　右：M1·1261[F209：W3]

劉君昂弓箭發望仁貴後心便 射道 應弦而着射 仁貴马合面	1(24)
的箭中左臂上不曾墮騎回視知 刘君昂發箭 張士貴 在后一箭射	2(26)
起仁貴心上火來二賊匪人之功 更傷吾之命箭 射我 不飛一家喫	3(26)
我一戰便不趕莫離支撥馬的回 来迎頭送问二 總管 發箭射厶者	4(26)
何意仁貴欲殺二賊反覆尋思不 如對帝辨之一騎□奔駐驛山上	5(26)
仁貴帶箭見帝宣至仁貴問元 帥收军卿何不回来仁貴曰臣將	6(25)
自前建功盡與張士貴只擒莫離 支其功要建既見此賊臣肯放回	7(26)
帝曰逼賊何所仁貴曰正東十數 里遠其賊未得賊帝曰何爲不得	8(26)
其賊仁貴曰被唐將救了帝問何 人救莫离支也臣追賊方及背後	9(26)
二將發箭射臣左臂急不墮騎 回頭認的却是唐將帝曰莫非張士	10(26)
貴劉君昂也仁貴曰然帝曰何 令也仁貴曰臣故帶箭見陛下帝令	11(26)
取箭視之上有劉君昂號帖帝 大怒曰二賊怎敢如此卿与朕擒来	12(26)
仁貴領聖旨數次只不退帝 曰何爲仁貴曰臣立身於張摠管劉	13(25)
君昂下軍雖蒙聖旨臣焉敢失 上下之礼帝曰良將也遂问衆摠管	14(26)
卿等誰敢隨仁貴捉二賊去有一 將應声而出啓陛下尉遲恭愿往	15(26)
敬德將仁貴欲往英公唤敬 德摠管且慢去付耳低言這般者敬	16(25)
德稱善却説張士貴劉君昂歸 寨帳上論話士貴問君昂公射仁貴	17(26)

一箭那漢莫不奏帝去也此事若│何君昴道若帝見罪和總管也休│　　18(26)

左：M1・1260［F209：W2］

士貴曰怎奈何君昴曰不如│同共背唐士貴曰高麗君│安肯│納│　　1(24)
之劉君昴道將三路都統軍印來│厶徃平相去見高麗□藏去士貴□│　　2(27)
摘印度与君昴劉君昴曰某先徃│總管后來恐唐兵將拿咱君昴領│　　3(26)
兵出寨徃平壤路上來心情怳│惚甚怯甚怕正到峻嶺□映處□一│　　4(26)
喊發一隊唐兵阻其去路旗開捧│一員將高叫劉君昴畧住鄂国公在│　　5(27)
此敬德遂問君昴何徃正西有御│寨直東待那裏去劉君昴曰我奉│　　6(26)
總管命巡綽去敬德笑曰爾等│射仁貴一箭正中左肩令帝知其細│　　7(26)
今遣兵擒爾等今領兵東徃莫│背唐投遼乎君昴曰不敢敬德曰爾│　　8(27)
不反可下馬受縛見帝便休君│昴知罪乎撥馬帰遼領兵便走敬德│　　9(26)
曰這匹夫實反催軍便趕君昴│却更走十數里遠邊海島一隊軍来│　　10(26)
當住劉君昴二將出馬一箇雪│白袍遮藏了怙鎧一个皂羅袍籠罩│　　11(26)
了虎一箇掛孝秦懷玉一箇尉遲寶│林高叫來將何人君昴覷了不雇│　　12(27)
衆軍一騎馬落荒便走背後敬德│領二□少將軍趕將來盛走裏忽│　　13(26)
然聽一棒鑼聲有五百人截了│去路旗開捧一員將素袍玉鎧赤│　　14(25)
馬繁纓橫方天戟按住馬叫劉君│昴畧住薛仁貴□□便似報恨仵│　　15(26)
員逢伯齬兩箇見相怎結末劉君昴│下馬│告│仁│貴被│仁貴生致君昴│　　16(27)
將見尉遲總管話説張士貴帳上│道莫□│漏泄了也正│尋思間人報│　　17(26)
君昴領兵回張士貴思之何來之早│左右│道欲去平裏│城路逢莫离│　　18(26)

據綴合圖及錄文可知，刊本行款爲半葉十八行，行二十六字左右。版式爲左右雙邊，黑口，雙黑魚尾（殘葉所存魚尾在版心中下部，按一般刊本版式推斷，中部以上當有另一魚尾），版心下魚尾下記葉數。綴合圖版心破損過於嚴重，看似爲"廿二"葉，但此葉內容已過全書四分之三,不應僅爲"廿二"。殘葉内容與《永樂大典》本《薛仁貴征遼事略》基本一致,可據《大典》本《事略》字數略做計算。《大典》本《事略》凡40000余字,殘葉整版約1000字,則刊本文字内容約有四十葉。殘葉前内容約35000字,則刊本此前文字内容約有三十五葉,考慮到部分版面文字不可能刻滿,再加上圖像佔去部分葉數,則此葉葉數似應爲"卅二"。據殘葉尺寸(16 cm×11 cm、17 cm×12 cm)及一般古籍長寬比例推斷,刊本必非上圖下文式,而是均如插頁圖二十三,爲單幅式。殘葉右半講張士貴、劉君昂以暗箭射傷薛仁貴之事,《大典》本臨近上文云:"從山後一壁轉過兩騎馬,張士貴在前,劉君昂在後。"(刊本當在第卅一葉左半版)殘圖有騎馬者三人,下方二人,正是張士貴在前,劉君昂在後,二人與上方之人以山形隔開。由此可知,上方之人即薛仁貴,此圖所繪正是張、劉二人暗傷薛仁貴事,當與殘葉卅二葉前後相連。此外,誤綴的"同反也"三字殘片屬於尉遲恭與任城王李道宗爭執一節,位置當在第卅三葉。已知刊本行款爲半葉十八行,行約二十六字,以《大典》本文字進行復原,若"詩曰"下"往日賴功情可恕,今朝反國罪非輕"兩句獨佔一行,①則"同反也"三字恰在第卅三葉右半版第十八行中部略偏下,故此三字殘片尚留有魚尾痕跡。而殘圖右側也同樣有魚尾痕跡殘存,位置正與推測的"同反也"三字殘片魚尾一致,所以殘圖與三字殘片很可能分屬刊本第卅三葉的左半版和右半版。也就是説,現存的刊本殘葉都是第卅二葉和第卅三葉的部分。

刊本殘葉版式緊湊,字密行密,刊刻草率,多俗字、訛字及筆畫闕省現象(表3),具有典型的宋元建陽坊刻本特徵。而南宋建本字體結

---

① 明成化七年永順堂刊《新刊全相唐薛仁貴跨海征遼故事》(北京:文物出版社,1979年)中,"詩曰"即兩句佔一行。

構較之元建本具有結字較正、重心略低、鬆緊合宜的特徵，此外，南宋建本筆畫起筆多呈現峭立尖銳之形，元建本則往往偏圓。①以此標準審之，殘葉當爲元代建陽書坊刻本。

表 3　《薛仁貴征遼事略》刊本殘葉中的俗訛字

劉劉	貢貴	忍認	馬马	表来	收收	頋愿	昻昻	斗叫	鄂鄂	囯国	筫管
厶某	恨恨	便便	雇顾	盛盛	军军	飛罪	帰归	裏裏	慢慢	尓尔	离离

黑水城爲元代甘肅行省亦集乃路總管府所在地，洪武五年(1372)明征西將軍馮勝率軍征討，守將卜顏帖木兒以城降。②黑水城考古發現的文書中，最晚的年號爲北元宣光元年(洪武四年，1371)，而年代最晚的文物則爲一枚北元天元元年(洪武十二年，1379)鑄造的官印，説明當時此城仍有人居住。③更有研究者認爲，黑水城的最後廢棄在 1438 年以後。④明朝建立以後，與北元時有戰事，此城同明朝控制區域的交通應大受影響，能從南方輸入小説的可能性不大。此刊本的時代應主要參考同一地點出土的其他文物。與殘葉在黑水城相同地點(F209)同時出土的各類漢文文書，如《至正條格》刊本殘葉、契約、票據等，部分有紀年信息，計有：至順四年(1333)、至

---

① 關於宋元建本字體結構的具體分析，參見王天然、馬楠《黑水城出土刊本〈尚書句解〉殘葉小識》，《中國典籍與文化》2014 年第 2 期。
② 《明史·馮勝傳》，北京：中華書局，1974 年，第 3797 頁。
③ 內蒙古文物考古研究所、阿拉善盟文物工作站《內蒙古黑城考古發掘紀要》，《文物》1987 年第 7 期。
④ 陳炳應、梁松濤《黑水城廢棄的時間及原因新探》，《寧夏大學學報》(人文社會科學版)第 31 卷第 2 期，2009 年 3 月。

正十一年（1351）、□正貳拾年（1360）、至正廿一年（1361）、至正廿五年（1365）、至正卅年（洪武三年，1370）等。① 上文已指出此刊本的刊刻地點爲福建建陽（元屬建寧路），考慮到書籍從福建流通到今内蒙古阿拉善盟額濟納旗的時間，此刊本的刊刻年代似應早於元代晚期。

元刊本殘葉在用字上顯示了與元至治間建安虞氏刊《新全相三國志平話》、元建安書堂刊《至元新刊全相三分事略》的相似之處。三者多使用相同的俗字，如"顧"均作"雇"，"愿"均作"恒"，"馬"多作"马"。"管"，刊本殘葉作"宵"，《三國志平話》《三分事略》作"䇾""䇾"，等等。② 又《三國志平話》"書中'諸葛'之作'朱葛'，'糜竺'之作'梅竹'，'新野'之作'辛冶''辛治'，'討虜'之作'托虜''托膚'，人名、地名、職官往往多非本字"。③ 這種情況在《三分事略》中也存在。而《薛仁貴征遼事略》殘葉中如"鐵鎧"作"怗鎧"，"伍員"作"件員"，也是相同用字習慣的反映。姜殿揚在《三國志平話》跋中説："作者師承白話，未見史傳正文，每以同音習見之字通用之。省俗形近，傳録訛訛，又復雜出其間。坊賈據以入梓，難可校訂，蓋出自江湖小説人師徒相傳之腳本。"據此可知，此類用字反映出元刊本《薛仁貴征遼事略》更接近於説話人的腳本。

《永樂大典》本《薛仁貴征遼事略》用字較元刊本規範（如"厶"作"某"），且與元刊本存在一些異文：

1. 射 仁貴马合面 的箭中左臂上。

---

① 據李逸友《黑城出土文書（漢文文書卷）》統計。
② 《三國志平話》《三分事略》在同葉同行有二"管"字，皆是上作"䇾"，下作"䇾"，二者存在明顯的翻刻關係。
③ 涵芬樓影印本《三國志平話》姜殿揚跋。

黑水城出土《薛仁貴征遼事略》刊本殘葉綴合與初步研究   259

按：合，《大典》本作"後"，元刊本蓋誤"后"爲"合"。

2. 二賊匿人之功，更傷吾之命，箭射我不飛，一家喫我一戟。

按：飛，《大典》本作"死"，二字草書形近，元刊本誤。

3. 帝曰："逼賊何所？"仁貴曰："正東十數里遠其賊未得賊。"帝曰："何爲不得其賊？"

按：《大典》本作"正東十數里遠近，漸得其賊"。

4. 帝問："何人救莫离支也？"

按：《大典》本作"何人救之"。

5. 回頭認的却是唐將。

按：的，《大典》本作"得"，無"却"字。

6. 帝曰："何令也？"

按：令，《大典》本作"驗"，元刊本語義不通。

7. 仁貴曰："臣立身於張揔管、刘君昂下軍，雖蒙聖旨，臣焉敢失上下之礼。"

按:張摁管,《大典》本作"張士貴"。

8. 有一將應声而出:"启陛下,尉遲恭愿徃。"

按:《大典》本無"而"字。

9. 英公喚敬德:"摁管且慢去。"

按:《大典》本無"摁管"二字。

10. 君昴曰:"不如同共背唐。"

按:同共,《大典》本作"投遼"。

11. 劉君昴道:"將三路都統軍印來,厶徃平相去見高麗□藏去。"

按:《大典》本作"某往平襄城去見高建藏去"。

12. 刘君昴曰:"我奉總管命巡綽去。"

按:《大典》本無"劉"字。

13. 敬德笑曰:"爾等射仁貴一箭,正中左肩。令帝知其細,今遣兵擒爾等。今領兵東徃,莫不背唐投遼乎?"

按:令,《大典》本作"今",刊本誤。細,《大典》本作"事"。

14. 君 昂知罪乎,撥马帰遼,領兵便走 。

按:乎,《大典》本作"大"。

15. 君昂 却更走十数里。遠邊海島一隊軍来 ,當住劉君昂。二將出馬,一箇雪 白袍遮藏了怗鎧,一个皂羅袍籠罩 了虎,一箇掛孝秦懷玉,一箇尉遲寶 林 。

按:遠邊,《大典》本作"遠近"。怗,《大典》本作"鐵"。

16. 旗開,捧一員將,素袍玉鎧 。

按:玉,《大典》本作"瑩"。

17. 便似报恨忭 員逢伯嚭。

按:忭,《大典》本作"伍"。

可見元刊本在文字上劣於《大典》本,多訛字,音同、音近替代之字,以及不通的語句。但如上文所述,這反而反映出元刊本更接近於說話人的腳本。至於元刊本與《大典》本的關係,一種可能是元刊本即《大典》本之底本,《大典》在抄錄時,對文字進行了改動。但僅僅半張殘葉就有如此多的異文,且部分兩通之處本無煩改字,考慮到異文的數量與複雜情況,這種可能性值得懷疑。另一種可能是《大典》所據爲另一種本子,這種本子與元建本有共同的祖本,但經過了用字的規範及個別詞句的改造。需要指出的是,《永樂大典》本在抄錄時顯然也有脫文,如唐太宗夢征遼東,與葛蘇文交戰一節有"一將出馬交戰數合,莫離支刀劈敬德"云云,前後句十分突兀,中間顯然有訛脫。

對於《薛仁貴征遼事略》的成書年代,趙萬里考定爲元代,其證據主要有以下幾點:

1. 此書文辭古樸簡率之處,和至治新刊"平話五種"相似,當是宋元間説話人手筆。

2. 書中有"芙蓉城下,子高適會瓊姬;洛水堤邊,鄭子初逢龍女"之語。芙蓉城故事,宋元戲文中有王子高戲文,元以後文學作品罕見稱引。故此書寫作年代當在王子高故事流傳正盛時,即南宋時或元初。

3. 此書又稱"秦懷玉領兵出陣,便似掛孝關平也"。關平本與父關羽同時被殺,但至治新刊《三國志平話》(今按:《三分事略》同)在關羽死後仍有關平出場,可知説話人心目中,關羽被殺時,關平並未同死,與此書稱"掛孝關平"若合符節。故此書寫作時代當與《三國志平話》相距不遠。①

此元刊殘葉的發現,證明了趙萬里的考證確爲不刊之論。又《征遼事略》開頭有詩云:"三皇五帝夏商周,秦漢三分吳魏劉,晉宋齊梁南北史,隋唐五代宋金收。"亦見於《武王伐紂平話》的開頭,胡士瑩認爲"顯然是元人口氣",②程毅中則據此推測"當編定於金代"。③從以金代作結看,語氣更像金人。但此詩既然亦見於《武王伐紂平話》,説明這是當時講史者慣用的開場詩,僅能作大致時代的參考。《征遼事略》在張士貴、劉君昂被縛,交褚遂良勘對,帝設宴賞勞仁貴後插入尉

---

① 見趙萬里《薛仁貴征遼事略・後記》,上海:古典文學出版社,1957年,第74—76頁。
② 胡士瑩《話本小説概論》第十七章第三節,北京:商務印書館,2011年,第916頁。
③ 程毅中《宋元小説研究》第九章"宋元講史平話"第三節,南京:江蘇古籍出版社,1999年,第285頁。

遲恭與李道宗爭執一節，與主線內容關係不大，且任城王李道宗回護張、劉二人，云"不可爲軍卒斬二功臣"，尉遲恭更指出"任城王與張士貴新作對門"，與此前李道宗欲薦薛仁貴的正面形象不甚相符，很可能此節爲後來添入。元楊梓（？—1327）作《敬德不伏老》雜劇，敘唐太宗設功臣宴，李道宗爭座位，尉遲恭不服，打了道宗。此時李道宗正是作爲反面人物。由此看來，《薛仁貴征遼事略》最後成書倒可能是在此雜劇之後。至於書名作"事略"，與《三分事略》相同，也説明它更接近於説話人的腳本，只是一個提要式的簡本。正如程毅中在《從〈三分事略〉談話本的繁簡》一文中所説："從現存的幾種元刻本平話看，似乎可以得出一個結論，就是元代還沒有刻印過話本的繁本，而只有提要式的簡本。"①

元至治間建安虞氏刊行的"全相平話五種"和元建安書堂刊行的《至元新刊全相三分事略》，皆爲上圖下文式，所以以往的研究將上圖下文式插圖看作福建坊刻白話小説的標誌之一，《薛仁貴征遼事略》殘圖的發現，則説明當時的插圖樣式其實是具有多樣性的。此前所見最早的半版單幅式插圖爲明成化永順書堂所刊説唱詞話（其中也有上圖下文式），②《薛仁貴征遼事略》殘圖則將這一樣式提早到元代晚期。

總之，黑水城出土的《薛仁貴征遼事略》刊本殘葉爲元代建陽書坊刻本，證實了趙萬里的推斷，使得存世的元代講史平話又增加了一個刊本。其殘圖則是現存白話小説中時代最早的半版單幅式插圖。雖僅爲殘葉，仍應引起相關研究者的關注。

---

① 程毅中《程毅中文存》，北京：中華書局，2006年，第317頁。
② 這批説唱詞話中，《新刊全相唐薛仁貴跨海征遼故事》殘存上半之内封題"北京新刊"，故前人多以爲刻於北京，實則爲建陽書坊的營銷手段。參見賈二强《明成化説唱詞話刊於北京説獻疑》，《古今論衡》2000年第4期。

附記：本文原爲2014年春季學期潘建國老師開設的"小説文獻學"課程報告。文章發表後，得見秦樺林先生《絲綢之路出土漢文刻本研究》（浙江大學博士學位論文，2014年），其第十章第二節爲《黑水城出土〈薛仁貴征遼事略〉刻本殘葉考》。秦文對殘葉的綴合與本文一致，但對其葉次的判斷不同。秦文認爲此元刊本即《永樂大典》所據底本，也與本文觀點存在差異，請讀者參看。此外，秦文還提及元建陽坊刻文言小説《新編連相搜神廣記》（文中所記書名不確）亦有半版單幅式插圖。今按：該書分前集、後集，題"淮海秦子晉編"。傅增湘《藏園群書經眼錄》著錄爲明刻本，鄭振鐸《中國版畫史略》認爲刻於元至正間，賈二强《葉覆明刻〈三教源流搜神大全〉探源》（《古代文獻研究集林》第2集，西安：陝西師範大學出版社，1992年）一文則定爲元代中後期。該書現藏中國國家圖書館（善15749），中華古籍資源庫有全文影像。

（原載《北京大學中國古文獻研究中心集刊》第19輯［北京：北京大學出版社，2019年12月］。）

跋周廣業未刊稿《讀相臺五經隨筆》

《讀相臺五經隨筆》四卷《續筆》一卷，清周廣業撰。周廣業（1730—1798），字勤圃，號耕厓，浙江海寧人。乾隆四十八年（1783）舉人。廣業深研古學，於《孟子》一書致力最勤。著有《孟子四考》《經史避名彙考》《文昌通紀》《關帝徵信編》《廣德州志》《寧志餘聞》《兩浙地志錄》《季漢官爵考》《四部寓眼錄》《目治偶鈔》《補注意林》《動植小志》《循陔纂聞》《三餘攟錄》《時還讀我書錄》《蓬廬詩文鈔》等書，多爲未刊之稿。①

此書初稿本分藏上海圖書館和中國國家圖書館兩處（圖31）。②上圖藏本一册（索書號：線善756732），僅存《尚書》《毛詩》部分，屬於原書卷一、卷二的内容。國圖藏本一册（索書號：A02051），爲卷三、卷四，書衣題"讀相臺五經隨筆下"。兩處館藏合之，仍闕《周易》部分。《販書偶記》所載"底稿本"存卷與國圖藏本相合，③可見民國時此

---

① ［清］吴騫《愚谷文存》卷十《周耕厓孝廉傳》，見虞坤林點校《吴騫集》第三册，杭州：浙江古籍出版社，2016年，第153—156頁。按：原文字作"勤補"，今改從周氏自用印作"勤圃"。周氏著述目録可參見［清］管庭芬原輯，蔣學堅續輯《海昌藝文志》卷十三，影印民國十年（1921）排印本，《地方經籍志彙編》第27册，北京：國家圖書館出版社，2008年，第341—348頁。
② 《中國古籍善本書目·經部》（上海：上海古籍出版社，1989年，第365頁）分爲二本著録，上圖本作"手稿本"，國圖本作"稿本"。
③ 孫殿起《販書偶記》卷三，民國二十五年（1936）借閒居排印本，葉19b。

本即已分散。初稿本多增改之處，從字跡看，皆出周氏自手。

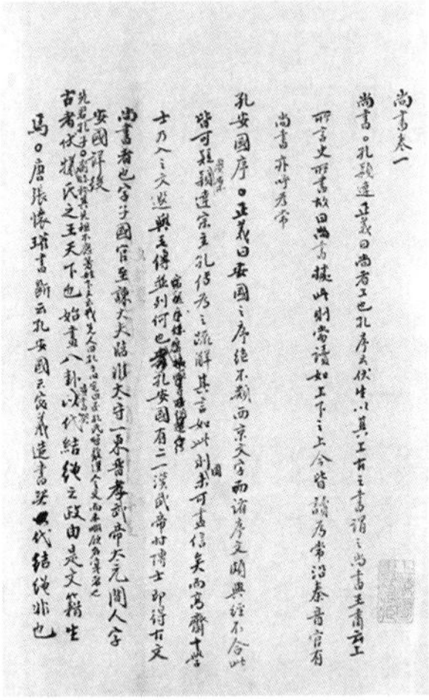

上海圖書館藏卷一至二（闕《周易》） 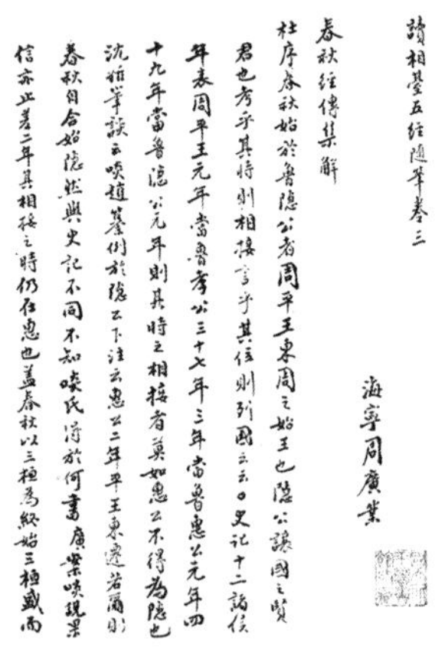　　中國國家圖書館藏卷三至四

圖31　《讀相臺五經隨筆》初稿本

　　國圖又藏稿本一部三冊（索書號：A02049。插頁圖二十六），凡《讀相臺五經隨筆》四卷《續筆》一卷，非周氏自筆，當是倩人謄錄。鈐"周廣業印"白方、"畊厓"朱方、"吳騫讀過"白方、"馥"朱方、"廣伯"白長方等印。有孫志祖、錢馥、陳振墫等人批校，皆校勘文字、指正闕誤，於是書頗有助益。《續筆》則又經朱筆斷句及校改，校語有題"駒案"者，當爲吳騫從子昂駒。《隨筆》卷一爲《周易》《尚書》，卷二爲《毛詩》，以上第一冊。卷三爲《春秋經傳集解》，卷四爲《禮記》，末有周廣業、蔣師爚二跋，以上第二冊。《續筆》一卷，均爲《尚書》，以上第三冊。此本《隨筆》部分當據初稿本謄錄，初稿本增改之處皆已吸收，但仍有少量新增之文。《續筆》後成，初稿所無，故增改之跡甚多。

　　浙江圖書館又藏周氏種松書塾黑格鈔本一部三冊（索書號：善

754),凡《隨筆》四卷《續筆》一卷(附《宋石經記略》)。其子勳懋敘列先父著述,分爲"已付剞劂""謄有清本"和"尚未得重寫"三類。①其中《讀經隨筆》一書屬於"謄有清本"者,當即浙圖藏本《讀相臺五經隨筆》。相較稿本,此本多出嘉慶九年王引之、嘉慶十二年馬瑞辰二序,皆周氏殁後,其子求作。《海昌藝文志》據此本著錄,故云有王序、馬序,並節錄馬序之文。②王序未收入《王文簡公遺集》,《海昌藝文志》亦未錄文。今將二序一併錄出,供讀者參考:

　　《讀相臺五經隨筆》,海寧周耕崖孝廉所記也。其書博取前人之説,稽合異同,以資多識,蓋惠氏定宇之亞矣。顧氏炎武據《漢書》以爲《彖》《象傳》附經始于費直,戴吉士駁正之。曩嘗歎其精審,而是書所論實與戴氏不期而合。至其辨東晉《古文尚書傳》之譌,與閻、惠二徵君相爲表裏,有功經學甚偉。余因孝廉之嗣,得見孝廉之書,用附數語于簡末,以志傾慕之誠云。嘉慶九年四月朔日,高郵王引之序。

　　《讀相臺五經隨筆》,海寧周耕厓先生所箸也。先生博學多聞,箸述最富。余先子曾手錄所著《孟子四考》以授,蓋嘗與先生訂交於都門矣。余不克見先生,得交先生之嗣竹泉,因受此書而讀之。其引《翼奉傳》"歷中甲庚"、"性中仁義",證《易》先甲後甲、先庚後庚之義,與楊子《太玄》言"庚斷甲,義斷仁也"合。其論《禹貢》"島夷皮服",當從鄭氏古文作"鳥夷",與《大戴記·五帝德》"東長、鳥夷羽民"合。其引鄭氏以毛公爲先師之説,證《詩箋》之義,足解《博物志》之疑。其引鄭氏註《陔夏》註"陔之言

---

① [清]周廣業《經史避名彙考》卷三末嘉慶三年(1798)周勳懋識語,影印清鈔本,《續修四庫全書》第 827 册,第 458 頁。
② [清]管庭芬原輯,蔣學堅續輯《海昌藝文志》卷十三,第 341 頁。

戒"，與《詩序》"相戒以養"義合，足證束晳補亡之失。其引《史記·宋世家》裏公時正考父作《商頌》，足證鄭氏《禮註》商爲宋詩之説。其餘博採舊聞，稽合同異，皆精確不移，不爲鑿空之論。至其辨東晉《古文尚書傳》之譌，尤與閻、惠兩徵君相發明。而以作傳之孔安國爲東晉孔愉之子字安國者，爲前人所未道。昔毛西河作《易小帖》，以《漢志》不載《子夏易傳》，《史》《漢》儒林傳皆無子夏受《易》事，謂《隋》《唐志》所載《子夏傳》爲杜子夏作。余按杜欽無受《易》事，因考《漢·儒林傳》沛鄧彭祖字子夏，受《易》於五鹿充宗，疑子夏或出於彭祖。是亦與先生定安國爲東晉人者，可同備一説也。先生所著有《意林校本》《避名錄》《過夏錄》《目治偶鈔》凡十數卷，皆未得見，而讀此已足見先生淹博之學，其有功於經術者不少矣。嘉慶十二年四月二十六日桐城馬瑞辰序。

此本書前還列有"參訂姓氏"，包括：仁和孫貽穀侍御名志祖，錢塘王疎雨觀察名朝梧，績谿方茶山廉使名體，歸安丁小疋進士名杰，儀徵貴郎中名徵，陽湖顧子明茂才名述，同邑吳兔牀明經名騫、吳醒園明經名昂駒、錢綠窗處士名馥、家松霭大令名春。其中孫志祖、吳騫、吳昂駒、錢馥乃國圖藏稿本的批校者。從序言、參訂姓氏等要素皆備看，此本乃爲刊行做準備，衹是最終未能實現。

《隨筆》書末有乾隆五十一年十月周廣業跋，交待了寫作此書的緣起：

> 宋岳鄶侯於嘉熙間取廖氏世綵堂本重校刊九經三傳，閱今六百年，五經具存，珍藏祕府。聖天子崇尚經術，特詔倣寫付鋟，頒布天下學官。其與諸本異同者，復命儒臣詳加考證，所以嘉惠藝林者至矣。臣廣業印得全部，莊讀一過，案頭獨有永懷堂本，

用以參閱。卷中既各爲標識，間有管窺，隨筆之別紙，彙爲四卷。於經義無所發明，特以佔畢小儒，晚遊京華，遂獲先覯寶書，斯定快事，存之庶以志幸也。

所謂相臺岳氏九經三傳，前人皆以爲南宋岳珂所刻，即周跋之"岳鄴侯"。後經張政烺考證，始知此岳氏乃元代宜興岳浚。①乾隆四十八年，清高宗於昭仁殿後廡建"五經萃室"貯藏岳本五經，並下旨仿寫刊刻，即武英殿翻岳本，各卷末附有考證。②周氏手校殿翻岳本現藏浙江圖書館，《周易》《尚書》《詩經》《春秋》皆有朱筆跋語。③周氏於乾隆四十九年春入京應試，留都三載。④據其跋語可知，乾隆五十一年春館北平查世倓（憺餘）家，托金汝珪（方雪）印得此書，校讀一過，因作《讀相臺五經隨筆》四卷，乃讀經札記的彙編。周氏還從翁方綱處借得乾隆四十三年（1778）秀水陳氏影宋刻《相臺書塾刊正九經三傳沿革例》，《隨筆》中多有引其校記之處。所謂永懷堂本，指崇禎十三年崑山葛氏永懷堂《十三經古註》，爲經注本，當時在坊間頗爲流行，⑤殿本考證的校本中即有永懷堂本。⑥

此書是一部經學考證筆記，不僅有文字的校勘、句讀的審定，更涉及許多經學史上的重要問題。各條考證多先引前人之說，再申明

---

① 張政烺《讀〈相臺書塾刊正九經三傳沿革例〉》，《張政烺文集·文史叢考》，北京：中華書局，2012年，第313—340頁。
② 詳參拙文《"岳本"補考》，《中國典籍與文化》2015年第3期，收入本書。
③ 浙江圖書館編《浙江圖書館藏國家珍貴古籍題跋圖錄》，北京：國家圖書館出版社，2017年，第152—158頁。
④ ［清］周春《蓬廬文鈔序》，《蓬廬文鈔》卷首，影印民國二十九年（1940）燕京大學圖書館排印本，《續修四庫全書》第1449冊，第327—328頁。［清］周廣業《謁護國帝君廟記》，《蓬廬文鈔》卷二，第373—374頁。
⑤ 廖明飛《永懷堂本〈十三經古註〉本〈儀禮〉略說》，《版本目錄學研究》第5輯。
⑥ 拙文《"岳本"補考》。

己見,廣徵博引,言必有據,體現了嚴謹求實的乾嘉學風。周廣業不僅重視經書的文本內容,還留意其文本形式。如指出岳本《周易》卷端題"周易上經乾傳第一",與《經典釋文》相合,說明王弼《易》注稱"傳",而永懷堂本、汲古閣本皆不題"乾傳"二字,下云"王弼註",遂使後人不知王弼原本名"傳"。又如"彖曰"條,先引蔣師爚說,考證以《彖》《象》連經始於鄭玄,以《文言》附《乾》《坤》二卦始於王弼。然後指出王弼本編次體例不統一,乃是出於"乾爲六十四卦之首"的變例,李光地及蔡淵的改易不可取。最後批評時人讀朱子《本義》而編次從王弼本,使得"《彖傳》注遂不可解"。

周氏注重漢儒舊說,但於唐宋以來有理之異說亦不完全否定。如《周易·乾卦》"九三,君子終日乾乾,夕惕若厲无咎",王弼注"至於夕惕,猶若厲也",顯然是以"夕惕若厲"爲句。而孔穎達《周易正義》、郭京《周易舉正》則以"若"字爲語辭,宋儒因之,遂讀"夕惕若"爲句。周廣業引《漢書·王莽傳》《淮南子·人間訓》、張衡《思玄賦》、傅咸《叩頭蟲賦》、班固《薦謝夷吾文》、許慎《說文解字》、崔寔《大赦賦》、《宋書·袁粲傳》等十餘種文獻,說明兩漢諸儒皆以"夕惕若厲"爲句,且唐前無異辭。但同時也承認郭京等以"厲"字連下讀亦有理據,可謂持平之論。

《古文尚書》及孔傳,此前閻若璩、惠棟等學者已發其僞,周廣業在《隨筆》中也指出了孔傳的不少訛誤及其參用馬融、王肅注之處。至於其作者,前人或以爲皇甫謐,或以爲王肅,或以爲梅賾,莫衷一是。① 周氏則提出有兩孔安國:西漢孔安國僅以今文讀古文,並未作傳;今傳孔傳之作者乃東晉太元間人孔愉之子。東晉孔安國祖述馬融、王肅之注,參用鄭玄之說,自成一家之書,祇是後之作僞者強行屬

---

① 參見劉起釪《尚書學史》(訂補修訂本),北京:中華書局,2017年,第369—370頁。

之西漢孔安國。此條徵引廣博，論述極詳，蔣師爚跋、馬瑞辰序皆點出此説，稱爲前人所未道。今之研究者叙述此説皆舉陳壽祺《左海經辨》、馮登府《十三經詁答問》，①不知此前周廣業已經提出。除了以上所述，蔣師爚跋、馬瑞辰序也指出不少此書的精到之處，讀者自可參看。

附記：王欣夫《蛾術軒篋存善本書録·癸卯稿》卷一著録《讀相臺五經隨筆》四卷二册，吴縣王氏學禮齋鈔稿本。首王引之序，次馬瑞辰序，次參訂姓氏，未自跋，皆與浙圖所藏周氏種松書塾黑格鈔本一致，惟無《續筆》。《書録》迻録王、馬二序，並特别指出僞孔傳作者爲東晉孔安國之説乃周廣業創見，早於陳壽祺、馮登府。王氏《書録》所載，寫作本文時失於檢核，今承上海古籍出版社郭沖兄見示，特補記於後。2021.6.3 於北京大學人文學苑。

（原載《版本目録學研究》第 12 輯［北京：國家圖書館出版社，2020 年］，後作爲解題收入劉玉才、陳紅彦主編《國家圖書館藏未刊稿叢書·著作編·讀相臺五經隨筆》［南京：鳳凰出版社，2021 年］，《海寧文博》總第 76 期［2021 年 6 月］轉載。）

---

① 劉起釪《尚書學史》（訂補修訂本），第 370 頁。按：陳壽祺説見《左海經辨》卷上《今文尚書大誓後得到説》，影印道光三年(1823)三山陳氏刻本，《續修四庫全書》第 175 册，第 377—378 頁。陳氏衹是指出東晉李顒《尚書集注》於《大誓》篇所引"孔安國曰"乃是東晉孔安國，並非認爲今傳孔傳之作者即是此人。馮登府説見《十三經詁答問》卷一，《皇清經解續編》卷七四一，第 11b—12a 頁。馮氏明確提出"東晉别有一孔安國，亦通經學，與梅賾上書元帝時相先後，《書傳》或出其手，而後人誤以爲漢之臨淮"，但或是限於答問體例，論述遠不及周廣業周詳。

《白虎通義校稿》解題（附錄文）

《白虎通義校稿》一卷一册，中國國家圖書館藏（索書號：8207）。原書略有殘闕，書名、撰者皆不存，《自莊嚴堪善本書目》《自莊嚴堪善本書影》《北京圖書館古籍善本書目》《中國古籍善本書目》等均著録爲清吴騫稿本，書名亦爲擬題。①鈐有"拜經樓"白方、"莫友芝圖書印"朱長方、"莫繩孫印"白方、"曾在周叔弢處"朱長方等印，知此書曾經吴騫、莫氏父子、周叔弢遞藏。之所以定爲吴騫稿本，當是據筆跡推知（插頁圖二十七）。吴騫（1733—1814），字槎客，一字葵里，號愚谷，又號兔牀，浙江海寧人。貢生。篤嗜典籍，廣蒐善本，築拜經樓藏之。每得一書，必校勘精審。著有《詩譜補亡後訂》《孫氏爾雅正義拾遺》《國山碑考》《小桐溪吴氏家乘》《陽羨名陶録》《桃溪客語》《小桐溪隨筆》《尖陽叢筆》《拜經樓詩集》《愚谷文存》《拜經樓詩話》《論印絶句》《蠹塘漁乃》等書。

但是，本書卷端題名不存，抄寫者並不一定就是撰者。書中多數校記未署名，其中一條内有"廣業按"三字。其次則多署"朱型家曰"（或"朱曰"），部分條内有"型按"二字。又有署"吴騫曰""盧文弨曰"者，僅一二條而已。盧文弨校刻的抱經堂本《白虎通》在清代被推爲善本，盧

---

① 冀淑英編《自莊嚴堪善本書目》，天津：天津古籍出版社，1985年，第50頁。周一良主編《自莊嚴堪善本書影》，北京：國家圖書館出版社，2010年，第626頁。《北京圖書館古籍善本書目·子部》，北京：書目文獻出版社，1989年，第1436頁。《中國古籍善本書目·子部》，上海：上海古籍出版社，1996年，上册，第509頁。

本的基礎是莊述祖校本，又參考了不少當時學者的校勘意見。書前列有《白虎通讎校所據新舊本并校人姓名》，其中與本文有關的是：

陽湖莊述祖葆琛校 攷及目錄、闕文皆所定。
海寧周廣業勤補校
海寧吳騫槎客校 刻將成，又示一小字舊本兩卷，止於《嫁娶》，疑宋時本也。
海寧朱型家允達校
餘姚盧文弨紹弓據莊校本覆校并集衆家說

雖然列有不少校人姓名，但盧本書中實際引及之處並不太多。其中引周廣業說凡六處，皆合於《白虎通義校稿》中的未署名校記，可見這些校記出於周廣業之手，而非吳騫。

篇次	《白虎通義校稿》	盧本《白虎通》
序	（原書前闕）引班固《功德論》曰："朱軒之使，鳳舉于龍堆之表。"是論不見全文，豈氏所指即此而脫"功"字歟？其言不類說經，或亦《四子講德論》之流，而史誤爲連及歟？且古人講解經義並謂之"通"，觀《魏志》齊王正始五年講《尚書通》，七年講《禮記通》，《宋書·禮志》晉武帝泰始七年皇太子講《孝經通》，咸寧三年講《詩通》，則知之矣。①是書列《隋經籍志》，亦曰《白虎通》，惟《儒林傳》嘗言著爲通義。故孔穎達《左傳·隱五年》正義有云漢群儒作《白虎觀通義》，"雖□《通義》，義不通也"。宋儒《孝經》《爾雅》等疏亦有引作《白虎通義》者，而《白虎通德論》之名自《崇文》後元明刊本承以標題，此之不可不深攷也。七頁一行後	周廣業曰：《班固傳》所稱《白虎通德論》與《白虎通》異名，而章懷無注，宋《崇文總目》始用爲標題。偏考晉宋迄唐諸史志傳及釋經、集類之書，援引不下數百條，皆曰《白虎通》，即《南齊·禮志》載魏繆襲所引"三王祭天，一用夏正"云云亦然。使實以"通德"爲名，魏晉諸儒去漢未遠，不應妄加割截。劉宋而後則范史具在，豈盡不寓目者乎？竊疑"通德"二字本不連讀，乃是《白虎通》之外別有《德論》，非一書也。李善《文選注》引班固《功德論》曰："朱軒之使，鳳舉於龍堆之表。"是論不見全文，豈范氏所指即此而脫"功"字歟？其言不類說經，或亦《四子講德》之流，而史誤爲連及歟？且古人講解經義並謂之"通"，是書列《隋經籍志》亦曰《白虎通》，惟《儒林傳》嘗言著爲通義，故孔穎達《左傳·隱五年》正義有云漢羣儒作《白虎觀通義》，"雖名通義，義不通也"。宋儒《孝經》《爾雅》等疏亦有引作《白虎通義》者，而《白虎通德論》之名自《崇文》後元明刊本率以標題，殆失之不考。

---

① "觀魏志"至"知之矣"數句，盧本未引。

續　表

篇次	《白虎通義校稿》	盧本《白虎通》
禮樂	……即檢上文，竝無東方曰任（眉批：任疑作昧）、西方曰株離之語，頗疑注有脱漏。攷鄭氏注《周禮‧鞮鞻氏》云："東方曰韎，南方曰任，西方曰株離，北方曰禁。"賈公彦正義謂此樂名出《孝經鈎命決》，彼云"西夷之樂曰侏離"，"又按《虞傳》云陽伯之樂舞侏離，則東夷之樂亦名侏離。鄭注云侏離舞樂名，象萬物生侏離，若《詩》云彼黍離離，是物生亦曰離"。以此參觀，則穎達所謂與《白虎通》相反者，正指鄭、《鈎命決》之説，而朝離則侏離□解，二文之本互通也。又班孟堅《東都賦》"僸佅兜離"，《文選注》先引《鈎命決》"東曰昧，南曰任，西曰侏離，北曰僸"，次引毛萇《詩傳》作東韎、南任、西侏離、北禁，而總解之云："説樂是一，而字竝不同，蓋古音有輕重也。"據此則"朝"及"株"、"朱"字可並存矣。南之爲兜，《選注》音丁侯切，與韎、昧、佅、僸等字亦可備攷證。廿二頁四行	周云：上文竝無東曰昧、西曰株離之語，疑正義上文有脱漏。考鄭氏注《周禮‧鞮鞻氏》云："東方曰韎，南方曰任，西方曰株離，北方曰禁。"賈公彦疏謂此樂名出《孝經鈎命決》，彼云"西夷之樂曰離"，"又案《虞傳》云陽伯之樂舞株離，則東方之樂亦名株離。鄭注云株離舞曲名，象萬物生株離，若《詩》云彼黍離離，是物生亦曰離"。以此參觀，則孔氏所謂與《白虎通》相反者，正指鄭所據《鈎命決》之説，而朝離即株離乃解，二文之本互通也。案朝離與株離、朱僸兜離，南與任、昧與韎、朱禁與僸，聲俱相近，李善注班孟堅《東都賦》"僸佅兜離"云："説樂是一，而字竝不同，蓋古音有輕重也。"
攷黜	《續漢志》注引《古今注》曰："漢武帝天漢四年，令諸侯王大國朱輪，特虎居前，左兕右麋。小國朱輪畫，特虎居前，寢麋居左右。"據此則"能"當作"熊"，"米庶"二字乃"麋"字誤分爲二，而又訛其筆畫也。八頁七行	"特熊"舊訛"特能"，"寢麋"舊訛"寢米庶"，今從周改。劉昭注《續漢‧輿服志》引《古今注》曰："武帝天漢四年，令諸侯王大國朱輪，特虎居前，左兕右麋。小國朱輪畫，特虎居前，寢麋居左右。"
情性	"謂"字當去之，而依《困學紀聞》改爲"禮運記曰"四字。《紀聞》引此而自注云"今《禮運》無此語"。○廿九頁十九行	周、朱二君欲去此處"謂"字，易以"禮運記曰"四字。
五經	《初學記》引云"五經，《易》《尚書》《詩》《禮》《樂》也"，無"春秋"字，有"樂"字。其注云："古以《易》《書》《詩》《禮》《樂》《春秋》爲六經，至秦焚書，《樂經》亡，今以《易》《詩》《書》《禮》《春秋》爲五經。"據此則《白虎通》之"五經"不當有"春秋"二字。《禮‧經解》云云，疑後人竄入。《北堂書抄》引，〔與《初學記》同，參前一條尤可見。七頁十一行	周云：《初學記》引云"五經，《易》《尚書》《詩》《禮》《樂》也"，無"春秋"字，有"樂"字。其注云："古以《易》《書》《詩》《禮》《樂》《春秋》爲六經，至秦焚書，《樂經》亡，今以《易》《詩》《書》《禮》《春秋》爲五經。"據此則《白虎通》之"五經"不當有"春秋"字。《禮‧經解》云云，疑後人竄入。《北堂書鈔》所引，與《初學記》同，參前一條尤可見。
嫁娶	《坊記》"婦猶有不至者"，當即此"淫佚"之意。十頁三行	周云：《坊記》"婦猶有不至者"，即此"防淫泆"之意。

盧文弨《校刻白虎通序》述及校刻此書之經過，先是將莊述祖所校傳録於己本之上，後又曾"在杭州楷寫一本，留於友人所"。而吴騫、周廣業、朱型家皆海寧人，清代海寧屬杭州府。①上海圖書館藏一部清抄本《白虎通》（索書號：綫善 827298-301），半葉十行二十字，曾經吴騫、傅增湘、瞿師岐等人收藏（插頁圖二十八）。②此書當即盧氏楷寫留於杭州之本，或是從杭州本轉抄。首《白虎通目録》，題"南蘭陵莊述祖定"。次《白虎通考證》，主要内容同於盧本書前的莊述祖《白虎通義攷》，知亦莊氏之作。次正文，分爲四卷，莊校以雙行小字附於句下。而《白虎通義校稿》亦分四卷，各條校記後皆注"某頁某行"，經檢核，均可與此上圖藏本正文位置對應。可見各條校記所據底本即盧文弨楷寫的莊述祖校本或其轉抄本。

周廣業（1730—1798），字勤圃，號耕厓。乾隆四十八年（1783）舉人。③朱型家，字允達，又字周逵，號懶巖，又號巢飲。歲貢生。④周廣業、朱型家皆與吴騫關係密切，周、吴二家爲姻親，⑤朱氏則曾館於吴家，爲吴騫子壽旸之師。⑥吴騫與盧文弨亦過從甚密，《吴兔牀日記》中常有過訪抱經堂之記録。⑦吴氏抄録周、朱二人校記，或是爲了提供給

---

① ［清］趙爾巽等《清史稿》卷六五《地理志十二》，北京：中華書局，1977年，第2129頁。
② 傅增湘《藏園群書經眼録》，北京：中華書局，2009年，第558頁。影印本收入《子海珍本編·大陸卷第二輯·上海圖書館輯（上）》，南京：鳳凰出版社，2017年。按：書衣有墨書"浦左瞿師岐珍藏"，瞿氏其人不詳。又此書尚有"查繼佐印"朱方、"伊璜氏"白方二印，然查繼佐（1601—1676）爲明末清初人，不得見莊述祖（1750—1816）校訂之書，當屬僞印。
③ ［民國］《海寧州志稿》卷十四典籍十三，民國十一年（1922）鉛印本，第6a頁。
④ ［民國］《海寧州志稿》卷十四典籍十四，第13b頁。
⑤ 吴騫兄女適周廣業子勤常，參虞坤林《海寧藏書家之傳承及其姻親關係初探》，《天一閣文叢》第3輯。
⑥ ［清］吴壽旸撰，郭立暄點校《拜經樓藏書題跋記》，上海：上海古籍出版社，2007年，第196頁。
⑦ ［清］吴騫著，張昊蘇、楊洪升整理《吴兔牀日記》，南京：鳳凰出版社，2015年。

盧文弨參考。①盧氏在諸家校記的基礎上又加覆校，抱經堂本《白虎通》可以説是諸人合作的成果。當然，從《校稿》看，盧文弨對諸家校記是有取捨的，所以此書對我們今日校勘《白虎通》仍有一定的參考價值。至於此書的著録，當改作"清吴騫輯，清乾隆間吴騫抄本"或"清周廣業、朱型家等撰，清乾隆間吴騫抄本"。

（原載劉玉才、陳紅彦主編《國家圖書館藏未刊稿叢書·著作編·白虎通義校稿》[南京：鳳凰出版社，2021年]書前。）

---

① 吴騫此後又出示盧文弨元刊二卷本《白虎通》，盧氏稱爲"小字舊本"，校記入《補遺》。

白虎通義校稿

〔白虎通考證〕①

〔《班固傳》所稱《白虎通德論》，與《白虎通》異名，而章懷無注，宋《崇文總目》始用爲標題。徧考晉宋迄唐諸史志傳及釋經、集類之書，援引不下數百條，皆曰《白虎通》，即《南齊·禮志》載魏繆襲所引"三王祭天，一用夏正"云云亦然。使實以"通德"爲名，魏晉諸儒去漢未遠，不應妄加割截。劉宋而後則范史具在，豈盡不寓目者乎？竊疑"通德"二字本不連讀，乃是《白虎通》之外别有《德論》，非一書也。李善《文選注》②引班固《功德論》曰："朱軒之使，鳳舉于龍堆之表。"是論不見全文，豈范氏所指即此而脱"功"字歟？其言不類説經，或亦《四子講德論》之流，而史誤爲連及歟？且古人講解經義竝謂之"通"，觀《魏志》齊王正始五年講《尚書經通》，七年講《禮記通》，《宋書·禮志》晉武帝泰始七年皇太子講《孝經通》，咸寧三年講《詩通》，則知之矣。是書列《隋經籍志》，亦曰《白虎通》，惟《儒林傳》嘗言著爲《通義》。故孔穎達《左傳·隱五年》正義有云：漢群儒作《白虎觀通義》，"雖□《通義》，義不通也。"③宋儒《孝經》《爾雅》等疏亦有引作《白虎通義》者，而《白虎通德論》之名自《崇文》後元明刊本承以標題，此之不

---

① 篇名爲此次整理時據莊述祖校本《白虎通》所補，以清眉目，下同。
② 原書前闕，據盧本《白虎通》所引補。
③ 正義言不通乃指其釋，非謂其名不通。

可不深攷也。七頁一行後

卷　　一

〔爵〕

太社惟松，汲古閣本作"尚書無逸篇"，《初學記》《文獻通攷》亦然，《藝文類聚》則作"尚書逸篇"。（書眉朱批：元刻《白虎通》無"無"字。）攷《禮·檀弓》"稱家之有亡"，陸氏《釋文》曰"亡，如字，無也，一音無"，意古"亡""無"二字通用也。或説《周書·無逸》誠誤。但以《尚書》爲放勛書，亦未知所據，似當連上讀曰"天子臣放勛"。舊説放勛堯名，《路史》注引《靈臺碑》云"堯以侯伯恢踐帝位"，許叔重謂"以楚伯受命"，董仲舒曰"堯發于諸侯"，則放勛未踐帝位時自當稱臣。一頁十行

邢昺孝經正義春秋傳曰

邢昺《孝經正義》引云：公者至意也。《春秋傳》曰：王者之後稱公。（此下無"其餘"至"子男也"十三字。按《禮·王制》徵引引《援神契》云"王者之後稱公，大國諸侯皆千乘，象雷震百里"，文與俗本略同，疑是後人補入，故邢引無之。）侯者候也，候逆順也。伯者長也，爲一國之長子也。子者字也，常行字愛無已也。男者任也，常任王事也。《王制》曰：公侯田方百里，伯七十里，子男五十里。至於周公，增地益廣，加賜諸侯之地，公五百里，侯四百里，伯三百里，子二百里，男一百里。公爲上等，侯伯爲中等，子男爲下等。

廣業按：邢疏所引"至于周公"以下，今無可接，或可附存，餘似可補正文。一頁十八行

"卿之爲言"下當依《孝經正義》補"章也"二字。三頁一行

朱型家曰："大扶"下疑脱也字。攷明刻本止作"大扶進人者也"，

無下"扶"字。三頁一行

〔補〕盧文弨曰:《禮·辨名記》作"辨然不然"。

"任事之稱也"下,《孝經正義》引云:"故《禮·辨名記》:士者,任事之稱也。

傅曰:通古今,辨然不然,謂之士。"三頁四行〇一

朱曰:強而仕,"士"疑作"仕"。舊本作"仕"。三頁五行①

朱曰:明卑者多也,《四書攷》所引"卑"上有"尊"字。三頁十二行

朱曰:大夫職在,"在"作"任"。三頁十三行

"天子爵連言天子"者費解,按《禮記·王制》正義引《白虎通》有云"王是天子爵號",疑是此章脱文。或當作"天子爵連言天王,諸侯爵不連言王侯何?王是天子爵號。即言王侯"云云。三頁十九行

繫民,"繫"字《禮記正義》作"保"。孝子之心,"心"《正義》亦作"思"。五頁八行

朱曰:諸侯之子稱世子,"世"字舊本作"代"。按"代子"之名甚有理,可注本句下。五頁十六行

"傅曰"上,《初學記》有"春秋"二字。五頁十八行

〔號〕

"高辛"上疑脱"曰"字。十一頁三行

〔謚〕

朱曰:"特牲"上疑脱"郊"字。十二頁十三行

朱曰:"死而謚今也"句亦見《效特牲》。十二頁十六行

〔五祀〕

是冬也,"是"字疑衍,或當在"也"字上。十五頁十六行朱曰:"是冬"疑作"冬是"。

---

① 《漢魏叢書》及《祕書二十一種》本作"仕",《廣漢魏叢書》本作"士"。

〔社稷〕

"禮記三正"當作"禮三正記",《續漢志》注如此。十六頁十七行

"太社"五句,《初學記》引作"尚書無逸篇",《通攷》同。十八頁二行

《續漢志》注引作"《春秋文義》:天子社廣五丈"二句,"上冒以黃土"句,《初學記》誤引作《尚書·無逸篇》文。十八頁七行

〔禮樂〕

朱曰:按《樂記》,"族長鄉里"上有"在"字。"所以崇和順,比物飾節",《樂記》作"審一以定和,比物以飾節"。"立樂之意也","意"作"方"。"執干戚"二句,"執"下、"習"下俱有"其"字。"容貌得齊焉","齊"作"莊"。"人情之所不能免焉也",無"焉"字。"鈇鉞"下有"者"字,"所以"上有"先王之"三字。十九頁

"大章"下疑脫"者"字。二十頁二十行

"與其所自作","與"疑作"興"。廿二頁二行

《禮記·明堂位》:"昧,東夷之樂也。任,南蠻之樂也。"鄭注祇引《周禮》"昧師掌教昧樂"、《詩》"以雅以南"爲證。正義則引《白虎通》"樂元語"以下全文,兩解之同,"此東曰昧、西曰株離,與《白虎通》正相反者,以春、秋二方俱有昧、株離之異,故《白虎通》及此各舉其一,《白虎通》曰朝離則株離也"。即檢上文,竝無東方曰任(眉批:任疑作昧)、西方曰株離之語,頗疑注有脫漏。攷鄭氏注《周禮·鞮鞻氏》云:"東曰韎,南方曰任,西方曰株離,北方曰禁。"賈公彥正義謂此樂名出《孝經鉤命決》,彼云"西夷之樂曰侏離","又按《虞傳》云陽伯之樂舞侏離,則東夷之樂亦名侏離。鄭注云侏離舞樂名,象萬物生侏離,若《詩》云彼黍離離,是物生亦曰離"。以此參觀,則穎達所謂與《白虎通》相反者,正指鄭、《鉤命決》之說,而朝離則侏離□解,二文之本互通也。又班孟堅《東都賦》"禁侏兜離",《文選注》先引《鉤命決》"東曰昧,南曰任,西曰侏離,北曰僸",次引毛萇《詩傳》作東韎、南任、

西侏離、北禁，而總解之云："説樂是一，而字竝不同，蓋古音有輕重也。"據此則"朝"及"株"、"朱"字可竝存矣。南之爲兜，《選注》音丁侯切，與棘、眛、侏、儌等字亦可備攷證。廿二頁四行

"此言以文"，疑有闕文。《藝文類聚》引《五經通義》曰"王者之樂有先後，各尚其德也，以文得之"云云。廿二頁六行

朱云："在東門之外"，按《明堂位》無"在"字。又"禹納蠻夷之樂於太廟"，《明堂位》作"納夷蠻之樂于太廟"，此加"禹"字，疑訛。又按《逸周書·明堂解》，"東門"上亦無"在"字。廿三頁三行

《北堂書抄》引云"樂所以必歌者何？夫歌者，口之言之也。中心喜之，口欲歌之"，三句□補在"歌者"上。廿三頁十九行

朱云："匏"下疑有"爲"字。廿五頁十五行

卷　　二

〔五行〕

朱云："將生者出者將歸者"疑有脱誤，或作"將生者出，將歸者入"。二頁一行

據後則此當脱"句芒"二字。三頁七行

〔誅伐〕

此段劉昭補注《續漢志》全引之。十四頁十三行

前"冬至"作"至日"，末"寒熱"云云疑因冬至而終言之。十四頁十四行

〔諫諍〕

朱曰："愛"之上疑有"論語曰"三字。十四頁十八行

觀下"君待之以禮奈何"，或當云"如是君待之以禮，臣待放"。十五頁十二行

《初學記》引作"陷諫",不同。"孔子曰"上有"故"字。十七頁四行

〔鄉射〕

朱曰:"祀于明堂","于"《禮記》作"乎"。"享三老","享"《禮記》作"食"。廿頁十八行、十九行

《藝文類聚》所引與《選注》正同。二十頁二十行

〔致仕〕

朱云:"於君問就之",《祭義》云"君問則就之"。廿一頁二十行

〔辟雍〕

《路史》"禹學於西王惺",注云:"西王牁也。《新序》作西王國,《白虎通義》曰國先生,謬也。"廿二頁十二行

《藝文類聚》引作"天子之太子,諸侯之世子,皆就師於外者,尊師重先王之道也。故《曲禮》曰:禮聞有來學,無往教也。"廿二頁十三行

朱曰:"聞有來學,無往教者也",《曲禮》作"禮聞有來學,不聞往教"。"天子太子",《王制》作"王太子王子"。又"嫡子"下有"國之俊選"句。同上

按下有"雍之為言壅也",則此"壅也"二字可汰。廿三頁四行

"壅之以水",《文選注》引云"以《詩》言癰,明癰之以水"。《藝文類聚》《續漢志》注作"壅",無"壅也"二字。同上

〔補〕《禮‧明堂位》正義載鄭氏《駁異義》所引《小戴‧盛德篇》云"四堂十二室"字誤,本書云"北堂十二室"。按此"九室"亦當作"九堂"。

朱曰:"十二室",舊本作"坐"。① 型按:《冬官‧匠人》云"周人明堂五室,凡空二筵",又云"室中度以几"。賈公彥疏謂室中坐時憑几,故度以几。竊意十二室中既有天子十二坐位,即遵舊本作"坐"亦可,且與上文九室無礙。又按《大戴記》云"九室十二堂",則"室"字疑作

---

① 《漢魏叢書》及《廣漢魏叢書》本作"坐"。

"堂"。廿四頁十三行

象八風,"象"字本作"法",似宜從舊本。朱曰:舊刻本亦作"象"。同上

卷 三

〔封禪〕

《藝文類聚》作"報",告成之義也。一頁四行

〔補〕《禮記正義》無"始受命"至"太平也"廿二字。一頁四行

"萬物之所","所"字當依《禮記正義》改"始"。一頁五行

"升封者"下似當依《初學記》加"示"字。一頁六行

朱曰:"基"上舊本有"山"字。一頁七行《禮·禮器》正義無"山"字。

"以自効也",《禮記正義》作"自勸"。一頁八行無"天以高"二句。同上

朱曰:"附梁甫之基","基"《大戴記》注作"厚"。一頁十行"明天之"至"事遂",《大戴記》注作"明以成功事就"。

《禮正義》無"明天之"至"加厚矣"。同上

朱曰:"厚者加厚",《大戴》注作"廣者增厚"。一頁十一行

據《禮記正義》,"封者"二字衍。一頁十二行

"三皇禪于梁甫"至"天地之道",《禮·禮器》正義作"三皇禪于繹繹之山,五帝禪于亭亭之山,三王禪于梁甫之山。繹繹,無窮之意,禪于有德者而無窮已。亭亭者,制度審諦,道德著明。梁甫者,梁,信也。甫,輔也。信輔天地之道"。一頁十二行

《禮記正義》無"封者廣也"至"梁甫何以"。"禪于有德者居之",《禮正義》作"讓於有德"。刻本皆無"禪於"二字。一頁十六行

《文選》有"黑丹"。二頁十二行

"美酒也","酒"字似當作"泉"。朱曰：舊本作"泉"。三頁九行

〔巡狩〕

《禮記正義》"牧"亦作"收","以"字亦作"守土"。三頁十七行

"其功大著","功"字《水經注》作"懷"。六頁十八行

〔玫黜〕

似當作"然相爲本末"。七頁八行

《續漢志》注引《古今注》曰："漢武帝天漢四年，令諸侯王大國朱輪，特虎居前，左兕右麋。小國朱輪畫，特熊居前，寢麋居左右。"據此則"能"當作"熊","米庶"二字乃"麋"字誤分爲二，而又訛其筆畫也。八頁七行

"賜爵爲伯","賜"本或作"增"。九頁十七行

朱云："宜"，舊本作"疑"。按《尚書》"功疑惟重"，則"宜"似當作"疑"。十一頁壹行

朱曰："當公"疑作"尚公"。"尚"與"上"古通用，或誤加"田"耳。十一頁五行

〔蓍龜〕

朱曰：《禮·雜記》中不見此數語，惟《大戴記·天圓篇》云"龍非風不舉，龜非火不兆，此皆陰陽之際也"。十五頁五行

朱曰：按《周禮》"凡卜人"作"凡卜筮"，賈疏云"君體已下皆據卜而言，兼云筮者，凡卜皆先筮，故連言之"，據此則"人"字當改作"筮"。又下三句，《周禮》作"君占體，大夫占色，史占墨"，此亦□異。"視高"，"視"《周禮》作"眂"。"攻龜用冬時"，"冬"《周禮》作"春"。十五頁十行

〔聖人〕

朱曰：《四書攷》引才稱"萬人曰傑，倍傑曰聖"。十五頁十六行

"首篇"上當脫"尚書"二字。朱曰："旁"書作"方"。十六頁十一行

朱曰：伏羲、黃帝兩段疑有脫誤，下文俱四字爲句用韻，而此有難

句讀處。十六頁十四行

朱曰："禮曰"二字疑衍。

〔商賈〕

朱曰："即如是"三字於上下文意不相屬，此處疑有闕文。十八頁九行

玩"遠行可知也"，則"用方"乃"遊必有方"之義。同上

朱曰：疑漢儒以下句"用"字連上句讀，亦未可知。即以"遠服賈用"爲句，下接云"方言遠行可知也"，亦通。○下文疑"方言欽"上脫"孝養厥父母"句。十八頁十一行

〔瑞贄〕

朱曰：《周禮》以玉作六瑞，疏引《禮·雜記》贊大行云："博三寸，厚半寸，剡上左右各寸半。"據此則"剡上寸半"，"寸"字上疑脫"左右各"三字。又"珪爲璋"上疑脫"半"字。十九頁一行

盧文弨曰："身玄"二字疑衍。朱曰："身"即"□"也。"玄"疑當作"方"，《周禮》注"琮八方象地"。○觀後"外直爲陰"句，則"玄"似又當作"直"。十九頁二行

朱曰："發聚衆"，"聚"字疑衍，觀下"故以起土功發衆"句可知。二十頁五行

"聚衆何"，"何"字疑衍。同上

朱曰："聖"疑當作"宗"。按《周禮·春官》"以黃琮禮地"注云："琮之言宗，八方所宗，故外八方象地之形，中虛圓以應無窮，象地之德，故以祭地。"然則當云"琮之爲言宗也"，且與下句"象萬物之宗聚"相應。又"宗聚聖"，"聖"字疑衍。按此段疑因"聚衆聖"三字筆畫相近而訛。同上

《禮正義》作"以道事君也"。廿一頁六行

朱曰：疑前篇舊目"文質"二字當冠此目"三正"之上，合而爲一曰"文質三正"。廿一頁七行

〔三綱六紀〕

《論語疏》亦作"張"。廿七頁七行

《史記·扁鵲傳》"動胃縋緣"注"謂脈纏繞胃也",則"縋"與"纏"同義。廿七頁廿行

〔情性〕

"謂"字當去之,而依《困學紀聞》改爲"禮運記曰"四字。《紀聞》引此而自注云"今《禮運》無此語"。○廿九頁十九行

朱曰:觀後"府者爲藏官府也"下有"故禮運記曰六情所以扶成五性"二句,則此"謂"字當改"禮記樂"無疑。同上

朱曰:"土爲張星","土"當作"上"。三十一頁二行

朱曰:"喜怒哀樂",《四書考》引《白虎通》云:"夫喜怒哀樂之發,與清煖寒暑,其實一類也。喜氣爲煖而當春,怒氣爲清而當秋,樂氣爲太陽而當夏,哀氣爲太陰而當冬。四氣者,天與人所同有也,作人所當畜也,故可節而不可止也。明王正喜以當春,正怒以當秋,正樂以當夏,正哀以當冬。上下法此,以取天之道。春氣愛,秋氣嚴,夏氣樂,冬氣哀。愛氣以生物,嚴氣以成功,樂氣以養生,哀氣以喪終,天之志也。"三十一頁二十行○型按:此段氣體頗與本書不類,且"六情"遺却"愛惡"二字不講,不能無疑。陳氏當必有本,姑附錄以俟攷正。

按《白虎通》所言是六情,而《四書備攷》引此段釋《中庸》"喜怒哀樂"句,不知何以恰有此一段。陳氏之書至多荒謬,恐不可信。

陳第《毛詩古音攷》引作"魂者云也,猶沄沄行不休也"。三十二頁五行

朱曰:"魂者芸也"四句見《孝經緯》。"魂者迫也","迫"舊本作"白"。三十二頁八行

〔壽命〕

朱曰:《孝經援神契》作"命有三科,有受命以保慶,有遭命以謫

暴，有隨命以督行"。何義門評《文選》引王厚齋之説注孫子荆《征西篇》所用三命如此，謂與《白虎通·壽命篇》略同。型按："壽"作"受"，"度"作"慶"，"遇"作"謫"，"應"作"督"，此四字異，似可引注于下。三十二頁十四行

朱曰：此段可編入前《聖人篇》末。三十三頁四行

〔姓名〕

"放"當作"攺"。三十五頁十五行

"帝乙"詳《禮記·檀弓》"卒哭而諱"下注疏。三十六頁十九行

"值"似當作"質"。三十八頁十八行

朱曰："不積於叔"宜依舊本作"積於叔"，觀下文"管叔"以下六人俱稱"叔"，故曰"積於叔"。若"伯""季"惟"伯邑考""南季載"兩人，故曰"不積於伯季"。三十九頁三行

卷　　四

〔天地〕

陳士元《古今韻注》引作"天之爲言鎮也、身也"。一頁四行

朱曰：《大戴記·天圓篇》注引云"天，鎮也，其道曰員。地，諦也，其道曰方"，與此又異。一頁五行

〔日月〕

"放"疑"攺"之訛，"而"疑衍。二頁七行

〔衣裳〕

"大夫蒼"，《玉藻》疏作"大夫狐蒼"。四頁十九行

"紳帶"下有"者"字。朱云："約整"下當加"也"字。五頁一行

《後漢書》注"循"作"脩"，"瑍"作"璜"，亦見《初學記》。五頁七行

〔五刑〕

《北堂書抄》引云："大辟法水之滅火,宮者法土之壅水,臏者法金之尅木,劓者法木之穿土。"按此四句似可補"法五行下"。又引云："三王始有獄:夏曰夏臺,殷曰牖里,周曰囹圄。"又"五行,五帝之鞭策也",《初學記》《路史》注所引"五帝畫象"云云,《禮記》"刑人不在君側"句下正義所引,想俱入闕文。五頁十四行

朱曰:《文選·漢武賢良詔》用"畫象"二字,余蕭客引《白虎通》云:"畫象者,其衣服象五刑也。犯墨者蒙巾,犯劓者以赭著其衣,犯臏者以墨蒙其臏而畫之,犯宮者扉,犯大辟者布衣無領。"型按:此段可酌補入。同上

〔五經〕

吳騫曰:"後作孝經","後"疑作"復"。六頁十六行

《初學記》引云"五經,《易》《尚書》《詩》《禮》《樂》也",無"春秋"字,有"樂"字。其注云:"古以《易》《書》《詩》《禮》《樂》《春秋》爲六經,至秦焚書,《樂經》亡,今以《易》《詩》《書》《禮》《春秋》爲五經。"據此,則《白虎通》之"五經"不當有"春秋"二字。《禮·經解》云云,疑後人竄。《北堂書抄》引,〔與〕初學記同,參前一條尤可見。七頁十一行

〔嫁娶〕

"傳曰男","男"字衍。朱曰:明刻無。八頁六行

朱曰:"十四加一爲十五",似宜照舊本作"十四加一爲五",觀上文"二十四加一爲五"不作"二十五"可見。又"十四"上似當加"二七"兩字。上文"而繫心也",照下"故十五許嫁"句,當作"故二十五繫心也"。九頁三行

《路史》注引作:"離皮,雙皮也。婚聘薦皮爲可裘服,不忘古也。"九頁十二行

《坊記》"婦猶有不至者",當即此"淫佚"之意。十頁三行

按《曲禮》正義作"記"。〇"言"字正義闕三字，無"之"字，似當依之。十六頁六行

朱曰：《四書攷》引作："夫者，扶也，以道扶接。婦者，服也，以禮屈服。"十六頁十七行

〔紼冕〕

朱曰："冠而名之"，"名"當改"字"。

樊，《初學記》作"攀"。十八頁六行

〔喪服〕

疏食，一本作"素"。廿二頁四行

朱曰："畏厭溺"三者惟釋"畏"字之義，而"厭溺"二字不釋，疑有闕文。按《檀弓》注"猒者，立巖墻而死也。溺者，舟行溺死也"，似可酌補。廿三頁五行

朱曰："君既歛"，今《禮記》作"既啟"，注"啟，啟殯也"。按《禮記》"既啟"及下"未殯"本分作兩層，此並作一層，似誤。廿三頁十五行

〔崩薨〕

朱曰："無能不告語人者也"，《文選》注引作"無能不告諸侯者也"。廿六頁五行

朱曰：今《檀弓》無"死于牖下，沐浴于中霤"二句。廿八頁七行

《後漢書》注："大夫飯以玉，唅以貝。士飯以珠，唅以貝也。"廿八頁十行

朱曰："軸車"，按《文選》注作"輴車"。然此似本《儀禮》"遷于祖，用軸"句。廿九頁十一行

朱曰：按《孝經‧喪親章》正義引云："棺之言完，宜完密也。槨之言廓，謂開廓不使土侵棺也。"廿九頁十四行

章也，"章"字《初學記》作"變"，《禮記正義》作"變色"。三十頁十行

欒，《禮記正義》作"栗"。卅一頁十行

王仁俊《籀鄦誃雜著》十種解題

王仁俊(1866—1913),字捍鄭,一字感蓴,號籀鄦。江蘇吳縣人。光緒十八年(1892)進士,授庶吉士,二十年散館,官吏部主事。曾於上海創辦《實學報》,二十九年赴日本考察學務。回國後歷任宜昌知府、黃州知府、存古學堂教務長、學部圖書局副局長兼京師大學堂教習等職。王氏早年受業於俞樾,喜治經學、小學,中年以後邃於金石文字,又裒輯佚書,所著有《十三經漢注》《經籍佚文》《經學講義》《讀經通論》《說文解字引漢律令考》《金石三編》《格致古微》《遼文萃》《玉函山房輯佚書續編》《籀鄦誃經藝》等數十種,多未經刊行。①

王氏身故後,藏書出售,②其自著手稿多歸孫殿起通學齋書店,③又經孫氏手轉售多處。④中國國家圖書館藏王仁俊稿本《籀鄦誃雜著》十種二十一卷(書號:01899),每種一冊,前後無序跋。首冊有手書《籀鄦誃雜著目錄》,各冊所用稿紙種類不盡一致,應爲不同時期之作。各書子目如下:

---

① 闞鐸《吳縣王捍鄭先生傳略》,《玉函山房輯佚書續編三種》附錄二,上海:上海古籍出版社,1989年,第535—544頁。
② 倫明著,雷夢水校補《辛亥以來藏書紀事詩》,上海:上海古籍出版社,1990年,第25—27頁。按:倫明引葉昌熾《緣督廬日記鈔》甲辰閏五月,"甲辰"乃"甲寅"之誤。
③ 雷夢水《書林瑣記》,北京:人民日報出版社,1988年,第73—74頁。
④ 見孫殿起《販書偶記》,上海:上海古籍出版社,1999年。

一、《希麟續一切音義引説文考》一卷

唐釋玄應《一切經音義》二十五卷是現存最早的集釋衆經的佛經音義，唐釋慧琳《一切經音義》一百卷是此類著作的集大成者，而遼釋希麟《續一切經音義》十卷則是慧琳《音義》的續作和補充。三部《一切經音義》均引用了大量漢唐文獻，保存古本和佚書頗多，成爲輯佚與校勘的淵藪。元代以後，慧琳、希麟《音義》佚於中土，清代乾嘉諸儒皆未得見。二書幸存於朝鮮、日本，有《高麗藏》本及日本元文二年、延享三年獅谷白蓮社刻本等。光緒六年（1880），楊守敬東渡日本，得島田蕃根持贈獅谷白蓮社本慧琳《音義》，又自購數十部，於上海出售，國內始漸有流傳。①希麟《音義》亦是同時所得，②楊氏光緒六年十一月十九日致書李慈銘，函中即提及正續二書。③

慧琳、希麟二書回流後，即爲學界所用，於清末儼然顯學。光緒間，陶方琦補輯《字林》《倉頡篇》，易順鼎輯《淮南許注鉤沈》，顧震福輯《小學鉤沈續編》，汪黎慶輯《小學叢殘》等，均取資於二書，④王仁俊《希麟續一切音義引説文考》亦是此背景下之產物。王氏輯《遼文萃》（光緒三十年自序），據"日本刊本"迻錄希麟《續一切經音義序》，並考證

---

① ［清］楊守敬《日本訪書志》卷四，清光緒二十三年楊氏鄰蘇園刻本，第 20a—21b 頁。
② 臺北故宮藏獅谷白蓮社本慧琳《一切經音義》一部（故觀 011565—011589），希麟《續一切經音義》兩部（故觀 010981—010985、故觀 010986—010987），皆楊守敬觀海堂舊藏。慧琳書有光緒十年楊氏題記。
③ ［清］李慈銘《越縵堂日記》，影印手稿本，揚州：廣陵書社，2004 年，第 12 册，第 8918 頁。
④ 徐時儀《慧琳音義研究》，上海：上海社會科學院出版社，1997 年，第 134 頁。

希麟爲遼聖宗統和時人,①説明當時已得此書。②此"日本刊本"當即延享三年獅谷白蓮社刻本,《希麟續一切音義引説文考》所據亦爲此本。

王仁俊依卷次逐一録出希麟所引《説文》之文,各卷所引同字之文併於一處。如:

> 朴,木素也。一。希云正作樸字。按:"撲"即"樸"之譌。
> 裸,从衣果。一。裸露,肉(袒)〔祖〕也。从衣果声。二。裸字从示。四、八。

"一""二""四""八"皆爲希麟《續一切經音義》卷次,四卷皆引及《説文》"裸"字之文,故歸於一處。然王氏迻録與合併之時多有錯誤,如《續音義》卷四"或裸":

> 《説文》"裸"字從示。(音視)神祇、禱祝、祭祀之類皆從示。
> 今序從衣作裸,音華瓦反,謂脱衣露體也。智者詳之。

此處所引乃從示之"裸"字,而非從衣之"裸"字,不應與別卷引文合併。又卷八"裸露":"《説文》云:從衣果聲。律文從示,書誤也。"希麟引《説文》僅"從衣果聲"一句,所謂"律文從示"指所釋佛典(《根本説一切有部毗奈耶藥事》屬律藏)之用字,顯與《説文》無涉,王氏誤入。此外,希麟引文與今本《説文》多有差異,王氏僅將引文録出,而幾乎

---

① [清]王仁俊《遼文萃》卷二,光緒三十年王氏籀鄦訸刻本(《實學叢書》之一)。實際上,希麟於卷五已自言爲遼僧,無煩考證。見陳垣《中國佛教史籍概論》卷四,北京:中華書局,1988年,第84頁。陳士強《大藏經總目提要·文史藏二》,上海:上海古籍出版社,2008年,第259頁。

② 據王氏自序,其初稿編成於光緒二十四年,得希麟書亦有在此前之可能。

沒有按斷,不符"引說文考"之名。

總之,王氏此書僅有抄錄之功,而又不盡可信,《一切經音義引用書索引》(含正續二書)出版後,① 其索引之用亦不復存。

二、《補宋書藝文志》一卷

署"餘杭褚德儀學/吳縣王仁俊補"。褚德儀(1871—1942),字守隅,號禮堂,別署松窗,後因避溥儀諱改名德彝。光緒十七年舉人,曾入端方幕。精書畫篆刻,長於金石之學,著有《竹人續錄》《金石學錄續補》等。褚氏原書未見,王仁俊稿本中亦未區分,② 無法得知哪些内容爲王氏所補。③ 此書大致按《隋書·經籍志》之分類,部分類名空闕未標。各條先職官、人名,次書名、卷次,末列出處(不少條目漏標),十分簡略。所據出處主要爲《七錄》《隋志》《宋書》紀傳、《新唐書·藝文志》等。各條文字頗有訛誤,如《易》類"卞伯玉"誤"卡伯玉","何諲之"誤"何諲"。"太中大夫徐爰注《繫辭》一卷","一卷"爲"二卷"之誤。

三、《補梁書藝文志》一卷

亦署"餘杭褚德儀學/吳縣王仁俊補"。分類大致據阮孝緒《七

---

① 國立北京大學研究院文史部編《慧琳一切經音義引書索引》(國立北京大學研究院文史叢刊第六種),長沙:商務印書館,1938年。
② 惟"給事中姜道盛《集釋尚書》十一卷"下有褚氏按語一條:"儀按:劉懷肅云姜道盛注《古文尚書》,行世。"
③ 王氏於每類後均空出兩三頁稿紙,應是爲了繼續添加内容。

録》，而又有參差，如無"舊事"而有"古史"，新立"方術"收醫方之書等，不盡合理。各條先人名，次書名、卷次，末列出處，部分條目據本傳等錄作者小傳。所據出處主要爲《七錄》、《隋志》、《梁書》、《南史》紀傳、《新唐書·藝文志》，以及《金樓子》、《經典釋文》、《通典》、《通志》、《郡齋讀書志》、《直齋書錄解題》、《太平寰宇記》、《高僧傳》、《藝文類聚》、《初學記》、《太平御覽》、《文選》注等，資料較《補宋書藝文志》豐富。"釋寶亮《大涅槃義疏》"一條，"亮"字闕末筆，乃褚德儀避其父成亮之家諱。由此推測，以上二書乃王仁俊據褚氏原稿抄錄，所補内容應十分有限，甚或僅是抄錄待補。

四、《金石萃編統補稿》（附《帖跋》）一卷

此書外封題"金石萃編統補稿（附帖跋）"，緑格稿紙，卷端無題名，書中多鈎乙塗改之處。書前列凡例多條，其中有云：

> 此編集各家專集及雜著中之攷金石碑帖者，每篇採錄標列書名及著作者姓名。凡已見王氏《萃編》、陸氏耀遹《續編》陸氏增祥校訂本、方氏履籛《萃編補正》、阮《款識》者不錄。凡爲金石書序跋者不錄。凡攷訂石經者，以另有《石經補纂》不錄。雲峰諸種者，以另有《滎陽鄭氏摩厓攷證》不錄。其有前人詮釋甚精而不複採者甚夥，據分條次右。

王氏欲搜集諸家別集、總集及雜著中之金石碑帖題跋，以補王昶《金石萃編》、陸耀遹《金石續編》、方履籛《金石萃編補正》、阮元《積古齋鍾鼎彝器款識》之不足，此《金石萃編統補稿》即其準備工作。

此書由多種徵引書目和題跋篇目構成。《金石萃編引書目》《續金石萃編引書目》,分別逐卷載錄王昶《金石萃編》及陸耀遹《金石續編》所引之書,諸書中之金石題跋多已見於王、陸二書,據此可避免重複輯錄。《金石萃編引書目》題"合肥闞鍾衡編"。闞鍾衡即闞鐸(1875—1934),①字霍初,號無冰。留學日本東亞鐵路學校,歷任交通部秘書、臨時參政院參政等職。參與創立中國營造學社。後任職僞滿。②著有《紅樓夢抉微》等。闞氏曾從王仁俊問學,蓋當時助王氏編纂此目。

《總集載金石題跋》錄王昶《湖海文傳》(王氏原刊本)以及《學海堂二集》(廣刻本)、《學海堂三集》(廣刻本)中的金石題跋篇目,《總集載帖題跋》錄《湖海文傳》中的帖跋。《專集載金石題跋》錄宋李之儀《姑溪居士文集》(粵雅本)、宋趙孟頫《松雪齋全集》(洞庭楊刊本)等五十餘種宋至清代別集中的金石題跋篇目,以清人別集爲主。《羣書載金石題跋》錄明董斯張《吹景集》、宋王觀國《學林》、孫志祖《讀書脞錄》等九十餘種雜著中的金石題跋條目,亦以清人著述爲主。《總集載帖題跋》《專集載版帖題跋》《群書載帖題跋》則錄諸書中的帖跋篇目。

王氏於《碑版叢錄》中自云:"余輯《萃編補跋》《續編補跋》,又《三編跋》,每于各人文集及雜著摘出目,將來可以補《金石學錄補》之遺。"闞鐸《吳縣王捍鄭先生傳略》中,王仁俊"屬草已定或尚待理董"之作有《金石萃編補跋》《金石續編補跋》《金石萃編三續》及《金石通考》。《金石萃編補跋》稿本七冊,原藏王欣夫學禮齋,今藏浙江博物館。③上海圖書館有民國二十九年(1940)抄本(書號:線普長422238-44)。稿本内封自

---

① 《宣統己酉科優貢闞毓岷硃卷》,第3b頁。
② 李蒨《先夫子闞公霍初行狀》,卞孝萱、唐文權編著《民國人物碑傳集》,南京:鳳凰出版社,2011年,第509—512頁。按:行狀載闞氏生年爲光緒元年(1875),而西曆誤作1874年。
③ 《中國古籍善本書目·史部》,上海:上海古籍出版社,1991年,第1446頁。

題"金石萃編補跋二十四卷","光緒辛丑端午重編定,王仁俊自揭櫫"。①書中實際按《金石萃編》卷次,補錄王昶原書所無之金石題跋。《金石續編補跋》稿本一册,今藏中國國家圖書館(書號:17792),②內封自題"金石續編補跋四卷""辛丑夏重訂於武昌正學堂,感蒪居士自記"。書中依《金石續編》卷次,於各碑銘下補錄陸氏原書所無之諸家題跋。上海圖書館又藏《金石三編》稿本八册(書號:789946-53),內封自題"金石三編二十四卷通考六卷","龍集辛丑夏五校理編目訖工,可繕寫,王仁俊手錄于楚旅"。③其中無《金石通考》。④《金石三編》亦未分卷,依時代先後著錄金石六百餘件,多數不見於《金石萃編》及《續編》,其下迻錄諸家題跋,當即王氏自云之《三編跋》及闞鐸所記之《金石萃編三續》。⑤辛丑爲光緒二十七年(1901),則《金石萃編統補稿》之編集更在此前。《統編稿》所載金石題跋篇名上多鈐有"錄""删""校""輯"等字木記,即王仁俊編纂《金石萃編補跋》《金石續編補跋》《金石三編》三書時之標記。

五、《碑版叢錄》一卷

此書爲碑版相關之讀書札錄,各頁版心書"附金石總綱""金石同

---

① 顧廷龍《顧廷龍全集·文集卷上》,上海:上海辭書出版社,2015年,第490頁。
② 北京圖書館編《北京圖書館古籍善本書目·子部》,北京:書目文獻出版社,1987年,第1980頁。今稿本編入《正學堂雜著》中,而《正學堂雜著》爲集合王氏多種稿本之擬名,當非王氏原編。
③ 《上海圖書館未刊古籍稿本》,上海:復旦大學出版社,2008年,第18册,第207頁。
④ 孫殿起《販書偶記》尚著錄此書,或仍存世。
⑤ 陳尚君《影印清王仁俊稿本〈金石三編〉解題》(《上海圖書館未刊古籍稿本》第18册,第199—204頁。又收入《貞石詮唐》,上海:復旦大學出版社,2016年,第342—343頁)推測《金石三編》爲《金石萃編補跋》《金石續編補跋》《金石萃編三續》之合訂,非是。

名""人名""冷碑""讀碑版隨筆""張猛龍""附題碑版口號"等,蓋隨得隨記,未經整理,內容較爲叢雜。其中有一些相同碑刻要素的記録,如同姓、同爵、同書人、同年、同代、同朝、同名之碑,以及碑版中的稱謂等。又有個别碑文的校讀記録,如《張猛龍碑》等。《碑版口號》則以口訣的形式記録了碑刻鑑别的要點。《兩漢孔林全拓目》列孔林漢碑拓本之目,共十二種十九紙,應是王氏自藏。《王氏金石萃編所附載各考》録《金石萃編》中的王昶考證篇目,如《緯書考》《唐宋諸碑系銜並食邑實封考》等,蓋備檢覽之用。《化度寺地址攷并名義》對化度寺的地址與名義做了簡要考證。王氏從孫星衍、邢澍《寰宇訪碑録》、趙之謙《補寰宇訪碑録》、錢大昕《潛研堂金石文跋尾》、阮元《小滄浪筆談》等清人金石著述及拓本抄録鄭道昭家族摩崖刻石的資料,又從錢大昕《潛研堂金石文字目録》中録出北朝碑目,應是爲撰寫《滎陽鄭氏摩厓攷證》所作之準備。此外,又有《〈小滄浪筆記〉所載金石與〈鐘鼎款識〉〈山左志〉〈萃編〉諸書異同攷》等内容,對於我們利用諸書不無參考價值。

六、《籀鄦誃賦筌》二卷

外封自題"籀鄦賦筌二卷,輯始於光緒甲午四月之朔,時寓京都宣武門外爛麨胡同蓮花寺。題于國史館中,時散館之前一日也。吳縣王仁俊記",鈐"仁俊"印。知此書成於光緒二十年(1894),時王仁俊尚在翰林院。

上卷分天文、地理、帝王等十二目,下卷分破題、響調、擬古等十三目,各目下從清人編選之總集、別集中摘録歷代駢文語句,蓋爲作文之參考。書前有《駢文目》,列姚燮選《駢文類苑》、曾燠選《駢體正宗》等清人總集十二種，譚瑩《樂志堂初續集》、方履籛《萬善花室集》等清人別集四十二種。

以上六種均抄寫於綠格稿紙。

七、《漢碑徵經補》一卷

抄寫於紅欄稿紙，版心刻"籀鄦誃扞鄭纂述類稿"。寶應朱百度著《漢碑徵經》一書，採《隸釋》《隸辨》所載漢碑合於經文者，並旁搜金石之文，以補二書之闕，意在以漢碑文字考證經文。朱氏書僅成《周易》一經，故王仁俊撰此書以補之，分《書》（雜入《國語》）、《詩》、《禮記》、《周禮》、《春秋左氏傳》、《春秋公羊傳》、《論語》、《孟子》、《爾雅》、《孝經》。體例亦仿朱書，各經篇名下先錄碑名及碑文，再列相應之經文。朱書按語徵引廣泛，考證詳細，而王氏按語則較爲簡略。如與同時代皮錫瑞的《漢碑引經考》相較，王氏書在完備程度以及考證深度上都更爲遜色。

八、《釋名集校》一卷《釋名補遺集校》一卷《續釋名集校》一卷①

抄寫於紅欄稿紙，版心無字。外封自題"釋名集校，己亥二月下旬從書眉寫出，吳縣王仁俊"，鈐"國粹"印。內封題"釋名集斠三卷，據畢氏疏證本"，"此十年前撰述，非著作也。姑寫清稿，就正小學元

---

① 首冊所書《籀鄦誃雜著目錄》作《釋名集校》二卷。

士，籀鄦手揭櫫"。己亥爲光緒二十五年（1899）。據其自題，知王氏將自己批注於畢沅《釋名疏證》書眉的内容録出，以成此書。書中除王氏校語外，尚多引許克勤（勉甫）、胡玉縉（綏之）二氏云云。三人多據諸書徵引以校原文，或録諸書近似之文以爲參考。所引之書如《玉燭寶典》，乃光緒間自日本回傳之書，前人校《釋名》時未得利用。按王仁俊與許、王二氏爲同學好友，往往同校一書。王欣夫藏胡玉縉手校《釋名疏證》，胡氏亦並録許克勤、王仁俊校語。① 王先謙《釋名疏證補》於胡、許二校僅取什一，又未見王校，則此書尚有其參考價值。

九、《漢藝文志攷證校補》十卷

抄寫於竹素軒紅格稿紙。此書爲王仁俊校補宋王應麟《漢藝文志考證》之作。王氏據自藏之本，校以光緒浙江書局刻本《漢藝文志考證》及同治金陵書局刻本《漢書·藝文志》，並徵引文獻，以爲《考證》之補充。故書中多稱（局本）《漢書》作某，浙局本（《考證》）作某。王氏於校補之處，僅保留《漢志》原文，而不録王應麟考證之文，故往往需要與《考證》原書對讀，方知其所指。由此推測，此書亦是迻録書眉校語而成。除了校補内容，王氏還指出各書在文獻中的徵引情況，若某書有清人輯本，王氏亦加以注明。如"孟氏京房十一篇"下，王氏注："孟易、京易，馬輯、孫輯、張輯。"即馬國翰《玉函山房輯佚書·經編易類》、孫堂《漢魏二十一家易注》、張惠言《易義别録》三種輯本。《校補》的内容主要集中在經書方面，前四卷（六藝略部分）占全書篇

---

① 王欣夫撰，鮑正鵠、徐鵬標點整理《蛾術軒篋存善本書録》，上海：上海古籍出版社，2002年，第429—431頁。

幅的一半以上，這正是王氏治學旨趣所在。

十、《積古齋鐘鼎彝器款識補遺》一卷

《積古齋鐘鼎彝器款識》之編定審釋出朱爲弼之手，復經阮元改訂而成。朱氏手稿經其子朱善旂重裝及從孫朱之榛編次，流傳至今，現亦藏於中國國家圖書館（書號：12556），後附葉志詵等十家跋尾。光緒三十二年，朱之榛曾將稿本石印出版。①關於朱氏稿本與阮刻定本的異同，俞樾（光緒七年）和黄彭年（光緒十六年）在跋中都有詳細説明。黄跋云："彭年與朱按察之榛同官蘇州，得觀其從祖茝堂先生所著《積古齋鐘鼎彝器款識》殘稿，因屬王生仁俊檢校此稿焉。……撮舉王生仁俊語，書附卷後。"②黄氏謂稿本、刻本歧異凡近百條，跋中概括爲十五例，凡此皆出王仁俊之檢校。由此可知王氏作此書之緣起。

此書抄寫於紅欄稿紙，版心刻"籀鄦誃扞鄭纂述類稿"，卷端鈐"扞鄭金石文字"朱文方印。先依《款識》刻本次序，補錄稿本有而刻本無之器（如商父庚鼎、己癸鼎等）及朱爲弼、阮元二氏按語。次爲《積古齋鐘鼎款識稿本校勘記》，王云："凡俞氏跋已及者不列。稱此者，朱説也。稱阮刻者，今積古齋書也。稱稿本者，附阮説也。"校勘記載錄稿本、刻本之歧異，並加按語，評議所改之當否。書末爲《朱氏鉏經堂金石款識跋》，即王仁俊代黄彭年所撰之原稿。此後又低一格

---

① ［清］阮元、朱爲弼編録《積古齋鐘鼎彝器款識》（附稿本），杭州：浙江古籍出版社，2019年。
② ［清］阮元、朱爲弼編録《積古齋鐘鼎彝器款識》（附稿本），頁849—876。此跋亦收入黄氏《陶樓文鈔》（民國十二年章鈺等刻本）卷十，題《積古齋鐘鼎款識稿跋》。

附録俞樾跋文。俞跋謂朱氏稿本"不特可見文達之精意,並可補《積古》之缺遺",此亦王氏書名用"補遺"之意。

（原載劉玉才、陳紅彥主編《國家圖書館藏未刊稿叢書·著作編·籀鄦諓雜著》[南京:鳳凰出版社,2021年]書前。）

《續修四庫全書總目提要》
襲用地方藝文志考

　　《續修四庫全書總目提要》(以下簡稱《續提要》)是繼《四庫全書總目》之後最重要的大型提要式目錄,共著錄古籍33000餘種,是當今學者瞭解乾嘉以後至20世紀30年代典籍概況的重要依據。《四庫全書總目》提要皆據原書撰寫,《續提要》作爲《四庫全書總目》的繼承者,其纂修辦法明確規定:"此次續修均准據乾隆成例。"又規定:"其書目内須注明卷數、已刊、未刊及刊本之種類,其未刊者並注明稿本所在。"①顯然也是要求根據現存之書撰寫提要的。然而,實際情況却頗爲複雜。我們在編纂《清人著述總目》時發現,部分提要稿根本不是據原書寫成,而是抄撮、襲用各省的地方藝文志而成。揭示這一點,相信對研究《續提要》編纂史、對學界更加謹慎地利用《續提要》都是不無裨益的。

　　由於纂修時複雜的歷史背景,提要稿的撰寫並未能嚴格按照既定規定執行,這種情況在後期尤甚。按原計劃,提要稿應按照第一階段擬定的《四庫未收書分類目録》來撰寫。擬目的數量爲27000種,而最後著録的數量則爲33000餘種,因而有6000餘種書是由撰稿人

---

① 《人文科學研究所暫行細則》(1927年12月20日),見羅琳《前言》,《續修四庫全書總目提要(稿本)》,濟南:齊魯書社,1996年,第4頁。

自己選目撰寫的。爲了保證提要稿的質量,1934 年 2 月,東方文化事業總委員會在內部公佈了《關於研究囑託編纂事項規定》,其第八條規定:"研究囑託所編纂之提要,所有批評是非、議論得失,必須一一就全部原書中加以檢討,如僅由題序跋記中採摘而成者,其稿本本會可不收受,且得退還之。"①可見提要稿的撰寫應本著實事求是的原則,根據原書的實際內容進行評價,而不能僅僅抄撮序跋。然而,就現在的提要稿看,卻是存佚兼收。提要稿不僅沒有說明存佚情況,甚至故意模糊存佚,虛擬版本,極易對現在的利用者產生誤導。現舉數例以證之。

一、襲用《福建通志·藝文志》例

民國《福建通志》,李厚基等修,沈瑜慶、陳衍等纂,民國二十七年刻本。《藝文志》分經、史、子、集、叢書五部,部下分類,各類按宋、元、明、清時代先後排列。著錄各書均有解題,徵引廣泛,對陳衍《石遺室書錄》多有引用,解題較詳。故《續提要》撰稿者可直接襲用。陳鏊所撰《續提要》集部提要篇幅皆不及一頁,內容簡短,多抄撮《福建通志·藝文志》而成(圖 32)。陳鏊(1912—?),字壬孫,福建閩侯人。陳寶琛孫。清華大學文學士、清華研究院歷史學研究所文學碩士。抗戰中曾任中國大學講師。

---

① 《關於研究囑託編纂事項規定》,見羅琳《前言》,《續修四庫全書總目提要(稿本)》,第 7 頁。

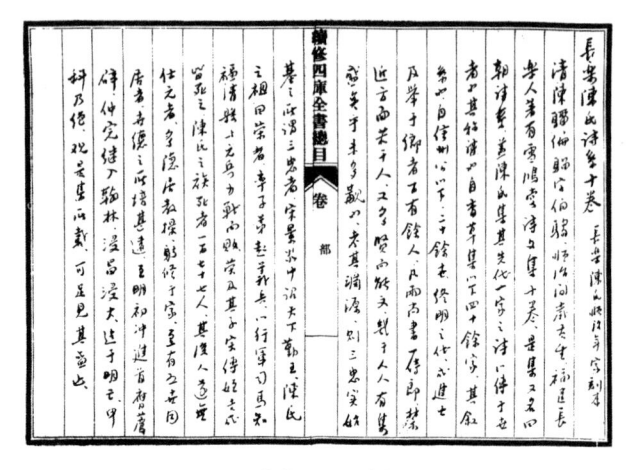

圖 32　陳鏊所撰《續提要》稿

1.《長樂陳氏詩系》

《續提要》第 21 冊第 465 頁	《福建通志・藝文志》卷 71
《長樂陳氏詩系》十卷，長樂陳氏順治年家刻本。清陳驌編。 驌字伯驌，順治間歲貢生，福建長樂人，著有《雪鴻堂詩文集》十卷。是集又名《四朝詩系》，蓋陳氏集其先代一家之詩以傳於世者也。其稱詩也，自《香草堂集》以下四十餘家。其敘系也，自信州公以下二十餘世。終明之代，成進士及舉於鄉者百有餘人，凡兩尚書、一侍郎，禁近方面若干人，又多賢而能文，幾于人人有集。盛矣乎，未多覯也。考其淵源，則三忠實始基之。所謂三忠者，宋景炎中詔天下勤王，陳氏之祖曰榮者，率子弟起義兵，以行軍司馬知福清縣，與元兵力戰而敗，榮及其子宗傳、侄吉成皆死之，陳氏之族死者一百七十七人。其後人遂無仕宦者，多隱居教授，躬修於家，至有五世同居者，世德之所培甚遠。至明初，沖進首膺薦辟，仲完繼以翰林，浸昌浸大。迄于明亡，甲科乃絕。觀是集所載，可足見其盛也。（陳鏊撰稿）	《長樂陳氏詩系》，長樂陳驌編。 《遂初堂集》有序云：「閩中詩人陳伯驌示余以其先代之詩，曰《四朝詩系》。其稱詩也，自《香草堂集》以下四十餘家。其敘系也，自信州公以下二十餘世。終明之代，成進士及舉於鄉者百有餘人，凡兩尚書、一侍郎，禁近方面若干人，又多賢而能文，幾於人人有集。盛矣乎，近古未有也。考其淵源，則三忠實始基之。所謂三忠者，宋景炎中詔天下勤王，陳氏之祖曰榮者，率子弟起義兵，以行軍司馬知福清縣，與元兵力戰而敗，榮及其子宗傳、侄吉成皆死，陳氏之族死者一百七十七人。其後人遂無仕司者，多隱居教授，躬修於家，至有五世同居者，世德之所培甚遠。至明初，衝進首膺薦辟，仲完繼以翰林，浸昌浸大。迄於明亡，甲科乃絕。」《長樂縣志》云：「陳驌字伯驌，順治間歲貢生，著有《雪鴻堂詩文集》十卷。」

按:此篇提要可謂全抄《福建通志·藝文志》,中間部分更是一字不差。僅提要最後一句無關痛癢的評論爲《藝文志》所無。陳鑾稱是書有"長樂陳氏順治年家刻本",而對這個版本不著一字,其揣測虛擬之跡顯而易見。

2.《榕亭文鈔》《詩鈔》《詞鈔》

《續提要》第36册第630頁	《福建通志·藝文志》卷66
《榕亭文鈔》《詩鈔》《詞鈔》不分〔卷〕,鈔本。清李彥彬著。 彥彬字蘭屏。福建侯官人。道光癸未進士。是集爲鈔本,無卷數,共十七册,舊藏陳氏石遺室。詩分《荔莊集》《行雲集》《吳門集》《燕游集》《歸燕集》《虹月船集》《窺杜窗集》《永慕軒集》《還朝集》《都門集》十種,古體通暢,今體清爽,視榕園稍肩隨。文多祭文、壽文,皆駢體。散體雜文十餘首,多考據之作。中有《太湖竹枝詞》,足考遺事。又附錄女史林芳蕤詩,則其祖母也,山陰知縣林其茂女,贈江蘇按察使司李開楚室,詩亦清新可誦。(陳鑾撰稿)	《榕亭詩鈔》四册,侯官李彥彬著。《課餘偶錄》云:未分卷。中有《太湖竹枝詞》,足考遺事。又附錄女史林芳蕤詩,則其祖母也,山陰知縣林其茂女,贈江蘇按察司李開楚室。案:字蘭屏,道光癸未進士。 《榕亭文鈔》《詩鈔》《詞鈔》十七册,李彥彬著。《石遺室書錄》云:鈔本,無卷數。詩分《荔莊》《行雲》《吳門》《燕游》《歸燕》《虹月船》《窺杜窗》《永慕軒》《還朝》《都門》各集,古體通暢,今體清爽,視榕園稍肩隨。文多壽文、祭文,皆駢體。散體雜文十餘首,多考據之作。

按:此篇提要綴合《福建通志·藝文志》兩條而成,所謂"舊藏陳氏石遺室"乃據《石遺室書錄》著錄而言。

二、襲用《大清畿輔書徵》例

《大清畿輔書徵》,徐世昌輯,民國間天津徐世昌鉛印本。是書按地域(府、直隸州)編排,末附閨秀。各府、州下按時代先後,以人系書,先列小傳,後附著述。《書徵》存佚兼收,多存各書序跋,故《續提要》撰稿者可據之敷衍成文。如鹿輝世所撰提要即多襲《書徵》而成。鹿輝世(1913—?)，字健實，河北定興人。北京中國大學國學系畢業，曾任中國大學講師。

1.《孫氏詩鉢》

《續提要》第17冊第571頁	《大清畿輔書徵》卷10保定府
《孫氏詩鉢》九卷，高陽孫氏家刻本。清孫之藻撰。 　　之藻字紫淵，高陽人。性孝友，善詩文。孫承宗合家殉難，之藻贊裏喪事如禮，搜輯承宗遺集成帙，葺鄉賢祠，重修邑志，其好義若是。卒年三十八。按是集乃之藻輯其從祖父兄暨其己作而成之也。全編共十人：一、《百花嶼集》，孫敬宗著。二、《丹白園集》，孫承宗著。三、《蕙玉閣集》，承宗之長子銓著。四、《全華亭集》，承宗仲子鈔著。五、《清雲閣集》，承宗三子鈄著。六、《紫月齋集》，承宗四子鉻著。七、《儉持堂集》，承宗五子金著。八、《玉烏堂集》，承宗六子鉓著。九、《尚容齋集》，孫宗之义孫之萃著。十、《慕芝居集》，即承宗孫之藻所著也。其首卷有李塨序云：顏習齋先生嘗言，詩文字畫爲乾坤四蠹。或者疑之，曰：他無論，如《三百篇》，先王所傳，孔子所刪，後之吟哦者皆祖焉，可謂之蠹乎？顏先生曰：子不見今之爲詩文者乎？梁王繹，敵兵臨城，猶君臣倡和爲詩，及敗降魏，焚圖書十四萬卷。吳三桂畔，聘一名士主軍謀，則善字畫鐫圖章者也……詩鉢者，文正公與其考功兄相酬應而諸子繼之，仲孫紫淵實纂爲集，其子浩莽即以紫淵詩殿焉。是風雅之遺也。（鹿輝世撰稿）	孫之藻 　　之藻字紫淵，高陽人。性孝友，善詩文。孫承宗合家殉難，之藻贊裏喪事如禮，搜輯承宗遺集成帙，葺鄉賢祠，重修邑志，其好義若是。卒年三十八。 　　…… 　　《孫氏詩鉢》九卷 　　《畿輔通志》：是編共十人：《百花嶼集》，孫敬宗著。《丹白園集》，孫承宗著。《蕙玉閣集》，承宗之長子銓著。《全華亭集》，承宗仲子鈔著。《倩雲閣集》，承宗三子鈄著。《紫月齋》，承宗四子鉻著。《儉持堂集》，承宗五子金著。《玉烏堂集》，承宗六子鉓著。《尚容齋集》，承宗之义孫之萃著。《慕芝居集》，承宗之孫之藻著。李塨序云：顏習齋先生嘗言，詩文字畫爲乾坤四蠹。或者疑之，曰：他無論，如《三百篇》，先王所傳，孔子所刪，後之吟哦者皆祖焉，可謂之蠹乎？顏先生曰：子不見今之爲詩文者乎？梁王繹，敵兵臨城，猶君臣倡和爲詩，及敗降魏，焚圖書十四萬卷。吳三桂畔，聘一名士主軍謀，則善字畫、鐫圖章者也……詩鉢者，文正公與其考功兄相酬應，而諸子繼之，仲孫紫淵實纂爲集，其子浩莽即以紫淵詩殿焉。是風雅之遺也，孔子所謂邇之事父，遠之事君也。

按：此篇提要基本全抄《書徵》，且將《倩雲閣集》誤爲《清雲閣集》。

2.《追逋集詩鈔》

《續提要》第 18 册第 34 頁	《大清畿輔書徵》卷 18 河間府
《追逋集詩鈔》五卷,戈氏家刻本。清戈涓撰。 涓字仲坊,號南村。獻縣人。乾隆四十五年舉人。生平著述甚富,多不傳於世。按是集爲涓子廷槩編定剞劂,卷首有涓自序云:余學殖疏蕪,性復懶慢,於一切文字,每有所作,輒隨手棄。今行年將五十,垂老矣。生徒學侶每詢所舊作,愧無以相示,往往於夜坐燭殘、晨興鐘動時追憶之。蓋什百中或得一二焉。因案置一編雜錄之,如追逋逃然,稍縱即逝,故命之曰《追逋集》。分其類爲三:先以制藝,志本業;次以諸體詩,童而習焉;又次以雜著云云。據此觀之,則集中之詩,皆涓晚年所作,其終身吟詠,遺棄者多,此僅得其十之二三而已也。(鹿輝世撰稿)	戈涓 涓字仲坊,號南村。獻縣人。乾隆四十五年舉人。 《追逋集詩鈔》五卷,刊本。 自序略云:余學殖疏蕪,性復懶慢,於一切文字,每有所作,輒隨手棄。今行年將五十,垂老矣。生徒學侶每詢所舊作,愧無以相示,往往於夜坐燭殘、晨興鐘動時追憶之。蓋什百中或得一二焉。因案置一編雜之,如追逋逃然,稍縱即逝,故命之曰《追逋集》。粗分其類爲三:先之以制藝,志本業也;次以諸體詩,童而習焉者也;又次以雜著,則各體文咸在。時日先後,强半遺忘,亦不復編次焉。噫!寠人炫富,計出無聊,敗絮殘氊,難充故籠,豈復眼計其好醜哉。 戈廷槩識云:右《追逋集詩》五卷,先君子南村公遺稿也。公生平著作甚富,不自珍惜,每出一篇,即爲同人拾去,後以學徒屢詢,追憶錄之,僅得十之二三。雖詩古文詞備列,而均未能全。不肖……因取集中古近體詩若干,首先爲釐訂,付諸剞劂……

按:此集流傳甚稀,中國社會科學院文學研究所藏《追逋集詩鈔》四卷首一卷,爲道光十三年(1833)甌城張氏錄古齋刻本,内封題"求有愧齋藏板",卷端題"河間戈涓仲坊",乃其子廷槩任永嘉縣丞時所刻。①鹿氏所撰提要誤"戈涓"爲"戈涓",可見未見原書,而僅據《大清畿輔書徵》抄撮,故沿襲其誤。②所謂"按是集爲涓子廷槩編定剞劂"乃

---

① 劉青松輯校《戈濤戈涓詩集·前言》,保定:河北大學出版社,2017 年,第 3 頁。
② 徐世昌《書髓樓藏書目》卷六《續收詩文集存目·别集一》著錄"《追逋集》二卷,獻縣戈涓撰,家藏寫本",人名不誤。見徐世昌藏並編《書髓樓藏書目》,影印民國二十四年(1935)天津徐氏鉛印本,林夕主編《中國著名藏書家書目匯刊》第 17 册,北京:商務印書館,2005 年,第 544 頁。《晚晴簃詩匯》收戈涓詩五首,人名亦不誤。見徐世昌編,聞石點校《晚晴簃詩匯》卷一〇二,北京:中華書局,2018 年,第 4330 頁。

據戈廷槩識語，"僅得其十之二三"亦出自識語。

三、襲用《山東通志·藝文志》例

宣統《山東通志》，楊士驤等修、孫葆田等纂，宣統三年修成，民國四年山東通志刊印局鉛印本。是志對本省各府縣志皆有引用，故多存各書序跋。亦有據原書撰成者，皆注明"據本書"。趙錄綽所撰提要對是志多所襲用。趙錄綽(1902—?)，字孝孟。山東安丘人。畢業於工科大學，爲柯劭忞弟子。任國立北平圖書館館員，從事目錄版本及金石文字研究。編有《國立北平圖書館善本書目乙編》《乙編續目》。趙氏對山東地方文獻極爲熟稔。

1.《焚餘詩草》附《玉臺詞抄》

《續提要》第25冊第621頁	《山東通志》卷145藝文志10
《焚餘詩草》附《玉臺詞抄》，清乾隆刊本。清于學謐撰。學謐字靖之，號小晉。莒州人。乾隆丁酉拔貢。是集分古今體編次，前有自序，於其學詩經歷，述極詳盡。嘗謂幼學讀詩，苦無師承……及見趙執信《談龍錄》之旨，深服膺之……再閱前之所見，真惡派矣。盡焚之而錄其餘，以俟改正。蓋深知夫詩難言矣。又云學者先辨體於雅俗之間，而後可與適道也云云。大抵學謐之詩，五七言近體皆有清思切響，不蹈襲前人。五七古用筆亦透快，洵能發明趙執信之説者。至书末所附《玉臺詞抄》凡十七闋，簡峭得晚唐遺意云。(趙錄綽撰稿)	《焚餘詩草》一冊附《玉臺詞鈔》，于學謐撰。學謐字靖之，號小晉。莒州人。乾隆丁酉拔貢。是編有家藏刊本。學謐乾隆己亥自序云：余幼好讀詩，苦無師承……及見秋谷先生《談龍錄》之旨，深服膺……再閱前之所見，真惡派矣。盡焚之而錄其餘，以俟改正。嗟乎，詩難言哉！學者先辨體於雅俗真贗之間，而後可與適道也。謹書管見，以志不忘。據本書。(按學謐詩，五七言近體皆有清思切響，不蹈襲前人。五七古用筆亦透快，洵能發明趙氏之説者。《玉臺詞鈔》凡十七闋，簡峭得晚唐格意。)

按：此篇提要據《山東通志》稍加改寫而成，對詩集的評價亦直接抄襲，全無撰者己意。又《四庫未收書輯刊》影印此書，爲乾隆榮慶堂

刻本，《玉臺詞鈔》後尚有《律賦》一卷，提要竟全未提及，益證其未見原書。

2.《芥舟書屋吟草》

《續提要》第 25 冊第 617 頁	《山東通志》卷 146 藝文志 10
《芥舟書屋吟草》一冊，抄本。清潘錫康撰。 　錫康字子駿，樂陵人。是冊乃其孫策勳等所輯抄者。錫康故世家子，性孤介，不與俗接。好飲工詩，晚歲窮困，落落如故。所作詩凡三千餘首，多散佚，存者尚千餘首。此所鈔僅九十餘首，其《述懷》一首云："處貧無奇策，垂老減歡趣……商歌出金石，先民夙所慕。"讀此詩，其歲寒之操可以想見也。（趙錄綽撰稿）	《芥舟書屋吟草》一冊（據本書），潘錫康撰。 　錫康字子駿，樂陵人。是冊乃其孫策勳等所輯鈔。錫康故家子，性孤介，不與俗接。好飲工詩，晚歲窮困，落落如故。所作詩凡三千餘首，多散佚，存者尚千餘首。此所鈔僅九十餘首，其《述懷》一首云："處貧無奇策，垂老減歡趣……商歌出金石，先民夙所慕。"讀此詩，其歲寒之操可以想見也。

按：此篇提要與《山東通志》全同，襲用之跡，不辨自明。

同類例多，茲不贅舉。據考查，這些襲用地方藝文志的提要稿，其特徵爲：一、多爲集部書；二、所著版本信息較爲模糊，常作"抄本""刊本""某氏家抄本""某氏家刊本"等；三、皆爲撰稿人本省的地方文獻。作爲本省人士，對本省的地方藝文志自然最爲熟悉。如陳懋爲福建人，所撰提要皆福建人著作。

1938 年春，東方文化事業總委員會增聘一批年輕學者後，"進度大大加快，如 1940 年 9 月，收到的提要稿竟達 723 篇，最低的月份亦在 200—300 篇之間"①。委員會勢必不能對每篇提要稿進行審查。雖然委員會於 1938 年 4 月設立了"提要整理室"，但"整理工作也僅僅限於將提要與擬目相核對，檢查是否有遺漏，將稿本進行打印或油

---

① 郭永芳《〈續修四庫提要〉纂修考略——〈續修四庫提要〉專題研究之一》，《圖書情報工作》1982 年第 5 期。

印,將打印稿或油印稿與稿本校對,裝訂、通緝、登記、保存、呈送,等等"。①1940 年,東方文化事業總委員會與橋川時雄合署的給提要纂修者的信啓也提出:"對於未事先開書目之圖書而徑行提出提要者,手續上應經本會詮議,然後收稿。如認爲不甚重要者,其提要當予退回。"②從這些赫然在列的襲用地方藝文志的提要稿來看,這些規定並没能認真執行。"七七事變"以後,北平學者們的生存狀况急劇惡化,而每篇提要稿的稿酬自五元至三十元不等,可以説是一筆可觀的收入。襲用地方藝文志,則不失爲一種盡可能多的撰寫提要的方法。

(原載《圖書館理論與實踐》2013 年第 9 期,有删節。此據原稿收入,略有訂補。)

---

① 羅琳《前言》,《續修四庫全書總目提要(稿本)》,第 7 頁。
② 王亮《〈續修四庫全書總目提要〉研究》第二章第三節,復旦大學博士學位論文,2004 年,第 47 頁。

顧實與《漢書藝文志講疏》

　　顧實(1877—1956)，一名寔，字惕生、惕森，又署鐵生、鐵僧，號至誠山人。江蘇武進(今常州)人。早年就讀於江蘇南菁書院、龍城書院、紫陽書院。青年時期鼓吹革命，在日本參加同盟會。曾留學日本帝國大學、早稻田大學，獲法學、文學學位。創辦爭存、育才小學，提倡男女同校、剪辮，反對纏足。民國後至上海任《申報》及商務印書館編輯，撰文反對袁世凱稱帝。"二次革命"失敗後再度赴日，入政法學校。回國後歷任南京高等師範學校、國立東南大學(1918—1925)、私立滬江大學(1926—1930)、中央政治學校、無錫國學專修學校、中央大學等校教授，又兼任上海正風文學院(1935)、首都女子法政講習所等教職。曾在南京創辦中山中學，並籌辦中華國學社。抗戰爆發後，任重慶復旦大學教授。抗戰勝利後，回南京任中央大學教授、教務長(1946)。解放後，參加中國國民黨革命委員會，後被聘爲江蘇文史館館員。[①]顧氏通多國語言及中醫，在中國文學、史學、文字學、醫學等領域均有建樹。主要著作有《漢書藝文志講疏》《穆天子傳西征講疏》《墨子辯經講疏》《莊子天下篇講疏》《大學鄭注講疏》《中庸鄭注講疏》《論語講疏》《楊朱哲學》《重考古今僞書考》《中國文字學》《中國文學

---

① 常州市地方志編纂委員會編《常州市志》第三册，北京：中國社會科學出版社，1995年，第995頁。蘇永延《復旦中國文學史傳統研究》，桂林：廣西師範大學出版社，2007年，第23—24頁。

史大綱》《詩法捷要》《圖書館指南》《長生不老法》《萬病自然療法》《人生二百年》《三民主義與大學》等。

顧氏任教南京高師、東南大學多年,《漢書藝文志講疏》等著作多爲講稿,故用"講疏"之名。此書初成於1921年秋,由南京高師作爲講義印行。1924年8月,作爲《東南大學叢書》之一,由上海商務印書館正式出版。《講疏》出版後風行一時,至1931年已印行第5版。商務印書館在經歷淞滬抗戰後,至少又印行了兩版(1933年、1935年)。1987年,上海古籍出版社又將此書重排印行,至今仍是閱讀《漢書藝文志》的重要參考。

《藝文志》是《漢書》中的一篇,乃班固以劉歆《七略》爲藍本删略而成,是西漢末劉向、劉歆父子校書成果的反映。①

西漢成帝河平三年(前26),詔劉向領校中秘書。(《漢書·成帝紀》)具體分工爲:光禄大夫劉向校經傳、諸子、詩賦,步兵校尉任宏校兵書,太史令尹咸校數術,侍醫李柱國校方技,各從其專門之學。②每校畢一書,劉向便撰寫一篇書録,條列篇目,撮述旨意。這些書録均附於本書,一同奏上(《藝文志》)。同時,又將各篇書録另寫一份,彙爲一書,故名《別録》(《七録序》)。③劉向卒於綏和二年(前7),典領校書近二十載。哀帝即位後,命其子歆卒父業。④劉歆完成校書事業後,

---

① 梁阮孝緒《七録序》云:"命光禄大夫劉向及子俊、歆等讎校篇籍。"清人孫星衍《續古文苑》據《漢書·劉向傳》指出"俊"爲"伋"之誤,並推測阮氏之言出於《別録》《七略》。由此可知,劉向長子劉伋也曾參與校書事。

② 以上諸人外,可考的參與者尚有長社尉參(劉向《晏子書録》《列子書録》)及班斿(《漢書·敍傳》)等。長社尉參,顏師古以爲即《詩賦略》所載之"博士弟子杜參"。然《列子書録》上係於永始三年(前14),劉歆《七略》謂杜參以陽朔元年(前24)病死,不得與《列子》校讎事,顏説非是。

③ 顧實《講疏》云:"蓋附在本書者,謂之敍録。其集衆録而別爲一書者,謂之《別録》。"

④ 《山海經書録》云:"侍中、奉車都尉、光禄大夫臣秀領校秘書言:校秘書太常屬臣望所校《山海經》凡三十二篇,今定爲一十八篇。"《海外東經》《海内東經》篇末題:"建(轉下頁)

又將群書分類，編排爲目錄，並以《別錄》爲基礎，簡化書錄，繫於各書之下，著爲《七略》，包含《輯略》《六藝略》《諸子略》《詩賦略》《兵書略》《數術略》《方技略》七篇（《藝文志》《楚元王傳》）。《輯略》集六略大序及各類小序，①六藝、諸子、詩賦、兵書、數術、方技之分則與校書之分工相同，實際是六分法。向、歆父子校書，對中國古典學術產生了深刻的影響。約略而言，其重要性主要體現在以下三點：

一、重塑了部分先秦及漢初文獻的文本面貌。如劉向將當時流傳的《國策》《國事》《短長》《事語》《長書》《修書》等戰國策謀之書，去除重複，加以編次，整理爲三十三篇，並定名《戰國策》。此後流傳的《戰國策》，均是劉向編定之本。此外，如《管子》《晏子》《列子》《鄧析》《孫卿》《山海經》等，皆經向、歆父子之手而形成新的文本形式。因此，有學者認爲《漢書·藝文志》實際上是向、歆父子所校"新書"目錄，而非西漢當世所傳文獻的"舊書"目錄。②不過，這種重塑的程度在不同部類是有差異的。根據現在學界的研究，五經文本的定型早於劉向校書，對於此類文獻，向、歆父子的工作主要是校訛字、補脫簡。從現存的校書敘錄看，二人對文獻面貌的重塑主要體現在子書上。

二、以目錄的形式塑造了周秦漢文獻的概貌，成爲後人認知此

（接上頁）平元年（前6）四月丙戌，待詔太常屬臣望校治，侍中光祿勳臣龔、侍中奉車都尉光祿大夫臣秀領主省。"《漢書·房鳳傳》云："時光祿勳王龔以外屬內卿與奉車都尉劉歆共校書。"可見與劉歆（建平元年改名秀）一同典領校書者尚有王龔，參與者有臣望。尤袤、郝懿行以爲丁望，然據《百官公卿表》，丁望先爲城門校尉，綏和二年爲衛尉，建平二年爲光祿勳，官職不合，絕非其人。

① 梁阮孝緒《七錄序》謂《輯略》"即六篇之總最"。姚名達《中國目錄學史·溯源篇》認爲《輯略》是劉歆上書之表序及六略總目，諸小序原即附於各類，而非班固將《輯略》拆散轉錄，與通行說法不同。

② 徐建委《文本革命：劉向、〈漢書·藝文志〉與早期文本研究》，北京：中國社會科學出版社，2017年。

段文獻及學術的基礎。清人金榜説："不通《漢藝文志》，不可讀天下書。《藝文志》者，學問之眉目，著述之門户也。"正是基於此點而發。尤其是《七略》總序、六略大序及各類小序，概述了先秦至漢代的學術史，以及各類文獻的源流，發揮了"辨章學術，考鏡源流"的作用。當然，隨著近幾十年來出土文獻的大量出現，學界也逐漸認識到六略三十八種的劃分也只是漢人心目中的周秦文獻面貌，與先秦學術的實際情況不一定全部相符。

三、向、歆父子校書是中國古典文獻學的開端，文獻學中校勘學、目録學、辨僞學等重要内容在其校書活動中都有體現。後世各代校書、編目、撰寫提要，乃至當今的古籍整理與研究，均是對向、歆父子工作的繼承與發展。

班固《漢書·藝文志》保留了《七略》的基本架構，將《輯略》文字作爲大小序散入各類之末，並删省了其各書之書録，僅保留少量内容作爲小注，故云"今删其要"。從種類上看，《七略》"書三十八種，六百三家"（《廣弘明集》引《古今書最》），班志篇末云"大凡書，六略三十八種，五百九十六家"，自注云"入三家五十篇，省兵十家"，入省相抵爲七家，正爲《七略》、班志相差之數。①在《七略》業已亡佚的情況下，班志作爲現存最早的一部目録，也就成爲我們認識周秦漢文獻及向、歆父子校書成果的最爲重要的途徑。同時，史書設立《藝文志》也是班固的首創，班志成爲史志目録的鼻祖，影響深遠。

班志的文字十分簡略，初學者閲讀必然要參考相關的注釋書。歷代學者對班志的注釋可以分爲兩類：一是歷代的《漢書》注釋，如唐人顔師古《漢書注》、清人沈欽韓《漢書疏證》、王先謙《漢書補注》等；

---

① 部類之間的出入調整，班固多數都予注明，具體總結可參清人章宗源《隋書經籍志考證》卷八《簿録》之"七略七卷"條。

一是專門注解班志之書，如宋人王應麟《漢藝文志考證》、清人姚振宗《漢書藝文志條理》、今人張舜徽《漢書藝文志通釋》等。顧實的《講疏》自然屬於後者。據顧氏自言，此書將前人及自己搜考所得"約而存之，爲成學治國故者要删焉"。又據《例言》，此書主要參考了宋王應麟《漢藝文志考證》、清齊召南《漢書考證》（即武英殿本《漢書》所附考證）、錢大昭《漢書辨疑》、朱一新《漢書管見》、周壽昌《漢書注校補》、沈欽韓《漢書疏證》、王先謙《漢書補注》，旁及時人姚明煇《漢書藝文志注解》、孫德謙《漢書藝文志舉例》、薛祥綏《七略疏證》、許本裕《漢書藝文志箋》諸書，蒐羅較爲齊備，可以視爲歷代注釋研究之總結。有前人成果爲參考，故成書較速，自序言"書成兼旬"。至於清人姚振宗《漢書藝文志條理》一書，雖成於光緒十八年（1892），但至民國二十年（1931）方由浙江省立圖書館印行，故顧氏未能參考，較爲可惜。①或是基於講義的性質，書中採用前人說法而未加註明處頗多，出版後招致一些批評。②

　　《講疏》先列班志原文及顏師古注，然後注明此書之現狀，包括存、亡、殘、疑四種情況，"存者篇帙未虧。亡者原書已湮。殘者流傳有自，無問多寡。疑者論證未定，以俟博考"，極爲明晰。如"毛詩二十九卷"注"存"，"易經十二篇，施、孟梁丘三家"注"亡"，"尚書古文經四十六卷"注"殘"。"黄門倡車忠等歌詩十五篇"注"疑"，云："等者，撰作不止一人也。《樂府集·雜歌謡辭》有《黄門倡歌》一首，《散樂》有《俳歌辭》一首，蓋皆其殘篇。"顧氏推測《樂府詩集》中收録的《黄門倡歌》和《俳歌辭》可能屬於此篇，但無法確證，故標爲"疑"。

---

① 顧實《十五年來之目録學》，《私立無錫國學專修學校十五週年紀念册》，1936 年。
② 无咎（馬衡）《顧著"漢書藝文志講疏"小評》，《新學生》1931 年第 1 卷第 3 期。

具體講疏內容包括作者生平、學術淵源、文獻性質、價值及源流衍變等，多徵引相關文獻以爲參考，且注意別擇與剪裁，頗有條理。對於《漢書》有傳之作者，先引本傳、《儒林傳》之文爲說。劉向《別錄》、劉歆《七略》乃班志之藍本，重要性自不待言，故顧氏將群書所引二書佚文擇要採錄於講疏之中，以明班志之淵源。兩相對照，亦可展示《別錄》《七略》與班志之異同。書中特別注重學術史的考察，如《六藝略》"尚書古文經四十六卷"下細緻梳理了孔壁《古文尚書》的出現、篇數、授受、註解、亡佚，以及僞《古文尚書》的出現等問題，並列有"孔氏壁中古文四十六卷五十八篇表""鄭玄述古文逸書二十四篇表""枚本僞造古文二十五篇表"。"經二十九卷"下則論述伏生《今文尚書》、後得之《泰誓》、今文《書序》之有無等問題，又列"伏生今文二十九篇表"。今古文《尚書》是漢代經學史上的重要議題，線索紛繁複雜，通過這兩條講疏，讀者可快速獲得一概觀性的瞭解。各條講疏之末，殘書、存書列明優善之本，指示讀書門徑。如《諸子略》之《孟子》下云"焦循《孟子正義》、周廣業《孟子四考》俱善"，《孫卿子》下云"謝校《荀子注》、王先謙《荀子集解》俱善。盧文弨校《荀子》尚疏"。亡書如有後人輯本，亦多有注明。如《諸子略》之《兒寬》《公孫弘》《終軍》《吾丘壽王》四書皆注明"馬國翰有輯本"，即《玉函山房輯佚書》所收。

書中有《見存六藝今古文表》《見存百家真僞書表》，前者將《六藝略》中的今存之書分爲古文、今文、不明三類，後者將《諸子略》以下五略中的今存之書分爲真、僞、疑三類。關於古書真僞問題，顧氏後又撰《重考古今僞書考》，將民國間甚爲流行的清初姚際恒之書重加考證，矯正部分姚氏誤說，亦可參考。書末附錄《黃侃七略四部開合異同表》，羅列劉歆《七略》、荀勖《四志》(《中經新簿》)、王儉《七志》、阮孝緒《七錄》及《隋書經籍志》之部類，以見其分合演變之跡。

顧氏還注意揭示班志體例,如言"班志凡今文經皆不加今字,凡今文與古文無大異,皆不記中古文","凡班志,無師古曰者,皆班固自注之文"等,極便初學。

對於古書的作者問題,顧氏亦頗有識見:

> 六藝百家之書,大都別家而不別人。蓋其師徒授受,述作不必一手,而實出自一家。故如《管子》《孟子》,即管氏、孟氏之家言。本志每略每種結末,率標若干家,其義自了。袁松山《後漢續志》猶爾,晉《中經簿》始不曰家,爾後書志,率標一人之作。(《例言》)

以一書爲一家之言,而非一人之作,所述雖不及余嘉錫《古書通例·古書不皆手著》之詳贍,但其核心觀點並無二致。

顧氏認爲,班志無互著之法:

> 世言諸子不專一家者,本志有互著之法。然以《禮記》之《明堂陰陽》與《明堂陰陽説》不同書例之,則道家之《伊尹》《鬻子》,與小説家之《伊尹説》《鬻子説》,不同書明矣。更以天文之《漢日旁氣行事占驗》三卷與《漢日旁氣行占驗》十三卷,五行之《羨門式法》二十卷與《羨門式》二十卷,俱同書名而不同書例之,則六藝有《易》,術數有《周易》;儒家有《景子》《公孫尼子》《孟子》,而雜家有《公孫尼》,兵家亦有《景子》《孟子》;道家有《力牧》《孫子》,兵家亦有《力牧》《孫子》;儒家有《李克》《王孫子》,法家有《李子》《商君》,而兵家亦有《李子》《王孫》《公孫鞅》;從橫家有《龐煖》,兵家亦有《龐煖》;雜家有《由余》《伍子胥》《尉繚》《吳子》,而兵家亦有《繇敘》《伍子胥》《尉繚》《吳起》;小説家有《師

曠》，兵家亦有《師曠》。或有注可辨（如《孫子》），或無注可辨（如《孟子》），要皆雖同書名而不必同書，又明矣。且班注有省重篇之例，曷爲不出於省，何必互著耶？故互著一説，未敢苟同。

所謂"互著"即目録編者將具有兩種或兩種以上性質的一部書重複著録於多個類目之中。章學誠《校讎通義》將此法溯源於劉歆《七略》。關於互著，章氏舉《七略·兵書略》重複著録十例，認爲班固删省此十家，使得"後人不復知有家法"。孫德謙《漢書藝文志舉例·互著例》則舉班志重篇，認爲班固未廢互著之例。顧氏言"世言諸子不專一家者，本志有互著之法"針對的是孫氏之説。顧氏指出，孫氏所舉諸書皆同名而不同書，且據班志"省重篇"體例，固不當有互著之法。顧氏未辨章學誠之説，而王重民《校讎通義通解》則進一步指出章説亦非，將互著、别裁溯源於《七略》只是章氏的一種錯覺。①

晚清以來的今文經學推崇《公羊》學，否定古文經典，至康有爲《新學僞經考》將古文經視爲劉歆僞造，對民國時期"古史辨"運動的興起有重要影響。顧實則在《講疏》中對晚清今文經學大加撻伐："嘉道之際，吾鄉莊存與、劉逢禄復唱常州今文之學，末流龔自珍、魏源之徒，承風簧鼓，誑惑後進，至今猶流毒未熄。""然則妄人盲談瞽説，動謂古文爲劉歆僞造，豈不有類於吠影吠聲者哉。"現在看來，否定古文經典固屬偏頗，顧頡剛等"古史辨"學者的古書辨僞工作也多被出土文獻推翻，顧實《講疏》依班志爲説，反倒較爲平實。

總之，顧實的《漢書藝文志講疏》是前人（主要是清人）注釋研究的總結之作，講義的體例也頗便初學。不過，此書問世已近百年，百

---

① ［清］章學誠著，王重民通解《校讎通義通解》，上海：上海古籍出版社，2009年，第15—22頁。

年中出土文獻層出不窮,新的研究成果也有相當的積累,敬請讀者一並參照。

2020.09.03 於北京肖家河新村

(原載顧實《漢書藝文志講疏》[北京:商務印書館,2021年]書後,有刪節,此據原稿收入。)

從校勘出發的版本研究
——評王鍔著《〈禮記〉版本研究》

經書版本研究是經學研究的重要分支，也是當下的學術熱點。近年來，隨著《古逸叢書三編》《中華再造善本》《國學基本典籍叢刊》等大型影印叢書的出版和海内外圖書館藏書的數字化，越來越多的版本影像得以被研究者利用，推動了經書版本研究的深入發展。通論群經版本的代表性著作爲張麗娟《宋代經書注疏刊刻研究》（北京：北京大學出版社，2013年），論述全面細緻，建立了經書版本系統的框架。喬秀岩編刊南宋單疏本、八行本群經義疏，在編後記中對各書版本也有精彩論述，多收入《文獻學讀書記》（北京：生活·讀書·新知三聯書店，2018年）。單經版本研究的代表性著作則有杜澤遜《尚書注疏校議》（北京：中華書局，2018年），此書基於《尚書注疏彙校》（北京：中華書局，2018年）的成果，以札記的形式考察諸本異文，探索版本演變軌跡。新近出版的王鍔《〈禮記〉版本研究》（北京：中華書局，2018年）則是首部以現代學術論文形式研究單經版本的著作，對其他各經的研究具有示範意義。

王鍔教授長期從事禮學研究，注重爲學次第，先從目録版本入手，編纂《三禮研究論著提要》（蘭州：甘肅教育出版社，2001年），全面清理歷代禮學研究論著，指示禮學研究門徑。次成《〈禮記〉成書考》一書，考察《禮記》撰集成書的過程，折衷衆説，提出新見。此後又從事《禮記鄭注彙校》的工作，彙集衆本，校勘文字異同，並定是非。在此過程中，作者對《禮記》的重要版本如南宋撫州本、婺州本、余仁仲本、紹熙本、清武英殿本《禮記注》和宋八行本、元十行本、明李元陽本、清阮刻本《禮記注疏》等有了不同於既往研究的新認識，故而撰寫成系列研究論文，本書正是其中十二篇論文的結集。結構編排上，大致按照經注本、經注附釋文本、注疏本、注疏附釋文本的系統順序，各系統中再考慮版本的時代先後，又殿以《〈禮記〉版本述略》一文，作爲全書之總結，邏輯清晰，結構謹嚴，顯示了作者的學術素養和對經書版本系統的熟稔。

作爲一部優秀的版本研究著作，本書有兩大特色。一是鉅細靡遺的版本記録。版本學以書籍本體爲研究對象，優秀的研究者會關注、記録、分析此版本的所有細節，由此入手，方能得出此書的刊刻時地、遞藏源流等重要信息。對於某一版本，本書記録的內容包括：完缺情況、分卷分册、行款版式、卷端卷末題署、刻書木記、字體、避諱、刻工、藏印、批校、圈點、題跋等，全面展示其外部特徵。這雖然是版本研究的基本要求，但要做到記録的全面和準確却並不容易。本書研究的經書版本大都十分珍貴，明清以來遞經名家收藏，輾轉流傳，藏印累累，以往的藏書志、研究論著多是摘録，缺漏甚多，不能全面反映書籍的遞藏經過。本書則以卷册爲單位，詳細記録書中的每一藏印及其鈐蓋位置，同時也糾正了一些既往著録的錯誤。如南宋撫州本《禮記注》，李致忠《宋版書敘録》著録有"聊城楊氏宋存書室珍藏"之印，本書則指出"聊城"是"聊攝"之誤（第5頁）。記録藏印之後，還要確定各印的歸屬。其中既有記録藏書家姓名字號、生年行第、鄉里籍貫、家世門第、仕途經歷、齋名樓名等個人信息的藏印，也有記録愛好志趣、警語箴言的閒章，要一一確定歸屬，也並不容易。本書作者曾經整理點校葉昌熾《藏書紀事詩》一書（北京：北京燕山出版社，

1999年),對歷代藏書家十分熟悉,故能準確判定藏印歸屬,從而復原出各書的遞藏源流。如通過對國圖藏八行本藏印的記錄,分析出八行本自孫承澤、季振宜、吳泰來、孔繼涵、盛昱、完顏景賢、袁克文、潘宗周,最後到北京圖書館的清晰遞藏源流,細緻和完整程度都超越前人(第263—275頁)。此外,經書版本中的歷代題跋既反映了不同時期學者收藏、利用此書的情況,又是揭示此書價值與版本源流的先行研究,故本書對這些題跋也全部錄文,並一一分析前人所言之是非。

刻工是鑒定版本刊刻時地的重要依據,故本書對每個版本的刻工都進行了窮盡式的記錄。具體來說,先逐次記錄各卷刻工姓名及刊刻葉數,極便讀者覆核,再做成刻工刊刻葉數統計表,非常直觀。如本書統計撫州本刻工六十人,與王肇文《古籍宋元刊工姓名索引》相較,剔除三位誤收刻工,增加刻工則達三十一人之多,大大彌補了王書的缺漏(第11頁)。又如統計國圖藏八行本刻工,細緻區分原版與補版刻工,共統計出原版刻工八十六位,補版刻工一百五十位。與張元濟《寶禮堂宋本書錄》相較,原版名錄剔除八位不見於八行本的誤收刻工,糾正誤入的十三位補版刻工,增補少收的十二位原版刻工,訂正一位刻工名之誤。補版名錄剔除五位不見於八行本的誤收刻工,糾正誤入的兩位原版刻工,增補少收的十三位補版刻工(第327—329頁)。當今學界可資利用的宋元刻工名錄主要有周叔弢《宋刻工姓名錄》(《周叔弢古書經眼錄》,北京:國家圖書館出版社,2009年)、王肇文《古籍宋元刊工姓名索引》(上海:上海古籍出版社,1990年)、李國慶《宋板刻工表》(《四川圖書館學報》1990年第6期)、張振鐸《古籍刻工名錄》(上海:上海書店出版社,1996年)、長澤規矩也《宋刊本刻工名表初稿》(《長澤規矩也著作集》第三卷《宋元版研究》,東京:汲古書院,1983年)、阿部隆一《宋元版刻工名表》等(《阿部隆一遺稿集》第一卷《宋元版篇》，東京：汲古書院，1993年），但以上諸書或是據他書轉錄，或是收錄不全，距離滿足精細化版本研究的需求還有很大的距離。因此，當下的版本研究者應該以原書或仿真影印本爲據，重新清理宋元本刻工，以精細的工作、準確的記錄爲完備的宋元刻工名錄的編成打下堅實基礎。從這個意義上說，本書對八行本原版與補版刻工的細緻記錄，不僅可以修正既往記載的疏漏，而且可以爲學界編纂新的刻工名錄提供借鑒。

記錄版本信息之後，就要判定此版本的刊刻時地。爲此，需要綜合考察刊記、字體、避諱、刻工等信息。如婺州本有"婺州義烏酥谿蔣宅崇知齋刊"刊記，婺州是今浙江金華，刊刻地點比較明確。而本書判斷婺州本是南宋孝宗時期刻本，則主要依據避諱和刻工。婺州本避諱至"慎"字（孝宗嫌名），但很不嚴格，多數不缺筆。刻工中姓名完整者僅有李焕一人，曾刊刻《武經龜鑒》《春秋經傳集解》等書，其中《武經龜鑒》爲杭州刻本，有孝宗隆興二年（1164）御製序。雖然也有刻工重名的可能性，但綜合避諱和刻工兩方面的信息，推測婺州本刊刻於孝宗年間仍是比較合理的。不過，本書第47頁說宋孝宗"先後使用隆興、乾道、淳熙三個年號，隆興只有兩年，故婺州本可能是在宋孝宗乾道年間刊刻的"，第58頁結語直接將時間定在"乾道初年"，都缺乏合理的邏輯和依據。至於本書判定國圖藏《纂圖互注禮記》刊刻於南宋光宗紹熙年間，則僅依據避諱，證據過於單薄。從邏輯上說，諱字只能證明刊刻時代之上限，而不能據以框定刊刻時間。尾崎康總結了南宋刻本避諱隨時代變化的規律："南宋前期回避高宗、孝宗諱者頗常見，而南宋中期刊本避光宗、寧宗諱之比率，遠低於前期避諱，至於南宋後期刊本，避理宗、度宗諱者反而罕見。"（《正史宋元版之研究》，北京：中華書局，2018年，第31頁）所以，對於南宋中後期的刻本，僅以避諱判斷具體刊刻時代是十分危險的。

本書的另一特色是細緻而全面的校勘工作。版本研究中，不論是考察各版本之間的源流關係，還是判定某一版本的文本質量，都離不開校勘工作。明清以來，校勘對版本研究的重要性是逐步被認識的。藏書家題跋往往泛泛而談，多因襲成説而少親自校勘，或僅取數條異文，以爲論據，顯然數據不足，無法稱爲科學的版本研究，其結論也就難以採信。本書作者歷時十年從事《禮記鄭注彙校》的工作，全面掌握了《禮記》的重要版本，故能基於全面校勘，得出許多重要結論。具體到某一版本，作者的研究方法是，抽取部分卷次，以研究對象爲底本，選取其他代表性版本與之通校，列出全部異文，並裁斷是非，這就要求作者有扎實的禮學基礎。然後分列底本優勝諸條和底本錯誤諸條，並加以統計，就可看出此本的文本質量與文獻價值。以撫州本爲例，作者選取紹熙本、婺州本作對校本，以阮刻本爲參校本，將《檀弓》上下篇中的文字差異一一列出，最後統計出各本的錯誤率：撫州本四條錯誤，佔比萬分之一點九；紹熙本三十四條錯誤，佔比萬分之十六點三；婺州本二十七條錯誤，佔比萬分之十三；阮刻本十二條錯誤，佔比萬分之五點七（第12—20頁）。顯然撫州本的文本質量最佳，紹熙本最差。這與《禮記鄭注彙校》經過全文通校後得出的結論完全一致（第493頁），説明這種研究方法是切實可行的。通過對比異文，本書也指出了不同版本間的繼承關係。如作者抽取《檀弓》上下篇，以余仁仲本爲底本，校以撫州本、紹熙本、婺州本等，發現余仁仲本卷三中有十四字釋文誤排他注下，各本中只有紹熙本繼承了這個錯誤。經過統計，余仁仲本卷二、卷三有錯誤二十五條，紹熙本沿襲多達二十一條，故作者得出"紹熙本之刊刻，當是以余仁仲本爲依據"的結論（第100頁）。十行本是附釋文注疏系統的源頭，明代李元陽本、北監本、毛本及清代阮元本皆據此本翻刻，影響深遠。作者細緻考察了《中華再造善本》影印的北京市文物局藏元十行本《附釋音禮記註疏》,通過與其他版本的對校,指出經過明代多次修版的十行本存在缺葉、倒裝、墨釘、文字訛誤等種種缺陷,質量最差。阮本所據也是這種屢經修版的十行本,之所以能補足部分原本爲墨釘的缺文,作者認爲是依賴惠棟校宋本的成果(第 415 頁)。這些通過校勘得到的結論皆堅實可信,爲我們深入理解各版本之間的關係,選擇整理底本或研究對象指明了方向。

限於當前的條件,作者只能利用《中華再造善本》等仿真影印本和圖書館公佈的網絡影像進行研究。爲了更接近原書原貌,作者仔細比對了不同時期的影印本,指出各本之間的差異,對於研究者正確利用各影印本、避免被誤導有重要參考價值。如呂友仁整理《禮記正義》(上海:上海古籍出版社,2008 年),以中國書店重印民國潘宗周影刻本爲底本,將影刻本完全等同於八行本,即是被誤導之例證。作者經過校勘指出,潘氏在影刻時對底本錯訛多有修正,故不可視爲同版(第 360—364 頁)。余仁仲本有 1937 年來青閣影印本,此本將原本之圖章全部刪除,又對訛文有所修正,與余本原貌頗有差異。《再造》雖是仿真影印,但通過作者與來青閣本的對比,發現也有個別失真處。如余本卷二末葉,來青閣本於欄外有經、注、音義字數,而《再造》本無,與其餘各卷體例不合,疑是影印時漏印。又據來青閣本附楊壽祺《禮記鄭注余本岳本對校札記凡例》的記述,原書每葉後半葉書角有明人書寫的篇名,《再造》本亦未影印(第 101 頁)。可見《再造》本仍有不少細節缺失。作者還指出《再造》本卷十六《中庸》第三十一篇第十葉和第十一葉出現拼版錯誤,而來青閣本不誤(第 103 頁)。凡此皆提醒我們在使用《再造》時仍需注意影印本與原本的差異。近年來,《四部叢刊》通過描潤修改底本文字的情況已經爲學界瞭解,本書通過對比《纂圖互注禮記》的《四部叢刊》和《中華再造善本》兩種影印本,也指出了《叢刊》變動底本的詳細情況:不僅更改了底本文字，還將部分抄補葉重新拼版，前後移易，使得原本的文字紊亂更加嚴重，難以發現錯亂緣由（第 141—142 頁）。此外，《叢刊》還删除了部分題簽、跋文、藏印、圈點和浮簽等，無法完整反映底本原貌（第 195—196 頁）。由此出發，作者闡述了對當下古籍影印的深入思考，從學術角度提出幾點注意事項：一、原大原樣仿真影印。二、原樣保留所有文字信息。三、處理好題簽、批點、浮簽、序跋、藏書印等文字信息。四、改正浮簽錯誤位置。五、不改變古籍文字和内容，如若校改，必須撰寫校勘記。六、撰寫前言或序跋，交待影印程序，尤其是説明影印本無法保留的一些文字、版式特徵等信息（第 199—201 頁）。這些意見對於古籍影印無疑具有重要的指導意義。

　　當下的經書版本研究者多致力於宋元版本的考察，而對明清版本較少措意。本書中則有專門研究明李元陽本的内容，作者通過發掘李元陽《游龍虎山記》等文獻，指出李氏以御史巡按福建在嘉靖十五年至十七年間，於是便可將閩本的刊刻時間框定在這一時段，較以往的研究大有推進。這同時也具有方法論的意義，提示我們在版本研究中，不能只關注書籍本身，還要努力發掘與此版本有關的周邊文獻，如此方能推動版本研究的不斷發展。

　　當然，本書叙述也有個别不甚準確之處。如第 216 頁注②云："清乾隆四年校刻《十三經注疏》並撰寫'考證'，既是中國傳統校讎學發展之延續，也可能受日本山井鼎、物觀《七經孟子考文補遺》之影響。"今按：《七經孟子考文補遺》享保十六年（1731）初刻於日本，十七年由長崎傳入中國，當清雍正十年（狩野直喜《七經孟子考文補遺考》）。最初僅在江浙地區流傳，其影響至乾隆中期方才顯現。乾隆二十六年（1761），翟灝借校汪啓淑藏本，撰寫《四書考異》。乾隆三十七年，高宗諭旨徵訪遺書，汪氏以所藏日本原刻本進呈，收入《四庫全書》，影響大增。此後盧文弨撰《群書拾補》《經典釋文考證》，王鳴盛撰《尚書後案》等,皆以之參校。但乾隆四年時,《考文補遺》傳入僅八年,影響不彰,殿本《十三經註疏》考證受其影響的推測難以成立。

第483頁結語云:"元十行本《禮記注疏》之墨釘及其缺頁,很可能是依據翻刻之宋十行本,是一部殘缺之爛版書。"今按:元十行本墨釘缺字處皆爲補版葉,今存元刊元印本《周易兼義》(美國伯克萊加州大學東亞圖書館藏)、《附釋音尚書註疏》(北京大學圖書館藏)等並無此類情況,説明並非元印本即有缺文,而是明代修版者面對斷爛的版片,手頭没有元印本可以使用,故無法補足缺文,只能留存墨釘。因此,缺文一事與宋十行和元刊元印之十行本皆無涉。

又個别刻工名著録有誤,如第10頁撫州本刻工中,"弓頤"是"弓顯"之誤,"元十"是"阮升"之誤。第314、329頁記録國圖藏八行本《禮記正義》的補版刻工,謂卷五十五第八葉版心刻"廖先己未歲雕换"。今按:國圖藏本經過宋元遞修,刷印時間較晚,此葉版心較爲模糊,故有誤認。檢日本足利學校遺跡圖書館藏宋刻宋修本,"廖先"實作"慶元",乃寧宗年號,非刻工名。又第323—324頁所列原版刻工,"濮宣"爲"濮宜"之誤,"章志"爲"童志"之誤。"沈珎"刻版字體較原版方整,沈氏當爲補版刻工。

此外,本書前後叙述也存在個别失於對應之處。如第69頁言余仁仲本《禮記》避諱至"慎"字,當刊刻於南宋孝宗時期,而第103頁結語則說"惇"字或缺末筆,書前彩圖著録余本時代爲紹熙(光宗年號),前後所言諱字、刊刻時間皆有牴牾。書中還有少量錯别字,如第367頁第一行"六點常處","常"當作"長"。第443頁倒數第四行"江以達字子順","子"當作"于"。

作爲一部優秀的經書版本研究著作,本書不僅釐清了現存《禮記》重要版本的刊刻源流,還摸清了各版本的優劣,更指出了同一版本不同印次、原本與影刻影印本之間的差異。本書既是《禮記》版本研究的重要推進，又爲其他單經版本研究樹立了範式。版本研究是作者《禮記》研究規劃中的重要組成部分，以此爲基礎，作者已經完成《禮記注》定本的整理，《禮記註疏》定本的整理工作也在進行中，我們熱切期待這些研究成果早日出版。

（原載《中華讀書報》2019 年 7 月 31 日第 10 版《書評週刊·社科》，有刪減，此據原稿收入。）

彙異文於一編，集校勘之大成
——評王鍔著《禮記鄭注彙校》

以"十三經"爲代表的經書是儒家經典的核心，歷代學者都希望通過校勘，確定不同文本之間異文的是非，形成一個錯誤較少的文本，因而留下大量校勘成果。

東漢蔡邕等奉朝廷之命校刊熹平石經，立石洛陽太學，包括《周易》《尚書》《魯詩》《儀禮》《春秋》五經及《公羊》《論語》二傳，經文後附記各家異文。熹平石經今存殘石，是我們現在所能見到的最早的經書校勘記。唐初顔師古等奉敕校定五經，撰成"五經定本"。唐開成石經包括《周易》《尚書》《毛詩》《三禮》《三傳》及《孝經》《論語》《爾雅》十二經，後附張參《五經文字》、唐玄度《九經字樣》兩種辨正經書文字形體的字書，同樣是出於正定經文的目的。五代孟蜀石經刊刻於成都，至北宋才刻完，南宋初晁公武又以國子監刊本校蜀石經，撰成《石經考異》，附刻全石之後。張奧又校勘注文，成《石經注文考異》。宋人對當時的經書刻本也有不少校勘成果，如毛居正《六經正誤》取六經三傳諸本，參以子史字書等文獻，以校正國子監本之訛誤，從而記録了"紹興注疏本""興國軍本""建安余氏本""建本""潭本"等宋刻經書版本的重要異文。此外，廖瑩中《九經總例》保存在元人岳浚的《九經三傳沿革例》中，其内容包括書本、字畫、注文、音釋、句讀、脱簡、考異等，不僅記載了許多宋代經書的版本信息，更保存了大量不同版本之間的異文，是研究宋代經書版本最重要的文獻資料之一。

元明時期，科舉以程朱系統的四書五經新注爲準的，修習漢唐注疏者寥寥，因而相關研究乏善可陳。隨著明後期"古學"的興起，漢唐注疏逐漸重新受到重視，清代考據學者更是鑽研"古學"，講求版本，經書校勘工作取得許多重要成果。

清初，張爾岐以開成石經本《儀禮》校勘明萬曆北京國子監刊《十三經注疏》中的《儀禮注疏》，寫成《儀禮監本正誤》及《儀禮石本誤字》。顧炎武在此啓發下，擴大校勘範圍，以開成石經拓本校勘整部萬曆北監本《十三經注疏》，寫成《九經誤字》一書，嚴厲批評了北監本的脫訛，稱"秦火未亡，亡於監刻"。乾隆初年武英殿校刊《十三經注疏》，全書施加句讀，各卷附有考證，既有文字校勘，又有具體內容的考辨。稍後的浦鏜以一人之力，遍校《十三經注疏》，撰成《十三經注疏正字》。乾隆中期修《四庫全書》，各閣《四庫全書》和《四庫全書薈要》本《十三經注疏》皆據殿本抄寫，同時又重加校勘，撰寫校記，部分內容收入《四庫全書考證》之中。《四庫全書》本改正了殿本的一些錯訛，校記中改字多言所據。《四庫全書薈要》在多數卷末的原殿本考證後又附有校記，與《四庫全書考證》所收互有出入，同樣可資參考。嘉慶間，阮元主持編纂《十三經注疏校勘記》，進而重刊十行本注疏，即所謂阮校與阮本。阮校是阮元廣羅善本，延集學界菁英，共同彙校的成果，堪稱清代經書校勘的集大成之作，至今仍被學界廣泛使用。此後，又出現了一些補正阮校的著作，如汪文臺《十三經注疏校勘記識語》、孫詒讓《十三經注疏校記》等。

除了以上清人著述，日本江戶學者山井鼎、物觀也著有《七經孟子考文補遺》一書，主要利用足利學校所藏諸經版本，摘句據崇禎本（毛本），經、注校古本、足利本（足利學校刊行活字本），疏校宋板，正德本（元刊明修十行本）、嘉靖本（李元陽本）、萬曆本（北監本）亦在參校之列，少量條目有案語。此書傳入中國後，受到清代考據學者的重視，並收入《四庫全書》，極大促進了清代經書版本校勘研究的發展。阮元《校勘記》即大量利用了此書的版本異文資料，在很大程度上彌補了阮校早期版本蒐集不足的缺陷。

民國以後，經書版本研究有長足進步，而經書校勘方面却沒有大宗成果問世，僅有一些單經校勘記出現。二十世紀九十年代，李學勤先生主編的《十三經注疏》由北京大學出版社出版，這是第一部全文新式標點的《十三經注疏》。此本以阮本爲底本，改字主要依據阮校，其價值主要體現在標點方面，校勘進步有限。近年來，上海古籍出版社陸續出版張豈之先生主編的《十三經注疏》，這套整理本注重選用早期善本作爲底本，吸收前人校勘成果，整體上較北大本有一定進步。但其中部分底本的實際情況與宣稱的版本不符，留下不少遺憾。

回顧"十三經"經、注、疏校勘與整理的歷史，可知前人爲我們留下大量可資借鑒的成果，但經書校勘與整理的工作遠未完成。中華書局《二十四史》整理本早已成爲學界公認的通行本，但《十三經注疏》却始終未能出現類似的新整理本，阮本在很大程度上仍然承擔著通行本的任務。因此，較爲完善的《十三經注疏》整理本是當下學界亟需的成果。

注疏的整理工作必須以彙校爲基礎，這是學界的共識。山東大學杜澤遜教授團隊正在陸續推出"五經正義彙校"，北京大學顧永新教授團隊也在進行"《周易》注疏彙校"工作，這是以團隊形式進行的覆蓋經、注、疏、釋文的全面彙校。王鍔教授的《禮記鄭注彙校》（北京：中華書局，2020年）則是一部以一人之力完成的單經彙校成果，校勘對象爲最核心的經文與鄭注，並附釋文。作爲經書校勘傳統在現代學術研究中的延續，本書可謂是《禮記》鄭注校勘的集大成之作。

王鍔教授的《禮記》研究工作有明確的目標與合理的規劃，此前出版的《禮記版本研究》首先釐清現存《禮記》重要版本的刊刻源流與優劣差異，爲《禮記鄭注彙校》的版本選擇與體例安排打下基礎，而《彙校》又是《禮記注》定本整理的基礎與前提。正是這種合理規劃與持續研究保證了系列成果的不斷推出，這種研究模式對於其他經典的研究無疑具有示範意義。

　　本書彙校的文本包括《禮記》經文、鄭玄注文和陸德明《釋文》，以《中華再造善本》影印宋本《纂圖互注禮記》爲底本，所用對校本、參校本及相關校勘成果多達 35 種，可謂網羅殆盡，極便利用。本書在手，刻本系統的《禮記》經文、注文、釋文異文均可輕鬆檢得，省去蒐羅版本、反復翻檢之勞。

　　總體而言，本書的優點主要體現在以下幾個方面：

一、版本網羅全面。

　　阮元《禮記注疏校勘記》引據版本有經本 2 種（唐石經、南宋石經）、經注本 2 種（岳本、嘉靖本）、注疏本 4 種（附釋音本、閩本、監本、毛本），至於宋八行本僅能據惠棟校本及《七經孟子考文補遺》轉引，未見原書。與此相對，本書採用的版本有經本 1 種，經注本 6 種，注疏本 10 種，數量遠超阮校。其中，宋纂圖互注本、撫州本、余仁仲本、婺州本、八行本、足利本、和珅本、殿本等皆是阮元未曾得見或未能利用之重要版本。

　　此外，隨著海內外古籍善本資源的不斷公佈以及版本學的持續發展，研究者認識到同一版本的不同印次之間也存在不少異文。因此，校勘的對象有必要從版本細化到印本層面。就《禮記》版本而言，宋紹熙三年兩浙東路茶鹽司刻本《禮記正義》現存兩部，分藏於中國國家圖書館與日本足利學校遺跡圖書館，後者的印刷時間稍早。本書將兩個印本同時納入校勘範疇，一稱"八行本"，一稱"足利本"，以爲區別。宋撫州本《禮記釋文》也是中日分藏兩部印本,本書稱爲"撫釋一"與"撫釋二"。

除了不同印本,本書甚至將同一印本的不同影印本均納入彙校範疇。如宋本《纂圖互注禮記》先後有民國《四部叢刊》影印本和當代《中華再造善本》影印本,余仁仲本有民國來青閣影印本和《再造》影印本,八行本有民國潘宗周影印本和《再造》影印本,本書以《再造》本爲底本或對校本,其餘影本爲參校本。之所以採用這種處理方式,是因爲作者發現《叢刊》本、來青閣本和潘本"影印之時,糾謬正誤,更改文字,已不同原本,故作爲他本對待"。這種改動實際上反映了影印者的校勘意見,本質上也屬於校勘成果。另一方面,在無法直接使用原書的情況下,同時參考不同影印本也可在一定程度上避免對原刻文字的誤判。如《檀弓上》"公叔文子升於瑕丘,蘧伯玉從"注"二子,衛大夫",各本均同,惟《中華再造善本》影印余仁仲本"二"作"三"。楊壽祺《禮記鄭注余本岳本對校札記》云:"原刻'二'字,墨筆在中間加一畫,改成'三'字。"(第108頁)故而來青閣本在影印時改回"二"字。若僅據《再造》影印本,則會以爲余本原刻有誤。因此,將不同的影印本納入校勘範疇,並參考曾見原書者的校勘意見是十分必要的。

二、充分吸收前人成果。

除了比勘不同版本,本書還較爲充分的參考、彙集了大量前人研究成果,包括浦鏜《十三經注疏正字》、盧文弨《群書拾補》、武英殿本《禮記注疏》所附考證、武英殿翻岳本《禮記注》所附考證、《四庫全書考證》、《撫本禮記鄭注考異》、阮元《禮記注疏校勘記》、宋本《纂圖互注禮記》吳憲澂朱批、孫詒讓《禮記正義校記》、楊壽祺《禮記鄭注余本岳本對校札記》、黃焯《經典釋文彙校》、呂友仁《禮記正義》整理本校勘記,以及日人山井鼎、物觀《七經孟子考文補遺》等。偶一引用而未列入《凡例》者尚有瞿鏞《鐵琴銅劍樓藏書目錄》等。

三、體例安排合理。

作者在《凡例》中明確說本書"僅限於傳世刻本文獻,敦煌寫本、出土簡帛與《禮記》有關者,不納入本書校勘範疇",斷限明確。本書對校記的安排是先唐石經(白文),次經注本,次注疏本,同一層次内再按版本的時代先後爲序。《釋文》校記則大致按單行本在前,分附注疏本在後的原則排列,十分明晰。與阮校僅截取少量文字作爲出文的體例不同,本書將底本的經文、注文、釋文全部加以分段、標點,可以看作一部不改動底本文字的《禮記》整理本。分段方面,大致依據底本《纂圖互注禮記》的標記,也有少量段落是根據上下文意新分出。

四、既校異文,又有按斷。

對於各本經注異文,本書往往會給出"是""非"按斷。對於前人的不同校勘意見,也會作出判斷。如《檀弓上》"嗚呼!哀哉,尼父"注"尼父,因其字以爲之謚",阮校引段玉裁說,認爲"其字"當作"且字",瞿鏞則以爲當作"且一字"。作者以段說是而瞿說非(第124頁)。

當然,本書在選用前人成果、校勘、標點及按斷方面也有一些不足之處,列出供作者及讀者參考。

根據凡例,黃焯《經典釋文彙校》(北京:中華書局,2006年)是本書利用的前人校勘成果之一。黃焯《彙校》以通志堂本《經典釋文》爲底本,校以宋本,並迻錄清人及近人校語,間有本人按語。體例上與阮元《十三經註疏校勘記》近似,僅有出文及校記,而無《釋文》全文。《彙校》出版於1980年,1983年中華書局又影印出版了黃焯斷句的通志堂本《釋文》,並仿阮本《十三經注疏》之例,在有校記之字旁加圈標識,以便《釋文》與《彙校》配合使用。2006年,中華書局又將《釋文》(通志堂本)與《彙校》排成上下兩欄,原文與校記可以一一對應。形式雖然變化,但底本均爲通志堂本。因此,本書徵引黃焯《彙校》卷第幾作某",實爲通志堂本《釋文》文字。《彙校》本身並非《釋文》的一個版本,而是一種校記。追本溯源,應直引通志堂本,以免讀者疑惑。此外,宋本《經典釋文》尚存,且經影印出版,利用甚便,亦應納入校勘範疇。實際上,本書引黃焯《彙校》多數與通志堂本一致,但也偶有與宋本相同者。如第 6 頁校記 8 云:"'頻忍反'下,《彙校》卷第十一……有'徐扶盡反舊扶死反'八字。"然檢通志堂本實作"舊扶允反",黃焯《彙校》云:"宋本'允'作'死'。"如能直接使用宋本及通志堂本《釋文》校勘,則可避免此類疏漏。

如此大體量的校勘工作,難免偶有失校之處。如第 5 頁《曲禮上》釋文"辨,皮勉反,徐方勉反",本書僅出"徐方勉反"校記。然檢宋本、撫州本《釋文》,"辨"均作"辯",《撫本禮記鄭注考異》於此有説,本書失校。

標點方面,第 45 頁校記 4 引《考異》曰:"案:《正義》復舉此注'爲'作'謂',是也。各本誤與此同。山井鼎曰:'古本作"謂",依《正義》爲之耳。'"按"依正義爲之耳"乃《考異》意見,而非山井鼎之語,此處引文標起止有誤。

按斷方面,第 366 頁《郊特牲》注"此因小説以少爲貴者",校記 1 云:"'小',撫州本、余仁仲本、岳本、嘉靖本、八行本、和本、十行本、閩本、監本、毛本、殿本、阮刻本同,《正字》謂'上'誤作'小',是。"各本均無異文,而本書採納浦鏜《正字》校勘意見,剛剛出版的《禮記注》整理本(北京:中華書局,2021 年 6 月)也照此改字。今按《正字》所説非是。《郊特牲》説天子到諸侯國去視察,諸侯設宴用一頭牛犢,而諸侯去朝見天子,天子賜宴則用牛羊豬三牲,這是天子的"貴誠之義"。鄭注解釋到:"犢者誠慤,未有牝牡之情,是以小爲貴。"《郊特牲》接下來又説天子車駕,最高等級的用一組帶飾,次一級的用三組,再次一級的用五組。鄭玄認爲,上文是以小爲貴,此處接著説以少爲貴,所以注中説"此因小説以少爲貴者","小"並非誤字。孔穎達《正義》也説:"此一節論小少及薄味爲貴。……因貴誠重小,故説以少爲貴也。"浦鏜所見版本甚少,《正字》一書重在本校、他校與理校,故多臆斷之處,盧文弨、阮元已有批評。因此,在没有其他證據的情況下,《正字》之説不可輕信。

(原載《中華讀書報》2021年11月3日第10版《書評週刊·社科》,有刪減,此據原稿收入。)

後　記

這本小書是我就學以來部分論文的結集，大都是以版本目錄學方法研究經書版本和經典校勘問題。各篇論文的寫作時間跨度較大，收入本書時，已儘可能根據新公佈的文獻資料和學界最新研究成果加以修訂補充。部分論文發表時經過删節，本次則以原稿收入。下面按照主題和寫作時間，大致交待一下各篇的緣起。

2010年，我進入山東大學，跟隨杜澤遜老師讀書，先後參與《山東文獻集成》《清人著述總目》《十三經注疏彙校》等項目。當時每天到"編輯部"排清人著述卡片，與各類書目打交道，在實踐中學習目錄學。通過合併卡片，項目組成員們都能發現一些書目著錄的錯誤，進而撰寫論文。對於初窺學術門徑的學生來說，這是很好的學術訓練。當時，項目組發現《續修四庫全書總目提要》的部分提要稿不是據實存之書寫成，而是抄撮、襲用各省的地方藝文志而成。這點最初還是師母程遠芬老師提示我的。因此，《〈續修四庫全書總目提要〉襲用地方藝文志考》一文實際上是項目組的集體成果，只是由我執筆之成文而已。考慮到這一問題尚不爲學界所熟知，故而還是將此文收入本書。

做項目之餘，我還按照杜老師的推薦，閱讀了一些版本目錄學方面的經典論著。讀張元濟《校史隨筆》《百衲本二十四史校勘記》時，知道武英殿本《二十四史》是重要的通校本，但學界對其校刊經過卻語焉不詳(寫作過程中才獲讀陸楓先生《試論武英殿刻〈二十四史〉版本源流及其歷史作用》一文),因此花力氣對這一問題做了考察,寫成《武英殿本〈二十四史〉校刊始末考》一文。這是我第一次寫作長文,謀篇佈局,難稱得宜。後經杜老師親自修改,指示寫作門徑,方得最終成文。又蒙杜老師推薦,得以在《文史》上發表。在中華書局點校本《二十四史》修訂工程的背景下,小文得到了不少關注,文中提示的一些線索(如靜嘉堂所藏《舊五代史》),也被相應修訂組重視,進而加以追索。因此,這篇論文實際上是我的第一篇"代表作"。殿本《二十四史》的影響覆蓋清代中後期至民國年間,翻刻翻印之本甚多,但其底本往往是拼湊不同時期的刻印本而成,情況複雜。所以,我又寫了《武英殿本〈二十四史〉翻刻翻印考述》,作爲上文的補充。

我對經學文獻尤其是經書版本的興趣,緣於《十三經注疏彙校》項目。2012年項目開啓之初,經學文獻研究的熱潮尚未興起,我受命以張麗娟老師尚未出版的博士論文《宋代經書注疏刊刻研究》爲基礎,並參考其他資料,先做出一個經書版本簡表。彙校項目是阮元校經活動的繼承與發展,同類集體項目所展現的複雜性,自然會在參與者心中生發出"理解之同情"。2013年,我來到北京大學讀博,又參與導師劉玉才老師的"《十三經注疏校勘記》整理與研究"項目,可謂無縫銜接。《十三經注疏校勘記》由阮元主持,多人分校,是清代經典校勘的集大成之作。當時國圖新入藏《周易注疏校勘記》稿本和謄清本,以此爲契機,劉老師組織人員整理《十三經注疏校勘記》。我入學較晚,分得《周易》《論語》《孝經》三經。整理完成後,又寫出《〈周易注疏校勘記〉編纂考述》《〈論語注疏校勘記〉編纂考述》《〈孝經注疏校勘記〉編纂考述》三文,作爲整理說明,從學術史角度,比較詳細地考察了三經校勘記的引據版本、徵引文獻、版本及評價等問題。項目組的整理成果2015年由北京大學出版社出版,後又收入《儒藏》精華編

（北京大學出版社，2022年）。研究成果則結集爲《〈十三經注疏校勘記〉研究》（北京大學出版社，2023年）一書。清代以來，一直有一種説法，認爲阮元校經是受到盧文弨的啓發和影響，《校勘記》更是以盧氏《十三經注疏》校本爲基礎。近年來，隨着批校本研究的興盛，有學者將清人過録的盧文弨校本與《校勘記》加以比對，試圖證成這種説法。但這與我們基於《周易注疏校勘記》稿本、謄清本得出的印象是相反的。因此，我又寫了《〈周易注疏校勘記〉與盧文弨〈周易兼義〉校本關係補考》一文，重申《校勘記》的編纂是當時整體學術氛圍的影響。

《"岳本"補考》是在張政烺先生名作《讀〈相臺書塾刊正九經三傳沿革例〉》一文的基礎上，進一步詳細考察岳本諸經的流傳和現存情況，並在天禄琳琅舊藏《孝經》是否爲岳本等問題上修正了張先生的觀點。2024年4月27日，我到清華大學參觀"萬卷琳琅——館藏經部善本特展"，意外得見岳本《周禮》殘葉，請教劉薔老師後，將相關信息加入文中。同時還補充了原"滿鐵"大連圖書館舊藏殘葉的來源信息，糾正了原文的錯誤推測。《武英殿仿相臺岳氏本五經出版説明》是受邀爲上海古籍出版社影印本所作。

元刊明修十行本注疏是閩、監、毛及阮本的源頭，學界對其錯誤認識的廓清經歷了漫長的過程，先是區別宋十行與元十行，後來又指出其修補彙印地點爲福建而非南京國子監。但其具體刊刻地點仍不明確，有學者認爲是建陽書坊。我對這一問題的關注也緣於山大校經之初。當時，爲了選擇彙校底本，杜老師帶領我和同門李寒光到古籍部翻看《中華再造善本》影印元刊明修十行本《十三經注疏》，大量明代補版版心有"閩何校""侯番劉""懷陳校""府舒校"等字樣，不知所指。我回去後查考，發現是任職縣名（機構名）、籍貫、姓氏的組合，説明參與補版的校勘人員大都是福州府學、縣學的官員，但未寫成文章。直到 2019 年籌備第一屆中國古典文獻學新生代研討會時，我才重新梳理元版刻工與文獻記載，以十行本注疏爲例，揭示福州從宋代到明代晚期官方出版史的一角。

對《孔子家語》版本的關注始於讀研期間，當時就已發現"孔網"上的同文書局本、玉海堂本與通行本之間的文本差異。2015 年末才在東京寫成《關於宋蜀大字本〈孔氏家語〉及其衍生版本的考察》一文，指出玉海堂本二卷十六葉以前之文本源自明人陸治注本，而非王肅注原貌。文中所附島田翰舊藏汲古閣本圖片，還是當時的女友、現在的内子從東京大學綜合圖書館地下書庫借回宿舍所攝。

文獻的整理與刊佈是文獻學服務學界的重要工作之一。劉玉才老師與國圖古籍館陳紅彦館長主編的《國家圖書館藏未刊稿叢書》，整理、刊佈了國圖所藏的大量未刊文獻。我和王宣標師兄負責其中的《著作編》，《跋周廣業未刊稿〈讀相臺五經隨筆〉》《〈白虎通義校稿〉解題》《王仁俊〈籀鄦誃雜著〉十種解題》均是各書的影印説明。

《黑水城出土〈薛仁貴征遼事略〉刊本殘葉綴合與初步研究》是 2014 年春季學期潘建國老師"小説文獻學"的課程報告，但投稿與發表時間較晚。當時未能參考秦樺林先生成果，比較遺憾，好在結論並不完全一致。《顧實與〈漢書藝文志講疏〉》是爲商務印書館重印本《漢書藝文志講疏》所作導讀，同時還編有《顧實先生學術年表》，未收入本書。

兩篇書評是爲王鍔老師《〈禮記〉版本研究》《禮記鄭注彙校》所作。王老師是禮學研究專家，多年來致力於禮學文獻的整理與研究工作，也是我的本科班主任。撰寫書評前，王老師特意交待要指出問題。書評完成後，王老師不以爲忤，我也自信並無諛辭，故一併收入。

最後，感謝海内外公私藏書機構公佈文獻資源，使得版本目録學這種以比較爲基礎的樸素學問得以不斷發展。感謝杜老師百忙之中賜序！感謝責編郭沖兄的精心設計與細緻編校！期待學界同仁的批評與指正！

張學謙
2025 年 3 月 17 日
於北京大學人文學苑

圖書在版編目(CIP)數據

經書版本與經典校勘 / 張學謙著. -- 上海 ： 上海古籍出版社, 2025.5. -- ISBN 978-7-5732-1522-2

Ⅰ. G256-53

中國國家版本館 CIP 數據核字第 2025SD3700 號

經書版本與經典校勘

張學謙 著

上海古籍出版社出版發行

(上海市閔行區號景路 159 弄 1-5 號 A 座 5F　郵政編碼 201101)

(1) 網址：www.guji.com.cn

(2) E-mail：guji1@guji.com.cn

(3) 易文網網址：www.ewen.co

徐州緒權印刷有限公司印刷

開本 890×1240　1/32　印張 11.125　插頁 19　字數 269,000

2025 年 5 月第 1 版　2025 年 5 月第 1 次印刷

印數：1—1,300

ISBN 978-7-5732-1522-2

Z·491　定價：88.00 元

如有質量問題，請與承印公司聯繫